Ambo 2021

Literatur und Glaube. Zur Wiederbegegnung von Kultur und Christentum

Jahrbuch der Hochschule
Heiligenkreuz 2021

6. Jahrgang

Be&Be

www.bebeverlag.at

Wolfgang Buchmüller, Hanna-Barbara Gerl-Falkovitz,
Gudrun Trausmuth (Hg.)

Ambo 2021
Literatur und Glaube.
Zur Wiederbegegnung von Kultur und Christentum

Jahrbuch der Hochschule Heiligenkreuz 2021
6. Jahrgang

Be+Be-Verlag: Heiligenkreuz 2021
ISBN 978-3-903602-40-3

© Be+Be-Verlag
Heiligenkreuz im Wienerwald www.bebeverlag.at

Direkter Vertrieb:
Be+Be-Verlag Heiligenkreuz
A-2532 Heiligenkreuz im Wienerwald
Tel. +43 2258 8703 400
www.klosterladen-heiligenkreuz.at
E-Mail: bestellung@klosterladen-heiligenkreuz.at

Ambo 2021

Literatur und Glaube.
Zur Wiederbegegnung
von Kultur
und Christentum

Jahrbuch der Hochschule
Heiligenkreuz 2021

6. Jahrgang

www.bebeverlag.at

Inhaltsverzeichnis

I.
EDITORIAL

Ein inspirierender Dialog: Glaube und Literatur

Wolfgang Buchmüller OCist

Der Glaube und das Wort in der Gleichnisrede

Ein Glaube, in dessen Mittelpunkt das fleischgewordene Wort steht, kann nicht ohne das lebendige und geistgewirkte Wort gedacht werden. Die christliche Offenbarungsreligion gilt zu Recht als Buchreligion, aber sie ist viel mehr als dies, denn es geht bei der Religion der ‚Christen' (eigentlich: „der mit dem Heiligen Geist Gesalbten") um einen geistgewirkten Dialog mit dem lebendigen Wort, das viel mehr ist als toter Buchstabe oder ein Katalog von Geboten, Vorschriften und Observanzen – nämlich Geist und Leben.

Das Zweite Vatikanische Konzil spricht daher von einem ununterbrochenen Dialog Gottes mit der geliebten Braut seines Sohnes, der Kirche, der sich anhand der lebendigen Stimme des Evangeliums im Heiligen Geist vollzieht. So geschieht es, dass das Wort Christi (das aber von den Evangelisten in menschlichen Worten niedergeschrieben wurde) in Überfülle in den Herzen der Menschen Wohnung nimmt, die sich auf das Abenteuer eines lebendigen Glaubens eingelassen haben.[1]

Wenn auch Gottes Offenbarung größer ist als die durch Menschenzunge formulierten Worte,[2] so wird doch durch die Niederschrift und die Rezeption der heiligen Texte ein dynamischer Prozess angestoßen, der analog vergleichbar ist mit der Menschwerdung des Schöpfergottes in Christus, der von sich sagen konnte: „Wer mich gesehen hat, hat den Vater gesehen." (Joh 14,9)

Jesus ist der Offenbarer des Vaters, der Interpret des göttlichen Heilswillens. Dennoch macht er es seinen Hörern keineswegs allzu einfach, denn seine Rede ist sowohl enthüllend als auch verhüllend,

---

1   Vgl. Zweites Vatikanisches Konzil, *Dogmatische Konstitution Dei Verbum über die göttliche Offenbarung*, Nr. 8.
2   Vgl. ebd., Nr. 13.

sie ist sowohl erhellend als auch rätselhaft, sie bezieht Allegorien, Metaphern, Sprachsymbole und frei erfundene Kurzgeschichten mit ein. Vor allem aber muten die Gleichnisse Jesu dem Hörerkreis einen hermeneutischen Prozess zu, der zu einem Aha-Erlebnis führen konnte oder auch zu einer Frustration des Ausgeschlossenseins von einer Sinnerfahrung, wie dies Matthäus beschreibt: „Dies alles sagte Jesus der Menschenmenge durch Gleichnisse; er redete nur in Gleichnissen zu ihnen. Damit sollte sich erfüllen, was durch den Propheten gesagt worden ist: Ich öffne meinen Mund und rede in Gleichnissen, ich verkünde, was seit der Schöpfung verborgen war." (Mt 13,34f.)

Partiell oder auch in der Ganzheit konnte dies zumindest zu einer zeitweisen Irritation führen, wie dies der zitierte Jesajatext andeutet: „Hören sollt ihr, hören, aber nicht verstehen. Sehen sollt ihr, sehen, aber nicht erkennen." (Jes 6,9)

Daher sind unterschiedliche Zugänge zu den heiligen Texten des Christentums denkbar und legitim: An erster Stelle wird sicherlich die Kunst der Auslegung und Verständlichmachung der Symbolsprache der Schrift stehen, zu der sich die Theologie berufen sieht. Sie findet gewissermaßen im kultischen Raum der Kirche ihren originären Ort, ist aber von dort aus in die Hallen der akademischen Disziplinen weitergezogen. Ihre Gefährdung ist ein Abgleiten in einen omnipotenten Intellektualismus, der den Anspruch erhebt, alles rationell erklären zu können und dabei die Grenzen des menschlichen Verständnishorizonts zu überschreiten.

Eine zweite Annäherungsweise an das Mysterium des Glaubens ist eine Erklärung der Gleichnisse durch andere Gleichnisse, womit man auf derselben Metaebene verbleiben und daher einer kurzsichtigen Entmythologisierung entgehen kann. Hier könnte eine christliche Poetik ansetzen, die in enthüllender und zugleich wieder verhüllender Metaphorik um den Kern der biblischen Botschaft kreist und sie einem meditativen Verständnis zugänglich machen will. Der originäre Ort einer christlichen Dichtkunst wäre die Liturgie, das Kirchenlied oder eine Meditation, die zur eigenständigen Reflexion anregen will.

Literatur als existenzielle Wirklichkeitsdeutung und Weisheitslehre

Dem Ansatz der Poesie artverwandt, aber dennoch wesensverschieden ist der Bereich der Prosadichtung, der sich über verschiedene Kulturbrüche hinweg in Richtung einer eigenständigen säkularen Literatur entwickelt hat. Diese Fortentwicklung kann dennoch die Tatsache ganz überdecken, dass auch die scheinbar so weltliche Literatur aus dem antiken Mythos hervorgegangen ist, der innerhalb eines religiösen Kontexts den Versuch einer philosophisch-existenziellen Wirklichkeitsdeutung unternahm. Selbst die Gattungen der Geschichtsschreibung, des Dramas, der Novellen, Erzählungen und der Romandichtung waren historisch gesehen ursprünglich im Umfeld von Tempel, Tempelschule und kultischen Festveranstaltungen beheimatet und bezogen aus diesem Umfeld ihre metaphysische Sinndeutung.

Das hatte und hat auch in der Gegenwart seine Berechtigung, geht man von einer Inspirationslehre aus, die wie die Renaissancephilosophie Marsilio Ficinos einen *furor divinus*, eine ‚gottgeschenkte Begeisterung‘, aller schöpferischen Produktivität der Menschen, insbesondere die Dichter zugrunde legt.[3]

Noch die Dichtung der Deutschen Romantik war sich bewusst, dass ihre Wurzeln im überirdischen Sein eines jenseitigen Denkens verhaftet sein sollten. Der Dramatiker und Lyriker Friedrich Hebbel (1813–1863) führte die Mimesistheorie über die Nachahmung des Lebens durch die Kunst der Dichtung auf eine Reflexion über die Gegenwart Gottes im Leben der Menschen zurück: „Der Dichter wie der Priester trinkt das geweihte Blut, und die ganze Welt fühlt die Gegenwart Gottes. [...] Gott spiegelt sich in der Welt, die Welt im Menschen, der Mensch sich in der Kunst.“[4]

Diese hehre Berufung verleiht dem Dichter und damit auch dem Literaten eine quasi-religiöse Leitfunktion, insbesondere, wenn er sich selbst in den Dienst einer geistgewirkten Inspiration oder

---

3   Vgl. Jörg Lauster, *Der heilige Geist. Eine Biographie*, München 2021, 172; mit Verweis auf Marsilio Ficino, *Brief über die göttliche Begeisterung*, in: Karl Markgraf von Montoriola [= Karl Paul Hasse] (Hg.), *Briefe des Mediceerkreises aus Marsilio Ficinos Epistolarium*, Berlin 1926, 104–111.

4   Zit. n.: Otto Karl Frommel, *Die Poesie des Evangeliums Jesu*, Berlin 1906, 19.

göttlichen Idee stellt, wie der englische Schriftsteller Thomas Carlyle
ausführt: „Literaten sind die ernannten Interpreten dieser göttlichen
Idee; ein immerwährendes Priestertum, so könnten wir sagen, das
von Generation zu Generation als die Verbreiter und die lebendigen
Repräsentanten der ewigen Weisheit Gottes hervorragt, um sie in
ihren Schriften und Handlungen in der besonderen Form zu vermitteln, wie es ihre je besondere Zeit erfordert."[5]

Auch wenn sich die Literatur seit der Antike von den engen
Grenzen einer religiösen Thematik emanzipiert hatte und sich
bereits bei Cassiodor (487–585) als *litterae saeculares*, als weltliche
Prosaliteratur, von den *litterae divinae*, dem dezidiert religiösen und
theologischen Schrifttum, abgrenzen konnte,[6] so verfolgte bereits
damals eine Gruppe von *ecclesiastici scriptores*[7] das Projekt, den un-
verfänglichen Bereich der profanen Schriftstellerei als ein Feld für
eine Offensive zu nützen, ihre heidnischen oder areligiösen Zeitgenossen für die Sache des Christentums zu gewinnen.

Es gibt wohl kaum ein eindrucksvolleres christliches Trostbuch
als die ca. 525 geschriebene *Consolatio philosophiae*, also den ‚Trost der
Philosophie‘, die von dem zum Tode verurteilten Senator und *Magister officiorum* Boethius stammt.[8] In diesem Werk wird das Christentum mit keinem Wort erwähnt; dennoch ist der Glaube an den einen
guten christlichen Schöpfergott omnipräsent in allen Gedankengän-
gen fassbar.

In der Art einer Fantasy-Erzählung schildert der Autor Boethius, wie ihm die Gestalt der Philosophie erscheint und wie er mit ihr
einen anspruchsvollen Dialog aufnimmt, der allerdings ausschließlich in einem paganen Vokabular geführt wird, und ihm schließlich
Mut angesichts des drohenden Todes schenkt. Trotz der Abwesen-

---

5   Vgl. Lauster, *Der heilige Geist*, 210; mit Verweis auf Thomas Carlyle, *State of German
    Literature*, in: Ders., *Complete Works. Volume 13: Critical and Miscellaneous Essays 1*, New
    York 1901, 26–84, hier: 56f.: „Literary Men are the appointed interpreters of this Divine
    Idea; a perpetual priesthood, we might say, standing forth, generation after generation,
    as the dispensers and living types of God's everlasting wisdom, to show it in their wri-
    tings and actions, in such particular form as their particular times require it."

6   Vgl. Flavius Magnus Aurelius Cassiodor, *Institutiones*, Praefatio 1 (FC 39/1), Frei-
    burg 2003, 92; vgl. auch: Gisbert Kranz, *Lexikon der christlichen Weltliteratur*, Frei-
    burg/Basel/Wien 1978, 5.

7   Vgl. Flavius Magnus Aurelius Cassiodor, *Institutiones* 17,1 (FC 39/1), Freiburg 2003, 222.

8   Vgl. Anicius Manlius Severinus Boethius, *Consolatio philosophiae* (CCL 94), Turn-
    hout 1957.

heit aller christlichen Topoi erkennt man unschwer den Christen
hinter dem antiken Philosophen, der im Übrigen auch ein Werk
über die Dreieinigkeit verfasst hat.[9]

Gerade die Verfremdung, die Verkleidung und die Distanz zu einem abschreckenden Kirchenjargon scheinen oft dem Anliegen einer
niederschwelligen Verkündigung zu dienen, die geeignet ist, areligiösen Menschen die Sache des Glaubens nahezubringen. Nach seiner
Hinwendung zum Christentum veröffentlichte der englische Literaturwissenschaftler Clive Staples Lewis mehrere Erzählungen, die als
Parabeln gelesen werden können. Dabei scheint er den Ehrgeiz entwickelt zu haben, die schwierigsten Inhalte des christlichen Glaubens
so zu verpacken, dass man sie mit einem distanzierten Interesse be-
gutachten kann und sie sogar aufgrund des Aha-Effektes mit Humor
als zumindest stimmig oder existenziell wahr annehmen kann.

In seinen ‚The Srewtape Letters‘, zu Deutsch ‚Dienstanweisung an einen Unterteufel‘[10], von 1941 wechselt Lewis scheinbar in
das Metier eines Agententhrillers, um die Versuchbarkeit des Menschen durch die Mächte der Finsternis darzustellen. Auch wenn
die Erzählung teilweise die Züge einer Groteske annimmt, in deren
Verlauf die unaufhaltsame Niederlage des Agenten der Finsternis
besiegelt wird – ein bitterer Nachgeschmack bleibt: Der Leser wird
unaufdringlich an die Fragestellung herangeführt, wo er selbst mit
dem Versucher zu kämpfen hat.

Hier kommt die Literatur – auch wenn sie sich äußerlich ein
Genre vertritt, das auf die Kriminologie verweist und sich dezidiert
auf das Säkulare und Triviale einlässt – den Gleichnisreden des
Evangeliums sehr nahe. Gerade der Verzicht auf das aufgesetzt Er-
habene und Sakrale verleiht dem Stoff Lebendigkeit und Anschaulichkeit. Die Stilbrüche mit den damit verbundenen humoristischen
Effekten machen den besonderen Reiz dieser unterschwelligen Verkündigung aus, gerade weil sie auf das Format eines Skeptikers oder
Zweiflers zugeschnitten erscheint.[11]

---

9   Vgl. ANICIUS MANLIUS SEVERINUS BOETHIUS, *De Trinitate*, in: MICHAEL ELSÄSSER
     (Hg.), *Anicius Manlius Severinus Boethius: Die Theologischen Traktate*, Hamburg 1988.
10   Vgl. CLIVE STAPLES LEWIS, *Dienstanweisung an einen Unterteufel* [The Srewtape Letters],
     Freiburg/Basel/Wien 9 1999.
11   Vgl. NORBERT FEINENDEGEN, *Apostel der Skeptiker. C. S. Lewis als christlicher Denker der
     Moderne*, Dresden 2015.

Hier ist es der Dichtung gelungen, Unsichtbares sichtbar werden zu lassen und das verborgene innere Drama der Seele transparent und anschaulich zu schildern. Selbst die vom Menschen unter normalen Umständen schamhaft verborgene Religiosität wird zumindest ansatzweise so vermittelt, dass sie auch ein Außenstehender nachvollziehen kann, wie Clive Staples Lewis selbst schreibt: „Dichter verkünden das Mysterium in dem Sinn, dass sie uns irgendwie eine Ahnung einer übersinnlichen und über-intellektuellen Wirklichkeit vermitteln: Dies ist ein *Mysterium tremendum*, also etwas, das wir nicht nur zufällig nicht wissen, sondern unsere gewöhnlichen Modi der Wahrnehmung übersteigt."[12]

Eine gehobene Gleichnisrede verkörpert auch der Roman ‚Das große Alkaheft' von Werner Bergengruen aus dem Jahr 1926. Auch wenn es mit keiner Silbe Erwähnung findet, so ist doch dieser sich als Historie gebender Roman nichts anderes als eine Transponierung des Gleichnisses vom verlorenen Sohn in die fiktiven Verhältnisse der herben aristokratischen Welt des baltischen Estlands des 18. Jahrhunderts. Das zweifache Scheitern der beiden Hauptakteure Vater und Sohn, die notwendigen Versöhnungsschritte zu Ende zu gehen, lässt im Leser Befremden und Erschütterung zurück. Gerade durch diesen Kontrast zum Evangelium wird aber die kryptisch verborgene biblische Botschaft evoziert und der Adressat in seiner Selbstsicherheit provoziert.

Damit stellt sich die Frage nach dem unterscheidend Christlichen in Bezug auf eine christliche Literaturgattung. Bezieht sich die Qualifikation ‚christlich' auf den Plot der behandelten Thematik, auf die Religiosität der Charaktere oder lediglich auf die christlichen Überzeugungen der Dichtergestalt, die auch gelegentlich triviale oder auch anstößige Elemente in den Fortgang des Geschehens einbauen kann? Hier sollte die Grenzziehung nicht zu eng erfolgen, denn wie wir im Folgenden sehen werden, können selbst Krimis im weiteren Sinne der christlichen Literatur zugezählt werden.

---

12   Clive Staples Lewis, *Brief an Eliza Marian Butler vom 25. September 1940*, in: Collected Letters II, 445; zit. n. Feinendegen, *Apostel der Skeptiker*, 207.

Renouveau catholique als gesellschaftliche Erneuerung

Eine anerkannte Protagonistin der christlichen Literaturszene des *Renouveau catholique*, die zum Katholizismus konvertierte preußische Offizierstochter und evangelische Theologin Gertrud von le Fort (1876–1971), weist auf eine „vom christlichen Stoff- und Geistesgut unabhängige, zarte und geheimnisvolle Hinordnung auf das Christliche" hin, die mit der schöpfungsimmanenten Verwiesenheit der menschlichen Existenz als ‚*anima naturaliter christiana*' auf eine Sinnerfüllung in Gott korrespondiert.[13] Die Dramaturgie des Literarischen hat dabei ihre eigenen Gesetze. Nicht die makellosen Siegergestalten werden besungen, sondern die Konflikte und die Tragödie der ‚Verfemten und Verurteilten, auch der schuldig Verurteilten' realistisch zum Leben erweckt. Dabei gehe es darum, die ‚Verirrten auf ihrem wirren Weg in den Abgrund zu begleiten' und ‚das Untergehende und das Sterbende an das Herz zu ziehen'[14]. Dabei folge das literarische Kunstwerk der erlösenden Inkarnation Gottes in das Geschehen der Welt, denn sie nehme die ‚gescheiterte und verlorene Welt' ernst. Für einen Christen sei diese Welt aber von ‚einem zarten, adventlichen Licht umflossen', weil sie von der erlösenden Zuwendung Gottes an die Menschheit umfangen ist.[15]

Damit rekurriert die Schriftstellerin Gertrud von le Fort indirekt aber auf die klassische Dramentheorie, die in klassischer Zeit von Aristoteles in seiner Poetik formuliert wurde. Entscheidend für die Qualität eines Dramas sei die Erweckung von ελεοσ (empathischem Mitleiden) und von φοβοσ (Erschauern und Erschrecken),[16] um eine innere Reinigung des Zuschauers anzustoßen. Das unterscheidend Christliche wäre in diesem Fall, dass es nicht allein um die Darstellung einer unerbittlichen Gerechtigkeit und einer unbarmherzigen Vergeltung gehe, sondern vielmehr um die Grö-

---

13 Vgl. GERTRUD VON LE FORT, *Woran ich glaube und andere Aufsätze*, Zürich 1968, 90.
14 Vgl. ebd., 91.
15 Vgl. ebd., 93.
16 Vgl. ARISTOTELES, *Poetik* 6, 1449b, 24f.: „δι ελεου και φοβου περαισνουσα την των τοιουτων παθηματων καθαρσιν"; vgl. ARISTOTELES, *Poetik*, übers. u. erläutert von Arbogast Schmitt (Aristoteles Werke in deutscher Übersetzung 5), Darmstadt/Berlin 2008, 9, 341.

ße des göttlichen erlösenden Erbarmens, das vom Dichter ‚auf den Thron gehoben' werden solle.[17] Diese Charakterisierung der Kunstprosa ist zwar an sich ausreichend, dennoch gilt es noch andere Spezifika herauszuarbeiten, die die Literatur des deutschsprachigen *Renouveau catholique* auszeichnen, wie ihre Aufdeckung der verdeckten Verkürzungen der Mehrdimensionalität des Menschen.[18] Dabei diente die historische Maskierung oft der Demaskierung der totalitären Wirklichkeit der NS-Diktatur. Aber auch der freien Gesellschaft ist das Bekenntnis des Glaubens eine Provokation, die die Götzen der Gegenwart infrage stellt. Erfreulicherweise hat sich an der Phil.-Theol. Hochschule Benedikt XVI. Heiligenkreuz mit dem EUPHRat ein eigenes religionsphilosophisches Institut etabliert. Dieses hat in den letzten Jahren nicht nur in Zusammenarbeit mit dem Heiligenkreuzer Be+Be-Verlag eine Serie von Klassikern der christlichen Literatur mit dem Label *‚Kleine Bibliothek des Abendlandes'* geschaffen, sondern auch eine Reihe von wissenschaftlichen Veranstaltungen von Niveau veranstalten können. Hervorzuheben sind in diesem Zusammenhang die Tagungen ‚Erzählen zwischen Geschichte und Heilsgeschichte' (2019) und ‚Eros und Jungfräulichkeit' (2021), deren reicher Ertrag sich in diesem Jahrbuch der Hochschule widerspiegelt. Im Fokus stand dabei eine Gruppe von engagierten Konvertiten, die den deutschen Renouveau catholique in besonderer Weise verkörpern.

Geschichte und Heilsgeschichte im Licht der Erlösung

Veit Neumann eröffnet den Reigen mit seiner profunden Einführung in den französischen *Renouveau catholique*, der in der trockenen Atmosphäre des Szientismus und Positivismus das spirituelle Vakuum durch die Sehnsucht nach Transzendenz befruchten wollte. Dieser literarische Aufbruch verstand sich daher als Gegenentwurf zur Gesellschaft, da er dem dumpfen Mittelmaß den Kampf ansagen wollte. Die Thematik reicht dabei von der Entscheidung des

---

17 Vgl. LE FORT, *Woran ich glaube*, 91.
18 Vgl. KRANZ, *Lexikon der christlichen Weltliteratur*, 13.

Menschen zwischen Gott und Teufel bis hin zum Ringen um seine
Konversion und die eigene Berufung zu einer positiven Veränderung der Gesellschaft.

Gudrun Trausmuth beleuchtet die Strahlkraft historischen Erzählens, wie es prägend für eine Epoche der literarischen Erneuerung wurde, die im Spiegelbild fiktiven historischen Geschehens
die Geschichte der menschlichen Seele mit Gott anschaulich machen wollte. Das unergründliche Sein des Lebens wird gerade anhand von leidenden und versuchten Gestalten in Beziehung auf die
ewige Berufung des Menschseins deutlich. Eine Niederlage kann
dennoch im Kontext der Erlösung der verlorenen Welt noch zu einem Sieg werden. Im Tanz der Allegorien und Symbole wird das
Wandelbare vom Unwandelbaren geschieden und die Perspektive
in Richtung des Schicksalhaften angesichts der Ewigkeit erweitert.

Als erster Protagonist des deutschen *Renouveau catholique* wird
von *Nicolaus Urs Buhlmann* der Konvertit, Historiker und Dichter
Werner Bergengruen vorgestellt. Da Bergengruen als einer der
Hauptvertreter eines idealisierenden christlichen Humanismus
galt, fielen seine populären, spannungsgeladenen, geradezu nach
einer Verfilmung schreienden Romane der Diffamierung und dem
Verdikt der 68er-Kulturrevolution zum Opfer, wobei Theodor Adorno ein führender Part bei dieser Kampagne zukam. Auch wenn
Bergengruen zuweilen im Gewand eines ‚christlichen Heiden' da-
herkam, behandelt seine ernste Kunst Weltanschauungsfragen aus
einer dezidiert christlichen Perspektive. Sie konnte daher angesichts
des Unrechtregimes der NS-Diktatur als oppositionell verstanden
werden, was ihm auch den Ausschluss aus der Reichsschriftsteller-
kammer einbrachte.

Vom Wesen mit Bergengruen verwandt schildert *Gundula Harand* die bekannte Schriftstellerin Gertrud von le Fort als kritische
Vermittlerin von christlicher Weisheit. Dabei geht es um die Frage
nach dem Heil in der Geschichte, das aber gerade die Menschen am
Rande erfahren, die Erlösung im Lichtwerden der dunklen Vernunft
finden. Ihre Dichtkunst gipfelt gerade in ihrer prophetischen Dimension, für die der Satz: ‚Immer geht es um Christus allein' steht.

Alkuin Schachenmayr bespricht ein Werk der ‚Inneren Emigration', Gertrud von le Forts 1943 geschriebene Erzählung ‚*Die Conso-*

lata', das von seinem Topos her eine literarische Aufarbeitung eines Konflikts mit einem ungerechten Diktator bietet. Allerdings wird die Szenerie in die mittelalterliche Welt der italienischen Stadtstaaten verlegt, genauer in die historischen Richtungskämpfe zwischen Guelfen und Ghibellinen, zugleich in eine frühe Anfangsphase demokratischer Bestrebungen. Das Evozieren von Interdikt, Psalmenfrömmigkeit und Franziskusrezeption verleiht der Erzählung eine religiöse Dimension. In der meisterlichen Inszenierung von Gertrud von le Fort wird die religiöse Bruderschaft von der Consolata zu einem Symbol für einen gerechtfertigten christlichen Freiheitskampf.

Hanna-Barbara Gerl-Falkovitz zeichnet die faszinierenden Facetten des sowohl ungeheuer talentreichen als auch von der Last der Behinderung des Taubseins gezeichneten Lebens der Konvertitin Ruth Schaumann nach. Die expressive Dichterin und Romanschriftstellerin war in so gut wie allen Sparten künstlerischen Schaffens erfolgreich: von der Modezeichnung bis zur Glasmalerei, von der Poesie bis zur verzaubernden Welt der Märchen. Sie konnte expressiven Holzschnitten, Skulpturen und Porzellanentwürfen ihre künstlerische Handschrift aufprägen. Ihr Vermächtnis stellen aber insbesondere ihre Romane wie ,Amei' dar, die Kinderschicksale darstellen. Von der ,Gruppe 47' wegen ihres christlichen Hintergrunds angegriffen, harrt sie weiterhin einer Wiederentdeckung.

In eine ganz andere Gattung führt *Bruno Hannövers* ausführliche Analyse der religiösen Dimension der Krimiautorin Agatha Christie. Weit davon entfernt, bloße Unterhaltungsliteratur zu produzieren, gelang es Agatha Christie, religiöse und existenzielle Fragestellungen in ihre spannungsgeladenen Detektivgeschichten so zu integrieren, dass die Leser sich möglicherweise zum Nachdenken provoziert sahen, ohne sich aber missioniert zu fühlen. Die Palette des Religiösen reicht bei Christie von Geistlichen als Mordopfern bis zu einem katholischen Detektiv, der für einen Mörder einen Rosenkranz betet. Obwohl nie zur katholischen Kirche konvertiert, erregte Agatha Christie noch Aufsehen, als sie ein Schreiben unterzeichnete, das Papst Paul VI. bat, die traditionelle Form des römischen Ritus weiterhin zuzulassen.

Eine denkerische Provokation stellt sicherlich auch der Ausflug *Norbert Feinendegens* in die Fantasy-Welt des Clive Staples Lewis dar, dem es in der Kriegszeit 1944/45 ein Anliegen war, ein kurzes Epos zu schaffen, das die hermetischen Grenzen zwischen Himmel und Erde transparent werden lässt. Als erzählerisches Pendant zu Dantes ‚Göttlicher Komödie' versetzt die Erzählung ‚The Great Divorce' – Die große Scheidung den Leser in eine Schattenwelt, die eine Art Spiegelbild einer unerlösten Welt darstellt. Obwohl es einen bunt angemalten, einladenden Autobus in den Himmel gibt, ziehen es die meisten Menschen vor, in einer grauen Welt zu bleiben, in der Streit und Beziehungslosigkeit herrschen, weil sie dieses Leben gewöhnt sind und es ihnen zu entsprechen scheint. Dennoch gibt es einen Führer zum Himmel, der den Glauben an Gottes universale Liebe vertritt und einladend wirbt.

Eros und Jungfräulichkeit

Einer mutigen Auseinandersetzung mit den Zeitströmungen des 20. Jahrhunderts widmet sich der Themenblock ‚Eros und Jungfräulichkeit'. Hanna-Barbara Gerl-Falkovitz wagt sich an eine Analyse von Thomas Manns Meisterwerk ‚Joseph und seine Brüder'. Thomas Mann, dessen Haltung man als ‚gottbezogene Gottesferne' charakterisieren wollte, hat sich mit seinem zwischen den Jahren 1937 und 1943 entstandenen Josephsroman an eine schriftstellerische und philosophische Auseinandersetzung mit den unterschiedlichsten Zeitströmungen herangewagt, zu denen auch der neuheidnische Schicksalsglaube der NS-Ideologie gehörte. Die Gottesvernunft des Ein-Gott-Glaubens steht in der Josephsgeschichte dem Götzendienst des Eros gegenüber, der als ‚Atem des Feuerstiers' beschrieben wird. Nach einer Theorie des Thomas Mann ist es der Hebräer Joseph, der Sohn des Jakob, der als ‚Usarsiph' dem Pharao Echnaton die Lehren des Monotheismus nahebringt.

Eine sehr engagiert vorgetragene Darstellung der Ehe als Lebens- und Passform gelang der Schriftstellerin Ida-Friederike Görres, die von Hanna-Barbara Gerl-Falkovitz unter dem Titel ‚Hoffnungsvoll, verwundet, leidenschaftlich, alltäglich: Ehe,Einsamkeit und Gnade im Blick von Ida-Friederike Görres' vorgestellt wird. Görres, die sich einst an ein Noviziat bei den Englischen Fräulein gewagt hatte, wurde nach ihrer Eheschließung innerhalb der Debatten der 68er-Kulturrevolution zu einer vehementen Verteidigerin der Ehe, die sie in ihrer nuancenreichen Sprachkunst als ein Geborgen- und Gehaltensein, das Leib und Seele umfasst, definieren will. Weit davon entfernt, die Schattenseiten des Alltags zu verheimlichen, setzt sie der Irrationalität des ungebundenen Eros die Sakramentalität der Ehe entgegen, die mit dem Auftrag verbunden ist, sich gegenseitig zu heiligen.

Das Spannungsfeld von Eros und Jungfräulichkeit stellt *Gudrun Trausmuth* anhand der Schriftsteller Gertrud von le Fort und Graham Greene dar. So unterschiedlich der Umgang beider Dichter mit den Möglichkeiten von Sprache und Erzählkunst auch sein mag – beide eint das Ideal der ‚größeren Liebe'. Im Mittelpunkt steht die Katharsis der Hauptperson, die innerhalb ihrer Geschichte einer Seele mit Gott einen Läuterungsprozess durchläuft. Graham Greenes ‚The Power and the Glory' bringt einen ‚Schnapspriester' zur Darstellung, der angesichts der Bedrohung durch eine mörderische Militärdiktatur zu ungeahnter Größe heranwächst, indem er sein Leben für die versprengte Herde der übrig gebliebenen Christen hingibt. Der packende Thriller Graham Greenes steht zwar in einem Kontrast zu der gehobenen und anspruchsvollen Dramatik Gertruds von le Fort, aber auch dort wird die Entscheidung für ein religiös motiviertes höheres Ethos glaubwürdig inszeniert.

Einer Auseinandersetzung mit Eros und Jungfräulichkeit aus der Perspektive des Priestertums sind die folgenden Beiträge von Thielmann und Buhlmann gewidmet. Der Lebensweg des Thomas Merton, der durch seine schriftstellerischen Arbeiten bestens dokumentiert ist, wird von *Kosmas Thielmann* in all seinen Facetten beleuchtet. Die einzelnen Stationen könnte man mit ‚Von Eros zu Philia und Agape' betiteln. Die erste Phase eines abenteuerlustigen Lebens eines atheistischen Studenten führte nach einer Existenzkrise zu der Konversion Thomas Mertons und zu seinem Klostereintritt – ein Bekehrungsweg, den er in dem Welterfolg ‚The Seven Storey Mountain' zu Literatur werden ließ. Aber auch die späteren Krisen, die ihn die Schönheit der Frauen wiederentdecken ließ, führten ihn letztlich zu einer größeren universal angelegten Liebesfähigkeit – ein Prozess, den er in seinen Tagebüchern offen und ehrlich beschreibt.

Nicolaus Urs Buhlmann wagt sich an eine Momentaufnahme der derzeitigen Krise des Priestertums, die er ,Zumutung aus der Ewigkeit – Über priesterliches Seelenleben' betitelt. Inmitten einer sexualisierten Gesellschaft ist der Priester versuchbar wie alle anderen Menschen. Trotz aller Selbstsäkularisierung infolge der Modernitätsfalle der Kirche bleibt dennoch die Berufung des Priestertums bestehen, die Gegenwart des Göttlichen in dieser Welt sichtbar werden zu lassen und dadurch ein Hoffnungsträger für viele Menschen zu sein. Paradigmatisch macht der Priesterroman ,Tagebuch eines Landpfarrers' von Georges Bernanos den Sieg der Erlösung gegenüber einer frustrierenden Gottesferne der Menschheit nachvollziehbar.

Priesterliche Spiritualität

Kardinal Kurt Kochs Homilien, die er in Heiligenkreuz in den vergangenen Jahren gehalten hat und die wir an dieser Stelle dankbarerweise veröffentlichen dürfen, eröffnen Grundbegriffe einer priesterlichen Spiritualität: Der selbstlose Dienst an Wahrheit und Frieden, der dadurch realisiert wird, dass im Namen Gottes seine Gegenwart in seinem lebendigen Wort verkündet wird. Gott groß zu machen macht die Sendung und zugleich die Größe und Demut des Priestertums aus. *Abt Maximilian Heims* Homilie auf den durch einen plötzlichen Unfall in den Bergen umgekommenen emeritierten Dekan der Hochschule, P. Dr. Norbert Stigler, lässt das Licht der Auferstehung über den Bergen aufleuchten.

Dieser Band des Jahrbuches AMBO hat sich entschlossen, einen grundlegenden Beitrag zur Unterscheidung der Geister quasi als Annex aufzunehmen: *Engelbert Recktenwalds* Plädoyer zur Rehabilitierung moralischer Intuition. Neuerlich diskutierte Moralsysteme, die von einer Orientierung anhand einer Wertmaximierung sprechen, versuchen ein Denken auf verschiedenen Ebenen zu etablieren. Eine kritische Reflexion einer Situation in moralischen Konfliktfällen zu einem ,Moralischen Realismus' führen solle, wird der ,Irrationalität' einer intuitiven Gewissensentscheidung vorgezogen. Es zeigt sich aber, dass hier wieder ein utilitaristisches Nutzenkalkül über die absoluten Werte der moralischen Intuition gestellt werden soll und somit alle Moral defacto korrumpiert wird. Die Nagelprobe der Frage des Widerstandsrechts – wie einstens in den Zeiten der NS-Diktatur – macht die Konsensfindung im gesellschaftlichen Dialog fragwürdig.

Als *Lectio spiritualis* ist dem diesjährigen AMBO der Jesus-Hymnus ‚Dulcis Iesu memoria' in einer deutschen Fassung aus der Feder des Philologen *Leo Bazant-Hegemark* beigegeben, die das lateinische Versmaß berücksichtigt und getreu ins Deutsche überträgt. Der Übertragung schließt sich ein kurzer Kommentar des Jesus-Hymnus an, der als ‚Jubilus' apostrophiert worden ist, weil er in der Gestalt eines fiktiven Gebetsdialogs ein Loblied auf das Erlösungswerk Christi anstimmt.

Den umfangreichen Band beschließen eine Würdigung der diesjährigen Gewinnerin des Augustin-Bea-Preises, Hanna-Barbara Gerl-Falkovitz, aus der Feder von *Wolfgang Hariolf Spindler,* ein Reigen von Rezensionen und der diesjährige Hochschulbericht als Dokumentation des Ist-Zustandes unserer akademischen Priesterausbildungsstätte, der wiederum viel Anlass zur Dankbarkeit gibt.

Diese Dankadresse richtet sich auch an die vielen ehrenamtlichen Professoren, die ihre herausragende wissenschaftliche Qualifikation unentgeltlich für die Heranbildung einer neuen Generation der Kirche zur Verfügung stellen. Der Dank ergeht aber auch an den großen Kreis der Förderer, die mit ihrer Spende einen Hochschulbetrieb mit einem Low-Cost-Budget ermöglichen, der es möglichst vielen Studenten gestattet, Theologie auf hohem Niveau zu studieren. Den Studenten wird dabei ein profunder Einblick in die Lehre der Kirche gewährt, die in ihrer prophetischen Dimension einen wohltuenden Kontrast zu der Orientierungslosigkeit der Welt und ihrer Ideologien darstellt.

II.
EINFÜHRUNG

Literatur und Glaube.
Zur Wiederbegegnung von Kultur
und Christentum.

Hanna-Barbara Gerl-Falkovitz

> „*Die Sprache tastet wie die Liebe*
> *im Dunkel der Welt einem verlorenen Urbild nach.*"
> Karl Kraus, 1913

Unsere Welt ist gesprächig. Zusammenleben findet nicht einfach nur statt, sondern muss besprochen werden. Deutung legt sich wie ein Netz über die Dinge. Text heißt wörtlich Gewebe, und längst leben wir in der „weltweiten Webe" des *World Wide Web*. Dieses Gewebe formiert eine zweite Wirklichkeit über der ersten – nicht selten so dicht, dass die erste darunter verschwindet oder eine andere Gestalt annimmt.

Die Griechen – längst bevor sie Philosophen waren – sprachen als Bauern und Fischer von dem Netz, *logos*, mit dem sie Fische an Land zogen. Die Maschenweite bestimmte die Größe des Fangs. So wird Sprache zum Netz: Dinge werden dadurch ausgelesen und erst sichtbar; Sprache hebt sie im Netz des *logos* ans Licht – nicht selten breitet sie auch Verdunkelung darüber.

Denn in der unersetzlichen Aufgabe der Deutung, der Humanisierung von Welt liegt auch die Versuchbarkeit der Sprache. Stellt sie letzten Endes nicht erst her, was sie nur zu deuten vorgibt? Überlagert die Vergegenwärtigung durch Sprache nicht die Gegenwart des Wirklichen? Oder, anders gefragt, ist wirklich nur, was die Sprache erst hinstellt? Die „linguistische Wende" des 20. Jahrhunderts hat einen außersprachlichen Bezug auf Wirklichkeit bezweifelt: Auch Denken sei nur sprachgebunden.

Von dort ist es nur ein Schritt zur Behauptung, dass es „in Wirklichkeit" die Wirklichkeit gar nicht gebe – wie das am zeitgenössischen Beispiel abzulesen ist, wonach Frau- und Mannsein nur sprachlich erstellt seien. Auch Biologie sei Kultur, nicht Natur; es gebe kein vorsprachliches Geschlecht. Der Funke Wahrheit, der darin steckt, wird damit zum lodernden Feuer der Konstruktionsthese, mit deren Hilfe es nichts mehr „gibt". Das reine Gegebensein wird verbrannt und erlischt – im Kopf. Das Spiegelkabinett der Konstrukte kennt nur noch Gemachtes, nichts Naturwüchsiges mehr. „Es sieht aus wie eine Ente, es quakt wie eine Ente, es watschelt wie eine Ente – was ist es? Das soziale Konstrukt einer Ente!"

Festzuhalten ist, dass das „Reden über" Macht ausübt – wie die Silbe „über" immer von einem erhöhten Standpunkt aus nach unten schaut: über-reden, über-zeugen, über-legen. Sofern Gegenstand dieser Macht die Dinge sind, steigert sich die Macht zu vergrößern oder zu verkleinern, zu heilen oder zu verletzen je nach deren Wertigkeit und Wichtigkeit, die ihnen eignet. Redet man aber „über" Menschen, kann sich solche Macht bis zum Rufmord (ein treffsicheres Wort!) steigern oder zum guten „Leumund" verdichten. Benutzt man nur noch *eine* Sprache, unterwirft man sich ihrer Weltdeutung. Sprachliche Homogenität ist immer eine Versuchung zur Hegemonie (wie es an den totalitären Systemen des 20. Jahrhunderts anschaulich wurde, oder umgekehrt, wie man totalisierende Tendenzen an Sprachungetümen mit Sternchen sehen kann). Außerdem gibt es eine freiwillige Unterwerfung, die sich mit dem kleinsten gemeinsamen Nenner, einem Wortschatz von 300 Wörtern, zufriedengibt. Die besonders flache Fertigteil-Sprache grüßt mit *MfG*. Wie praktisch!

Aber: Eine kleine Konferenz leistet Widerstand! In den beiden letzten Semestern fand an der Hochschule Heiligenkreuz zweimal ein Nachdenken zu den Großthemen „Theologie und Literatur" statt. Das erste Mal im November 2019: „Erzählen zwischen Geschichte und Heilsgeschichte" zu den Autoren C. S. Lewis, Gertrud von le Fort, Ruth Schaumann und Werner Bergengruen. Das zweite Mal im Mai 2021: „Eros und Jungfräulichkeit" zu den Themen Hohelied; Renouveau catholique; Priesterliches Seelenleben im Spiegel der Literatur; Thomas Merton; Graham Greene und le Fort; Ida Friederike Görres; Thomas Mann.

Die Beiträge sind nun in Ambo 6 versammelt und regen zur Nach-Lese an. Einige der behandelten Namen stehen trotz ihres Ranges nicht mehr im Licht der Öffentlichkeit; so sollten sie für kommende Generationen wiedergewonnen werden. Denn: „Ein gutes Gedicht ist ein Beitrag zur Wirklichkeit. Die Welt ist nicht mehr, was sie war, wenn man sie einmal um ein gutes Gedicht vermehrt hat." (Dylan Thomas)

Ebenso ist eindringliche Literatur ein Beitrag zur Theologie. Wie das? Die alte Hauptstadt des assyrischen Königreiches Babylon ist in der Überlieferung Israels schlecht beleumundet. Sie war nicht nur zweimal die Stadt der Verschleppung, des babylonischen Exils; sie war auch Ausdruck des Götzendienstes und des sträflichen Hochmuts. Ihr Hochmut wird schon in der Genesis gegeißelt: Babel ist die Stadt der Sprachverwirrung, ihr Name abgeleitet von (hebr.) *bilbul* = Wirrwarr. Alles, was Sprachgetöse und Durcheinanderreden bedeutet, wird in ihr versammelt: Keiner versteht den anderen; mehr noch, jeder verachtet den anderen wegen seiner Unkenntnis der anderen Sprache. Nicht verstehen und verachten rutschen rasch ineinander: Die Griechen nannten die Barbaren so, weil sie nur Gestammel verstanden.

Umgekehrt: Jerusalem ist die andere Stadt, die Stadt von anderswo, worin sich der Fluch des Durcheinanderredens umkehrt. 50 Tage nach der Auferstehung Jesu erleben die Apostel ein Sprachenwunder. Nicht werden plötzlich alle Sprachen gegenseitig verständlich, aber die eine Sprache Aramäisch, in der Petrus spricht, die eine Botschaft, die sie enthält, bildet keine Schranke mehr: Alle verstehen. Denn: „Das Wort zerreißt die Worte" (Origenes), der Logos zerreißt die logoi.

Dieser Band tastet in Zeiten von *bilbul* der Lösegewalt des Logos nach.

III.
DIE LITERATUR
DES RENOUVEAU
CATHOLIQUE –
EINE ERNEUERUNG
DER KULTUR DURCH
DEN GLAUBEN

Der Jungfrau verpflichtet, nicht dem Eros.
Was Kampf und Reinheit im Renouveau catholique mit der „pucelle" zu tun haben

Veit Neumann

1. Der Wert der Untersuchung von Merkmalen einer Bewegung von Schriftstellern

Wer Aussagen, die im Rahmen des „Renouveau catholique" getätigt werden, einordnen möchte, hat diese nicht isoliert, sondern mit Blick auf ihre Eingebundenheit in die Beschaffenheit dieser Schriftstellerbewegung zu sehen. Dies steht in direkter Verbindung mit der Pluriformität der Bewegung. Ihre beide Epitheta der Erneuerung („Renouveau") und des Katholischen stellen zwar wesentliche oder sogar *die* wesentlichen Charakteristika dar. Sie sind aber nicht die einzigen. Weitere Zentralpunkte des Wesens und Wirkens der als Familienähnlichkeit zu bestimmenden Gruppe katholischer Literaten sind Konversion, Berufung, Laientum, Kirche, Weltgestaltung, Einfachheit, Leiden, Frankreich sowie Kampf gegen das Mittelmaß. Jedenfalls geht das aus der Betrachtung des Renouveau catholique in seiner französischen Verwirklichung hervor, die die ursprüngliche ist. An den Mitgliedern des französischen Renouveau catholique lässt sich zeigen, dass es keinen einzigen Vertreter der Bewegung gibt, der alle diese Begriffe letztumfassend in sich vereinen würde. Es gibt jedoch hohe Wahrscheinlichkeiten, dass in den besonders bekannten Personen, die mit der Bewegung assoziiert werden, wenigstens etliche oder gar die meisten genannten charakteristischen Merkmale praktisch verwirklicht sind.[1]

---

1   VEIT NEUMANN, *Die Theologie des Renouveau catholique. Glaubensreflexion französischer Schriftsteller in der Moderne am Beispiel von Georges Bernanos und François Mauriac*, Frankfurt a. M. 2007, 87–98.

Es wird im vorliegenden Beitrag nicht die Methode einer In-
haltsanalyse mit Blick auf Vorkommenshäufigkeiten der Begriffe
Jungfräulichkeit bzw. Eros in Werken der Autoren, sondern die Betrachtung weniger zentraler Begriffe der Bewegung gewählt, die zu
den genannten Begriffen in Beziehung gesetzt werden. Somit wird
nicht der Weg begangen, den Begriff der Jungfräulichkeit inhalts-
analytisch zu fassen. Zu disparat erscheinen nämlich die Aussagen,
die von Autoren der im Sinne der Wahlverwandtschaft zu begrei-
fenden Gruppe diesbezüglich getätigt werden. Statt der Frage nachzugehen, welcher der Schriftsteller an welchen Punkten in seinem
Werk etwas über diese Themen gesagt hat und wie etwaige Differenzen zwischen diesen Erwähnungen bei den Schriftstellern zu deuten sind, wird erwogen, inwieweit das Werk und, damit in Verbindung stehend, das Leben des Schriftstellers bzw. der Schriftsteller
selbst von der Vorstellung von Reinheit und somit vom Streben nach
Reinheit her wahrgenommen werden kann. Der Begriff der Reinheit integriert im Weiteren Schwerpunkte der wertschätzend-katho-
lischen Wirklichkeitsgestaltung, darunter die Verwurzelung („Radikalität") in der Erfahrung von Versuchen glaubensungebundener
Lebensbewältigungsstrategien. Aus diesen gescheiterten Versuchen
heraus konstituiert sich wesentlich die Konversionsgeschichte. Das
heißt: Die Konversionsgeschichten wirken in den Autoren fort, in
ihrem schriftstellerischen Gestalten und in ihrer Lebensgestaltung.
Das Streben nach dieser Reinheit verwirklicht sich allerdings auch
im Kampf der vielen gegen alle Form von Mittelmäßigkeit; also integriert der Begriff der Reinheit die Radikalität und den Kampf gegen die Mediokrität. Der Haltung bei den katholischen Autoren, die
sich in einem sehr praktischen und nach Einfachheit strebenden
Lebensbezug äußert, wird allerdings eine symbolische Spitze hin-
zuzufügen sein.
    Es gibt eine allgemeine erotische, auf den Gott oder Dämon
Eros bezogene Problematik im Wirken von Schriftstellern. Im Falle der Renouveau-catholique-Autoren wird untersucht, ob bzw. inwieweit diese die erotisch-kreative Zweideutigkeit des Eros in ihren
Kampf integrieren, der das Bestehen im Leben zum Ziele hat. Was
sie betrifft, ist dieser Vorgang auf alle Fälle in Beziehung zu ihrer
Konversion bzw. Bekehrung zu sehen. Der lebensweltliche Bezug

der Autoren und ihre praktische Aufgelegtheit verdichten sich in ihren Konversions- bzw. Bekehrungsgeschichten. Und doch halten sie bei aller einfachen Lebensverbundenheit eine Figur als wesentliche Zusammenfassung, ja als Symbol ihrer katholischen Wirklichkeitsbearbeitung in hohen Ehren. Dieses Mädchen ist Kind und dennoch Kämpferin. Soviel sei zu Beginn angedeutet. Zunächst nun gilt umzusetzen, was ganz zu Beginn bereits vorgetragen wurde: Wer die Bedeutung von Aussagen im Milieu des Renouveau catholique betrachtet, hat zuvor einen Blick auf die Beschaffenheit dieser Bewegung zu werfen.

2. Der literarische Renouveau catholique

2.1 Wesen und Entstehung der Bewegung

Vier Phasen: Vier Phasen werden in der Geschichte des literarischen Renouveau catholique unterschieden. Vom *literarischen* Renouveau catholique wird im vorliegenden Beitrag ausgegangen. 1) Ihre Wurzeln hat die Bewegung in der ersten Hälfte des 19. Jahrhunderts. Als Wegbereiter wirken damals apologetische Autoren wie Chateaubriand, Lamennais, Montalembert, Frédéric Ozanam und Amédée Barbey d'Aurevilly. Schriftsteller des Zweiten Kaiserreichs wie Louis Veuillot, Ernest Hello und Antoine Blanc de Saint-Bonnet üben um 1880 einen starken Einfluss auf die entstehende Bewegung aus. 2) Die Bewegung selbst initiieren Paul Verlaine, Joris-Karl Huysmans, Maurice Barrès und Paul Bourget. 3) Große Verwirklichungen bringen Charles Péguy, Ernest Psichari, Francis Jammes und Paul Claudel hervor, 4) seit den 1920er-Jahren auch Georges Bernanos, François Mauriac und Julien Green. Zu den Hauptvertretern der Bewegung, den in der Öffentlichkeit stehenden Schriftstellern, zählen, auf den Zeitraum von gut hundert Jahren verteilt, außer den Genannten Léon Bloy, Henri Bremond, Ferdinand Brunetière, Henri Massis, Robert Vallery-Radot und Émile Baumann.[2] Die bekanntes-

---

2   HERMANN WEINERT, *Dichtung aus dem Glauben. Einführung in die geistige Welt des Renouveau catholique in der modernen französischen Literatur*, Hamburg ²1948, 1268. Art. *Renouveau catholique*, in: Brockhaus 18 (1998) 293f. Weitere Zusammenstellungen von

ten Schriftsteller des Renouveau catholique sind Huysmans, Bloy, Péguy, Claudel, Jammes, Bernanos, Mauriac und Green. Als Grundtexte des literarischen Katholizismus dieser Zeit gelten verschiedene Werke der ersten Generation des Renouveau catholique.[3] Bloys „Le Révélateur du Globe" (1884), „Le Désespéré" (1886) und „La femme pauvre" (1897) sind wichtige Etappen in der Geschichte des katholischen Romans.[4] Ein weiterer Meilenstein in der religiösen Literatur ist „Le Disciple" (1889) von Bourget. Teilweise programmatischen Charakter haben Maritains Schrift „Art et Scolastique", Bremonds „Prière et Poésie", Claudels „L'Art poétique" und Mauriacs „Le Romancier et ses Personnages". Die genannten Werke sind umstritten.[5] Es gibt keine für alle gültige „Magna Charta", aus der sich die Gruppe konstituiert hätte.

Entstehung: Ein Wurzelgrund der Bewegung ist die Tatsache, dass, wie die romantische Bewegung, der Renouveau catholique einen Gegenentwurf zur französischen Gesellschaft entwickelt. Die Anliegen der Romantik und des Katholizismus sind aber zu unterschiedlich, um eine gemeinsame Antwort auf die Umbrüche der Gesellschaft zu geben.[6] Das Interesse der Autoren des „Renouveau" richtet sich nicht auf die Stabilisierung der herrschenden Verhält-

---

Namen bieten JEAN LACROIX, *La crise intellectuelle du catholicisme français*, Paris 1970, 20, JACQUES JULLIARD, *Naissance et mort de l'intellectuel catholique*, in: Mil neuf cent 13 (1995) 5–137, und JEAN-MARIE LUSTIGER, *Gotteswahl. Jean-Marie Kardinal Lustiger im Gespräch mit Jean-Louis Missika und Dominique Wolton*, Augsburg 2002, 187. Lustiger zählt zu den „großen katholischen Schriftstellern, die zum Erbe der zeitgenössischen französischen Literatur gehören", Rimbaud, Verlaine, Bloy, Huysmans, Jammes, Péguy, Bernanos, Claudel, Mauriac sowie „einige Autoren neueren Datums, wie Stanislas Fumet, Pierre Emmanuel, Julien Green". Außerdem erwähnt er Maritain, Max Jacob und Jean Cocteau. Vgl. GEORG SCHWAIGER, *Papsttum und Päpste im 20. Jahrhundert. Von Leo XIII. zu Johannes Paul II.*, München 1999; 138f. Von den Autoren des literarischen Renouveau catholique nennt Schwaiger Bernanos, Claudel, Mauriac, Jammes, Bloy und Péguy, der einer „der bedeutendsten Vorkämpfer des ‚Renouveau catholique' in Frankreich" geworden sei.

3   MICHAEL EINFALT, *Nation, Gott und Modernität. Grenzen literarischer Autonomie in Frankreich 1919–1929*, Tübingen 2001, ab 191.

4   RICHARD GRIFFITHS, *Révolution à rebours. Le renouveau catholique dans la littérature en France de 1870 à 1914*, Paris 1971, 22. Léon Bloy konvertiert unter dem Einfluss von Barbey d'Aurevilly bereits 1869. Allerdings bestimmt der Glaube seine literarische Produktion erst nach einer neuerlichen religiösen Krise, die von 1878 bis 1882 dauert.

5   HANS URS VON BALTHASAR, *Bernanos. Gelebte Kirche*, Einsiedeln/Trier 1988, 183. Von Balthasar schreibt, Henri Bremond zerreiche in seinem Schlüsselwerk „Prière et Poésie" die Nähe von schriftstellerischer Inspiration und Gebet auf unerträgliche Weise.

6   FRÉDÉRIC GUGELOT, *La conversion des intellectuels au catholicisme en France 1885–1935*, Paris 1998, 129. Der persönlich bekannte Glaube führt zu höherwertigen künstlerischen Erzeugnissen, als das Aufgreifen der katholischen Form allein sie hervorbringen könnte.

nisse, vielmehr auf die im Verhältnis dazu alternative Deutung und Veränderung der Gesellschaft. Bis zum Beginn der Dritten Republik in Frankreich hat die Erneuerungsbewegung in verschiedenen Bereichen der Kirche Einfluss gewonnen. Zwischen 1875 und 1914 sowie nach dem Ersten Weltkrieg zeigt sich, anders als in der Politik, eine lange nicht mehr gekannte Präsenz der Katholiken in den Bereichen der Philosophie, der Literatur und der Kunst.[7] Zwar wird mit dem Begriff des Renouveau catholique oft der literarische Teil der Bewegung bezeichnet. Tatsächlich aber geht der Renouveau catholique darüber hinaus. **Erneuerung:** Die Erneuerung setzt im zweiten Drittel des 19. Jahrhunderts ein. Schrittweise kehrt die Kirche zu den zentralen Plätzen intellektueller Aktivität und künstlerischer Gestaltung in Europa und besonders in Frankreich zurück. Dass Mitglieder der Elite und Schriftsteller die Anliegen der Kirche in der Öffentlichkeit offensiv vertreten, widerspricht einer Tendenz zum Rückzug, die es damals in der Kirche ebenfalls gibt. Die katholischen Schriftsteller reagieren auf den Verlust der Bedeutung des Glaubens an der Wende zum 20. Jahrhundert.[8] Der Renouveau catholique kann als ein Zeichen verstanden werden, das dafür steht, dass sich die Kirche von den Auswirkungen der Reformation und der Französischen Revolution erholt hat.[9] Die Bedingungen für die katholische Erneuerungsbewegung sind günstig. Dazu nur kurz: „Es ist nicht erstaunlich, dass sich diese Reaktion [der Renouveau catholique, d. V.] zunächst in der Welt der Literatur bemerkbar machte, wo die Vorstellungskraft und die Sensibilität eine privilegierte Rolle spielen."[10] Viele Republikaner sind überzeugt, dass die Trennung von

---

7   Lacroix, *Crise intellectuelle*, 20.
8   Gugelot, *Conversion*, 268.
9   Latreille, *Le Pontificat de Pie VI*, VII: Die Französische Revolution habe die Erneuerung der Kirche erzwungen. Alexander Calvert, *The Catholic literary Revival: three phases in its development from 1845 to the present*, Milwaukee 1935, ab 19. Die Romantik habe die Kirche zu „Äußerungen frischen Lebens" angeregt, wie auch Teile der „alten Welt" danach strebten, sich durch eine Verquickung mit ihren katholischen Ursprüngen zu erneuern. Jene, die die Trennung der katholischen Erneuerung von der „alten Welt" betonten, machten die Gleichsetzung der Erneuerung der Kirche mit der Romantik unmöglich.
10 Griffiths, *Révolution*, 17. Das Interesse an religiösen Fragen breitet sich in Dichterzirkeln um junge Literaturzeitschriften aus. Ebd., 325, wonach die Bedeutung des literarischen Renouveau catholique für die Geschichte der französischen Literatur in der Reaktion liege, die sie dem „schleichenden Materialismus" entgegenstellte.

Staat und Kirche die letzte Etappe eines Kampfes gegen den Obskurantismus sei. Tatsächlich erregt das Freidenkertum unter den Intellektuellen nur noch wenig Enthusiasmus. Positivismus und Szientismus hatten im 19. Jahrhundert den menschlichen Geist auf ein materielles Verständigungsinstrument reduziert. Der Renouveau catholique ist gleichzeitig die Antwort auf die Sehnsucht nach Transzendenz, die aus dem spirituellen Vakuum entsteht. Durch seine religiöse Grundausrichtung bringt der literarische Renouveau catholique geläufige literarische Konzepte in Bewegung. Georges Bernanos schreibt: „Der Unklarheit des 19. Jahrhunderts, seiner Anarchie und seiner abscheulichen Vermischung der moralischen Werte ist alles vorzuziehen. Dem modernen Roman fehlt Gott, aber auch der Teufel."[11] Nach dem Ersten Weltkrieg nimmt die gesellschaftliche Bedeutung des Katholizismus zu. In der streckenweise programmatischen Schrift „Le Renouveau catholique" stellt Louis Rouzic erstmals das katholische Geistesleben Frankreichs in dieser Zeit umfassend dar.[12] Katholiken treten nach dem Ersten Weltkrieg mannigfach hervor, Claudel etwa in der Dichtung, Bourget im Roman, Bremond als Kritiker, Georges Goyau in der Geschichte und Jacques Maritain in der Philosophie.[13]

2.2 Merkmale der Bewegung in der Betrachtung anhand ihrer Mitglieder

2.2.1 Gläubiger Individualismus durch Bekehrung

Der Renouveau catholique, der hier infrage steht, ist ein Aufbruch, der sich in der und durch die Literatur ausdrückt. Er verdichtet sich in der Existenz und in den Werken der Schriftsteller, denen in der Regel die Konversion zum Katholizismus oder die geistliche Bekehrung innerhalb des Katholizismus, zumindest jedoch eine Neubesinnung auf dessen Bedeutung und Wert gemeinsam ist. Die Autoren bilden faktisch eine Elite und machen aufgrund ihrer schriftstellerischen Tätigkeit, zu der sie sich berufen sehen, aus

11   GEORGES BERNANOS, *Essais et écrits de combat*, Bd. I, Paris 1971, 1047.
12   LOUIS ROUZIC, *Le Renouveau catholique. Les Jeunes avant la Guerre*, Paris 1919.
13   Dazu auch EINFALT, *Nation*, ab 188.

dem Renouveau catholique einen vor allem literarischen Aufbruch.[14] Er ist keine literarische Schule mit einem einheitlichen ästhetischen Programm, sondern eine Bewegung zahlreicher Individualisten eines Glaubens. In diesem Sinne schreibt Léon Bloy, er versuche in Frankreich aus eigener Kraft eine neue literarische Strömung christlicher Spiritualität hervorzubringen.[15]

2.2.2 Weltgestaltung

Bei allem Interesse an der Mystik und bei aller Opposition gegen die Republik sehen die Autoren ihre Berufung in der Gestaltung der Welt. Daher lehnen sie die Gesellschaft nicht ab, sondern setzen sich in ihr für die katholischen Ideen ein, auch um der mystischen Sendung Frankreichs nachzukommen. Schriftsteller wie Mauriac sind weit davon entfernt, sich in die Welt wohlmeinender Frömmigkeit zurückzuziehen.[16] Auch auf Claudel trifft die Aussage, die Autoren würden die Welt verneinen, nicht zu.[17] Das überzeugte Bekenntnis zum Katholizismus führt ihn zwar in die berufliche Isolation. Auffällig an Claudel ist jedoch, „trotz oder ebensosehr infolge seines Katholizismus, eine immerfort zum Ausdruck kommende Grundhaltung der Welt gegenüber: eine Haltung, die eine fast emblematische Reinheit erlangt und die ich [...] *die auf das Ja ausgerichtete Gesinnung* nennen werde. Ein umfassendes, vorbehaltloses Ja,

---

14   HERMANN KARL WEINERT, *Renouveau catholique*, in: LThK² 8 (1963) 1268. Art. *Renouveau catholique*, in: Brockhaus 18 (1998) 293f.

15   LÉON BLOY, *Briefe an seine Braut*, 46. Vgl. ebd., 126, wonach Bloy die konvertierten Schriftsteller Coppée und Huysmans „zeitgenössische Apostel" nennt. Vgl. LÉON BLOY, *Les dernières colonnes de l'Église*, Paris 1903, 12: „Man kann sagen, dass es wenige Beispiele einer Rückkehr zur Tugend gibt, die eine so große Zahl an Zeitgenossen erbaut hätten."

16   FRANÇOIS MAURIAC, *Der große Abend*, Graz 1934, 10, 39, schreibt: „Sollte mein Büchlein nur an gläubige Herzen herankommen, dann geriete ich aufrichtig in Sorge, ob ich nicht gleichzeitig meine und ihre Zeit vergeudet hätte. Denn an die Außenstehenden, an den ablehnenden oder gleichgültigen Unbekannten, habe ich dabei gedacht. [...] Sollte ich mich vielleicht dazu entschließen, als winziges Fünkchen in jenem Feuer zu leuchten und zu lohen, das Er ‚gekommen ist, in die Welt zu bringen'?"

17   JEAN AMROUCHE (Hg.), *Paul Claudel. Mémoires improvisés*, Paris 1954, 51. Claudel erklärt, er müsse die Welten der Dichtung und des Christentums zusammenführen. MICHEL DESPLAND, *La Gnose et les Poètes romantiques français*, in: RAYMOND LEMIEUX, RÉGINALD RICHARD (Hg.), *Gnoses d'hier et d'aujourd'hui. Les Cahiers de recherches en sciences de la religion*, Bd. 7, Québec 1986, 201–213, hier: 206. Wie wenig ausschließlich-gnostisch Claudel in seinem positiven Lebensgefühl ist, zeige sich vor dem Hintergrund der Aussage, dass die Gnosis die Auffassung vertrete: „Die Existenz selbst ist schon Unrecht."

ein fast gefräßiges Ja zur *Schöpfung* in ihrer Gesamtheit. Claudels Gefühl für das *irdische Jammertal* ist nie sehr tief gewesen"[18]. Statt seinen Körper durch jansenistische Aszese abzutöten, sieht Claudel die Welt als eine ewige Hymne an den Schöpfer, für die gemäß dem heiligen Augustinus auch die Sünde nutzvoll sei.[19] In Sachen Weltbezug steht Claudel laut Julien Gracq im Gegensatz zu Jean-Paul Sartres „auf das Nein ausgerichtete Gesinnung". Claudel verweist auf die Talente der Autoren, die ihnen Gott zum Einsatz in der Welt gegeben habe: „Welchen Gebrauch haben wir daraus gemacht zum Wohl unserer Brüder? Welchen zur Verteidigung der Kirche?"[20]

2.2.3 Praktische Einfachheit

Die meisten Schriftsteller haben eine Liebe zur Einfachheit in der Religion, eine Haltung des Vertrauens und der völligen Hingabe an Gott.[21] Das Bild der Nacht ist wiederkehrend. Nacht bedeutet die Unwissenheit der menschlichen Überlegungen, die der wahren Erkenntnis gleichzusetzen sei. Claudel schreibt an Gide über die Niederlage der Wissenschaft des 19. Jahrhunderts: „Endlich werden wir mit vollen Lungen die heilige Nacht, die seligmachende Unwissenheit atmen."[22] Die Nacht gilt als die Zeit, in der sich das Bewusstsein des Menschen nicht mehr verteidigt. Der Mensch überlässt sich Gott. Dabei wird der Begriff des Wissens in einem tiefen Sinn gedeutet. „Die Unschuld ist wissend und die Erfahrung ist unwissend."[23] Bei Péguy entspricht die Einfachheit des Gotteswortes der Einfachheit der Begegnung zwischen Mensch und Gott. Der Christus in

---

18   JULIEN GRACQ, *Entdeckungen. Essays zu Literatur und Kritik*, Stuttgart 1965, ab 84. Hervorhebung im Original.

19   GEORGES CATTAUI, *Orphisme et prophétie chez les poètes français 1850–1950*, Paris 1965, 216.

20   Brief von Claudel an Frizeau vom 14. Juni 1911, in: PAUL CLAUDEL (Hg.), *Francis Jammes, Gabriel Frizeau. Correspondance, 1897–1938. Avec des lettres de Jacques Rivière*, Paris 1952, 215.

21   GRIFFITHS, *Révolution*, 59. JACQUES MARITAIN, *Carnet de notes*, Paris 1965, 40, würdigt den Glauben der Kinder: „Aber um zu Gott zu sprechen, muss man nur sagen: Oh mein Vater, gebt mir den Glauben eines kleinen Kindes."

22   PAUL CLAUDEL, ANDRÉ GIDE, *Correspondance 1899–1926. Préface et notes par Robert Mallet*, Paris 1949, Brief vom 7. August 1903, 48.

23   CHARLES PÉGUY, *Le Mystère des saints Innocents*, in: Œuvres complètes, VI, Genf 1974, 178. Ebd., 174: „Die Eltern, die großen Personen wissen nichts. Und es sind die Kinder, die alles wissen. Denn sie wissen die erste Unschuld. Und das ist alles." Die Nacht ist auch ein Hauptthema von Péguys „Mystère des Saints Innocents".

der Passionserzählung in seinem Werk „Mystère de la Charité de
Jeanne d'Arc" ist ein einfacher Landmann. Der Bauer gilt als der tra-
ditionsverbundene Katholik, den die Ideen aus der Hauptstadt nicht
angesteckt haben. Er ist den Abgründen des Unglaubens entgangen
(denen die katholischen Schriftsteller durch die Konversion entkommen seien). Der Bauer stellt die Kontinuität des Christentums und
den unerschütterlichen Glauben dar, den die Konvertiten suchen.
„Er belastet sich nicht mit komplizierten Überlegungen, er arbeitet
und Gott ist mit ihm."[24] Neben Péguy macht Jammes aus dem Bauern ein Symbol der Einfachheit. Jammes ist ein Dichter des Landes,
der fast sein ganzes Leben in Orthez in den Pyrenäen verbringt.
Diese Einfachheit spiegelt sich in seinem franziskanisch-einfachen
literarischen Stil. Auch bei Claudel taucht das Symbol für den einfachen und festen Glauben auf. Anne Vercors in Claudels „L'Annon-
ce faite à Marie" (1910) steht für diese Spiritualität des bäuerlichen
Lebens. Auch Jeanne d'Arc wird von Claudel und Péguy vor allem
als einfaches und vertrauensseliges Landmädchen beschrieben, wobei sie mehrere weitere Merkmale wie Patriotismus, Sendung des
christlichen Frankreich und Antipazifismus trägt. Die Vorstellung
vom Glauben ist im Renouveau catholique sinnlich geprägt. Dem
entsprechen ein häufiges Interesse am Wunderhaften und die Suche
nach Zeichen. Ausgeprägt ist, bei Péguy wie auch bei vielen anderen
Autoren, der Sinn für die Inkarnation, die Wirklichkeit der Menschwerdung in der Zeit. Wie Péguys Jeanne d'Arc jene beneidet, die Jesus sahen und anfassten, so wünscht sich Anne Vercors bei Claudel
mit ihren Sinnen die Stelle zu betrachten, an der das Kreuz in der
Erde stand. Zwar weiß Anne um die Anwesenheit des Allerheiligsten
im Tabernakel. Dennoch braucht sie einen physischen Kontakt mit
den Spuren des menschgewordenen Christus.

2.2.4 Leiden und Verdienste

Die Vorstellung von der Übertragbarkeit des Sühneleidens ist ein
wesentliches Element des christlichen Denkens der Epoche.[25] Im
19. Jahrhundert bis zum Ersten Weltkrieg erfährt die Vorstellung von
der stellvertretenden Wiedergutmachung der Sünden durch das Leid

---

24   GRIFFITHS, Révolution, ab 61, insbesondere 64.
25   Ebd., 148, 199.

einen Aufschwung. Die Behandlung des Themas Leiden ist ein wichtiger Faktor für die Konvertiten auch insofern, als eigenes Leid häufig
ihren Konversionsprozess angestoßen hat. Als vornehmste Form des
Opfers wird es angesehen zu leiden, nicht um eine Gnade zu erhalten,
sondern um für die Sünden der Menschen zu büßen.[26] Die Betonung
des Sühneleidens im Frankreich des 19. Jahrhunderts findet sich auch
bei den Schriftstellern, die die Aspekte des Katholizismus betonen,
die Ungläubige und laue Christen aufrütteln sollen.[27] Mauriac erklärt,
die Welt ertrage nicht die Mystiker des Leides. „Welches aufreibende
Werk sie leisten, vermag sie [die Welt, d. V.] noch nicht einmal zu ahnen. Für die Betrachtung des leidenden Christus zu leben – das ist ein
Gedanke, der über ihren Horizont geht."[28] Bei Bloy und Huysmans
hat das Sühneleiden zentrale Bedeutung für das Gesamtwerk.[29] Zwi-

---

26 Green schreibt an Maritain über das Thema seines Romans „Varouna": „Vielleicht ist das
    Thema dieses Buches trotz allem nur eine Art Kommentar zu der christlichen Idee der
    Solidarität der Seelen. [...] Ich hätte diesen Satz von Bloy zitieren können – und diesen Satz,
    da bin ich mir sicher, dass Sie ihn sehr lieben: ‚Eine solche Bewegung der Gnade, die mich
    vor einer schweren Gefahr schützt, hat bestimmt werden können durch einen solchen Akt
    der Liebe, der an diesem Morgen oder vor 500 Jahren begangen worden ist (Hervorhebung
    von mir [Julien Green, d. V.]) durch einen sehr dunklen Menschen, dessen Seele so ge-
    heimnisvolle Weise meiner entsprach, und die somit ihren Lohn erhält ...'. Was ist diese
    Entsprechung, wenn nicht ein Aspekt der Gemeinschaft der Heiligen?" Brief von Green
    an Maritain vom 11. Mai 1942, in: JEAN-PIERRE PIRIOU (Hg.), *Une grande amitié. Corres-
    pondance Julien Green et Jacques Maritain 1926–1972*, Paris 1979, 82. Maritain antwortet:
    „Das Geheimnis, das Sie angehen, ist in Wirklichkeit viel tiefer und viel merkwürdiger
    menschlich als die Seelenwanderung. [...] Diese Idee [...], dass es im Leben der Welt eine
    Solidarität der Seelen und eine Übertragbarkeit gibt, die einigermaßen der Gemeinschaft
    der Heiligen entsprechen, finde ich hier lebendig wiedergegeben. [...] wobei sich die mora-
    lischen Situationen durch die Zeit hindurch wiederholen. Und die Kette, wie Sie leuchtend
    angeben, kann nur durch einen freien Liebesakt durchbrochen werden." Brief von Mari-
    tain an Green vom 4. Oktober 1941, in: PIRIOU (Hg.), *Une grande amitié*, 84.
27 GRIFFITHS, *Révolution*, 141. BLOY, *An seine Braut*, 118: „[...] die Hauptanziehungskraft
    des Christentums ist für mich immer die Unermesslichkeit der Schmerzen Christi ge-
    wesen, die grandiose, alles Sein übersteigende Schrecklichkeit seiner Passion." Ebd.,
    141: „Für die andern leiden, ja, das kann eine große Freude sein, wenn einer eine hoch-
    gesinnte Seele hat, aber in den andern leiden: hier fängt das wahre Leiden an!" Ebd.,
    196: „Dazwischen Aufhellungen von Freude, weil wir uns leiden sehen."
28 MAURIAC, *Der große Abend*, 60. Allerdings steht Mauriac einer Leidensideologie durch-
    aus kritisch gegenüber. FRANÇOIS MAURIAC, *Leid und Glück des Christen*, Essen/Frei-
    burg 1948, ab 34: „Es klingt unglaublich, ist aber doch wahr: auch die Lust am Leid ist
    eine sinnliche Begierde. [...] Lust zu leiden ist die hartnäckigste aller Leidenschaften."
29 JORIS-KARL HUYSMANS, *Vom Freidenkertum zum Katholizismus. Selbstbekenntnisse*, Hil-
    desheim 1914, 127. In Huysmans Autobiografie erfährt Durtal das Bekenntnis seines
    Seelenbegleiters: „Ich glaube an die mystische Stellvertretung, von welcher ich Ihnen
    gegenüber gesprochen habe. Sie werden Sie an sich selbst wahrnehmen. Heilige Seelen
    werden, um Ihnen zu helfen, für Sie den Kampfplatz betreten; sie werden die meisten
    Ihrer Versuchungen, die Sie nicht besiegen können, auf sich nehmen."

schen 1870 und 1914, besonders aber um die Jahrhundertwende,
sprechen fast alle Autoren von der Übertragbarkeit des Leidens zum
Zweck der Sühne.[30] Huysmans' in dieser Hinsicht einschlägige Werke „En Route" und „Sainte Lydwine de Schiedam" tragen zur Konversion zahlreicher Menschen bei. Die meisten Schriftsteller, die von der
Übertragbarkeit der Leiden handeln, verehren die Jungfrau von La
Salette. Die Marienfrömmigkeit von La Salette zieht die Autoren stärker an als die an Lourdes orientierte Marienfrömmigkeit.[31] Der Berg
in den Alpen, auf dem La Salette liegt, soll ein neuer Kalvarienberg
der Sühne, der Wiedergutmachung, des Opfers, des Gebets und der
Buße werden. An Lourdes lieben sie die menschlichen Leiden, die
dort zu sehen sind, eher als die Botschaft der Hoffnung und Freude.[32]
Für sie ist das wahre Wunder ein Mensch, der nach Lourdes geht,
um die Gnade zu erhalten, krank zu sein.[33] Ihnen gilt das Leid als
das wahre Los des Christen.[34] „Wenn es etwas Göttliches in uns gibt,
muss dieses Göttliche auf eine Weise leiden, die in einem Verhältnis
zu seiner Größe steht."[35]

Das Leiden hat in Claudels Werk große Bedeutung, Bloy rühmt
den Schmerz.[36] Das Geheimnis der Übertragbarkeit der Leiden steht
in der Mitte seines Glaubens.[37] Als Glieder des Leibes Christi sei es
die Pflicht der Christen, sein Opfer auf der Erde zu verlängern, bis es

---

30   GRIFFITHS, *Révolution*, 141. Huysmans schreibt: „Sicher wird dieser Teil des Katholizis-
       mus: von der Sühne und dem Leiden, vom Klerus kaum unterrichtet, aus Furcht, die
       Leute zu verscheuchen; er ist jedoch der einzig wahre, der vom Kalvarienberg herunter-
       fließt; in einem Wort, er ist die reine theologische Mystik."
31   ÉTIENNE FOUILLOUX, *Courants de pensée, piété, apostolat: le catholicisme*, in: JEAN-MARIE
       MAYEUR (Hg.), *Histoire du christianisme des origines à nos jours, XII: Guerres mondiales et
       totalitarismes*, Paris 1990, 116, 239, hier: 116ff. Zur Bedeutung der Marienerscheinun-
       gen ebd., 192f.
32   LÉON BLOY, *Vier Jahre Gefangenschaft in Cochons-sur-Marne, Tagebücher des Verfassers,
       1900–1904*, Nürnberg 1951, 89: „Gewisse Heilungen in Lourdes legen den Gedanken
       nahe, dass der Teufel dabei seine Hand im Spiele habe. Die Wallfahrer sind Christen (!),
       deren einziges Anliegen ihr eigenes Fleisch ist und die Heilung nur finden, um desto
       sicherer der Verdammnis zu verfallen."
33   GRIFFITHS, *Révolution*, 145.
34   MARITAIN, *Carnet de notes*, 122f. Auch im theologischen Umfeld der Autoren des Renou-
       veau catholique ist diese Vorstellung vorhanden. So sagt Reginald Garrigou-Lagrange
       zu Jacques Maritain: „Die heilige Jungfrau liebt Sie sehr. Sie werden sehr viel leiden."
35   GREEN, *Pamphlet contre les catholiques de France*, Paris 1982, 64.
36   GRIFFITHS, *Révolution*, 144, 182f.
37   Ebd., 168. Bei Bloy ist das Thema der Wiedergutmachung das antibürgerliche Thema
       schlechthin. BLOY, *Vier Tage*, 147: „Die allermeisten Bürger sterben ohne Beichte, gälte
       es doch sonst *wiedergutzumachen* [...]."

ganz vollbracht ist. Das Thema der Übertragbarkeit der Sühneleiden nimmt einen beherrschenden Platz auch im Werk von Huysmans ein.[38] Huysmans möchte mit seinen Beschreibungen eines leidenschaftlichen Katholizismus die zahlreichen Katholiken wachrütteln, die „aus Lauheit des Glaubens, aus menschlichem Respekt und aus Unwissenheit die Mystik nach Kräften in die Irrenhäuser und die Wunder in den Schrank des Aberglaubens und der Legenden verweisen"[39]. Die Heiligen bei Huysmans werden physischen Qualen unterworfen. Als Huysmans an einer Krebserkrankung in der Mundhöhle stirbt, lehnt er jede Narkose ab, um seine Sünden und die Sünden der Welt zu sühnen. Péguy macht vor dem Ersten Weltkrieg aus der Gemeinschaft der Heiligen einen der Pfeiler seiner religiösen Weltsicht.[40] In seinem Werk „Ève" von 1913 verkündet er, dass die Kämpfer des zeitlichen Gottesreiches selig seien.[41] Bourget und Psichari haben die Vorstellung, der Soldat setze sich für die Vergebung der Sünden anderer ein und sühne sie durch seinen Tod im Krieg.[42]

2.2.5 Kampf gegen das Mittelmaß

Die Botschaft des Georges Bernanos ist durchdrungen von der radikalen Ablehnung aller Mittelmäßigkeit, in der sich das Gute und Böse das Gleichgewicht halten würden.[43] Das Elend der Welt sind für ihn nicht die entschiedenen Gottlosen, sondern die mittelmäßigen Christen. Sie sind Opfer der kapitalistischen Zivilisation, die keinen Opfergeist zu wecken vermag.[44] So suchen manche

---

38 ROBERT BALDICK, *Vie de J. K. Huysmans*, Paris 1975.

39 JORIS-KARL HUYSMANS, *Sainte Lydwine de Schiedam*, Paris 1901, 287.

40 CHARLES PÉGUY, *Un nouveau théologien, M. Fernand Laudet (1911)*, Œuvres en prose complètes III, Paris 1992, 406. PIE DUPLOYÉ, *La Religion de Péguy*, Paris 1965, 96.

41 GRIFFITHS, *Révolution*, 299f.

42 Entsprechend vertritt Massis die Ansicht, wonach Psichari gefallen sei, um die Sünden Ernest Renans, seines protestantischen Großvaters, zu sühnen. Als einen neuen Kreuzzug, vor allem gegen den Protestantismus, begrüßen Psichari, Péguy und andere den Ersten Weltkrieg. Zu finden ist die Auffassung von der Sendung der französischen Armee auch in den Werken von Claudel und Bourget. Tatsächlich gehen viele katholische Soldaten mit dem Gebetsanliegen an die Front, dass ihr Opfer zur Verwirklichung des göttlichen Planes diene.

43 RUDOLF KELLER, *Georges Bernanos und seine Kirche. Ein Beitrag zur innerkirchlichen Kritik am Katholizismus*, in: Reformatio, Zeitschrift für evangelische Kultur und Politik 9 (1960) 87–95, 143–152, hier: 151. Dazu HANS EGON HOLTHUSEN, *Bernanos als Dichter der Kirche*, in: Hochland 48 (1955/56) 267–278, hier: 276.

44 GEORGES BERNANOS, *Die großen Friedhöfe unter dem Mond. Mallorca und der Spanische Bürgerkrieg*, Zürich 1983, 20.

Christen vor allem nach dem persönlichen Glück. Sie meinen, der Messias sei gekommen, um die Türen zum irdischen Paradies zu öffnen. Bernanos kritisiert, man wolle den Herrn erneut kreuzigen, unter dem Vorwand, dass ein ans Kreuz geschlagener Messias, der dazu auffordert, sich mit ihm kreuzigen zu lassen, kaum der wahre Messias sein kann.[45] Über Christen, die Bernanos in diese Tradition einordnet, schreibt er: „Ich habe mich seit Langem mit diesen Grabmälern abgefunden. Von ihnen erwarte ich selbstredend nichts.“[46] Den Gegenentwurf zur Mittelmäßigkeit bietet der Heilige. Aus dem Widerstreit zwischen der Gnade, die beruft, und der Regel, die die Form erhält, entstehen die schmerzhaften Konflikte zwischen dem geistlichen Menschen und dem Menschen des Apparates, dem Mittelmäßigen, Ambitionierten und Gesättigten.[47] Die Mittelmäßigkeit bringt Menschen dazu, auf ihre Freiheit zu verzichten und unterwürfig zu sein, statt dass sie echten Gehorsam leisten. „Die Heiligen waren gehorsam, nicht unterwürfig, und nur ein mittelmäßiger Priester kann Gehorsam und Unterwürfigkeit verwechseln.“[48] Er selbst wolle gar nichts anderes tun als gehorchen, schreibt Bernanos: „Der Papst soll reden, und ich werde als Erster gehen.“[49] Die Mittelmäßigen suchen nur das Angenehme und das Nützliche. Daher ist ihr Bewusstsein von Gut und Böse falsch. In einer Zeit des Fortschritts und der Wissenschaft sind sie gegenüber den übernatürlichen Werten und der Transzendenz gleichgültig. Metaphysische Erscheinungen werden durch abstrakte, intellektuelle Schemata eingeebnet, die Welt wird entgeistigt. Der Verlust dieser geistigen Lebenskraft wird mit einem großen Aufwand an Energie durch die Schaffung einer neuen Ordnung, die im Gegensatz zur alten gesehen wird, überspielt. Freiwillig entfremdet man sich von Gott, sodass man innerlich verkümmert. Der Mittelmäßige ahnt

---

45   GEORGES BERNANOS, *Das sanfte Erbarmen. Briefe des Dichters*, Einsiedeln 1951, Brief vom
         April 1946, 109.

46   Ebd., Brief vom 5. März 1939, 81.

47   RENÉE DUFOURT, *L'Eglise des Saints chez Bernanos*, in: Lumière et vie. Revue de formati-
         on doctrinale chrétienne 16 (1967) 81ff., hier: 105. Im „Tagebuch eines Landpfarrers" ar-
         beitet Bernanos die Spannungen zwischen dem jungen Heiligen ohne Erfahrung und
         den Mittelmäßigen in seiner Umgebung hervor.

48   DUFOURT, *L'Église*, 101.

49   BERNANOS, *Sanftes Erbarmen*, Brief vom Januar 1947, 126f. „Ich habe den Papst hie und
         da ein wenig misshandelt, aber ich denke nicht, dass er es mir übelnimmt, ich bin des-
         sen sogar sicher.“

nichts von der Entscheidung, die zu treffen er gerufen ist, und will nichts davon wissen. Die Gefahr der Mittelmäßigkeit liegt in ihrem Hang zur Kompromissbereitschaft. Ahnungslos, aber angesichts der Unwahrheit kompromissbereit, bewegen sich die Mittelmäßigen in die falsche Richtung. Sie scheuen das Risiko und werden zu Konformisten. Satan führt sie an.[50] Bernanos ist jedoch darauf bedacht, sich nicht über die Mittelmäßigkeit anderer zu stellen.[51] Die Annahme der Mittelmäßigkeit des anderen bringt die Annahme der eigenen Mittelmäßigkeit vielmehr mit sich. Wenn der Anblick der Mittelmäßigkeit den Gläubigen nicht mehr stört, dann ist er selbst mittelmäßig geworden, schreibt Bernanos. Oder das Erbarmen Gottes habe ihn zum Heiligen gemacht.

Die Vertreter der Kirche sind gegenüber der Mittelmäßigkeit oft blind. Ausführlich beschreibt Bernanos, wie die Pfarrgemeinden von der Mittelmäßigkeit heimgesucht werden. Die durch Halbwahrheiten, Mittelmäßigkeit und Oberflächlichkeit bestimmte Haltung vieler Gemeindeglieder drückt sich in den Unwahrheiten des täglichen Lebens aus. Wenn überhaupt, gehen die Menschen aus Gewohnheit zur Messe. Die Beichtenden sagen immer die gleichen Sünden auf und lügen im Beichtstuhl. Sie wollen sich möglichst schnell entfernen, um dem Einfluss des Bösen bald wieder zu unterliegen.[52] Kirchliches Pharisäertum ist eine besondere Variante der Mittelmäßigkeit. Er stelle die Geduld der Heiligen grausam auf die Probe, schreibt Bernanos, „während er die armen Christen, wie ich einer bin, zumeist nur verbittert oder empört"[53]. Schramm fasst Bernanos' grundlegende Kritik zusammen: „Die Mittelmäßigen öffnen sich der Wahrheit nur teilweise, obschon sie äußerlich den Anspruch und den Anschein erwecken, Gotteskinder zu sein."[54] Bernanos mut-

50 HILTRUD SCHRAMM, *Der Geistliche und seine Dorfgemeinde bei Georges Bernanos. Der dichterische Gehalt der Romane „Sous le Soleil de Satan", „Journal d'un Curé de Campagne", „Un Crime", „Monsieur Ouine"*, Würzburg 1975, 30. Satan führe hier Regie.

51 „Leider gleichen wir uns alle darin, dass wir an der Mittelmäßigkeit der andern in unserer eigenen Mittelmäßigkeit leiden – so verschieden diese von der ihrigen auch sein mag [...]. Es ist sehr hübsch, uns die Resignation gegenüber der Mittelmäßigkeit der andern zu predigen, wenn sie – und das tut sie unfehlbar! – die Beruhigung unserer eigenen Mittelmäßigkeit gegenüber mit sich zu führen droht!" BERNANOS, *Sanftes Erbarmen*, Brief von August 1947, 119. Ebd., *Brief aus Tunesien*, August 1947, 58.

52 SCHRAMM, *Dorfgemeinde*, 29f.

53 GEORGES BERNANOS, *Luther*, in: *Essais et écrits de combat*, Bd. 2, Paris 1971, 909–916, hier: 911.

54 SCHRAMM, *Dorfgemeinde*, 28.

maßt, dass die Heiligkeit der Kirche die Mittelmäßigkeit nicht bloß korrigiere oder kompensiere, sondern dass sie sie absorbiere.

Zwar führt Bernanos seinen Kampf gegen die Mittelmäßigkeit bis zum Ende. Jedoch bereits 1933 hegt er Zweifel an seinem kompromisslos geführten Leben.[55] So wie Bernanos den Kampf gegen das Mittelmaß führt, so sucht Mauriac eine Kirche der Entscheidung. Er wendet sich gegen ungeordnete Tendenzen nach dem Konzil, weil sie das Christentum in seinem Bestand gefährdeten.[56] Er ist von der Abschaffung des wöchentlichen Fastentags enttäuscht, an dem sich Katholiken erkannten. Man müsse sich weniger vor denen fürchten, die die Kirche verlassen, als vielmehr vor denen, die in ihr bleiben.[57]

3. Der Vorrang des Kampfes vor dem Eros

Die grundlegende Radikalität, die im vorangehenden Kapitel anhand der Verwirklichung mehrerer Zentralbegriffe der Bewegung betrachtet wurde, steht in Beziehung zur bemerkenswerten Abwesenheit psychologisierender Beschreibungen der Motivation des Menschen in seiner irdischen Situation, wie sie erhebliche Teile der literarischen Werke der infrage Stehenden bezeichnet. Gewiss werden deren Werke insbesondere im 20. Jahrhundert ohne die psychologischen Perspektiven nicht auskommen. Dies gilt insbesondere für das Romanwerk des François Mauriac. Jedoch zeigt sich weithin die Conditio humana in den literarischen Darbietungen der Autoren, insofern der Mensch auf Erden zwischen Himmel und Hölle ausgespannt ist – als gute Schöpfung, die jedoch der eigenen kämpfenden Anstrengung bedarf. Der Eros als problematisches (heidnisch-)göttliches oder wenigstens dämonisches Wesen mag dem Teufel in die Hand spielen oder bei

---

55 „Dieser Gedanke des ‚alles oder nichts‘, meiner Jugend vertraut, der ist es, der mich zugrunde gerichtet hat. Vielleicht muss man sich doch zu einer Mittelmäßigkeit entscheiden? Ich war zu stolz, es zu glauben, und der Zusammenbruch, der sich vorbereitet, wenn der Teufel nicht auf die eine oder andere Weise zur Vernunft gebracht wird, wird mich allzu innerlich, allzu tief demütigen, als dass ich es überstünde." BERNANOS, Sanftes Erbarmen, Brief vom 14. Oktober 1933, 52f.

56 SLAVA M. KUSHNIR, Mauriac journaliste devant l'Église, in: JACQUES MONFÉRIER, François Mauriac et son temps, Paris 1985, 39–65, hier: 57.

57 FRANÇOIS MAURIAC, Les paroles restent. Interviews recueillies et présentées par Keith Goesch, Paris 1985, 171f.

der Beschreibung zur Unsicherheit menschlicher Verhältnisse als schwer zu durchschauende Macht eingesetzt werden. Die Kraft zur ideologischen Positionsnahme beziehen die Schriftsteller des Renouveau catholique aber vielmehr aus dem gläubigen Lebensentwurf, den sie in Konversion bzw. Umkehr lebenspraktisch erkämpfen mussten. Hierin liegt die Bedeutung ihrer häufigen Prägung bzw. Lebensgeschichte als Konvertiten. Dass dieser gläubige Zugang zur Wirklichkeit nicht mit der literarischen Tradition Frankreichs in Konflikt tritt, sondern sie befruchtend auf christliche Weise weiterführt, konstituiert einen wesentlichen Teil des Einflusses des literarischen Renouveau catholique. Auf der persönlichen Ebene ist das die praktische Verbindung aus gläubiger Weltanschauung und Umsetzung in literarischer Fiktion, deren eigenen Wirklichkeitscharakter bei aller Fiktionalität allerdings Autoren der Bewegung selbst reflektieren – in dem Maße, in dem dies jedoch nicht dem praktischen Kampf als Literarität entgegensteht. Paradigmatisch reflektiert François Mauriac die damit gegebene Problematik im bereits genannten Werk „Le Romancier et ses Personnages". Nicht zufällig steht dies in Verbindung mit der Tatsache, dass gerade Mauriac als der am ehesten psychologisierende Vertreter der Bewegung gilt. Bernanos – Mauriac ist ihm nie persönlich begegnet – ist der Protagonist der Zurückweisung einer psychologisierend-beschränkten Sicht der Welt.[58] Für ihn bestehe das Satanische nicht aus Bocksfüßen und Schwefelgeruch, auch nicht in der psychologisch beschriebenen Entfesselung sexueller Leidenschaften wie bei Mauriac, sondern in der ontologischen Loslösung von Gott.[59] Hans Urs von Balthasar fasst solche Zusammenhänge eingängig zusammen: All jene, die mit Proust und Gide durch die Psychologie oder eine hemmungslose Enthüllung des Bösen im Menschen den Abgrund des Bösen auszuloten versuchten, endeten demnach im Nichtssagenden und in der Leere. Sie versuchten, die Hölle durch Analyse auszukundschaften. Das hieße jene Zerfaserung betreiben, die letztlich zur Hölle führt, jedoch nicht, ihre Synthese zu fassen. Dies sei nur von Gott her möglich.[60]

---

58   Dies lässt sich auch mit einer „DNA des Renouveau catholique" in Verbindung sehen, denn diesem ist zu eigen, dass er den psychologischen Roman um 1900 infrage stellt.
59   KARL PFLEGER, Georges Bernanos, in: HANS JÜRGEN SCHULTZ (Hg.), Tendenzen der Theologie im 20. Jahrhundert, Stuttgart/Olten 1966, 309–320, hier: 313.
60   HANS URS VON BALTHASAR, Bernanos, Olten/Köln 1954, 176.

An dieser Stelle sei darauf hingewiesen, dass sich dieser praktische Bezug, der bei den Autoren durch ihre Konversionsnähe und ihr Glaubensleben gegeben ist, nicht zuletzt in dem Punkt wiederfinden lässt, dass zahlreiche Schriftsteller des Renouveau catholique journalistisch tätig sind, wobei diese Tatsache eine erhebliche publizistische Komponente umfasst.[61] Auch hier findet sich die Radikalität des Kampfes im Vorzug vor ästhetisierender Weltbeschreibung. Oder um es nochmals anders zu nehmen: Die teilweise Herkunft des Renouveau catholique aus den schmerzlichen Erfahrungen dekadenter Verirrungen des 19. Jahrhunderts mit folgender Hinwendung zum Katholizismus (Huysmans et al.) dürfte die Aufgelegtheit zum Kampfe statt zum Eros in den Reihen der Katholiken wenn nicht grundgelegt, so doch stets grundiert haben. Je nachdem, wie stark der Einfluss der Herkunft eines Teils des Renouveau catholique aus dem Abschied von den ausgesuchten Verirrungen der Dekadenz veranschlagt wird, lässt sich die Bewegung als Ort deuten, an dem der Eros gereinigt und zum Kampf sublimiert wird.

4. Konkrete Jungfräulichkeit: Jeanne d'Arc

Ist die Bevorzugung des Kampfes vor der „Erotik" bei den Autoren besonders mit der praktischen Erfahrung der Konversion mit nachfolgender Glaubensglut in Verbindung zu verstehen, liegen die Dinge etwas anders, was Jungfräulichkeit und Reinheit betrifft. Zwar ist Reinheit mit dem Kampf zusammenzubringen, insofern der Kampf für erstrebenswerte, „reine" Ziele geführt wird; und stets gegen Lauheit und Gleichgültigkeit. Die eigene Geschlechtlichkeit der Autoren orientiert sich an der kirchlichen Norm und am Wissen um die Vergebung im Sakrament, wobei die Inhumanität und Brutalität des 20. Jahrhunderts – insbesondere des Ersten Weltkriegs, den die Autoren umfassend erleben müssen – für den realistischen Blick auf das Zerfallen des Menschen angesichts seiner zu schwinden scheinenden Würde sorgen. Vor allem aber symbolisiert die in vielen Arbeiten der Autoren des Renouveau catholique auftretende bzw. beschrieben werdende Jungfrau von Orléans – französisch „la

---

61   Veit K. A. Neumann, „Flexible response" der Kirche. Das französische Kommunikationsprojekt des Renouveau catholique, in: Communicatio Socialis 39 (2006) 167–177.

pucelle", lateinisch „puella" – diese Reinheit, und es ist auch hier kein Zufall, dass sich die weiter oben beschriebenen Merkmale der Bewegung des Renouveau catholique in ihre Figur integrieren oder gegebenenfalls auch projizieren lassen. Nicht nur Reinheit als Jungfräulichkeit stellt sie dar, sondern, in Kombination, den mutigen Kampf. Dass die Wendung hin zum Kampf aus der intimen Kenntnis des Abzulehnenden bzw. zu Bekämpfenden resultiert, liegt auf der Hand. All die angesprochenen Punkte: Reinheit, Streben und Kampf, Radikalität verdichten sich im Symbol von Frankreichs Jungfrau schlechthin: der puella (ursprünglich: puer, puerilla), aus der in der französischen Sprache „la pucelle" geworden ist. Ihre Jungfräulichkeit weist in der Berufung zur Rettung Frankreichs alles Vage, Zweifelhafte, Unstete und jedenfalls Unbrauchbare des Eros zurück, was sich übrigens im Fall der heiligen Johanna bis hinein ins interessante Bild und Oxymoron des weiblichen Ritters verlängert. Es ist die Pucelle, die in der mutigen Aktion, mithin im Kampf den Eros nicht verdrängt, sondern ihn *reinigt* und sublimiert.

5. Kampf als Problem

Wie die Pucelle den Kampf der Literaten des Renouveau catholique symbolisch verdichtet, so konkretisiert das Thema das Leben des Georges Bernanos. 1917 heiratete Bernanos Jeanne Talbert d'Arc (1893–1960), die in direkter Linie von einem Bruder der Jeanne d'Arc abstammte. Unter Anführung (auch) des Georges Bernanos wurde der Gymnasialprofessor Amédée Thalamas, der für seine positivistische Kritik an Jeanne d'Arc bekannt war, angegriffen und bekämpft, worauf Bernanos ins Gefängnis kam. Dieser Vorgang von Störaktionen, der im Dezember 1904 begonnen hatte und einige Jahre später an der Sorbonne fortgesetzt wurde, ist als Thalamas-Affäre in die Geschichte eingegangen.[62] Mit Jeanne hatte Bernanos sechs Kinder. Die Nachfahren waren bzw. sind publizis-

---

62   Andreas Zobel, *Frankreichs extreme Rechte vor dem Ersten Weltkrieg unter besonderer Berücksichtigung der „Action française". Ein empirischer Begriff zur Bestimmung des Begriffs Präfaschismus*, Berlin 1982, 190f. Serge Albouy, *Bernanos et la politique, La société et la droite françaises de 1900 à 1950*, Paris 1980, 49: Bernanos wird mehrmals eingesperrt. Vgl. Michel Estève, *Bernanos, un triple itinéraire*, Paris 1987, 48f.

tisch sowie politisch rege tätig:[63] zwar in einer Richtung, die mit der
ihres Großvaters bzw. Urgroßvaters wenig in Verbindung zu bringen scheint, aber kaum minder kämpferisch. Wobei man dies bei
Georges Bernanos, der frühzeitig im Kampf gegen die inhumane
Welt eines kapitalistischen Systems stand („La France contre les Ro-
bots"), nicht genau wissen kann. Die Liebe zur Pucelle als Jungfrau
des Kampfes ist ihm Zeit seines Lebens geblieben. Als Symbol der
Sublimierung eines simplen Eros-Begriffs könnte die Jungfrau dem
schriftstellernden Betrieb heute wichtige Impulse vermitteln.[64]

---

63   „Le militant antifasciste Antonin Bernanos, incarcéré en avril après une rixe avec l'ul-
      tradroite, a clamé ce lundi son innocence [...]", Le Figaro, 12. September 2019. Auch An-
      gel, Bruder von Antonin und ebenfalls Urenkel des Georges Bernanos, war involviert.
      Vater Yves (Enkel) ist u. a. Dokumentarfilmer.
64   Auch Friedrich Schiller und Bert Brecht haben sich mit ihrer Person bzw. Figur litera-
      risch befasst.

„Gebt Wasser an die Seile!"
Die Strahlkraft historischen Erzählens: Erzählzeit und Ewigkeit

Gudrun Trausmuth

1. Anmerkungen zum Vortragstitel

In der seit 2017 im Heiligenkreuzer Be+BeVerlag erscheinenden „Kleinen Bibliothek des Abendlandes" gibt es bisher einen gewissen Schwerpunkt in Richtung historischer Romane. Historisches Erzählen betreibt Stephen James mit „Fionn der Held" (Bd. 1), Gertrud von le Fort mit ihrem Doppelroman „Das Schweißtuch der Veronika" (Bd. 3 und 4), Ruth Schaumann mit „Die Geheimnisse um Vater Titus" (Bd. 5); nicht zuletzt ist auch Paul Claudels Drama „Mariä Verkündigung" (Bd. 2) ein „historisches Drama" und Bd. 8 der Reihe, „Am Himmel wie auf Erden" von Werner Bergengruen ist ebenfalls ein historischer Roman.

Allen diesen Autoren ist gemeinsam, dass sie in Bezug auf die erzählte Zeit ihrer Texte in eine sorgfältig ausgekleidete, vergangene Epoche zurückgehen. C. S. Lewis, der vierte Autor, der bei dieser Tagung eine Rolle spielt, wagt noch viel mehr: In seiner Erzählung „Die große Scheidung" (1945) wechselt er die Dimension und erzählt unter den Vorzeichen des Lebens nach dem Tod, also aus der kühnen Perspektive der Ewigkeit.

„Gebt Wasser an die Seile!"[1] Das Zitat des Vortragstitels entstammt dem Text „Der große Obelisk" (1972) von Gertrud Fussenegger (1912–2009). „Der große Obelisk" ist eine reizvolle Mischung von Essay und Anekdote; die zu Lebzeiten erfolgreiche – mittlerweile aber leider in Vergessenheit geratene – Fussenegger will darin beispielhaft das erklären, was sie „das poetische Moment" nennt. Jenen Punkt also, der einer Geschichte Esprit und Spannung gibt, wo die-

---

[1] GERTRUD FUSSENEGGER, *Nur ein Regenbogen. Erzählungen aus fünf Jahrzehnten*, Stuttgart 1987, 212.

se ihren Höhepunkt erreicht und sich zugleich eine Lösung abzu-
zeichnen beginnt. Kurz zum Inhalt von Fusseneggers Text: In Rom
soll der riesige Obelisk vom Lateran zum Petersplatz transportiert
und dort aufgestellt werden. Ein großes Unterfangen, das genaues-
ter Berechnungen, sorgfältigster Planungen und strengster Sicher-
heitsmaßnahmen bedarf. Menschen, die die Absperrung zum Ort
des Geschehens durchbrechen, ist die Todesstrafe angedroht. Alles
scheint gut zu gehen, aber als der Obelisk hochgezogen werden soll,
blockieren plötzlich die Seile, alles steht still, keine Bewegung. Der
Obelisk schwebt schief zwischen Himmel und Erde und ist nicht
von der Stelle, das heißt, nicht in die Vertikale, zu bringen. Aus-
weglosigkeit und Ratlosigkeit machen sich breit, als plötzlich ein
Seemann die Absperrung durchbricht und das rettende Wort über
den Petersplatz schreit: „Gebt Wasser an die Seile!" Die Arbeiter verstehen, und das Wasser zieht die durch das Gewicht ausgedehnten
Seile (genau diese Ausdehnung war nicht miteinberechnet worden)
zusammen, sodass das Werk vollendet werden kann.

Was beim historischen Erzählen das „Wasser" ist, dasjenige,
was den narrativen Linien Kraft Spannung und Bedeutsamkeit gibt,
möge sich am Ende der folgenden Ausführungen zeigen.

2. Die Historie beim historischen Erzählen

Bei le Fort kreiert sich das Historische in allererster Linie durch
das Auftreten von Personen, die tatsächlich gelebt haben und so berühmt waren, dass sie durch unterschiedlichste Arten der Rezeption und Überlieferung zu allgemeiner Bekanntheit gelangt sind.

In einer gewissen Gegenbewegung dazu ist die zentrale Gestalt des betreffenden erzählenden Textes bei le Fort nie die historisch bedeutsamste; vielmehr ist ihr Held meist eine rein fiktive
Person, die mit den tatsächlich historischen Gestalten nur in irgendeiner Form interagiert, ja, ihre Authentizität sogar wesentlich von
einer losen oder intensiven Verknüpfung mit den Großen bezieht.
Bei le Forts historischem Erzählen steht der Protagonist häufig im
Lichtkreis einer historisch bedeutsamen Gestalt und schwimmt damit gleichsam am Rande eines bedeutenden historischen Geschehens. Er hat selbst keinen großen Einfluss darauf, ist aber in der

erzählten Welt von den Wellen des erschütternden Ereignisses in existenzieller Weise betroffen. Nebengestalten, die historisch bedeutsam waren und signalhaft das geschichtliche Kolorit sichern, sind bei le Fort etwa der englische König Johann Ohneland in „Das Gericht des Meeres" (1943), Kaiser Karl V. in „Plus Ultra" (1950), Galileo Galilei in „Am Tor des Himmels" (1954) oder der Sonnenkönig und sein Hof für die Novelle „Der Turm der Beständigkeit" (1957). Demgegenüber sind die Hauptpersonen in le Forts erzählter Welt historisch unbedeutend oder aber rein fiktiv; immer aber stehen sie in der Zugkraft wichtiger geschichtlicher Ereignisse, wie etwa Anna-Elisabeth in der Novelle „Die Verfemte" (1953) in Bezug auf den Schwedenkrieg oder die kleine Blanche in „Die Letzte am Schafott" (1931) in Bezug auf die Greueltaten der Französischen Revolution.

3. Le Forts Umgang mit der Geschichte

Gertrud von le Fort kann man mit Fug und Recht als Historikerin aus tiefster Seele bezeichnen; auf ihr besonderes Verhältnis zur Historie verweist allein schon das stolze und charakteristische Diktum über die le Forts, das Weltgeschichte in engen Zusammenhang mit der Familiengeschichte bringt: „Denn die le Forts waren eigentlich überall dabeigewesen"[2], aber auch der Hinweis auf ein ausgeprägtes historisches Interesse und umfassendes geschichtliches Wissen als das, was der Vater den Kindern mitgab.

Interessante Einblicke in le Forts Geschichtsverständnis und eine Thematisierung des Umgangs mit der Geschichte gibt auch der Roman „Der römische Brunnen", der den ersten Teil des Romans „Das Schweißtuch der Veronika" bildet.[3] Der Roman spielt in Rom, dem Zentrum weltlicher Macht und geistlicher Vollmacht, der Verdichtungsraum schlechthin alles Historischen. Im „Römischen Brunnen" geht es um einen intensiven Kontakt mit der Geschichte, der in Bezug auf drei Personen, nämlich die Großmutter, die 16-jährige Veronika (Ich-Erzählerin) und den jungen Dichter Enzio entfaltet wird. Auffallend ist das packende Erleben, die lebendige

---

2   GERTRUD VON LE FORT, *Aufzeichnungen und Erinnerungen*, Einsiedeln ⁴1958, 13.
3   GERTRUD VON LE FORT, *Der römische Brunnen* (Kleine Bibliothek des Abendlandes Bd. 3, hg. v. Hanna-Barbara Gerl-Falkovitz und Gudrun Trausmuth), Heiligenkreuz 2018, 177.

und innige Präsenz des Vergangenen, welche die Vermittlung des Historischen durch die Großmutter aufruft:

„[...] diese (Lebendigkeit) war in den Erzählungen meiner Großmutter so eindrucksvoll, dass es mir vorkam, als ob ganz Rom eine ungeheure Bühne sei, auf der gewissermaßen noch täglich alle Jahrhunderte und Jahrtausende gespielt würden. Man sah ja überall noch die erhabenen Kulissen aufgerichtet; unwillkürlich glaubte man, dass hinter jeder Straßenecke die Schauspieler wieder hervortreten könnten, dass sie sich in jeder Staubwolke nur verborgen hielten; und zuweilen wurde das alles so deutlich, dass es schien, als wären die Gebäude gar keine Kulissen mehr, sondern große Behälter der wirklichen Zeiten und man trete mit einem einzigen kleinen Schritt tatsächlich von einem Jahrtausend ins andere hinein. In solchen Augenblicken ergriff mich immer ein sonderbares Erschrecken: Es war dann wie ein Schwindel in meinem Ich, ein Erfasstwerden und Fortgleiten von mir selbst, ein unheimliches Fraghaftwerden des Allereigensten.“[4]

Dass das distanzlose Sich-Einlassen auf die Historie auch bedrängend sein kann, erweist sich an der hochsensiblen, eindrucksfähigen Veronika, deren Kosename „Spiegelchen" ist. Sie wird – auch unter dem Charisma und der Führung der starken Großmutter und der schwärmerischen Liebe des Mädchens zu ihr – dermaßen in die jeweils besuchte Vergangenheit hineingezogen, dass sie Angst vor Selbstverlust bekommt: „Kommen wir auch wieder?"[5] Für die Großmutter selbst, die starke und gebildete Heidin, ist das Hineingehen in die Geschichte eine Art Ewigkeitserfahrung: „Meine Großmutter selbst war nicht nur ‚dabeigewesen', sondern sie war immer noch ‚dabei'. Es schien fast, als ob sich die alten Zeiten ihr ebenso willig öffneten wie die Herzen ihrer Mitmenschen. Sie kannte die Größe und die geheimen Reize einer jeden; ihre Gestalten waren ihr vertraut wie lebendige Gestalten. Niemals glaubte man, wenn man ihr zuhörte, dass man es mit bloßen Schatten zu tun hätte, sondern alles lebte und war beständig gegenwärtig [...].“[6]

---

4   Ebd., 42f.
5   Ebd., 43.
6   Ebd., 41.

Das Lebendighalten und die Vergegenwärtigung der Geschichte als eine Art Ewigkeitserfahrung der heidnischen Großmutter vermag freilich die Last der eigenen Endlichkeit nicht zu erleichtern, was sich im Sterben der Großmutter tragisch zeigen wird. Die starke Großmutter, die die Historiker teilt in jene, die „dabei waren" und jene, die „nicht dabei waren"[7], begegnet der als Schwäche vermerkten Eindrucksfähigkeit ihrer Enkelin mit Unwillen: „Kind, wie leicht bist du von dir selbst zu lösen."[8] – Während die Großmutter in ihrem Umgang mit der Historie Herrin bleibt, schmiegt Veronika sich mit haltloser Hingabe in die aufgerissene Vergangenheit. Le Fort thematisiert hier eine mögliche Ambivalenz der Geschichtserfahrung: Begeisterung und Stärkung von Identität sind ebenso möglich wie Gefährdung und Schwächung.

In Bezug auf Veronika suggerieren Formulierungen wie „Erfasstwerden und Fortgleiten von mir selbst"[9], dass dem Strom der Zeit gegenüber kein Halt entgegengesetzt werden kann: „Es war dann wie ein Schwindel in meinem Ich, ein Erfasstwerden und Fortgleiten von mir selbst, ein unheimliches Fraghaftwerden des Allereigensten"[10]. Ähnlich mächtig und gefährdend ist die Geschichtserfahrung Enzios in Rom, der von Vergänglichkeit und Verfall bedrängt wird: „Es lohnt sich gar nicht mehr anzufangen. Ich glaube, wenn ich noch lange in Rom bin, kann ich alles nur noch als Ruinen sehen!"[11]

Die Semantik des Fließenden und der Haltlosigkeit setzt le Fort auch in Bezug auf Enzio ein, doch in einer beachtenswerten Zusammenstellung: „Ich weiß nur, dass auch die schönste Säule dieses unergründliche Sein nicht trägt und dass ich hier keine einzige Gestalt festhalten kann, nicht einmal meine eigene!"[12] Le Fort lässt Enzio hier den metaphysischen Begriff „das Sein" verwenden: Mit dem „unergründlichen Sein" (vgl. oben) wird eine geheimnisvolle Präsenz, ja, Fortexistenz des Vergangenen, ein *Da-Sein* angedeutet, das sich aber beständig entzieht, eben „unergründlich" sei.

---

7   Ebd.
8   Ebd., 44.
9   Ebd., 43.
10   Ebd.
11   Ebd., 96.
12   Ebd., 97.

Zugleich wiederholt sich bei Enzio das Motiv der Angst, des Ent-
gleitens, der Flüchtigkeit. Auf die Frage der Großmutter, was denn
übrig bleibe angesichts seiner Wahrnehmung, entgegnet Enzio, der
junge Dichter: „Das Leben bleibt übrig", [...] „dieses prachtvolle und
schaurige Ding, welches alles aus sich emportreibt und alles in sich
zurückschlingt."[13] Indem Enzio das Bild der römischen Wölfin aus
der Gründungslegende in diesem Zusammenhang aufgreift, bekommt sein Begriff des Lebens etwas Wildes und verzweifelt Berau-
schendes, ähnlich dem Taumel einer unglücklichen, todbringenden
Leidenschaft: „Es (das Leben) schien für ihn so etwas wie eine köst-
liche Perle zu bedeuten, die auf dem Grunde jedes Bechers lag, den
er mit seinen unruhvollen Gedanken hinunterstürzte."[14]

Ausgehend vom unterschiedlichen Erleben der Historie in
Rom, öffnet „Der römische Brunnen" die Frage von Endlichkeit
und Ewigkeit.

4. Historisches Erzählen und Erzählzeit

Sir Walter Scott (1771–1882) gilt mit seinem „Ivenhoe" als Begründer des Geschichtsromans, als dessen Intention gilt, „sich die Vergangenheit erinnernd anzueignen, um sie so in das Gegenwarts-
bewusstsein seiner Leser zu integrieren"[15]. Allein der erinnernde
Blick auf Klassiker des historischen Romans wie Victor Hugos „Der
Glöckner von Notre Dame" (1831), Adalbert Stifters „Witiko" (1867),
Alexandre Dumas „Die drei Musketiere" (1844) oder „Der Graf von
Montechristo" (1845), Lew Wallaces „Ben Hur" (1880), „Quo Vadis"
von Henryk Sienkiewicz (1895) oder Leo Tolstois „Krieg und Frieden" zeigt eine große Unterschiedlichkeit. Außerdem fällt auf, wie
häufig historische Romane verfilmt werden bzw. die Tatsache, dass
sie auch im Sinne einer Volks- und Nationalliteratur zu denken sind.
Das gilt beispielsweise für Sigrid Undsets Trilogie „Kristin Lavrans-
tochter" (1920–22), mit der sie dem mittelalterlichen Norwegen des
13./14. Jahrhunderts ein literarisches Denkmal setzt. Und immer

---

13   Ebd.
14   Ebd.
15   Seite „Walter Scott", URL: https://de.wikipedia.org/w/index.php?title=Walter_Scott&ol-
      did=189846329 (Stand: 22.09.2019).

geht es bei historischen Romanen auch um eine Auseinandersetzung mit der Erzählzeit, der aktuellen Epoche. Hinsichtlich seiner
literarischen Qualität kennt der historische Roman zwei Ausfaltun-
gen: „Im trivialen Bereich bedeutet er eine Form des Eskapismus
und des bloßen breitgemalten Zeitbilds, in der Hochliteratur dagegen ist ihm die Funktion einer Folie zugedacht, die eine distanzierte
Betrachtung zeitnahen oder zeitlosen Geschehens ermöglich soll."[16]
Eine Blüte erlebte das historische Erzählen während der Zeit
des Nationalsozialismus; es wurden in dieser Periode „auffallend
viele historische Romane [...] geschrieben, in ‚innerer Emigration'
(Werner Bergengruen, Gertrud von le Fort, Reinhold Schneider)
oder im Exil. Dies ist jedoch nicht gleichbedeutend mit Ausweichen
vor dem Terror: Die gewählte historische Konstellation ist oftmals
ein Spiegelbild der gegenwärtigen Verhältnisse"[17].

Gerade das historische Erzählen während der Zeit des Nationalsozialismus ist Ausdruck dessen, dass die Autoren der inneren
Emigration eine hochkomplexe literarische Existenz führten. Wer
nicht von der Sicherheit des Auslands aus agieren konnte, wer dem
Gesinnungsterror nicht erlag und doch als Dichter sein Wort sagen
wollte, musste sich einer schwierigen Dynamik ergeben, sich einem
Balanceakt unterziehen: Strategien der Mehrdeutigkeit entwickeln,
Verbergen seiner Botschaft in einer Handlung, Konstruieren eines
erkennbaren Lebens- und Zeitraumes in der Vergangenheit, das Ge-
nerieren historischen Kolorits, Ablenken, Andeuten, Zudecken und
Entdecken ..., waren probate Mittel, um auf die Drangsale der Zeit
reagieren zu können.

Vom Leser verlangt dies ein – vom Dichter gleichsam voraus-
gesetztes – Bewusstsein, dass erzählte Zeit und Erzählzeit in Beziehung zueinander stehen, einander naturgemäß berühren. Dann,
und nur dann, werden die Signale zurück in die Erzählzeit und die
Aktualität erkennbar.

---

16   Roswitha Goslich, *Orientierungssuche im Zeitalter der Angst. Gertrud von le Forts Weg*
     zur Mystik (Germanistische Texte und Studien, Bd. 71), Hildesheim 2003, 181f.
17   Volker Meid (Hg.), *Sachlexikon Literatur*, München 2000, 379f.

Mit der historischen Erzählung „Das Gericht des Meeres"[18] (1943) geht le Fort ins 13. Jahrhundert; die Handlung wird um den englischen König Johann (Johann Ohneland) gewoben, der 1203 den jungen, sechsjährigen Herzog der Bretonen, Artur I., umgebracht haben soll. Soweit der historische Rahmen. Die grausame Tat des Kindsmordes steht als folgenreicher Schatten der Schuld hinter der Szenerie: Auf dem Meer herrscht Flaute, die Flotte des englischen Königs steht wie erstarrt still. Doch es gibt einen zweiten, noch größeren Schrecken, denn der kleine Sohn des Königs ist schlaflos, er isst und trinkt nicht, sondern scheint mit weit geöffneten Augen dem Tod entgegenzublicken. Anne de Vitré wird geholt, eine junge Bretonin, die seit Jahren als Pfand für den ermordeten, jungen Herzog in den Händen der Briten ist. Sie kennt das alte bretonische Schlaflied, von dem die Sage geht, wenn das Lied gesungen wird, schläft man ein, wird es zu Ende gesungen, stirbt man. Der Konflikt der Erzählung besteht nun darin, dass der königliche Kindsmörder von Anne Hilfe für sein eigenes Kind verlangt. – Schuld und Hilfsbedürftigkeit auf der einen Seite werden verwoben mit Betrogensein und Rachemöglichkeit auf der anderen. Budoc, die dunkle, dämonische Gestalt der Erzählung,[19] selbst Bretone, signalisiert Anne, sie möge dem schlaflosen kleinen Prinzen das Lied „zu Ende singen". Anne kämpft mit sich, schließlich siegt in ihr, der Jungfrau, eine unbezwingbare geistige Mütterlichkeit – die immer wieder von le Fort gestaltet wird –, sie singt den kleinen Prinzen nicht in den Tod, sondern nur in den rettenden Schlaf. Ihre barmherzige Tat dem Feind gegenüber wird von Budoc bitter gerächt, er stößt das Mädchen ins Meer und Anne de Vitré ertrinkt.

Ihrer Handlung nach bleibt die Erzählung ganz in der erzählten Zeit, d. h. auf der historischen Ebene. Und doch gibt es einige Zwischentöne, die ein doppeltes Lesen rechtfertigen, Aktualität in Richtung der Zeit der Textentstehung aufschließen: „Doch, doch, man bringt es übers Herz, auch Kinder zu töten [...] alles bringt

---

18   GERTRUD VON LE FORT, Das Gericht des Meeres, in: GUNDULA HARAND, GUDRUN TRAUS-MUTH (Hg.), Gertrud von le Fort Lesebuch. Ausgewählte Erzählungen, Einleitung und Kommentar, Würzburg ³2017, 48–73.

19   GUDRUN TRAUSMUTH, Leselicht, in: HARAND, TRAUSMUTH (Hg.), Gertrud von le Fort Lesebuch, 231–235, hier: 232.

man heute übers Herz"[20], oder: „Wenn man zu einem Verbrechen
schweigt, so willigt man in dasselbe ein."[21] Diese verzweifelten,
selbstanklagenden Aussagen der Königin, der Mutter des schlaflosen Prinzen, sind im Jahr 1943 nicht ohne politische Brisanz. Wohl-
gemerkt handelt es sich hier um einzelne Aussagen, ohne Erhabenheit eingefügt in den Text. Man kann sie auch überlesen; wenn man
sie aber wahrnimmt, bekommt der Text von ihnen ausgehend einen
anderen Geschmack, eine zusätzliche Spannung und Relevanz.

    1943 hat le Fort auch „Die Consolata" abgeschlossen und die
Erzählung von Oberstorf in das nahe gelegene Kornau zum be-
freundeten Ehepaar Magdalene und Arthur Maximilian Miller gebracht, wo es unter Fußbodenbrettern versteckt und erst 1947 gedruckt wurde:[22] Mit der Zeichnung des Tyrannen Ansedio gelang le
Fort eine selten dichte und überzeugende Darstellung dämonischer
Macht und Anziehung.

    Angesichts dessen, dass sie den historischen Roman „Die
Magdeburgische Hochzeit"[23] im Jahre 1938 herausgebracht hat und
bereits darin der (historischen) Gestalt des schwedischen Oberst
Falkenberg die Züge eines dämonischen Verführers und Manipula-
tors gibt, ist man geneigt, ihr ein prophetisches Charisma zuzuge-
stehen. Dabei arbeitet le Fort sehr diskret, plumpe Gleichsetzungen
sind nicht möglich, vieles bleibt in ambivalenter Andeutung. Auch
der Leser schwankt: Verweist Falkenberg auf konkrete Gestalten
wie Hitler oder Göbbels oder steht er für den Nationalsozialismus als solchem? Und Erdmuth bzw. Magdeburg als Chiffren für
Deutschland, das der Verführer umwirbt? – Es gibt unterschiedliche Lesarten und Deutungsmöglichkeiten im Tanz der Allegorien
und Symbole, den le Fort wagt. Dabei aber ist Falkenberg immer
auch einfach jener schwedische Feldherr, der entsprechend der historischen Vorlage das bedrängte Magdeburg im Glauben an die Rettung durch den schwedischen König halten soll – entgegen jeden
besseren Wissens.

---

20   Le Fort, *Das Gericht des Meeres*, 58.
21   Ebd., 209.
22   Gudrun Trausmuth, *Literaturwissenschaftliche Anmerkungen*, in: Harand, Traus-
      muth (Hg.), *Gertrud von le Fort Lesebuch*, 251–253, hier: 251.
23   Gertrud von le Fort, *Die Magdeburgische Hochzeit*, Frankfurt a. M. 1991.

Le Fort begnügt sich nicht mit einer „historisierenden Maske"[24], ihr Schreiben ist vielmehr ein tiefes Hineingehen, ein sorgfältiges Einfühlen in die jeweils erzählte historische Situation. Bezeichnenderweise beschreibt sie die Entstehung der „Magdeburgischen Hochzeit" fast wie ein Empfangen: „In diesen Dämmerstunden nun, die ich allein in dem ungeheuren Dom verbrachte, wurde die Vergangenheit seltsam lebendig. Ich sah gleichsam durch die hohen Kirchenfester die Brandfahnen von einst über der Stadt wehen – von der Gedenktafel her wurde mir die furchtbare Gefangenschaft Bakes und der Seinen, wie sie hier die Zerstörung der Stadt überstanden, geisterhaft lebendig, als hätte ich alles selber miterlebt Als der Küster mich endlich zu schon sehr später Stunde erlöste, stand in meinem Inneren das Buch der Magdeburger Hochzeit fest."[25]

Bei aller Demut vor der historischen Zeit, die sie erzählt, ist le Fort immer der Bezug in die Erzählzeit wichtig. In der Rückspiegelung aktueller Probleme und Gestalten in die Vergangenheit könne sie – so le Fort – diese „von der allzu bedrängenden Nähe gelöst, reiner und ruhiger formen"[26]. Die Wendung in die Vergangenheit bedeutet für die Dichterin keineswegs eine Flucht vor der Gegenwart, sondern vielmehr einen Gewinn an Erkenntnis, den die Distanz erst ermöglicht: „Ich habe das Historische nie als eine Flucht aus der eigenen Zeit empfunden, sondern als den Abstand, von dem aus man die eigene Zeit schärfer erkennt, so wie man die charakteristischen Linien eines Gebirges nur aus einiger Entfernung wahrnimmt."[27]

Le Fort, deren lange Lebenszeit (1876–1971) die großen Umbrüche des 20. Jahrhunderts umfasste, weist ausdrücklich darauf hin, dass „unter der oft historischen Einkleidung" ihrer Dichtung

24 WOLFGANG FRÜHWALD, Deutscher „renouveau catholique". Zur literarhistorischen Einordnung des Werkes Gertrud von le Forts, in: HEDWIG BACH (Hg.), Dichtung ist eine Form der Liebe. Begegnung mit Gertrud von le Fort und ihrem Werk. Zum 100. Geburtstag am 11. Oktober 1976, München 1976, 69.

25 GERTRUD VON LE FORT, Brief an Dr. Hajo Jappe, Oberstorf 6.7.1960, in: GISBERT KRANZ, Gertrud von le Fort. Leben und Werk in Daten, Bildern und Zeugnissen, Frankfurt a. M. ³1995, 140.

26 GERTRUD VON LE FORT, Zu Georges Bernanos' ‚Die begnadete Angst', in: LE FORT, Aufzeichnungen und Erinnerungen, 84.

27 GERTRUD VON LE FORT, Autobiographische Skizzen, in: LE FORT, Woran ich glaube und andere Aufsätze, Zürich 1968, 78.

„überall die Spuren der schicksalsschweren Zeit" erkennbar seien, in die ihr Leben gestellt war.[28]

5. Die Ebene grundsätzlicher Erkenntnis im historischen Erzählen

Le Fort tätigt hinsichtlich der Motivation historischen Erzählens eine klare Priorisierung: Ihr geht es nicht um spezifische geschichtliche Kulissen, Probleme und Gestalten, schon gar nicht um Nostalgie oder historische Szenerien. Ziel des Schreibens ist vielmehr immer eine Ebene des Wesentlichen und der Wesenserkenntnis:

„[...] das Wandelbare betrifft ja zumeist nur das Vordergründige: der Mensch als solcher bleibt sich im Wesentlichen immer gleich, das ist die Wahrheit, die sich gerade dem historisch Wissenden erschütternd aufdrängt. Ja, man darf hier sogar sagen, dass zuweilen die menschlichen Probleme der eigenen Zeit klarer gesehen werden, wenn man gleichsam einen Schritt zurücktritt."[29]

Diese Absicht des Berührens einer anderen, wesentlichen Dimension verbindet auch Werner Bergengruen (1892–1964) mit Gertrud von le Fort. Und dies, obwohl Bergengruen mit dem Begriff des „historischen Romans" zurückhaltend umgeht. So möchte er auch seinen großen Berlin-Roman „Am Himmel wie auf Erden"[30], nachdem er die geschichtlichen Elemente des Buches in seinen Arbeitserinnerungen „Pettenkofer und sein Schreibtisch" (1961) analysiert hat, „nicht oder doch nur mit Einschränkungen als ein(en) historische(n) Roman"[31] verstanden wissen, seine Abwehr mag in der Witterung eines möglichen Missverständnisses liegen: „Nicht die einzelnen historischen Fakten sind es, die den Dichter interessieren, sondern das zu allen Zeiten Gleichbleibende, nämlich die Geschehnisse und Bewegungen der menschlichen Seele."[32] Die aus-

28 Ebd., 74.
29 GERTRUD VON LE FORT, *Über den historischen Roman*, in: LE FORT, *Woran ich glaube und andere Aufsätze*, 101.
30 WERNER BERGENGRUEN, *Am Himmel wie auf Erden* (Kleine Bibliothek des Abendlandes Bd. 7, hg. v. Hanna-Barbara Gerl-Falkovitz und Gudrun Trausmuth), Heiligenkreuz 2020.
31 WERNER BERGENGRUEN, *Schreibtischerinnerungen*, Zürich 1961, 126.
32 FRANZ WELLENZOHN, *Bergengruen und die Geschichte*, Innsbruck 1963, 127.

drückliche Fokussierung auf den Menschen als solchen relativiert die historische Dimension in Richtung literarisch-anthropologischer Fragestellungen, als ein Bemühen, den Menschen „an sich" erzählend zu erfassen.

„Wohl liefert eine geschichtliche Epoche die Kulissen der Bühne"[33], meint Bergengruen über seine Art des historischen Erzählens, zentral aber sei ihm etwas anderes: „Was mich immer von Neuem lockt und fasziniert, was den eigentlichen Gegenstand meiner Bemühungen ausmacht, das ist das menschliche Herz mit seinen Leidenschaften und Verstrickungen, es ist die bizarre Lage des bedrohten, gefährdeten, aber nicht mit Notwendigkeit verlorenen Menschen und es ist seine Situation zwischen der Transzendenz und der Gebundenheit an die Bedingungen und Ansprüche seiner animalischen Natur."[34]

Le Fort und Bergengruen geht es darum, vor einem – notwendigerweise entfernten – historischen Hintergrund das Wesen des Menschen aufleuchten zu lassen. Eine Wahrheit über alles Menschliche, allgemein und überzeitlich. Das einzelne Historische offenbart in ihren Texten auf diese Weise immer neu und in immer anderer Nuancierung das hinter der sichtbaren Wirklichkeit bestehende Wesentliche: „Er [der christliche Dichter, Anm. d. V.] hält das Bewusstsein offen für die Aufgabe, in der Wirklichkeitsgestalt der geschichtlichen Stunde die Wesensgestalt alles Geschichtlichen aufzudecken, die einzelne menschliche Existenz in Beziehung zu setzen und in Beziehung zu halten zu den Sinnzielen, ohne die sie in endgültiger Heillosigkeit versinkt."[35]

Die Formulierung eröffnet einen neuen, weitreichenden Anspruch: Mit der „Wesensgestalt" (vgl. oben) geht es nicht mehr nur um das Allgemein-Menschliche, sondern zielt in den Kern eines Erkenntnisstrebens, bis hin zur Dimension von Sinn und Ziel des Menschseins in der Perspektive der Ewigkeit. Noch deutlicher greift Gertud

---

33 Zit. n.: Ebd., 126.
34 Ebd., 123.
35 FRIEDRICH KIENECKER, „Blinkzeichen vom Hochsitz der Heiligen?" Gertrud von le Fort am Ende des Jahrhunderts, in: Christliche Literatur im Aufbruch. Im Zeichen Gertrud von le Forts. Festschrift für Eugen Biser, hg. v. Lothar Bossle und Joel Pottier, Würzburg 1990, 121f.

von le Fort ins Metaphysische aus, wenn sie sich in einem Schreiben an Reinhold Schneider über das historische Erzählen äußert:

> „Was ich am meisten an Ihrem Werk bewundere, ist die Fähigkeit, vergangene Zeit unserer eigenen zuzuordnen, nicht durch Lebendigmachen einstigen Lebens – obwohl Sie ja auch dieses meisterhaft verstehen –, sondern durch die Beziehung auf die letzte menschliche Bestimmung und ewige Berufung."[36]

Autoren der inneren Emigration, die ausdrücklich aus einer christlichen Weltsicht schrieben, fügen dem historischen Erzählen demnach eine Dimension hinzu, welche jene der Rückspiegelung des erzählten Geschehens in die Entstehungszeit eines Werkes weit übersteigt: Geschichte – und damit der Mensch in der Geschichte – wird transparent hin auf die Heilsgeschichte.

6. Geschichte und Heilsgeschichte

Die im Rahmen der Tagung „Erzählen zwischen Geschichte und Heilsgeschichte" behandelten Autoren haben die Gemeinsamkeit, dass in ihren Werken ein Zusammenhang zwischen Geschichte und Heilsgeschichte sichtbar wird, das Wissen um einen nach allen Seiten hin tieferen Grund des Lebens und Erlebens, der im Letzten nicht ausgelotet, nicht festgehalten werden kann, sich aber doch im Text manifestiert. Verdichtet ist dieser Zusammenhang in einem Satz der Erzählung „Die Consolata"[37]. Der zweite Teil (hier kursiv gedruckt) des betreffenden Satzes fand sich auch auf dem Programmfolder der Tagung: „Noch einmal überwältigte Filippo Fontana die Vorstellung, dass ihn ein versunkenes Schiff mit in die Tiefe gerissen habe – für immer; er fühlte, *alles was im Augenblick geschah, geschah gleichzeitig bereits in der Ewigkeit* – das Jüngste Gericht war vorüber."

An dieser Stelle kommt ins Wort, was das Schreiben le Forts bestimmt: Ein Wissen um das Mehr an Bedeutung, an schicksals-

---

36 GERTRUD VON LE FORT, *Trost im Untergang. Brief an Reinhold Schneider von 19.4.1953*, in: HEDWIG BACH, *Dichtung ist eine Form der Liebe. Begegnung mit Gertrud von le Fort und ihrem Werk. Zum 100. Geburtstag am 11. Oktober 1976*, München 1976, 14.

37 GERTRUD VON LE FORT, *Die Consolata*, in: GUNDULA HARAND, GUDRUN TRAUSMUTH (Hg.), *Gertrud von le Fort. Lesebuch. Ausgewählte Erzählungen, Einleitung und Kommentar*, Würzburg ³2017, 105–127.

hafter, ewigkeitsbezogener Entscheidung, das dem menschlichen
Leben anhaftet, weil sich in jedem einzelnen Leben das Drama
des Todes und der Entscheidung über das Nachher vollzieht. Jeder
Augenblick des Lebens hat Implikationen auf das ewige Sein, jene
Ebene, die uns einerseits entzogen ist, die wir aber doch hier auf Erden prägen. In der erzählten Wirklichkeit le Forts zieht sich dieses
Wissen wie ein feiner Silberfaden durch, manchmal so fein verwoben im Gewebe des Textes, dass nur ein zartes Glänzen bleibt, das
manchmal hell aufglüht. Le Fort bezeugt in diesem Sinne, wie dem
Aktuellen, dem Historischen, eine – manchmal unabsehbar – ge-
wichtige Bedeutung eignet, weil sein Wert sich nicht im irdischen
Schicksal erschöpft. Die Dimension der Ewigkeit relativiert das Irdische aber zugleich in seiner Semantik: Glück genauso wie Schmerz,
Verzicht und Tod, haben in dieser Lesart eine andere Bedeutung, erfahren eine Umwertung. Die Strahlkraft von le Forts historischem
Erzählen besteht darin, sich diesem Geheimnisvollen, Unbegreifli-
chen erzählend anzunähern.

7. Strahlkraft historischen Erzählens in Richtung Ewigkeit

Was in Gertrud von le Forts Werk Geschichte mit der Heilgeschich-
te verbindet, ist jene Sinngestalt, die all ihren Texten in der Tiefe
zugrunde liegt. Ihre Literatur ist immer ein Erzählen von Leid und
Erlösung, von Tod und Auferstehung ihrer Gestalten. Die Wirklichkeit des Kreuzes wird so im literarischen Text als Grundbedingung
und Grunderfahrung des Menschen vorgestellt, welche sich als letzter Deutungsschlüssel über ein Schicksal legt. Die Sinngestalt des
Kreuzes, immer umkreist im Geheimnis, dass das Holz des Leidens
auch das Holz des Heiles ist. Ebenso erzählt le Fort mit jeder ihrer
Hauptgestalten, dass der Weg der Rettung, der sich in jedem Leben
eröffnet, der Weg der Kreuzesnachfolge ist.

Die Protagonisten le Forts sind immer Leidende, Angefochte-
ne und Versuchte. Die erste Berührung mit dem, was sich als „ihr
Kreuz" zeigt, lässt sie erschrecken, oft zurückscheuen, schließlich
aber geben sie sich hin und werden dadurch gerettet. Diese Erzähl-

dynamik ist die belebende Unterströmung in allen Texten Gertrud
von le Forts.

Le Fort sieht eine tiefgehende Analogie zwischen Dichtung
und Christentum, welche ihr Schreiben bestimmt: „Kein Zweifel,
das Geglückte, das Unangefochtene, Heilgebliebene, also das wohl-
geratene und erfreuliche Geschick reicht dem Dichter wenig Möglichkeiten dar – Sieger im Lebenskampf, Sieger der Weltgeschichte lassen die Muse kalt. [...] Dies aber bedeutet nun nichts anderes,
als dass im Reich der Dichtung eine Umkehr der sonst in der Welt
herrschenden Wertungen und Gesetze stattfindet – eine souverä-
ne Umwertung. Sie liegt in derselben Richtung wie die, welche das
Christentum vollzogen hat. Denn dieses, auf eine ganz einfache
Formel gebracht, bedeutet doch die Anerkennung einer weithin gescheiterten und verlorenen Welt und zugleich die Liebe zu dieser
gescheiterten und verlorenen."[38]

Tod und Auferstehung, zeichenhaft geworden im Kreuz als
Zeichen des Todes und des Sieges über den Tod – das ist das in der
Tiefenstruktur erscheinende „Lesezeichen" der Texte Gertrud von
le Forts. Denn alles menschliche Schicksal, das le Fort erzählt, ist
untrennbar verbunden mit der Heilstat Christi: Der sich je anders
manifestierenden absoluten Dunkelheit und Verzweiflung folgt –
auf einer oft verborgenen, nur gnadenhaft aufblitzenden Ebene –
die Auferstehung, eine völlige Umkehrung allen Geschehens, „die
Verwandlung der Niederlage in den Sieg, des Todes in die Auferstehung und der Passion in die Herrlichkeit"[39].

„Es war ihr, als ob ..." In dieser Wendung verdichtet sich bei
le Fort meist jener Umschlag, der sich in allen Werken nachweisen lässt. Allerdings bleibt die rettende Veränderung auf der Ebene der erzählten Geschichte oft nach außen hin unsichtbar, häufig
bleibt es für le Forts Helden äußerlich bei einer demütigenden und
grausamen Niederlage, Leid, Tod. Die Wendung, welche ein gutes
Ende bedeutet, vollzieht sich auf einer anderen als der sichtbaren
Ebene: die Perspektive, aus der heraus und auf die hin le Fort das
Geschehen deutet, ist jene im Angesicht Gottes und der Ewigkeit:

---

38   GERTRUD VON LE FORT, *Vom Wesen christlicher Dichtung*, in: LE FORT, *Woran ich glaube
      und andere Aufsätze*, 90f.
39   THEODERICH KAMPMANN, *Das verhüllte Dreigestirn. Werner Bergengruen – Gertrud von le
      Fort – Reinhold Schneider*, Paderborn 1973, 68f.

„‚Sieg im Untergang‘, schärfer ‚Untergang als Sieg‘ heißt das kühne, im Johannesevangelium (wo die Stunde des Leidens Stunde der
Verherrlichung genannt wird, vgl. Joh 12,23f.) gründende Lieblings-
paradox der Dichterin.“[40] Der Charakter des Erzählens le Forts bestimmt sich aus einer Doppelbewegung, die zugleich Scheitern in
Bezug auf das Leben auf Erden sowie Sieg in Bezug auf die Ewigkeit
bedeutet. Wenn die Ich-Erzählerin Veronika in le Forts Roman „Der
römische Brunnen“ formuliert: „Es gibt von jedem Menschen eine
Geschichte seines Lebens und eine Geschichte seiner Seele, aber
dann gibt es auch noch eine Geschichte seiner Seele mit Gott“[41], so
beschreibt le Fort hier auch die übereinanderliegenden Dimensionen ihres literarischen Wirkens.

    „Gebt Wasser an die Seile!“ Wenn die Seile die Ströme und Lini-
en der Geschichte/Historie bedeuten, mag das historische Erzählen,
wie wir es eben betrachtet haben, so etwas wie das Wasser sein: Es
holt Vergangenes ein; indem es die Seile kühlt und zusammenzieht,
sichert es den Zusammenhang mit der Gegenwart. – Bei le Fort liegt
dem historischen Erzählen eine eigene Historiologie zugrunde, eine
Art impliziter Geschichtstheorie. In dieser narrativen Historiologie
nimmt die Dichterin Geschichte und Heilsgeschichte auseinander,
indem einem Ereignis häufig unterschiedliche Deutung in den beiden Dimensionen zukommt; zugleich handhabt le Fort Geschichte
und Heilsgeschichte als zutiefst ineinander verwoben.

    Diese wesentliche Dimension historischen Erzählens bei le
Fort sichert die Vertikale, verweist auf unser aller letztes Ziel.

---

40   Nicolas Heinen, *Gertrud von le Fort. Einführung in Leben, Kunst und Gedankenwelt der
Dichterin*, Luxembourg ²1960, 164.

41   le Fort, *Der römische Brunnen*, 336.

IV.
SCHRIFTSTELLER
IM DIALOG
MIT DEM GLAUBEN

Wie man sich eine Welt baut, wenn man eine verloren hat.
Werner Bergengruens Suche nach dem *Ordo* im Roman „Am Himmel wie auf Erden"

Nicolaus U. Buhlmann CanReg

Bergengruens Leben und Schaffen vor dem Hintergrund der baltischen Kultur

Als der ‚Spiegel' 1967 deutsche Studenten nach ihren Lieblingsautoren fragte, war das erstaunliche Resultat: Hermann Hesse und Werner Bergengruen, sie kamen gemeinsam auf Platz 1. Drei Jahre zuvor war Bergengruen verstorben, und nur wenige Jahre nach dieser Umfrage waren seine Bücher zu Ladenhütern geworden, wurde er nicht mehr verlegt. Voraus ging noch die Diffamierung durch den einflussreichen Theodor W. Adorno, der auf eine persönlich verletzende Weise den Autor zur Unperson erklärte. Dies vor allem wegen dessen Religiosität, die Adorno im *Jargon der Eigentlichkeit* für etwas Unmögliches erklärte. Ein Gedichtband mit dem Titel *Die heile Welt* war für den rassisch Verfolgten Adorno zu viel gewesen. Nach Auschwitz könne man keine Gedichte mehr schreiben, die ein Einverstandensein mit der Welt ausdrückten, sagte er 1968.

Wer sich Werner Bergengruen nähern will, muss durch eine Tür eintreten, die in die Tiefe der Geschichte entrückt und uns seitdem verschlossen ist, es ist die Tür zum Balten-Deutschtum. Schon das Wort wird manchen nichts mehr sagen. Dabei war die Präsenz deutscher Siedler in den baltischen Ländern Estland und Lettland – nicht in Litauen – seit dem 12. Jahrhundert ein wichtiger Teil der Geschichte, weil diese Familien dem gehobenen Bürgertum und dem Adel angehörten und schließlich die Oberschicht stellten. Die Deutschen kamen nie mehr als auf zehn Prozent der gesamten Bevölkerung, bildeten aber die Mehrheit in allen Städten. Aus ihnen rekrutierten sich schon bald Beamtenschaft, Militärs und Professoren, vor allem auch die Großgrundbesitzer. Als die Russen nach dem Großen Nordischen Krieg und den Polnischen Teilungen im 18. Jahrhundert die Landesherrschaft antraten, griffen sie gerne auf die als effizient bekannten Deutschen zurück, die bald einen Namen auch in St. Petersburg hatten und dort Karriere machten. Die Familie Lambsdorff, um nur ein Beispiel zu geben, stellte in der Person des Grafen Wladimir zwischen 1900 und 1906 den russischen Außenminister. Die russische Seite störte sich nicht daran, dass fast alle der Deutsch-Balten Lutheraner waren. Mit dieser bevorzugten Stellung war nach Ende des Zarenreiches Schluss, als Enteignungen im großen Stil erfolgten, und erst recht nach dem deutsch-sowjetischen Freundschaftsvertrag von 1939, der die Zwangsumsiedlung der als ‚rassisch-wertvoll‘ erachteten Balten nach West- und Ostpreußen vorsah. Die Reste der Volksgruppe sind dann nach dem letzten Krieg beseitigt worden; so mussten 1945 alle zuvor namentlich erfassten 342 Balten aus Estland emigrieren. Heute gibt es nur noch winzige Spurenelemente dieser deutschen Teilzivilisation auf slawischem Boden. Wer Balten kennenlernen durfte, die noch in ihrer Heimat aufgewachsen waren, hat selbstbewusste, fröhlich-großzügige und in tiefem Einverständnis mit Gott und der Welt lebende Menschen vor Augen, die eine einzigartige, mit einem besonders rollenden ‚R‘ versehene Sprachmelodie hatten, sich ihrer Mittlerstellung zwischen Ost und West bewusst waren, sich aber vor allem und zuerst als Deutsche fühlten.

In eine Familie des Stadtpatriziats von Riga wird Werner Bergengruen als Sohn eines Arztes am 16. September 1892 geboren, erhält zunächst Privatunterricht. Als Tragödie sah er die Ausreise seiner Familie 1902 nach Deutschland an, mit der der Vater der zunehmenden Russifizierungspolitik im Lande entkommen wollte. Dass er in jungen Jahren die Stätten der Kindheit verlassen musste, änderte nichts an seiner engen Verbundenheit mit der Heimat, die auch in seinem Eintritt in die baltische Landeswehr zum Ausdruck kam, die nach Art eines Freikorps 1919 gegen die Rote Armee kämpfte und zunächst auch einige Erfolge erzielte. Zuvor schon war Bergengruen Kriegsfreiwilliger im Ersten Weltkrieg gewesen (als

Oberleutnant und Stoßtruppführer, wie übrigens auch Ernst Jünger), hatte aber bereits vor dem Krieg ein breitangelegtes Studium der Germanistik, Rechtswissenschaften, Geschichte und Theologie in Marburg, München und Berlin absolviert, ohne einen formalen Abschluss zu erlangen. Wir dürfen ihn uns als einen vielseitig interessierten und gebildeten Mann vorstellen. Weil er aus begüterten Verhältnissen kam, stand er nicht vor der Pflicht, möglichst schnell einen Brotberuf zu ergreifen. Wichtiger war für ihn zunächst die Heirat mit Charlotte Hensel, Tochter des berühmten Mathematikers Kurt Hensel – auf den das Henselsche Lemma zurückgeht – und Urenkelin von Fanny Hensel, der älteren Schwester von Felix Mendelssohn-Bartholdy. Die Hensels waren von der Herkunft her ostpreußische Großgrundbesitzer – der gleiche Kosmos wie die Balten und auch die gleiche großbürgerliche Herkunft. Mit vier Kindern wurde diese Ehe gesegnet; über den jüngsten Sohn Alexander hat der Schriftsteller in Prof. Maximilian Bergengruen einen in Karlsruhe lehrenden Literaturwissenschaftler als Enkel, der sich u. a. mit dem Einfluss von Magie und nervlichen Krankheiten auf Literatur beschäftigt, was auch seinen Großvater interessiert hätte.

Zunächst kurzfristig als Journalist, dann als freier Schriftsteller lebte Werner Bergengruen in München und Berlin, seit 1958 und bis zu seinem Tod am 4. September 1964 in Baden-Baden, wo sein Andenken in einem kleinen Museum gepflegt wird. Romane, Erzählungen, Gedichte, auch Übersetzungen bilden sein Werk, das in der großen Tradition des 19. Jahrhunderts steht und ihn zu einem der bekanntesten Autoren der jungen Bundesrepublik machte. Wer in den 1950er-, 1960er-Jahren zu den Gebildeten im deutschen Sprachraum gehörte, hatte Werke von Bergengruen, aber auch von Ernst Wiechert, Edzard Schaper, Hans Carossa, Stefan Andres, Ricarda Huch, Gertrud von le Fort, Reinhold Schneider im Bücherschrank, von Doderer und Lernet-Holenia gar nicht zu reden. Die Bundesrepublik in ihrer ersten Phase, der der Krieg noch in den Knochen steckte und die Millionen von Flüchtlingen aus dem Osten integrieren musste, war empfänglich für diese Werke aus dem Bereich der inneren Emigration zur Zeit der NS-Herrschaft, deren Verfasser zu einem großen Teil aus dem Osten stammten. Damals amüsierte man sich noch nicht zu Tode und war bereit, ernste Kost, jedenfalls ernsthafte, schicksalshafte Literatur zur Kenntnis zu nehmen, die ja nur widerspiegelte – in der bewussten Annahme der Lebenstragik und ihrer Bewältigung –, was viele Menschen selber erlebt hatten in Krieg und Nachkriegszeit. Fast alle dieser Autoren taten dies vor dem Hintergrund eines christlichen Humanismus, der damals noch unhinterfragt das Deutungsmuster für die Mehrheitsgesellschaft war.

Der Großtyrann und das Gericht

Wer Bergengruen heute noch kennt, kennt ihn wohl in erster Linie wegen seines 1935 erschienenen, aber schon ab 1926 konzipierten und begonnenen Romans ‚Der Großtyrann und das Gericht‘, seinerzeit das erfolgreichste Werk des Autors, das verfilmt, dramatisiert und in 15 Sprachen übersetzt wurde. Es wird vielfach verstanden als Auseinandersetzung und versteckte Abrechnung mit dem Nationalsozialismus und kann auch so gelesen werden. Dabei muss man aber zur Kenntnis nehmen, dass der *Völkische Beobachter* das Buch zunächst als ‚großen Führerroman‘ lobte, unabhängig davon, dass Bergengruen noch zu Zeiten der Weimarer Republik zu schreiben begonnen hatte – also Vorsicht mit einseitigen Zuschreibungen! Die Dinge changieren und entziehen sich klarer Zuordnung. 1937, ein Jahr nach seiner Konversion zum katholischen Glauben, wurde Werner Bergengruen gerade unter Verweis auf den ‚Großtyrannen‘ aus der ‚Reichsschrifttumskammer‘ ausgeschlossen. Es geht im Buch um einen Kriminalfall und um Versuchung und Verschulden fast aller, die damit in Verbindung stehen und nun zur Aufklärung beitragen sollen. Die Verführbarkeit eines jeden Einzelnen, auch des sittlich Gefestigten, wie auch die Gewissensnot des Mächtigen, der eine Situation wie diese dann beurteilen und lösen muss, sind Themen in diesem Werk, dessen Subtext die Frage ist, wie man sich im Falle ungerecht ausgeübter Herrschaft verhalten kann und soll. Dieses Werk – ein Jahr nach dem ‚Röhmputsch‘ erschienen – wird als Beispiel oppositioneller Literatur im Dritten Reich gelesen, der Großtyrann mit Hitler gleichgestellt, was aber keine zwingende Deutung ist, sodass wiederum andere Stimmen Bergengruens Roman als typisches Beispiel für politisches Mitläufertum einordnen,

also die gerade entgegengesetzte Sichtweise vertreten. Ohne das im
Einzelnen diskutieren zu wollen, sei darauf hingewiesen, dass beim
‚Großtyrannen' wie bei dem Buch, mit dem wir uns hier beschäftigen, eine historische, im Mittelalter spielende Handlung benutzt
wird, um Fragen der Gewissensproblematik und des ‚buon governo'
im Sinne Macchiavellis zu behandeln, wobei den Schriftsteller in
beiden Fällen die Grauzone zwischen rechtmäßigem und sittlich
verwerflichem Handeln interessiert. Alle handelnden Figuren sind
davon betroffen, keiner kommt dabei gut weg, der Schurke ist nicht
notwendigerweise der Schurke, der Held nicht immer edelmütig.

Am Himmel wie auf Erden

Wir sind im *Reich des Gewissens* angelangt – das, was Werner Bergengruen sein ganzes Schriftstellerleben lang beschäftigt und bewegt hat – und schauen auf seinen umfangreichsten historischen
Roman, dessen Titel richtig zur Kenntnis genommen sein will: ‚Am'
und nicht ‚Im Himmel wie auf Erden'.

Es ist eine längst zurückliegende Zeit: Brandenburg, im heißen Sommer 1524, in dem sich die Handlung unseres Romans
in wenigen Wochen des Juni und Juli zusammenballt. Weder das
niedrige, nur von einigen Hügeln unterbrochene platte Land mit
seinem sandigen Boden noch die Ströme Elbe und Oder standen der
Landesherrschaft der Markgrafen entgegen, die seit 1157 das dann
zum Kurfürstentum gewordene Gebiet regierten, zunächst Ange-
hörige des Hauses Askanien und dann seit 1415 die süddeutschen
Hohenzollern – also Landfremde, das spielt im Buch eine Rolle.
Denn die beiden wichtigsten Protagonisten sind niemand andere
als der Landesherr, Kurfürst Joachim I. Nestor, von 1499 bis 1535
Markgraf von Brandenburg, und Johann Carion, eigentlich Nägelin,
geboren in Bietigheim bei Stuttgart und verstorben 1537 in Magdeburg, Hofmathematikus und Astronom des Kurfürsten. Der in
Franken erzogene Herrscher und der Schwabe Carion sind also hi-
neingestellt in die nach wie vor nicht ganz akzeptierte Landesherrschaft der Hohenzollern über Brandenburg; der Kurfürst hatte noch
1506 siebzig Raubritter, darunter vierzig Adlige, hängen lassen, um
damit die landständische Opposition auszuschalten. Bergengruen

greift das Thema in zweifacher Hinsicht auf, wenn er die ins Land gezogene Herrschaft mit dem einheimischen Adel kontrastiert und daneben auch noch den Unterschied zwischen der slawischen Urbevölkerung Brandenburgs – im Buch die Wenden genannt – und den Deutschen hervorhebt. Da liegen also ständig im Roman mehrere Lebenslinien nebeneinander: die biedere deutsche Bevölkerung mit dem nicht sehr beeindruckenden einheimischen Adel, der die Hohenzollern immer noch nicht ganz als die neue Obrigkeit angenommen hat, und die Hohenzollern und ihr engster Beraterkreis, darunter Carion, Landfremde allemal, die sich entschlossen an die Arbeit machen, diesen nicht sehr begünstigten Flecken Erde nun zu verwalten und umzugestalten; schließlich noch die slawische Urbevölkerung, die Wenden, die untereinander ihre Sprache sprechen, die von den Deutschen normalerweise nicht verstanden wird. Die Wenden sind zwar christianisiert und vorderhand der Obrigkeit ergeben, das hält sie aber nicht davon ab, ihre alten Traditionen zu pflegen, die man am einfachsten und besten mit dem Wort heidnisch beschreibt. Es ist eine Art Naturgläubigkeit, jedenfalls ein enges Einvernehmen mit den Jahreszeiten, den irdischen Elementen, die man sich nicht zum Feind zu machen trachtet. Angeblich, so raunt man, gebe es auch einen geheimen König der Wenden, der sich im Verborgenen hält und dessen Identität nur wenigen Eingeweihten bekannt ist, der aber eines Tages sich zu erkennen geben wird, alle Fremden aus dem Land treibt, um wieder, wie in grauer Vorzeit, sein Volk zu regieren. Das ist also das *Setting*, vor dem sich unsere Geschichte abspielt und das farbig genug ist, eine Art *Game of Thrones* wie die Fernsehserie, könnte man sagen. Es schreit geradezu nach einer Verfilmung, weil Bergengruen in abgeschlossenen Episoden denkt und erzählt, am Spannungshöhepunkt abbricht, um dann einen anderen Erzählstrang zu verfolgen, eben wie im Film. Das macht er sehr gekonnt, und so war es auch relativ leicht, aus dem ‚Großtyrann' ein Theaterstück zu machen, das in den 1960ern fleißig aufgeführt wurde. Ein Stilmittel, dessen sich der Autor mehrfach und auch hier bedient, wird heute nicht mehr geschätzt werden, nämlich die bewusst archaische, vom hohen, feierlichen, gelegentlich fast schon biblischen Ton getragene Sprache. Für die Jüngeren wird das heute eher ironisch wirken, nicht mehr

notwendig jedenfalls. Immerhin muss man zugeben, er kann das
gut, es wird nicht zur Karikatur, aber es wirkt doch gelegentlich
etwas gedrechselt.

Das Geheimnis, das keines bleibt und manche zu Fall bringt

Den eigentlichen *Plot* des Romans kann man in wenigen Sätzen
erzählen: Es geht um eine von vielen Gelehrten, darunter auch von
Carion, für den Sommer 1524 angekündigte Wasserkatastrophe von
sintflutartigen Ausmaßen, die geeignet wäre, das ganze Land zu
verheeren und Mensch und Vieh zu vernichten. Das hat Werner
Bergengruen nicht erfunden, es stand damals in der Tat eine solche
Naturkatastrophe im Raum, die sich, wie man glaubte, aus der Berechnung der Gestirne geradezu zwangsläufig ergebe. Wir sind in
der Zeit des ausgehenden Mittelalters, in der sich die moderne Wissenschaft bereits vorbereitete, aber noch im Banne eines biblisch
aufgefassten Weltbilds stand. Die Ableitung von zukünftigen Ge-
schehnissen aus dem Lauf der Sterne war noch völlig normal, stand
aber immer unter dem Vorbehalt eines direkten Eingreifens Gottes,
der sich eben dieses Mittels bedienen konnte oder auch nicht. Historisch korrekt ist, dass Kurfürst Joachim besonders an der Astrono-
mie und überhaupt allen okkulten Wissenschaften interessiert war.
Carion, für den der Kurfürst eine Sternwarte hatte einrichten lassen,
ging noch einen Schritt weiter als seine Kollegen und kündigte die
Sintflut exakt für den 15. Juli 1524 an, den Tag des hl. Kaisers Heinrich (nach dem alten Kalender, heute ist es der 13. Juli). Carion hat
in der Handlung des Romans, die nicht in allem der historischen
Wirklichkeit entspricht, den Kurfürst von dem bevorstehenden Unheil informiert, der ihm strengstes Schweigen auferlegte.

Und nun wird es spannend: Was macht dieses Geheimwissen
mit dem Herrscher und seinem Gelehrten? Ergreifen sie Maßnahmen, um das Land zu schützen – aber wie geht das, wenn man nicht
eine Massenpanik auslösen will? Denken sie wenigstens an sich
selbst und ihre unmittelbare Umgebung? Lässt sich eine geheime
Information überhaupt dauerhaft geheim halten? Die Ausgangssitu-

ation für den Roman ist jedenfalls klug gewählt, erzeugt Spannung und lenkt den Blick auf schwere Gewissensentscheidungen.

Und wie es sich in jedem guten Film und jedem guten Roman gehört, braucht es noch einige Nebenhandlungen, die einerseits für ein wenig Ablenkung sorgen, andererseits die gleichen schicksalshaften Fragen von anderer Perspektive her beleuchten. Sinnvollerweise wählt man für diese Nebenhandlungen Menschen aus verschiedenen gesellschaftlichen Schichten, damit uns nach Art des Kaleidoskops Einblick in die Sozialstruktur der Zeit gegeben wird. Drei dieser Nebenhandlungen nehme ich in den Blick, zwei auf Seiten des Kurfürsten und eine auf Seiten Johann Carions.

Der Kurfürst, der als streng und gerecht geschildert wird (sein Wahlspruch war *Iudicio et iustitia* = Mit Urteil und Gerechtigkeit), hat eine schwache Seite: Seine Ehe mit Elisabeth von Dänemark, Norwegen und Schweden ist in der Krise. Joachim hat sich verguckt in Katharina Hornung, Berliner Bürgerstochter aus angesehenem Geschlecht, deren Mann Wolf ein Experte im Gießen von Geschützen war, damals ein sehr wichtiges Gewerbe. Zwei Kinder hatte er mit seiner Mätresse, die mit ihm im Schloss wohnte – wie auch die Kurfürstin Elisabeth, die sich gedemütigt und an die Seite gestellt sah. Im Laufe der Romanhandlung wird es eine Abwendung Katharinas von ihrem fürstlichen Liebhaber geben – Katharina, die ihrerseits von ihrem Mann nie aufgegeben worden war. Allein es geht nicht gut aus, die Eheleute Hornung erleben nicht das Ende des Buches.

Auch die zweite Liebesgeschichte ist eine tragische: Ein fränkischer Hofjunker, Fabian von Ellnhofen, dem der Kurfürst sein besonderes Vertrauen geschenkt hat und den er für geheime Missionen heranzieht, hat sich mit Juliane verlobt, Tochter eines einheimischen Geschlechts des niederen Adels, der Vater ist einer der unteren Verwaltungsbeamten des Landesherrn: zwei junge schöne Kinder, aber auch sie werden nicht zueinanderfinden. Eine angebliche Übertretung eines Gebotes des Kurfürsten durch den Junker fordert das stets wache Misstrauen seines fürstlichen Herrn heraus und stachelt sein Verlangen an nach Genugtuung, nach strenger Gerechtigkeit, wie er sie versteht. Der ihm lange so teure Kammerjunker fällt dem zum Opfer und muss hingerichtet werden, damit niemand dem Fürsten nachsagen kann, er übe nicht Gerechtigkeit gegenüber jedermann. Eine der stärksten Szenen des Romans ist ein nächtliches Gespräch, nein, ein Ringen zwischen Joachim und Carion, der den jungen Fabian retten will, es aber nicht vermag. Bergengruen gelingt es hier, die Gewissensnot, vor allem aber das übergroße Misstrauen des Herrschers gegenüber allen in seiner Umgebung zu schildern, auch die Eitelkeit, die auf sein späteres Bild in der Geschichte zielt: Wenn der Herrscher ein Gesetz erlassen hat, muss es für alle gelten, und selbst sein engster Vertrauter muss notwendig fallen, wenn er sich gegen dieses Gesetz vergangen hat. Juliane – ein wenig klischeehaft – hält ihr eigenes Leben nach dem Tod des Geliebten für beendet und geht ins Kloster.

Schließlich: Die unheimlichste Nebenhandlung spielt im Haushalt des gelehrten Carion. Der lebt mit seiner Mutter zusammen, die ihn als echte Schwäbin Büble nennt. Und wird versorgt von der alten wendischen Hausmagd Worschula. Sie kam vor langer Zeit aus ihrem kleinen Dorf im Oderbruch in die Residenzstadt, ist aber noch ganz geprägt vom naturnahen Leben ihres Stammes, kennt all die alten Sagen, Hausmittel, Wünschformeln und Verfluchungen, kurz sie lebt in ihrem magischen Weltbild, zu dem das Christentum nur hinzugetreten ist. Es wird uns ausführlich berichtet, wie Worschula, die mit Aussatz infiziert ist, langsam, aber beständig kränker wird. Schließlich muss sie den Haushalt verlassen und in eine dafür bestimmte Anstalt, das euphemistisch Gutleut-Haus genannte Aussätzigenspital von Berlin, ziehen, sie wird ‚ausgesegnet‘, wie der Fachausdruck heißt. Solche Einrichtungen gab es damals in jeder größeren Stadt, sie waren gut fundiert, denn der Aussatz konnte jeden treffen, hoch wie niedrig. Die Isolation war ohne Zweifel notwendig, mit allem, was das auch psychologisch bedeutete, zugleich gab es aber doch ein Miteinander. In spezieller Schutzkleidung und mit einer charakteristischen Rassel in der Hand durften die Guten Leute durchaus das Spital verlassen und in der Stadt um Almosen betteln. Man gab ihnen bereitwillig, auch aus der geheimen Angst heraus, sie könnten einen verwünschen und anstecken. Hier hat Werner Bergengruen umfangreiche historische Studien betrieben; wir erfahren wirklich Neues über die uns so fremde Welt der Lepra-Kranken, über ihre Ausgrenzung und über ihre durchaus machtvolle Stellung im Gemeinwesen, von Bergengruen mit dem Begriff *populus sacer* charakterisiert. Während Worschulas Krankheit, trotz der Behandlung mit Vipernfleisch, fortschreitet, tut sich auch innerlich etwas mit ihr. Das Zivilisatorisch-Christliche fällt allmählich ab, und sie erlangt den Status einer Seherin. Natürlich lässt sich – das ist ein wesentlicher Strang im Roman – die Kunde von der bald bevorstehenden Wasserflut am Ende doch nicht verheimlichen. Immer nervöser wird die Atmosphäre, während zugleich der Sommer im Höchststand ist, ganz Berlin und Brandenburg wischt sich den Schweiß ab, und das Wasser, vor dem alle Angst haben, wird eigentlich herbeigewünscht in Gestalt von kühlendem Regen. Es gehört zu den vielen filmreifen Szenen des Romans, wie Worschula, die sich schließlich in eine Art Hexe verwandelt hat, einen Aufstand der Aussätzigen anführt, der die ganze Frustration der Kranken in Aktion umsetzen will: Die Sintflut wird von ihnen nämlich geradezu ersehnt, weil man im Wahn glaubt, von dieser als auserwähltes Volk verschont zu werden, während die verhassten Gesunden ihrem Schicksal nicht entgehen werden. Meisterhaft, wie Bergengruen die sich ständig verstärkende, fiebernde Spannung vor dem 15. Juli schildert, den kollektiven Wahnsinn, der uns ja genauso ereilen würde, wenn wir wüssten, dass in zwei Wochen durch einen Meteoriteneinschlag die ganze Welt zugrunde ginge. Der Umgang mit den Aussätzigen als Sondergruppe bringt in diesem Chaos sozusagen das Beste und das Schlechteste hervor, auf beiden Seiten.

Während also auf den Straßen von Berlin Unheil dräut, es zu ersten Plünderungen kommt, der Kurfürst zur Kenntnis nehmen muss, dass die als Staatsgeheimnis behandelte Wassernot längst allen im Lande bekannt ist, sodass der Herrscher ein Ausreiseverbot verhängt und das Bauen von Schiffen unter Todesstrafe stellt, während all das passiert und der 15. Juli unbarmherzig näher rückt – hat der Schriftsteller natürlich ein Problem: Offenkundig ist ja am 15. Juli 1524 die Welt nicht untergegangen; wie löst er nun diese Spannung auf? Auch hier zeigt sich Werner Bergengruen, zum Zeitpunkt der Abfassung des Buches schon ein gereifter Romancier, als wirklicher Könner, indem er die tatsächlichen Ereignisse dieses Tages in Berlin – über die wir aus zeitgenössischen Chroniken gut unterrichtet sind – aufgreift und künstlerisch überhöht. Mehr auf

Initiative des loyalen Hofmarschalls – aber wohl auch mit gehei-
mem Einverständnis des Herrschers – werden am Tag der Kurfürst
selber und seine Familie, Teile des Archivs und des Staatsschatzes
mit mehreren Kutschen das Schloss verlassen und dorthin fahren,
wo Berlin am höchsten war. Damals nannte man das die Tempelho-
fer Höhen, heute ist die Erhebung als Teufelsberg bekannt und liegt
im Bezirk Kreuzberg. Dieses Etwas ist keine siebzig Meter hoch und
verdient nicht die Bezeichnung Berg. Aber für die Berliner war und
ist dies ihr Berg, wo man damals übrigens – im Roman und auch
in der Wirklichkeit – Wein anbaute. Das Ganze wird als sommerli-
cher Ausflug der fürstlichen Familie inszeniert, ist aber natürlich
eine Flucht und wird auch so von der Bevölkerung aufgefasst. Es
ist also ein Moment der Schuld des sonst so pflichtbewussten Herrschers, dass er flieht. Carion dagegen vertraut auf Gott und bleibt
in der Stadt.

Und nun regnet es – endlich. Von Sintflut kann aber keine Rede
sein, die Katastrophe findet nicht statt und doch klärt sich vieles an
diesem Nachmittag und Abend: Der Aufstand der Aussätzigen und
des städtischen Proletariats fällt so schnell in sich zusammen, wie
er gekommen war. Worschula kommt dabei um. Der Herrscher hat
nach langer Zeit zum ersten Mal wieder ein echtes, tiefergehendes
Gespräch mit seiner Ehefrau. Seine frühere Geliebte Katharina ist
im Tod vereint mit ihrem rechtmäßigen Ehemann Wolf Hornung,
der heimlich in die Stadt gekommen war, um sie zu holen. Das Leben des Junkers Ellnhofen war schon vorher dem strengen Gerech-
tigkeitsempfinden des Landesherrn zum Opfer gefallen.

Nun regnet es also, blitzt und donnert und stürmt in der Mark
Brandenburg und ihrer Hauptstadt Berlin. Es ist ein Unwetter von
gewaltigen Ausmaßen, ein ganz formidabler Sturm, aber eben nicht
die alles vernichtende Wasserkatastrophe. Das ist allen rasch klar,
und so ist der nicht enden wollende peitschende Regen am Ende
doch die eigentlich erwünschte Abkühlung nach quälend heißen
Sommerwochen und zugleich die Klimax des Romans. Etwas Unheimliches aber widerfährt der fürstlichen Kutsche auf ihrer Rück-
fahrt ins Schloss auf der Spreeinsel, das damals gerade einmal 70
Jahre alt war und nichts mit dem später entstandenen Bau zu tun
hatte, den man jetzt in Teilen wieder rekonstruiert: Ein Blitz trifft

die Kutsche, lässt die Insassen unverletzt, tötet aber vier der acht Pferde und den Kutscher. Als man den Toten birgt, fällt der Blick auf das geöffnete Hemd des Mannes und einen silbernen Anhänger, den er um den Hals trägt. Dieser Juro war ein Wende gewesen, der, obwohl Bediensteter, eine geheime Macht über alle auszuüben schien, mit denen er zu tun hatte. Ihm war eine natürliche Autorität zu eigen; er war dienstfertig, ohne unterwürfig zu sein. Sogar der Kurfürst akzeptierte ihn fast als seinesgleichen. Und nun fand man beim Toten, dass er das Bild eines silbernen Pferdes am Halskettchen unter seinem Hemd trug: das überlieferte Erkennungszeichen des geheimen Königs der Wenden. Nach dem Glauben seines Volkes war also er auserwählt gewesen, das Land von deutscher Fremdherrschaft zu säubern und die alte slawische Herrschaft wiederaufzurichten: Ein König hatte einen Fürsten gefahren.

Während das Unwetter langsam nachlässt, noch riesige Pfützen auf den Straßen stehen und die Menschen anfangen, die Sturmschäden zu beseitigen, kommt auch der Roman allmählich an sein Ende. Die Schlussszene spielt in der Marienkirche, denn es ist ja immer noch der Tag des heiligen Heinrich, und wenn der größte Teil dieses Tages auch ein einziger menschen- und wettergemachter Tumult war, so soll doch jetzt durch einen Vespergottesdienst, der mit Kurfürst und Bürgermeister die weltlichen Gewalten mit dem gleichfalls anwesenden Bischof vereint, wieder die Ordnung hergestellt werden. In wenigen Worten wird angedeutet, dass der Kurfürst seine Flucht aus der Stadt bereut und nun wieder bereitwillig in seine landesherrlichen Pflichten eintritt.

Der Ordnungsgedanke

Ein schönes Schlussbild, das Bergengruen hier bemüht und das zu der Frage hinführt, die jetzt zu klären ist – ob diesem Roman und ob dem Bild vom menschlichen Leben, das der Autor darin entwirft, eine Ordnungsidee zugrunde liegt und welche das wäre. Es ist diese Frage ja in mehrfacher Hinsicht von Belang: Sie gibt Aufschluss, welcher Leitidee, welchem Weltbild Werner Bergengruen folgt, doch muss dabei auch der Zeitkontext berücksichtigt werden. 1940 ist der Roman erschienen, der Zweite Weltkrieg hatte begon-

nen, befand sich aber noch in seiner ersten, der deutschen Seite
Siege bringenden Phase, zugleich war – zu diesem Zeitpunkt wohl
noch unbemerkt von den meisten – die Verfolgung von Juden, politischen Gegnern, Sinti/Roma, Bibelforschern und Homosexuellen
angelaufen. Wer immer einen historischen Roman in einer solchen
Zeit verfasst und vorlegt, zumal, wenn einer der Hauptprotagonis-
ten darin ein Fürst ist, muss Stellung beziehen und wird an den
Prinzipien, die er darin vertritt, gemessen werden.

Der Roman hat ein Vorblatt mit einem biblischen Motto, das
in eigentümlichem Kontrast zu dem steht, was im Buch geschildert
wird: *Fürchtet euch nicht!*, heißt es da ganz schlicht und ruhig. Und
das kontrastiert doch sehr mit dem, was uns auf den meisten Seiten
dieses großen Buches geboten wird, wo Bergengruen mit aller Meisterschaft des großen Schriftstellers eine sich ständig selbst nähren-
de und verstärkende Atmosphäre der Furcht vor Augen stellt, wo er
zeigt, wie eine Massenpanik sich allmählich vorbereitet, wie Menschen ihren Verstand stückweise verlieren, nur noch glauben, was
sie glauben wollen, wie sie manipuliert werden und andere manipu-
lieren. Es wurde die Meinung vertreten, die Angst vor dem Wasser
sei eine Parabel auf die allmählich beginnenden Bombennächte in
Deutschland. Es kommen einem aber auch manche Auswüchse des
Widerstandes gegen die wegen der Covid 19-Pandemie verhängten
Maßnahmen in den Sinn. Wie mit solcher Angst umgehen?

Es gibt eine germanistische Dissertation mit dem Titel *Das
Problem der Furcht* bei Werner Bergengruen, in der gezeigt wird, wie
zentral dieses Motiv bei dem Schriftsteller war. Nun, Bergengruen
ergibt sich nicht der Furcht, er suhlt sich nicht darin, er weiß einen
zweifachen Ausweg aus dem Problem der Furcht. Es ist dies zum
einen das tiefe Einverständnis mit dem natürlichen Lauf der Dinge,
das Eintauchen in und das Mitleben mit der Natur, mit den Jahreszeiten, die Schönes und Schlimmes bringen, denen man sich aber
doch anvertrauen darf, weil alles, was geschieht, Teil einer göttlichen Ordnung, eines großen Planes ist. Aber der zweite und eigentlich grundlegende Teil des geistigen Fundaments dieses Romans ist
Gott selbst, der hinter allem steht, der da ist und waltet, auch wenn
wir ihn nicht am Werke sehen und ihn als Verborgenen erleben. Es
fällt freilich auf, dass Bergengruen im Buch nie von Gott spricht,

sondern immer nur von der ‚Gottheit'. Das ist zum Teil dem humanistischen Kontext geschuldet, der typisch für die Zeit ist, die
der Autor hier gewählt hat und deren Vertreter Johann Carion ist,
es gibt also Bezüge bis hin zur platonischen Philosophie. Gott wird
zunächst als Gegenstand philosophischer Reflektion verstanden.

Doch will diese distanzierende Anrede als Gottheit im Rahmen dieses Romans noch etwas anderes aussagen: Schauen wir noch einmal auf die unheimliche Figur der wendischen Magd Worschula,
die nach ihrer Infizierung mit Aussatz den Weg des Leidens gehen
muss – durch die immer stärker werdende Krankheit –, andererseits
aber in ihrer schon immer vorhandenen seherischen Gabe gestärkt
wird, sich halb mit und halb gegen ihren Willen als Prophetin und
Anführerin der Sondergruppe der Aussätzigen in eine Rolle gezogen sieht, die ihr zwar ein gewaltsames Ende bringen wird, aber
in gewisser Weise auch die Vollendung ihres Lebens. Eine beunruhigende, zwischen mehreren Welten changierende Figur, die aber
typisch ist für Bergengruen, der selber von der Faszination des Magischen nicht lassen konnte. Dafür gibt es viele Beispiele, u. a. auch
in seinen Gedichten. Worschula hat etwas Hexenartiges, ist aber
keine Hexe, jedenfalls nicht im pejorativen Sinn des Wortes. Sie ist
eine Frau, die beide Welten kennt, das ist etwas anderes. Bergengruen sagt selber einmal: „Jahreszeiten und Weltenalter, menschliche Lebensläufe und Völkerschicksale sind mir Unterpfänder und
Widerspiegelungen ewiger Ordnungen, an diesen ist alles gelegen."
Man könnte sagen: Natur und Geschichte sind die beiden Stoffe, aus
denen Bergengruen schöpft und die unter seinen Händen zu einer
neuen Wirklichkeit werden. Da greift er mitten hinein, in alles, was
es gibt, und lässt die Schöpferherrlichkeit auch aus dem noch Ungeformten, dem noch nicht christlich Imprägnierten erstehen. Ein
Freund und Seelenverwandter von ihm, der unglückliche Reinhold
Schneider, hat das gesehen und sagt es eindeutig: „So hat sein Werk
neben dem christlichen auch einen heidnischen Aspekt, den er wohl niemals geleugnet hat." Er hat es in der Tat nicht, es gibt sein Zitat: „Ich
bekenne mich dazu, ein christlicher Heide zu sein." Mag sein, dass die
Herkunft aus dem Osten hier nachwirkt. Man kann formulieren:
Bergengruen scheut sich nicht, in die Tiefen der gefallenen Schöpfung hinabzusteigen. Dazu gehört eben auch der fließende Über-

gang zwischen ‚unten' und ‚oben', zwischen Sinnbild und Wirklichkeit, zwischen dem Unheimlichen und dem Lichtvollen. Die
unerlöste Natur ist noch sehr präsent in Bergengruens Werk und
wird hier durch die wendische Magd repräsentiert. Doch ist dieselbe
Natur durch das Heilswerk Christi gerettet und auf eine neue Stufe
gehoben. Die elementaren Kräfte mögen dräuen und drängen – das
ist die *Gottheit* sozusagen –, es mag nach Weltuntergang aussehen.
Allein, er kommt nicht. Er kommt jedenfalls nicht, weil und wenn
Menschen das voraussagen. Bergengruen thematisiert das nicht
weiter im Roman, aber was Carion und mit ihm damals andere
humanistisch geprägte Gelehrte voraussahen, den Weltuntergang
(zumindest der Mark Brandenburg), der nicht kam, ist letztlich eine
Niederlage der hochgelehrten Wissenschaft. Gott, der *Gott*, verfährt
an uns nach seinen Plänen, und seine Gedanken sind nicht unsere
Gedanken. Hanna Barbara Gerl-Falkovitz schreibt in einem Aufsatz
über die Mystik des Unerlösten bei Werner Bergengruen zum Zau-
ber der Welt und ihren göttlichen Überwinder: *„Es ist in der heutigen
Weltfrömmigkeit, die auf ihre Weise die grüngewandete uralte Göttin
Natur anzubeten drängt, entscheidend, die Balance auch auf den zweiten Pol zu richten, der mehr ist als Natur, nämlich auf ihren Urheber,
Bändiger, der die bloße Natur löst."*
     Was hätte Bergengruen wohl gesagt, wenn er von den klima-
freundlichen Neuheidinnen zu Beginn des 21. Jahrhunderts gehört
hätte, die stolz verkünden, sie wollten nun keine Kinder mehr haben, weil es nicht gut für die Umwelt sei. Ich kann mir vorstellen, er
würde ihnen zurufen, was er uns zu Beginn dieses großen Romans
ins Gedächtnis ruft: *Fürchtet euch nicht!* In der Heiligen Schrift des
Alten und Neuen Bundes wird uns genau 365-mal diese Ermahnung
Gottes zuteil: *Fürchtet euch nicht* oder *fürchte dich nicht*. Warum so
oft? Weil wir es nötig haben, offensichtlich. Wir müssen uns jeden
Tag sagen lassen, dass eine geheime Ordnung allem zugrunde liegt,
dem Leben unseres Planeten und unserem eigenen Leben. Wir dürfen und sollen vertrauen darauf, nämlich darauf, dass es gut ausgeht. Werner Bergengruen, dieser – ganz unoriginell – zu Unrecht
vergessene Dichter und Schriftsteller, dem das vom Mittelalter her
gewachsene Gefüge des Baltenlands Urbilder der Ordnung liefert,
aus denen er sich sein vielschichtiges Weltbild baut, nachdem er

die Heimat verloren hat, wusste um das Abgründige auch in ihm selber; er vertraut aber auf die ewige Ordnung und fordert uns auf, ein Gleiches zu tun. Es ist wie der Reichs-Ordo, der gleichsam eine Nebenrolle im Roman *Am Himmel wie auf Erden* spielt. Das Heilige Römische Reich Deutscher Nation gehört ja zu den großen unterschätzten Realitäten der Weltgeschichte. Es bot bei aller Unvollkommenheit einen Ordnungsrahmen, der nach innen tolerant vielfältige Entwicklungen zuließ. *Man muss an eine solche Ordnung glauben, dann stellt sie sich ein.* Das ist das große Geheimnis und vielleicht der Grund, warum im Zeitalter der Selbstoptimierung Schriftsteller wie Bergengruen es schwer haben. Dabei haben wir in der Tat nichts anderes zu fürchten als die Furcht. Es gilt, und es bleibt dabei: *Fürchtet euch nicht!*

„Immer geht es um Christus allein." Heilsgeschichte und ihre Reflexion in Gertrud von le Forts Roman *Der Papst aus dem Ghetto*

Gundula Harand

1. Der geschichtliche Roman im Raum einer bleibenden Wahrheit

Der Roman *Der Papst aus dem Ghetto* (1930) beleuchtet das Schisma der römischen Kirche von 1130 und wirft auch einen Blick in die Welt der gläubigen Juden im römischen Ghetto. Über die historischen Ereignisse hinaus zeichnet Gertrud von le Fort, wie bereits in den *Hymnen an die Kirche* (1924), das Bild einer überzeitlichen Kirche. Im mystischen Leib Christi, der die Menschheit umfängt, sind Christen, Juden und Heiden vor das Angesicht des lebendigen Gottes gerufen. Dieses Geschick zeigt sich exemplarisch in der blinden Jüdin Trophäa und ihrem getauften Zwillingsbruder Petrus Pier Leone. Durch sein Machtstreben stiftet dieser als Kardinal und (Gegen-)Papst Anaklet II. Spaltung und Leid, während die jüdische Schwester ihren Heimweg in den Leib Christi aus Gnade findet.[1]

Der Papst aus dem Ghetto tritt äußerlich als historischer Roman auf, ist aber vor allem eine große Dichtung des Glaubens. Zur Zeit seines Erscheinens hebt er nicht nur vergessene historische Ereignisse der Christenheit ans Licht, sondern warnt prophetisch vor den aufbrechenden ideologischen Verblendungen der Gegenwart.[2]

1　Der Artikel bezieht sich auf die Neuauflage des Romans, der alle Werkzitate entnommen sind: GERTRUD VON LE FORT, *Der Papst aus dem Ghetto. Die Legende des Geschlechtes Pier Leone*, hg. v. Gundula Harand, Würzburg 2017. Einige Grundgedanken von Einleitung und Kommentar kommen hier zur Sprache.

2　Die unmittelbare Anregung zu diesem Werk kam durch die Wahrnehmung der bedrohlichen Veränderungen, die sich seit 1929 durch den Nationalsozialismus in Deutschland ankündigten und le Fort tief erschütterten. Vgl. NICOLAS MEYERHOFER, *Gertrud von le Fort*, Berlin 1993, 48ff.

Der protestantische Theologe Hans von Soden schreibt deshalb in einem Brief an le Fort, dass der Roman den Leser in eine überzeitliche, weisheitliche Dimension einführt. „Das Buch gehört zu jenen seltenen Büchern, die so aus der Wahrheit sind, dass sie zu einer anderen Zeit reden, als ob sie für sie geschrieben wären. Das ist ja wohl der eigentliche Sinn prophetischer Dichtung – es geht zunächst nicht um Voraussage der Zukunft, sondern um die Vermittlung der Weisheit, die so tief wurzelt und zugleich so weitreichend ist, dass sie einer eintretenden Zukunft die Möglichkeit eröffnet, sich selbst zu erkennen."[3]

Das Wort Hans von Sodens trifft sehr genau das Verständnis der Dichterin, wenn sie sagt: „Ich habe das Historische nie als eine Flucht aus der eigenen Zeit empfunden, sondern als den Abstand, von dem man aus die eigene Zeit schärfer erkennt, so wie man die charakteristischen Linien eines Gebirges nur aus einiger Entfernung wahrnimmt."[4]

Es geht le Fort nicht um das Vordergründige und Wandelbare, sondern um das Überzeitliche in der Geschichte. Sie sucht eine Wahrheit, die aus einer vergangenen Zeit in die Gegenwart hinüberleuchtet, auch besonders eine Wahrheit über den Menschen (der sich im Wesentlichen gleichbleibt), über seinen Weg, seine geschichtliche Existenz vor Gott.[5]

Es bedarf also der rechten Ausrichtung des Blicks: *Der Papst aus dem Ghetto* hebt eine bleibende Wahrheit ins Wort. Le Fort stellt die Frage nach dem Heil in der Geschichte. Im Zentrum ihrer Geschichtsbetrachtung steht nicht das Spiel von einzelnen Fakten und Ereignissen, so wichtig es ihr ist, die historischen Grundlagen und Zusammenhänge genau zu kennen. Nicht nur von einem veränderlichen, zufälligen Sein des Historischen soll der Roman Zeugnis geben, sondern von einer bleibenden Wahrheit, die sich durch die vielfältigen Ereignisse der Geschichte mitteilt. Die sich so offenbarende Wahrheit erscheint wohl im Zufälligen, kann aber nicht vom Zufälligen her erkannt und gedacht werden.[6] Denn der Horizont der

---

3 MEYERHOFER, *Gertrud von le Fort*, 29. Meyerhofer bezieht sich auf einen Brief aus Marburg, den Hans von Soden am 22. Dezember 1946 an die Dichterin richtete.
4 GERTRUD VON LE FORT, *Woran ich glaube und andere Aufsätze*, Zürich 1968, 78.
5 Ebd., 99ff. Der hier zitierte Aufsatz trägt den Titel „Über den historischen Roman".
6 RUPERT MAYER, *De Veritate: Quid est? Vom Wesen der Wahrheit*, Freiburg 2002, 11.

bleibenden Wahrheit hat sich dem Menschen schon von jeher zuge-
sprochen.

2. Geschichte als Vollendungs- und Heilsgeschehen

Im Roman *Der Papst aus dem Ghetto* geht es nicht nur um Geschichte, verstanden als Historie, sondern um das *Heil in der Geschichte*.[7]
Wie steht der Mensch im Fluss einer zufälligen Geschichte, die sich
immer ändert, vor dem einen Gott, der immer derselbe bleibt? Sowohl die historische als auch die heilsgeschichtliche Dimension gilt
es zu bedenken.
      Der Lauf der Geschichte schreitet zeitlich voran. Doch ebenso
ist die Zeit eingebunden in einen Hervorgang aus Gott, der eine
zeitliche Welt erschafft. Die ganze Welt geht aus Gott hervor und hat
ihn zum Ziel. Allein der Mensch als geistiges Wesen aber kann wieder zu Gott zurückkehren. Alles horizontale Voranschreiten in der
Zeit ist von daher in einen Ausgang von Gott und in eine Rückkehr
zu Gott eingeborgen, die Horizontale so von der Vertikale durchbrochen.[8] Das Geborenwerden eines Menschen ist Ausgang von Gott,
seine Neugeburt in der Wahrheit eine geistige Rückkehr zu Gott.
Diese Rückkehr zu Gott durch Erkenntnis und Liebe wird endgültig
im Tod. Als geistiges Geschöpf ist der Mensch in die Zeit gestellt
und lebt doch immer vor dem Horizont des Ewigen. Alles menschliche Dasein in der Geschichte entfaltet sich auf seinen göttlichen
Ursprung hin: „Zu dem Ort, wo die Flüsse entspringen, kehren sie
zurück [...]" (Koh 1,7).
      Für Thomas von Aquin ist die Rückkehr der geistigen Wesen
zu Gott ein Vollendungs- und Heilsgeschehen, das von der *einen*
göttlichen Heilsursache, von Christus, dem Haupt und Gnadenquell des mystischen Leibes, der Kirche, gewirkt wird.[9] Der göttliche

---

7   Eine tiefgründige Auseinandersetzung mit Blick auf die Tradition bietet MAX SECKLER,
       Das Heil in der Geschichte. Geschichtstheologisches Denken bei Thomas von Aquin, Mün-
       chen 1964.
8   MAYER, *Vom Wesen der Wahrheit*, 19ff.
9   SECKLER, *Heil in der Geschichte*, 50f. bzw. 56. „Die Bewegung der Rückkehr, oder, wie
       Thomas häufiger sagt, der ‚Bekehrung' ist eine Bewegung in die Vollendung des Heils.
       Ohne diese in den Anfang und Ursprung zurückstrebende Bewegung ist kein Heil
       möglich." Seckler stützt sich auf THOMAS VON AQUIN, *Summa Contra Gentiles* II, 46:

Ursprung nimmt den Menschen, sein Geschöpf, wieder auf, weil er ihm in sich eine Wohnung und ein Haus bereitet hat. Le Fort lässt dieses Motiv in ihrem Gesamtwerk von Anfang an zur Sprache kommen. So zeigt sich die Spanne von Ausgang und Rückkehr in der Hymne *Corpus Christi ysticum*:[10]

> „Wie die blaue Liebe des Himmels über allen Wesen,
> so wölbst Du dein Gezelt über den Zerstreuten!
> Wie das Goldmeer der Sonne von Fluren zu Fluren,
> so flutest du von Seele zu Seele!
> Du bist wie ein ein'ges Durchströmen.
> Du bist wie ein Umfangen in Tiefen der Seligkeit.
> Du bist wie ein Aufblühn unsrer Heimat,
> Du bist wie ein Lichtwerden unsrer dunklen Vernunft."

Und dann am Ende der Hymne, im letzten Vers:

> „Du läutest mit allen Glocken unseren Ursprung,
> Du läutest Tag und Nacht unsere ewige Heimkunft."

Die blaue Liebe des Himmels wölbt sich über aller Zeit und Geschichte wie ein schirmendes Zelt, das die zerstreuten Wesen schützt, die der Einung bedürfen. Die Sonne geht jeden Tag auf über allen: Sie ist der Lichtquell, der „von Seele zu Seele" flutet. Gleich der Sonne ist Gott die allumfassende Ursache der Erleuchtung der Seelen.[11] Wie der Evangelist Johannes sagt: Er, „das wahre Licht, das *jeden Menschen* erleuchtet, kam in die Welt." (Joh 1,9). Die Sonne des Schöpfers leuchtet in seinem Geschöpf als Horizont der Wahrheit auf und wird doch von vielen nicht erkannt, weil sie dem Einströmen des Lichtes ein Hindernis bieten.

Im „Aufblühn der Heimat, im Lichtwerden der dunklen Vernunft" erscheint das Horizonthafte der Wahrheit im Durchgang durch die Zeit. Die Seele findet in der Zeit durch die Gnade zur Erkenntnis der Wahrheit. In der Zeit kehrt die Vernunft zurück zu

---

„Dann nämlich ist eine Wirkung vollkommen, wenn sie zu ihrem Ursprung zurückkehrt." Für die vollkommene Rückkehr der geistigen Wesen bedarf es allerdings der heiligmachenden Gnade. Vgl. Thomas von Aquin, *Summa Theologica* I q62 a2 ad3.

10 Gertrud von le Fort, *Hymnen an die Kirche*, hg. v. Gundula Harand, Würzburg 2014, 30.

11 Thomas von Aquin, *Summa Theologica* I–II q79 a3.

ihrem Ursprung, ihrer Heimat, wenn sie auf die Offenbarung des Allerhöchsten zu hören lernt. Die Glocken rufen den Menschen im letzten Vers vor den ewigen Horizont. Denn alle Tage läuten sie seinen Ursprung, Tag und Nacht seine ewige Heimkunft. Die Glocken läuten immer, alle Tage, den Ausgang von Gott, immer, alle Tage, die Rückkehr zu Gott. Die Bewegung von Ausgang und Rückkehr spricht sich hier aus ohne ein Anklingen der Zeit, ohne den Ablauf von vorher und nachher in einer linearen Bewegung.

In dieser Rückkehr zu Gott beginnt der Mensch, den sich selbst durch sich selbst offenbarenden Gott im Glaubenslicht zu erkennen und Gott durch die göttliche Liebe zu lieben, die dem Willen eingegossen ist durch die Gnade. Geschichte haben und geschichtlich existieren bedeuten: Schon immer vor die bleibende Wahrheit gebracht zu sein und dieser Wahrheit eine liebende Antwort zu geben.[12] Eine solche Bewegung des Menschen ist nicht nur eine zufällige Bewegung innerhalb des Laufs der Zeit.

Die Rückkehr zu Gott ist jenes Motiv, das die Dichterin in ihrem Werk wieder und wieder aufgreift. Aus den *Hymnen an die Kirche* strömt ein metaphysischer Trost. Sie sind ein geschichtliches Zeugnis, obwohl sie nicht Geschichte als historischen Ablauf bedenken. Durch die Heimkehr in den mystischen Leib Christi vollzieht der Mensch erkennend und liebend Geschichte als Geschichte des Heils, weil er sich von einer überzeitlichen Dimension ergreifen lässt.

Diese Motive aus den *Hymnen an die Kirche* (1924) gehen in den historischen Roman ein. *Der Papst aus dem Ghetto* steht im Fluss einer linearen Bewegung: Zeit und Geschichte schreiten irreversibel in einer Richtung voran (die geschichtlichen Ereignisse geben davon Zeugnis, etwa die chronologische Reihe der Päpste von Gregor VII. bis zu Innozenz II., der Lebensweg der Trophäa von ihrer Geburt bis zum Tod). Doch der linear-horizontale Ablauf in der Zeit kann der geschichtlichen Dimension des Werkes nicht gerecht werden. Wie das Beispiel der Trophäa exemplarisch zeigt, geht es letztlich um die Rückkehr der geistigen Wesen zu Gott, die das

12   MAYER, *Vom Wesen der Wahrheit*, 22. Vgl. auch die Einleitung zur Werkausgabe: LE FORT, *Papst aus dem Ghetto*, IX.

horizontale Voranschreiten vertikal durchbricht. Die menschliche
Geschichte erfüllt sich durch das Erkennen und Lieben Gottes – so-
wohl in der Heimkehr des Einzelnen, wie auch in der universalen
Heimkehr aller Menschen durch die Kirche als dem mystischen
Leib Christi. Die Erzählweise des Romans bringt dies zum Ausdruck, denn
sie lässt den Leser nicht konsequent in einer linearen Bewegung
voranschreiten. Die Zeitlinie wird von der Rückkehrbewegung des
Menschen innerhalb der Zeit durchbrochen. Es geht nicht nur um
die horizontale Linie, sondern um die vertikale Durchbrechung der
Zeit, die sich in bestimmten Ereignissen ausspricht. So bringt der
Tod des Heiligen Vaters Honorius in seiner großen Christusähn-
lichkeit den fließenden Ablauf der Geschehnisse für einen Moment
geradezu zum Stehen: Seine christusförmige Rückkehr zu Gott
zeigt sich als wahrer, heilbringender Vollzug von Geschichte. Der
Vorabend seines Leidens erinnert an die Worte Christi beim Abendmahl. Seine Agonie ist christusähnlich, ebenso die kreuzförmige
Aufrichtung des Sterbenden unter freiem Himmel vor einem Volk,
das sich von falschen Zielen verführen lässt. Als die lärmende Menge den Sterbenden erblickt, bricht „augenblickliches Schweigen"[13]
ein. Das Kreuz verbindet die Horizontale mit der Vertikale, um
den Menschen aus dem rein zeitlichen Fortschritt zurück zu Gott
zu führen.

Ein weiteres, zentrales Beispiel: Im jüdischen Mädchen Trophäa, der Heldin des Romans, zeigt sich die Rückkehr als Heimweg
in die Kirche, deren Schwelle sie mit dem Christuskind in den Armen überschreitet. Im Tod erreicht sie ihr Ziel, doch nur weil sie in
der Geschichte einen Weg auf dieses Ziel hin durchschreitet, der
schon in die Rückkehr zu Gott eingeborgen ist. Früh schon gibt sie
der Wahrheit des Offenbarungswortes eine liebende Antwort: Sie
lebt im Erinnern an das Wort Gottes, das sich ihrem Gedächtnis
einprägt, im Erwarten des Messias und im Gehorsam ihrer Sendung. Trophäas Bruder hingegen, Kardinal Pier Leone, versagt sich
der Rückkehr zu Gott. Er liebt Christus nicht und flieht die Wahrheit, selbst dort, wo das Licht Christi ihn streift. Sein Weg verliert
sich im horizontalen Bereich wie ein Irrweg, im Geschichtslosen.

---

13   LE FORT, *Papst aus dem Ghetto*, 226.

Seine Zeit darf, zumindest im Raum des Erzählten, nicht ankommen und voll werden, weil er nicht an Christus Maß nehmen will, der in die Zeit eingetreten ist, um die Zeit mit seiner Gegenwart zu erfüllen. Pier Leone sucht das innerweltliche Heil in der Zukunft und verweigert die heilbringende Rückkehr zu Gott, da er nur seinen eigenen Willen anerkennt und bejaht.

3. Geschichte im Kreis ihrer Wiederkehr

Die Dichterin vernimmt im Glauben den Ausgang von Gott und die Rückkehr des Menschen zu ihm in der Geschichte. Weiterdenkend wollen wir mit le Fort die geschichtliche Bewegung „im Kreis ihrer Wiederkehr" in den Blick nehmen. Denn die kreisförmige Bewegung nimmt von dem einen Gott und Schöpfer ihren Ausgang und wird von dem einen Gott und Retter vollendet.

Wer den *Papst aus dem Ghetto* aufmerksam liest, kann sich der Ahnung nicht erwehren, alles sei nicht gänzlich neu, sondern irgendwie schon bekannt, irgendwie bereits schon dagewesen. Es vermittelt sich der Eindruck, „nichts Neues sei unter der Sonne" (Koh 1,9). Es gibt eine Zeit des Geborenwerdens, eine Zeit der Verheißung und der Erwartung, eine Zeit des Aufblühns und Verwelkens, eine Zeit der Trauer und des Sterbens. Nicht nur in der natürlichen Ordnung der Dinge kehrt Ähnliches wieder, sondern auch in der Geschichte der Menschen mit Gott, in der Heilsgeschichte.

Genau dies erfährt die alte Jüdin Hannah Naemi, als sie die neu aufflammende Messiaserwartung der Frauen mit Sorge betrachtet: „Hannah Naemi stand unter dem Schatten des Türpfostens und bangte um Mirjam. Denn Hannah Naemi war alt und sie vernahm in ihrem Blut die Stimmen vieler, die noch älter waren als sie, und es schien ihr, als habe sie dieses alles schon oftmals erlebt."[14]

Im jüdischen Mädchen Trophäa wiederholt sich die Verheißungsgnade Israels in einer einzigartigen, ihr zugemessenen Weise. Die Erwählung des jüdischen Volkes leuchtet in ihr auf, um sich zeichenhaft in ihr zu erfüllen. Das Schicksal JHWHs, das Geschick des menschgewordenen Gottes, senkt sich auf Trophäa herab und

---

14 Ebd., 59.

wird gewissermaßen ihr eigenes. Mit den tröstenden Jesajatexten
lebt die messianische Erwartung wieder auf: „Auf, werde licht, denn
es kommt dein Licht, und die Herrlichkeit des Herrn geht leuchtend
auf über dir!" (Jes 60,1f.) Wiederum verschafft sich Gott durch den
Mund der Kinder Lob (vgl. Ps 8,3), verkündet das neue Jerusalem,
die Geburt des göttlichen Kindes (vgl. Jes 9,5) und den guten Hirten,
der das Verlorene heimholt (vgl. Ez 34,16).[15] All dies geschieht, obwohl auch in diesem geschichtlichen Moment das Warten auf den
Messias wieder wie vergeblich erscheinen muss. Denn bald schon
sagen die jüdischen Frauen über Mirjam und Trophäa: „Diese beiden vergehen wie Israel in seiner Erwartung. Es sinken Männer ins
Grab, und Frauen sterben alle Tage, ohne dass der Messias erscheint.
Also sinkt auch die Kraft dieses Weibes nieder, und die Blüte dieses
Mädchens stirbt dahin."[16]

Es sind dies also Bewegungen, die sich wiederholen. Durch
ihre Wiederkehr scheint der vielfältige Reichtum der Geschichte auf
als *ein* universales Geschehen Gottes, dem einen Quell von Schöpfung und Heil. Dieses faltet sich in einzelnen Aspekten des Lebens
aus und geht den gottsuchenden Menschen immer wieder von Neuem an. Gott ist nicht nur der Erschaffende, der Quell des Seins, er
ist ebenso der Erlösende, der Quell des Heils. Er offenbart sich in
der Heiligen Schrift immer wieder als der Rettende, der das Land
aus den Wassern hebt, durch die keiner gehen kann, wie am dritten Schöpfungstag (vgl. Gen 1,9f.) und der Wege durch die weglose
Wüste bahnt, wo der Mensch ohne Gottes Hilfe sterben müsste (vgl.
Jes 40,3). Er offenbart sich als der Gott, der die Welt nicht nur vor
allem Unheil, sondern vor allem vor der Sünde bewahren möchte,
bisweilen durch die Strafe.

Der Gott des Heils tritt wieder und wieder an sein Volk heran,
um es zu einer liebenden Antwort zu bewegen. Er tut dies gemäß
dem Wesen des Menschen, der ein Gewissen hat und deshalb er-
mahnt, belohnt, gerettet, bewahrt werden soll. Dies bedeutet nicht
die ewige Wiederkehr des Gleichen in den immerselben Taten Gottes in der Geschichte (im Sinn von Nietzsche – auch von dieser Wie-

---

derkehr, die keine Transzendenz kennt, spricht der Roman).[17] Vielmehr ist es so zu verstehen, dass Gott sein *eines* Licht, das uns in allen Ereignissen begegnet, über den Menschen aufgehen lässt. Für den Menschen gilt es, dieses Licht in den zeitlichen Ereignissen zu erfassen.

Versuchen wir dies in den Worten Kohelets zu sagen: „Überdies hat ER die Ewigkeit in alles hineingelegt, doch ohne dass der Mensch das Tun, das Gott getan hat, von seinem Anfang bis zu seinem Ende wiederfinden könnte. [...] Was auch immer geschehen ist, war schon vorher da, und was geschehen soll, ist schon geschehen und Gott wird das Verjagte wieder suchen (Koh 3,11.15)." Wir sehen: In Gott ist alles schon da und wird immer alles da sein. Denn das eine Sein der Schöpfung, das Gott in alles hineingelegt hat, wird entfaltet in der Zeit, wie das Licht, das all seine Fülle in der bunten Vielfalt der Dinge spiegelt. Gott hat die Ewigkeit ins Herz des Menschen gelegt, sodass er in allem der Ewigkeit begegnet, ohne sie in allem wiederzufinden. Denn der Mensch kann immer nur das Ganze in Fragmenten erkennen, wie le Fort es in ihrem Roman so einprägsam zeigt.

4. Im Blick der Vorsehung

Von hier aus kommen wir zu einem neuen Gedanken: Wer über Heilsgeschichte spricht, muss auch die göttliche Vorsehung einbeziehen, die alles lenkt. Genau dies tut die Dichterin in ihrem Roman. Zu Beginn heißt es dort: „Diese Geschichte liegt zerschollen auf vielen Scherben der goldenen Stadt Roma, und wo man nicht mehr lesen kann, schreibt die Nacht dazwischen."[18]

---

17   Ebd., 209ff., vgl. 275: Das Gespräch des „Silberschmieds" mit Pier Leone bedenkt den ewigen Menschen auf seiner endlosen Wanderschaft durch die Straßen der Welt und vergegenwärtigt den Gedanken der „ewigen Wiederkehr des Gleichen", den Friedrich Nietzsche prägt. Der Mensch versteht sich nicht mehr aus der Größe seiner Transzendenz, sondern aus dem Willen, der nur sich selbst will und immer auf sich selbst zurückkommt im ewigen Voranschreiten in der Zeit. Das Kreuz wird in seiner Vertikale zugunsten der Horizontale, des irdischen Glücks aufgegeben. Es gibt keine Rückkehr zu Gott, sondern nur ein endloses Bleiben in der Welt, wie die Flucht des schismatischen Papstes am Ende des Romans zeigt.

18   Ebd., 3.

Der Roman vermittelt durch seine Erzählweise ein tiefes Gespür vom Geheimnis der Vorsehung, vom Geheimnis der Geschichte.[19] Der Verlauf des Erzählten fügt sich zusammen aus Fragmenten, die von verschiedenen Chronisten vorgebracht werden.[20] Die Teile treten wie aus einer vorgängigen Einheit des Ganzen hervor, sie greifen ineinander, „ohne zu deutlich zu werden, alles Geschehen in ein rembrandtsches Helldunkel tauchend"[21]. Ausgesprochene und unausgesprochene Beziehungen voll tiefer Symbolik prägen die Sprache, die Bezüge reichen ineinander. Die begrenzten Fragmente sprechen für sich selbst und weisen doch über sich hinaus in ein geheimnisvolles Ganzes.[22]

Die einzelnen Chronisten bemühen sich aus ihrer menschlich begrenzten Sicht heraus um eine wahre Darstellung der Geschehnisse. Doch spricht das Dunkle der Nacht zwischen den Scherben des menschlich Erkannten als dunkle Sprache des allwissenden Gottes. Die göttliche Wahrheit, die um alles weiß und alles führt, ist für die menschliche Wahrnehmung in der Geschichte ein Dunkel und zugleich Quell einer unergründbaren Einsicht in die Zusammenhänge des Weltganzen untereinander und mit seinem Schöpfer.

Die Fragmente beleuchten die Ereignisse der Geschichte von verschiedener Seite. Es eröffnet sich ein geistiger Raum, der nicht nur das erzählte Nacheinander eines Geschehens kennt, sondern durch die parallele Führung der einzelnen Erzählstränge eine Gleichzeitig-

---

19   Vgl. ebd., XVIII-XX.

20   Die Berichte der Chronisten stammen aus verschiedenen Quellen: Aus den Büchern der goldenen Stadt Roma, aus Aufzeichnungen des Kardinal-Bischofs Petrus von Portus, aus den mündlichen Überlieferungen der Juden von Roma und der Magd Trulla aus dem Haus der Frangipani, aus der Chronik des Klosters Sankt Andreas.

21   ALFRED FOCKE, *Gertrud von le Fort. Gesamtschau und Grundlagen ihrer Dichtung*, Graz 1960, 138f.

22   Ein Beispiel für diese ineinanderreichende Symbolik sei die Metaphorik des unheimlichen Lichtes, das hart und gelb von den Fenstern des Palastes des Pier Leone herabfällt und die Nachwirkung der Schuld spiegelt, die durch den Verrat am jüdischen Mädchen begangen wurde. Dasselbe Licht geht später von den Händen der Reiter aus und verführt das Volk. Wie goldene Funken springt es in den Schoß der Menschen: Das Bild wiederholt sich, als die Hände der Reiter über dem Volk Gold ausstreuen. Die übergreifende Metaphorik zeigt: Um des ersehnten Reichtums willen wird das Unrecht an Trophäa vergessen. Daher wird rückblickend das Licht, das sich vom Palast aus über das Volk streut, Lohn der dreißig Silberlinge genannt. Silber steht symbolisch an vielen Stellen für den Verrat an Christus (Mt 26,15, Sach 11,12f., Gen 37,28), denn dieser spiegelt sich im Verrat an Trophäa. Vgl. LE FORT, *Papst aus dem Ghetto*, 215f., 224, 229, 231, 276f.

keit offenlegt. Diese Gleichzeitigkeit der Abläufe wird dem Leser bewusst, nicht immer aber jenen, die berichten oder handeln.

Das Ganze ist von einer Zielgerichtetheit der Zusammenhänge geführt – sowohl für Menschen, die Christus folgen, wie auch für solche, die Christus widerstehen. Diese Zielgerichtetheit tritt aus einer tieferen Sphäre hervor und erscheint von daher geheimnisvoll vorerkannt und vorgesehen, bevor alles noch geschehen ist oder erzählt wird. Mittels des fragmenthaften Erzählens der getrennten Chronisten, die voneinander und vom Ganzen der Geschichte nichts wissen, gelingt es der Dichterin, Vorsehung fühlbar zu machen. Über die Sicht der einzelnen Fragmente hinaus hebt sie den Leser, der nach und nach den Überblick gewinnt, ein Stück in die göttliche Blickweise hinein, jedenfalls auf einen erhöhten Punkt, wie auf jenen eines Berges, von wo aus man alle unten ablaufenden Bewegungen überschauen kann. Der Leser spürt: Es gibt jemanden, der das Ganze in seiner Gleichzeitigkeit schaut, dessen göttliche Erkenntnis unendlich weit über die menschliche Wahrnehmung hinausgeht. Es gibt jemanden, der alle Geschichte zusammenführt und zu ihrem Ziel geleitet.

Verschiedene Sphären und Ebenen der Vorsehung durchwirken den Roman.[23] Da ist zunächst das wechselvolle Spiel der scheinbar zufälligen Ereignisse, der Vordergrund der Geschichte. Auch diese Ebene unterliegt der Vorsehung. Die Flucht Trophäas in den Gang, der zur Kapelle führt, mag wie ein Zufall erscheinen. Doch der Blick auf das Ganze macht offenbar: Die Vorsehung hat diese Flucht gelenkt.

Die zweite Ebene zeigt sich, wenn wir auf die handelnden Menschen und ihre Innerlichkeit, ihr Sehen und ihr Wollen blicken. Der Mensch ist der göttlichen Vorsehung unterstellt durch die Teilnahme an der ewigen Vernunft. Er muss zum einen für sich selbst vorsehen und empfängt zugleich aus Gottes Hand sein Geschick, da er in seiner menschlichen Begrenztheit nicht unfehlbar vorsehen kann. Durch Prinzipien und Neigungen, die seinem Geist eingesenkt sind, hat er teil am göttlichen Licht, an der Wahrheit, die ihn freimacht. Ein Mensch weiß durch das Gewissen um das Gute,

---

23   Den Grundansatz zur Unterscheidung von drei Ebenen des Erzählten bietet THEODE-RICH KAMPMANN, Gertrud von le Fort. Die Welt einer Dichterin, München 1935, 22f.

das zu tun ist und kann sich so frei um den Weg der Gerechtigkeit bemühen. Der Roman zeigt eindrücklich die Teilhabe des Einzelnen an der Wahrheit, seine Befähigung zum Guten in der Zeit.[24] Die dritte Ebene ist gleichsam der goldene, mystische Hintergrund des Romans – die durchlichtete Nacht, die verborgene göttliche Sphäre der heiligen Gegenwart und Verfügung aller Geschichte, die geheimnisvolle ewige Schau einer Ordnung und Führung des Ganzen, die im Geist des Schöpfers ruht. Rabbi Nathan ben Jechiel sagt: „So spricht der Gott Israels, der Ewige und Allwissende, der sich nicht fragen lässt und den man nicht befragt." Das göttliche Wissen in der Vorsehung ist vom Menschen her in seiner Unergründlichkeit zu achten, da es ihn übersteigt.

5. Jüdisches und christliches Geschichtsdenken

Der Roman vermittelt bei aller Bewegtheit der Geschichte den Raum einer göttlichen Gegenwart, die sich im Antlitz Christi zeigt. „Immer geht es um Christus allein!", ruft Papst Gregor VII. aus.[25] Der Menschensohn ist in die irdische Geschichte eingegangen, damit ein Mensch wie Trophäa in die himmlische Geschichte eingehen kann. In Christus, dem ewigen Logos, versammelt sich die ganze göttliche Allgegenwart. Alles ist Ihm gegenwärtig, der reine Gegenwart ist, um durch das Instrument seiner Menschheit hindurch alle Zeiten und Räume mit göttlicher Kraft zu berühren.[26] Es ist diese göttliche Gegenwart, die Trophäa in der Kapelle im Palast ihres Bruders mit Freude erfüllt. Durch ihren Glauben lebt sie im Raum der göttlichen Gegenwart, da sie diese durch die Gnade erkennt. Doch hofft sie ebenso aus dieser Gnade heraus auf das zukünftige Heil.

Im Gegensatz dazu begegnen wir dem jüdischen Volk im Ghetto und dem ihm eigenen Zugang zur Geschichte: Ein in der *Zukunft* kommendes Ereignis soll das Heil herbeiführen. Die Geschichte Israels steht unter der Zukunft des Messias, nicht unter

---

24 THOMAS VON AQUIN, *Summa Theologica* I–II q91 a2: „Über uns, Herr, ist das Licht Deines Angesichts aufgestrahlt, das heißt, das Licht unserer natürlichen Vernunft, durch das wir unterscheiden, was gut und böse ist."
25 LE FORT, *Papst aus dem Ghetto*, 17.
26 THOMAS VON AQUIN, *Summa Theologica* III q56 a1 ad3.

seiner Gegenwart. Nicht die große Zeit der Ursprünge (wie beim archaischen Menschen), nicht der Auszug aus der Zeit (wie im griechischen Denken) bringt das Heil, sondern eine in der Zukunft zu erfüllende und durch Prophetien und Verheißungen erfüllbare Geschichte, d. h.: ein zeitliches und kein ewiges Ziel, ein weltimmanentes Ziel.[27] Die Zukunft wird hier zum Ziel in der Zeit. Die Ereignisse erscheinen wie Wegstationen zum verheißenen Heil und stehen im Licht einer noch ausstehenden Realität. Ein Geschehen der Zukunft allein wird das Vergangene erfüllen und deuten. Der „Messias wird kommen", ruft Mirjam. Ihr Ruf „ging auf, hell wie ein Stern über dem Meer [...]"[28]. Auch bei den Juden im Ghetto liegt das Gewicht der Wirklichkeit in der Zukunft. Dies gilt nicht nur für die allgemeine Erwartung des Messias, sondern auch für das persönliche Schicksal von Mirjam und Trophäa. Beide ersehnen die Erfüllung der über Trophäas Geburt ausgesprochenen Prophetie herbei als ein Ereignis der Zukunft. Der ganze Lebensweg Trophäas (das Studium in der Talmudschule, ihr Unvermähltsein) ist hingeordnet auf dieses eine Geschehen. Es leuchtet über dem Leben auf wie ein erlösendes Ziel: Die Blinde soll den Bruder zurückführen. „Sie wartet auf ihn wie auf einen Messias, sagten die Frauen der Juden, sie sagten es ehrfürchtig, ohne Mirjam je zu stören."[29]

Die Abfolge der Geschehnisse in der Zeit wird zum Ausdruck des sich selbst treu bleibenden göttlichen Handelns: Trophäa ist

---

27   SECKLER, *Heil in der Geschichte*, 164–179. Seckler unterscheidet hinsichtlich der Wahrnehmung von Geschichte verschiedene „Typen des Wirklichkeitsverständnisses". Er verweist auf die Arbeit von MIRCEA ELIADE, *Der Mythos der ewigen Wiederkehr*, Düsseldorf 1953. Dieser beschreibt den „archaischen Menschen", der im „Paradies der Archetypen lebt." Für ihn sind Zeit, Werden, Geschichte das Uneigentliche, das vom Ursprung entfernt. Die Dimension der Zukunft fehlt. Dagegen steht der „griechische Typus", für den Zeit, Werden, Geschichte in einem niedrigeren Grad die Wirklichkeit darstellen, denn das volle Sein ist das der Zeit enthobene Ewige, Unveränderliche. Der gnostische Typ weist das Vergangene zurück und behauptet, die irdische Geschichte werde von einem niederen Gott gewirkt. Der Gott der Schöpfung zwinge den Menschen in Zeit und Materie, der Gott des Heils und der Gnade aber befreie von Zeit und Dasein. Dagegen steht der biblische Typus, der das Heil allein in der Zukunft sucht, wie oben beschrieben. Die Gefahr ist gegeben, dass die Zeit ausschließlich als Weg dorthin zu sehen ist, der zu durchschreiten ist, während die christliche Tradition die Gleichzeitigkeit von einem Noch-Nicht und einem Jetzt-Schon bekennt. Das Wesen des Christentums ist nicht nur Weg, sondern in Christus dem Weg bereits Wahrheit und Leben (Joh 14,6). Das Heil ist in ihm schon erfüllt und geht auf die Kirche über.

28   LE FORT, *Papst aus dem Ghetto*, 54.
29   Ebd., 33.

blind, wie bei einer Sabbathfeier bekannt wird. Doch gerade dadurch bestätigt sich die Wahrheit der Verheißung und mit ihr der
unveränderliche Heilswille Gottes: „Die Blinde wird den Sehenden
leiten, und die Schwester wird den Bruder zurückführen."[30] Der
göttlich verhüllte Wille vermag zu überraschen und durch diese
Überraschungen hindurch eine stimmige Deutung des Früheren
zu ermöglichen. Wo Ereignisse gelesen werden als ein Erscheinen
Gottes, kann das in der Geschichte gewirkte Heil auch im Rück-
blick auf die einzelnen Geschehnisse verstanden werden und auch
längst Vergangenes in seiner Hinordnung auf eine zukünftige Vollendung erscheinen.

6. Heilszeiten in der Geschichte

Die christliche Tradition unterscheidet Heilszeiten, die sich durch
die Wirklichkeit der Geschichte eröffnen. Thomas spricht von einer
Zeit vor dem Gesetz, einer Zeit unter dem Gesetz und einer Zeit
unter der Gnade:[31]

„Das Neue Gesetz ist im Alten enthalten wie der ganze Baum
im Samen. Es wurde nämlich gesagt, das Neue Gesetz verhalte sich
zum Alten wie das Vollkommene zum Unvollkommenen. Daher
sagt Chrysostomus zu Mk 4,28: „Von selbst bringt die Erde Frucht,
zuerst den Halm, dann die Ähre, dann den vollen Weizen in der
Ähre': Zuerst bringt sie den Halm hervor im Naturgesetz, dann die
Ähren im Gesetz des Moses, dann den vollen Weizen im Evangelium. So ist das Neue Gesetz im Alten wie die Frucht in der Ähre."[32]

Jede Heilszeit bereitet in sich die kommende Wirklichkeit vor,
alle Heilszeiten wachsen wie ein Baum aus einem göttlichen Samen,

---

30   Ebd., 24.
31   SECKLER, *Heil in der Geschichte*, 196ff. Thomas von Aquin verwendet zur Bezeichnung
     von Heilszeiten unterschiedliche Ausdruckweisen, die Seckler sammelt. Einige seien
     hier genannt: THOMAS VON AQUIN, *Summa Theologica* I–II q106 a4 ad1: Der erste Stand
     ist der des Alten Gesetzes, der zweite der des Neuen Gesetzes, der dritte [...] in der ewi-
     gen Heimat; II–II q174 a6: Drei Zeitalter sind zu unterscheiden: vor dem Gesetz, unter
     dem Gesetz und unter der Gnade; III q13 a3 ad2: Es gibt für Menschen einen dreifachen
     Zustand, den der Unschuld, den der Sünde und den der Verklärung; I–II qq90–108:
     Das Gesetz ist zu unterscheiden in ein natürliches Gesetz, ein altes Gesetz und ein neu-
     es Gesetz.
32   THOMAS VON AQUIN, *Summa Theologica* I–II q107 a3.

der sie hervorbringt. Jede nachfolgende Heilszeit ist die Vollkommenheit der früheren. Jede vorausgehende Zeit der Heilsgeschichte ist dagegen Typus und Figur der folgenden.[33] Das Ganze des Alten Testaments ist als Figur in der Geschichte auf das Ereignis Christi hin zu deuten, durch welches die neue und letzte Zeit anbricht. Denn der Sohn Gottes ist das universale Prinzip und Haupt aller Menschen.[34] Er ist ihr Anfang und ihr Ende zugleich.

Wer Geschichte im Glauben zu lesen sucht, mag sehen: Wohl wird das Heil innerhalb der Zeit, in einer Aufeinanderfolge gewirkt. Und doch ist festzuhalten: Es gibt nur eine einzige Gnade, einen Gott des Alten und des Neuen Testaments und nur einen Glauben, ja nur eine Kirche.[35] Thomas sagt: „Wir müssen festhalten, dass es nur den einen Glauben für die Menschen von früher und für jene von heute gibt. Andernfalls gäbe es nicht nur eine Kirche."[36] Von daher gibt es eine Offenbarungsgeschichte, in deren Verlauf sich Gott in immer tieferer Weise dem Menschen kundtut.[37] Der sich offenbarende Gott ist dabei selbst der Horizont, aus dem der Mensch geschichtlich von Gott angesprochen wird.[38]

Die in der Heilsgeschichte in Aufeinanderfolge gewirkten Heilszeiten sind im Roman parallel geführt und erscheinen gleichzeitig. Heiden, Juden und Christen – sie alle sind in Rom zur gleichen Zeit vor die göttliche Wahrheit gerufen, um eine Antwort zu geben. Die Jüdin Trophäa lebt im lebendigen Glauben der Väter, der durch das Offenbarungswort genährt wird. Durch die sich selbst offenbarende Gegenwart des Christuskindes darf sich dieser Glaube entfalten und in der Liebe vertiefen. Auch Rabbi Elchanan entkommt in das Land der Liebe, als er bei der Einnahme Jerusalems mit einem Christen zu dem *einen* Gott Israels um seine Rettung betet. Er glaubt an den kommenden Erlöser, dessen Wahrheit sich ihm immer tiefer zusprechen will. So haben beide durch Christus teil an der Zeit der Gnade. Gestützt auf die Prophetien des Alten

---

33   SECKLER, *Heil in der Geschichte*, 203–215.
34   Ebd., 224.
35   THOMAS VON AQUIN, *Summa Theologica* I–II q107 aa1–4.
36   THOMAS VON AQUIN, *De Veritate* q14 a12.
37   Denn wie ein Baum wächst aus der Saat der Glaube. So geht etwa der Offenbarung der Dreieinigkeit die Offenbarung Christi, des menschgewordenen Logos zuvor.
38   MAYER, *Vom Wesen der Wahrheit*, 14f.

Bundes hoffen sie auf einen Messias, dem sie in der Liebe bereits verbunden sind.

In paradoxer Spannung dazu zeigt der Roman ebenso den Weg von getauften Christen, die in die Zeit des Gesetzes zurückfallen. Der mächtige Petrus Leonis lässt sich nicht von der ewigen Wahrheit befragen. Er wählt den geschäftigen Weg zum Erfolg und passt seinen Horizont in das äußere Gefüge der Kirche ein. Da er sich der heilbringenden Gerechtigkeit Christi, des Gekreuzigten, entzieht, folgt er dem Gesetz, das den Tod bringt. Als getaufter Christ lebt er nach dem Gesetz des Fleisches und nicht nach jenem des Geistes.[39] In seinem Sohn Petrus Pier Leone wird dieser Abfall und Betrug noch gefährlicher sichtbar.

Inmitten der besonderen Gleichzeitigkeit, die der Roman dem Leser vermittelt, zeigt sich: Zu allen Zeiten haben die Gläubigen *denselben* Glauben bezüglich des Glaubenslichtes. Doch die inhaltliche Bestimmtheit entfaltet sich mit der Zeit: Abraham kennt die Offenbarung der Allmacht des Schöpfers, während Mose durch den Namen „Ich-bin" zur Zeit des Gesetzes tiefer in das Wesen Gottes eingeweiht wird, das sich vollkommen in Jesus Christus ausspricht.[40] So kennen Abraham und Mose wie auch Trophäa und Rabbi Elchanan nicht die Wahrheit und die Liebe, die bis ans Kreuz geht und aufersteht, denn dies ist nicht das Maß des Glaubens im Alten Testament.[41]

Die Geschichte Israels steht unter der Zukunft des Messias, nicht unter seiner Gegenwart. Die Vertiefung der einen Offenbarung im Glaubenslicht ist wie die Entfaltung des implizit Gegebenen zu verstehen. Trophäa hört die Jesajatexte mit Blick auf die Zukunft des kommenden Messias. Als Christen lesen wir ihre Erwartung aus dem Blickwinkel einer bereits eingetroffenen Wirklichkeit. Wir hören die messianischen Texte aus der Perspektive des Gegenwär-

---

39   Petrus Leonis verdrängt seine jüdische Herkunft und verrät zugleich den christlichen Glauben, weil er innerhalb der Kirche nach Erfolg und Macht strebt. Er folgt nicht der Gerechtigkeit Christi und lebt seine eigene Gerechtigkeit. Vgl. HEINRICH SCHLIER, *Grundzüge einer paulinischen Theologie*, Freiburg 1978, 103: „Fleisch" ist auch das selbstsüchtige Leben des Selbstgerechten (Gal 3,3). Vgl. LE FORT, *Papst aus dem Ghetto*, XX–XXIII.

40   MAYER, *Vom Wesen der Wahrheit*, 15.

41   Trophäa berührt nicht das Kreuz, sondern das Kind in der Kapelle, denn die gütige Führung Gottes weiß: Sie würde das Kreuz als Zeichen des Glaubens in ihrem Horizont noch nicht verstehen. LE FORT, *Papst aus dem Ghetto*, 189f.

tigen, bereits Erfüllten. Und doch ist Trophäa durch Glaube, Hoffnung und Liebe schon in die Rückkehrbewegung eingelassen. Sie
verweist als Jüdin auf das kommende Heil, um es bereits in Christus zu finden. Figur und Wirklichkeit werden in ihr eins. Symbol
dafür ist ihr letzter Weg über die Schwelle der Kirche hinweg, wo sie
mit dem Christuskind in den Armen stirbt.

Der Roman zeigt eindrucksvoll den Vollzug aller Geschichte
durch die Kirche. Denn diese erweist sich als die Gemeinschaft aller
mit Christus, ihrem Haupt, vereinten geistigen Geschöpfe, als eine
sich durch die Zeiten hindurch erstreckende und noch über die Zeit
hinausreichende Wirklichkeit.[42] Le Fort findet dazu in den *Hymnen*
eindrucksvolle Worte:

„Ich habe noch Blumen aus der Wildnis im Arme, ich habe
noch Tau in meinen Haaren aus Tälern der Menschenfrühe. [...] Siehe, in mir knien alle Völker, die lange dahin sind, und aus meiner
Seele leuchten nach dem Ew'gen viele Heiden! Ich war heimlich in
den Tempeln ihrer Götter, ich war dunkel in den Sprüchen aller
ihrer Weisen. [...] Ich war die Sehnsucht aller Zeiten, ich war das
Licht aller Zeiten, ich bin die Fülle aller Zeiten. Ich bin ihr großes
Zusammen, ich bin ihr ewiges Einig. Ich bin die Straße aller ihrer
Straßen: auf mir ziehen die Jahrtausende zu Gott!"[43]

Die Kirche umfängt als die Fülle der Zeiten auch die „Menschenfrühe", die Frömmigkeit und Gottesfurcht der Völker, den
Glauben von Heiden und Weisen, die lange schon vergangen sind
und sich in Sehnsucht nach dem Ewigen ausstreckten. Sie ist ihr
„ewiges Einig" und eine Straße, die durch die Zeiten hindurch zu
Gott führt, weil sie als der mystische Leib Christi die Menschheit
umfängt. Als Haupt dieses Leibes zieht Christus alle an sich. Als
Gnadenquell ist er Ursprung des Heils, Gegenwart, Zukunft und
Ziel aller Menschen.

Wie der Roman *Der Papst aus dem Ghetto* so überzeugend zeigt,
ist Geschichte viel mehr als der Fluss der Zeit. Der im mystischen
Leib gegenwärtige Christus ist selbst das Geschick der Menschheit,
ihr Anfang und Ende, ihre Geschichte.[44] Umso eindringlicher hören

---

42   SECKLER, *Heil in der Geschichte*, 220.
43   LE FORT, *Hymnen an die Kirche*, 21.
44   MAYER, *Vom Wesen der Wahrheit*, 22.

wir nun die Stimme des Heiligen Vaters Gregor VII., da sie einer Glocke gleicht, die bis ans Ende der Welt zu vernehmen ist. Denn sie ruft die Menschen aus aller Vergänglichkeit vor den ewigen Horizont. Sie ruft all jene zur Rückkehr in die Heimat der Gnade, die sich durch ein irdisches Streben an die Zeit verlieren. Sie ruft alle Tage den wahren Sinn von Geschichte aus über die suchende Welt: „Immer geht es um Christus allein!"[45]

---

45 LE FORT, *Papst aus dem Ghetto*, 16f.: „[...] in seinen großen Augen saß ein Herrscher nicht von dieser Erde und wenn er den Namen Christi aussprach, so war es, als werde eine Glocke bis ans Ende der Welt vernommen."

Interdikt, Psalmenfrömmigkeit und Franziskusrezeption in Gertrud von le Forts *Die Consolata*

Alkuin Schachenmayr

1. Die Consolata

Die Novelle *Die Consolata* gehört zur Literatur der inneren Emigration. Le Fort verfasste sie 1943, versteckte sie zunächst und ließ sie 1947 veröffentlichen.[1] Die im Mittelalter spielende Erzählung ist trotz der zur Erzählzeit unterschiedlichen Epoche unschwer als Voraussage und Wunschvorstellung des Endes von Adolf Hitler erkennbar. Die Bedrängnis der Stadtbevölkerung im mittelalterlichen Padua gilt als Allegorie des von Vernichtung bedrohten Europas im Zweiten Weltkrieg. Dem Zusammenhang von Schuld und Neuanfang entsprechend, wurde das Stück als „Aufruf zur Versöhnung"[2] ausgelegt. Aus zwei Gründen besitzt die kurze Erzählung einen besonderen theologischen Wert: Erstens greift sie das kirchenrechtliche Strafmittel des Interdikts auf – ein Phänomen, das in der Literatur Seltenheitswert hat; zweitens entwickelt sich die Handlung nach Grundlinien der Spiritualität des hl. Franz von Assisi und ist daher in die Rezeptionsgeschichte dieses Heiligen einzubinden. Im Folgenden werden beide theologischen Zugänge vertieft, wobei der apokalyptische Charakter der Novelle, der sich in der belagerten Stadt, ihren von Trümmern blockierten Straßen und dem Gerichtsspruch im Thronsaal deutlich manifestiert, für beide Themenkreise zu beachten ist.

---

1   GERTRUD VON LE FORT, *Die Consolata*, in: GUNDULA HARAND, GUDRUN TRAUSMUTH (Hg.), *Gertrud von le Fort Lesebuch. Ausgewählte Erzählungen, Einleitung und Kommentar*, Würzburg ³2017, 105–127.

2   WOLFGANG FRÜHWALD, *Deutscher „Renouveau catholique". Zur literarhistorischen Einordnung des Werkes Gertrud von le Forts*, in: HEDWIG BACH (Hg.), *Dichtung ist eine Form der Liebe. Begegnung mit Gertrud von le Fort und ihrem Werk*, München 1976, 60–73, hier: 67.

1.1 Der Tyrann und sein Gegenspieler, der Legat

Le Forts Erzählung beschäftigt sich zunächst mit der diplomatischen Sendung des päpstlichen Legaten Filippo Fontana in die belagerte Stadt Padua. In einem eng fokussierten narrativen Duktus folgt die Handlung seinem Weg durch die zerstörte Stadt zum Thronsaal des Tyrannen Ansedio, der daraufhin auf dramatische Weise kapituliert. Unterwegs begegnet der päpstliche Diplomat einer Gruppe von psallierenden Bettelmönchen, die sich den hl. Franz von Assisi zum Vorbild genommen haben. Die Gestalt Ansedios ist historisch belegt, ebenso die über die Stadt Padua im 13. Jahrhundert verhängte Kirchenstrafe des Interdikts. Die Handlung (inklusive dramatischer Selbstentleibung) entnahm le Fort historischen Quellen.[3] Gerade dem Selbstmord Ansedios haftet etwas Modernes an, in dem die Entstehungszeit der Erzählung deutlich durchscheint. Konkret ist die populäre Vorstellungskraft des 20. Jahrhunderts – nicht zuletzt wegen der deutsch-japanischen Kriegsallianz während des „Dritten Reiches" – mit dem japanischen „Harakiri" vertraut. Ein Stummfilm des Jahres 1919 von Fritz Lang trug bereits diesen Titel. Sowohl im Film als auch in *Die Consolata* trägt der Selbstmörder eine Stirnbinde, ein Symbol, das durch die japanischen Kamikazepiloten in der Bildersprache des Zweiten Weltkriegs allgemein bekannt geworden war. Daher kann die Stirnbinde Ansedios auch als zeithistorisches Dokument gelesen werden.

Die Tyrannengestalt des Ansedio, den der Germanist Rolf Füllmann als mittelalterliches Abbild Adolf Hitlers im Führerbunker beschreibt,[4] hat „etwas Gespenstiges" (Nachdruck der Novelle 2017, 118). Die purpurne Stirnbinde, die er trägt, könnte königliche und priesterliche Ämter symbolisieren, doch erweist sie sich schlussendlich als situationsgebundene medizinische Maßnahme: Sie ist eigentlich eine blutgetränkte Bandage. Auf vielen Ebenen unterscheidet sich Ansedio vom päpstlichen Legaten Filippo Fontana, der auf einem Maultier in der Stadt Padua ankommt und dessen Rolle von le Fort immer wieder mit christologischen Charakteris-

3 GUDRUN TRAUSMUTH, *Literaturwissenschaftliche Anmerkungen*, in: HARAND, TRAUSMUTH (Hg.), *Gertrud von le Fort Lesebuch*, hier: 255.
4 ROLF FÜLLMANN, *Die Novelle der Neorenaissance zwischen ‚Gründerzeit' und ‚Untergang' (1870–1945): Reflexionen im Rückspiegel*, Marburg 2016, 57f.

tika verbunden wird. Es gab einen historisch belegten Mann mit diesem Namen, der Bischof von Ferrara, Florenz und Ravenna war und sich „wesentlich an der Befreiung Paduas von der Tyrannis des Ansedio beteiligt"[5] hat; le Forts Darstellung von Fontana bleibt allerdings schematisch. Auch er ist eine allegorische Gestalt, deren Vergangenheit nicht erklärt wird. Seine Zukunft allerdings, so wird berichtet, soll sich in Assisi abspielen.[6] Er macht sich während seiner Padua-Mission zunehmend von den Consolata-Brüdern abhängig und hat außer ihnen kein Gefolge. In der stark schematisierten Ordnung dieser Erzählung (sie hat einen gewissen Märchencharakter) ist Fontana Opponent und Richter des Tyrannen, doch erlebt der Diplomat selber im Verlauf der Handlung eine Umkehrung der Positionen. Eine schicksalsähnliche Kraft steuert schließlich die Begegnung der zwei Staatsmänner; Ansedio reagiert darauf mit dem Selbstmord. Fontana verlässt am Ende der Novelle den Thronsaal als ein Bekehrter.

1.2 Die Brüder

Angesichts des rigiden diplomatischen Protokolls des päpstlichen Legaten manifestiert sich die unbekümmerte Freiheit der Consolata-Brüder bereits in ihrem Auftritt. Sie sind weder offiziell-liturgisch engagierte Amtsinhaber noch Privatpersonen, sondern nehmen eine Sonderrolle im Ausnahmezustand des Interdikts ein; die Gläubigen der Stadt Padua stöhnen unter der schweren Strafe, aber die Bettelbrüder agieren recht frei und üben gerade in der Krise ihre religiöse Berufung aus.

Der Name „Consolata" ist ein philologischer Stolperstein, weil er lateinisch „Consolati" heißen sollte; das Problem liegt in le Forts erzählerischer Benennung einer Männergemeinschaft mit einem weiblichen Namen. Kontextualisierend ist darauf hinzuweisen, dass 1901 ein „Istituto missioni Consolata" vom Rektor des Turiner Heiligtums della Consolata gegründet wurde; im Zusammenhang des modernen italienischen Ordensinstituts ist „Consolata" ein Beiname der Jungfrau Maria. Die bis heute wirkende Missionskongre-

---

5   TRAUSMUTH, *Literaturwissenschaftliche Anmerkungen*, hier: 254.
6   Fontana „zog sich [...] für längere Zeit nach Assisi zurück" (127).

gation steht allerdings nicht in der franziskanischen Tradition und hat sich auf die Afrika-Mission eingestellt.[7] Ob der brüderliche Männerbund als Mönchsgemeinschaft einzuordnen ist, ist schwer festzustellen. Sie tragen bürgerliche Kleidung, sind aber mit einer „spitz gezipfelten Kapuze" (109) ausgestattet, und die Erzählerstimme erläutert wiederholt, dass die Consolata eine Laiengruppierung in der Nachfolge des hl. Franz von Assisi sei (110); die Novelle endet mit Fontanas Entschluss, sich nach Assisi zurückzuziehen. In welche Ordenstradition auch immer man sie einordnen möchte – jedenfalls psallieren sie und erfüllen somit eine Uraufgabe des Mönches.

Der Mönchsvater Pachomius, der am Anfang des koinobitischen christlichen Mönchtums im 4. Jahrhundert steht, erwartete von seinen Mönchen, dass sie alle Psalmen und das Neue Testament auswendig konnten. Noch vor der Aufnahme ins Noviziat sollte der Neuling beweisen können, dass er bereits Teile der Schrift auswendig beherrschte. Die mit dem Memorieren verknüpfte Mühe war fromm und asketisch, hatte aber auch einen eminent praktischen Zweck. Ohne Texte mit sich herumtragen zu müssen, konnte der Mönch frei beten, wo auch immer er sich aufhielt, auch beim Flechten von Matten, wie die Pachomianer es taten. Statt persönliche Gespräche zu führen, sollten Pachomius' geistliche Söhne Bibelzitate miteinander austauschen.[8] Le Forts Novelle greift den Topos des psallierenden Mönches auf – man hört die Brüder in Padua kaum etwas sprechen, außer Bibelzitate – und weist somit auf die geistliche Macht des Psalters hin. Von der brüderlich rezitierten Psalmodie wird der päpstliche Diplomat wortwörtlich angesteckt. Er ertappt sich dabei, wie er den von ihnen rezitierten Psalm 71 „unwillkürlich" mitspricht: „Ich aber gehe einher in der Kraft des Herrn [...]" (110).

In Padua kann keiner die Brudergemeinschaft aufhalten, selbst der Tyrann ist ihnen bislang ausgewichen und lässt sie gewähren (112). Sie genießen eine inoffizielle Immunität, die jede völkerrechtliche diplomatische Immunität übersteigt. Sie agieren auch mit der Souveränität der Immunen. Im Verlauf der Geschichte zeigt

---

7   Alberto Sbacchi, *The Archives of the Consolata Mission and the Formation of the Italian Empire, 1913–1943*, in: History in Africa 25 (1998) 319–340, hier: 319.

8   Vgl. Herman A. Peterson, *The Genesis of Monastic Libraries*, in: Libraries and the Cultural Record 45.3 (2010) 320–332, hier: 328.

sich, dass sie über den Legaten eine Art Schutzfunktion ausüben, ohne dass er diese ausdrücklich beantragt hätte. Sie haben zwar – im Unterschied zum Legaten – keinen diplomatischen Auftrag vom Heiligen Stuhl, aber sie haben eine „wunderbare Trostesgabe" (112) für alle Bedürftigen, wie Madonna Francesca attestiert.

Madonna Francesca ist eine „würdige Matrone" (110) und Gastgeberin des Legaten. Sie stellt erzähltechnisch das franziskanische Motiv gleich zu Beginn der Erzählung in den Mittelpunkt und erklärt Fontana, wer die Brüder sind und was sie tun: Sie kommen Bedrängten zu Hilfe. Auffälligerweise ist sie die einzige Frau in der Novelle, hat aber keine Hauptrolle; für le Forts Werk ist das eine Ausnahme. Francesca ragt nichtsdestotrotz hervor, als Hort der weiblichen Stabilität und Ruhepol mütterlicher Ordnung im Chaos der ruinösen Stadt. Ihr Haus steht bezeichnenderweise noch. Schließlich lässt le Fort mit dem Namen der Francesca das franziskanische Motiv unmissverständlich, sogar märchenhaft-überdeterminiert von Neuem anklingen.

Die schweigsame Solidarität der Brüder mit den Gescheiterten, unabhängig vom politischen Lager, macht sie zu untypischen Diplomaten. Vor dem Kontext des höfischen Zeremoniells und hochrangiger päpstlicher Diplomatie ist auch ihr quasi-franziskanischer Habit auffällig und bedeutsam. Der monastische Habit ist generell ein gemeinschaftsstiftendes Zeichen der Zugehörigkeit und der Nivellierung individueller Ansprüche. Für die Gottgeweihten in der Tradition des hl. Franziskus ist das braune Gewand solidarisch als Gewand der Armen zu verstehen. Schließlich stellt sie eine geistliche Vereinigung mit dem hl. Franziskus selbst dar.[9] Dementsprechend haben die Consolata-Brüder nur ein Gelübde abzulegen: Sie haben „bei jedem zu erscheinen, der, sei es im Leben oder Sterben, des Trostes bedurfte, und zwar nicht nur ohne alles Ansehen der Person, sondern auch der Würdigkeit" (111). Sie haben Trost zu spenden.

---

9   GERHARD RUF, *Kutte des heiligen Franziskus*, in: HARRY KÜHNEL, HANNA EGGER, GER-
     HARD WINKLER (Hg.), *800 Jahre Franz von Assisi. Franziskanische Kunst und Kultur des
     Mittelalters* (Katalog der Niederösterreichischen Landesausstellung in Krems–Stein),
     Wien 1982, 58, Objekt-Nr. 2.01.

1.3 Das Interdikt

Der politische Konflikt in Padua hatte zur Kirchenstrafe des Interdikts geführt. Folglich darf in der Stadt kein Sakrament gespendet werden; die am meisten gefeierte sakramentale Handlung der Kirche – das Messopfer – darf daher nicht stattfinden. Liturgien aller Art sind durch ein Interdikt untersagt. Die Wurzeln dieser Maßnahme des kanonischen Rechts sind in der Exkommunikation zu finden, wie auch im germanischen „Prinzip der Verantwortung der Sippe für das Verhalten des Einzelnen"[10]. Das kirchenrechtliche Strafmittel des Interdikts ist seit dem 10. Jahrhundert bekannt; seit der Mitte des 11. Jahrhunderts wurde es häufig, auch durch Päpste, als Strafe eingesetzt; die Zeit von 1200 bis 1400 gilt als Höhepunkt in der Anwendung des Interdikts. Im Mittelalter konnte über ganze Königreiche ein Interdikt verhängt werden. Seit dem 17. Jahrhundert ist das Interdikt äußerst selten verwendet worden; heute wird es zwar noch *ad personam*, nicht aber über Orte oder Personengruppen verhängt.[11]

Die Gefahr dieser Strafanwendung liegt auf der Hand: Am meisten leiden unschuldige Gläubige durch die Blockade der Sakramentenspendung; skrupellose Übeltäter, die ohnehin keine Kirche besuchten, blieben im Mittelalter davon unberührt. Sollte ein Interdikt zu lang andauern (es gab genügend Beispiele, die sich über Jahre erstreckten), könnte sich die Bevölkerung an den Zustand gewöhnen und ihre guten Gewohnheiten (etwa den regelmäßigen Sakramentenempfang) vergessen.

Eine wichtige Ausnahme in der Interdiktsstrafe ist die Predigt. Sie war nicht verboten; da mittelalterliche Predigten ohnehin außerhalb der Messe stattfanden, war die Freiheit des verkündeten Evangeliums durch das Interdikt nicht ernsthaft infrage gestellt;[12] Gottes Wort ist nicht gebunden (2 Tim 2,9). Diese unmittelbare Vollmacht des Wortes zeigt sich in der Psalmenrezitation der Bettelmönche. In der Tat gewährte der Heilige Stuhl einigen Mönchsgemeinschaften die Erlaubnis, interdiktsunabhängig zu psalmodieren. Darunter

---

10   Georg May, Art. *Interdikt*, in: TRE 16 (1987) 221–226, hier: 221.
11   Wilhelm Rees, Art. *Straftat und Strafe*, in: Joseph Listl, Heribert Schmitz (Hg.), *Handbuch des katholischen Kirchenrechts*, Regensburg ²1999, 1125–1138, hier: III.2. Das Interdikt, 1130f.
12   Edward Krehbiel, *The Interdict: Its History and its Operation*, Washington 1909, 15.

gab es immer wieder Franziskaner, aber nicht nur: Ein Cistercien-
serpapst (Eugen III.) hat die Interdikt-Ausnahme im Jahr 1152 ausdrücklich verordnet. Zunächst durften nur exempte Klöster davon
Gebrauch machen. Diese hatten die strenge Auflage zu erfüllen,
ihre Psalmodie nur innerhalb von Ordenskirchen in derart ge-
dämpfter Lautstärke zu murmeln, dass außerhalb der Kirche nichts
davon vernehmbar war. In späteren Generationen nahmen immer
mehr Klöster die Dispens in Anspruch.[13] Um 1200 war es auch
Säkularklerikern erlaubt, sich unmittelbar vor den verschlossenen
Kirchentüren zu versammeln und dort gemeinsam das Brevier zu
beten; Laien durften nicht anwesend sein.[14]

Obwohl das Interdikt – im Gegenteil zur geringfügigen Beachtung des Themas durch Historiker – eine „enorme Relevanz" für
die mittelalterliche Stadtgeschichte hatte, gab es eine breite Spanne
an Auslegungsmöglichkeiten.[15] Der vom Interdikt intendierte „Gna-
denstillstand" war nie flächendeckend; man fand von Anfang an
Mittel, um diese ausnehmend harte Maßnahme zu schwächen oder
umgehen. Taufen von Säuglingen etwa, die von einem frühen Tod
gefährdet waren, Beichten und Kommunionen für Sterbende sowie
die Beerdigung bestimmter Personen waren möglich.[16]

In le Forts Novelle wendet die Autorin das Prinzip gemein-
schaftlich getragener Verantwortung an, denn die Einwohner von
Padua (oder jene des faschistischen Europas?) haben sich das Interdikt als *poena medicinalis*[17] verdient. Der Tyrann Ansedio (Hitlers
Parallelgestalt) hatte schließlich seine Unterstützer in Padua, und
le Fort klammert diese nicht aus. Der Tyrann wäre ohne sie nicht
zur Macht gelangt. Das Volk ist folglich zu einem Teil schuldig an
seiner Macht und an der Lage, in der sich das mittelalterliche Padua,
aber auch Europa im Jahr 1943, befindet. Eine Gnadenblockade liegt
auf ihnen. Das Interdikt kann man mit einem Embargo vergleichen,

13   FRIEDRICH PFURTSCHELLER, *Die Privilegierung des Zisterzienserordens im Rahmen der*
      allgemeinen Schutz- und Exemtionsgeschichte vom Anfang bis zur Bulle Parvus Fons (1265)
      (Europäische Hochschulschriften 23, Theologie 13), Frankfurt/Bern 1972, 106f.
14   Zum Stundengebet während des Interdikts siehe KREHBIEL, *Interdict.*
15   HENRIKE LIV VALLENTIN, *Tagungsbericht: Das Interdikt in der europäischen Vormoder-*
      ne. Internationale Konferenz, 27.–29.04.2017 Venedig, in: H-Soz-Kult, 13.07.2017, URL:
      https://www.hsozkult.de/conferencereport/id/tagungsberichte-7241 (Stand: 14.01.2021).
16   MAY, *Interdikt*, 224.
17   Ebd., 223.

oder, wie le Fort es tut, mit einer Art architektonischen Struktur-
schwäche, die zum Einsturz von Bauten führt. Padua liegt in Ruinen, deren Verursachung nirgends in der Novelle erklärt wird. Man
setzt Kriegshandlungen voraus, aber die Szenerie ist auch märchenhaft und daher ist die Ursache für die Trümmer durchaus in der
Gnadenblockade begründet. Die Straßen des interdizierten Padua
sind menschenleer und mit Trümmern übersät, die Stadt ist still,
ihr Kastell steht „wie ein Stück abgelaufener Geschichte" (116) in
der Zeitlosigkeit da.

Im Narrativ ist die einzige geschilderte Bewegung eine qua-
si-liturgische: Eine kleine, von Psalmenrezitation begleitete Prozes-
sion zieht durch die Stadt. Le Fort verzichtet zwar auf die Beschreibung von Bauten oder Stadtszenen, aber Trümmerhaufen kommen
immer wieder vor. Die Topografie der Stadt wirkt folglich ruinös,
der Weg des Protagonisten führt durch enge Gassen, bis er zur
ehrfurchtgebietenden Weite des Thronsaals gelangt, wo nach den
Strukturen der antiken Dramaturgie ein *agon* zu erwarten ist, nämlich zwei etwa gleichlange Kampfreden, die mit einem rhetorischen
Duell zu vergleichen sind.[18] Die Szene endet anders als erwartet,
nämlich mit einer grundlegend neuen Selbsterkenntnis für den Legaten und dem Selbstmord des Ansedio.

In der Thronsaal-Szene strahlt le Forts renaissancistisches
Charisma besonders auf. Erstmals spricht dort der Vorsteher der
Consolata, und zwar in einer effektiveren Weise als der päpstliche
Diplomat. Angesichts der Umkehrungen, die im Thronsaal stattfinden, erscheinen die Consolata-Brüder von ihrer Wirkung her als die
eigentlichen Gesandten des Heiligen Stuhles. Ihr Erfolg als Frie-
densstifter macht sie zu Hauptakteuren der Erzählung, was eine
unerwartete Anerkennung des franziskanischen Erbes auf einer
hohen politischen Ebene bedeutet.

Le Forts Würdigung fand zu einer Zeit statt, als das Bild des
poverello von Assisi stark im Wandel begriffen war; wir müssen ihre
Erzählung daher im Kontext der Franziskus-Rezeption verorten.

---

18 Michael A. Lloyd, *The Agon in Euripides*, Oxford 1992, 1.

1.4 Franziskus-Rezeption der Moderne

Im Historismus des 19. Jahrhunderts wurde Franziskus entweder verniedlicht oder triumphalisiert. Paul Sabatiers *Vie de S. Francois D'Assise* (1893–1894) veränderte die romantische Franziskusrezeption nachhaltig. Die Biografie wurde zwar 1894 indiziert, erlebte nichtsdestotrotz 42 französische Auflagen und wurde in 20 Sprachen übersetzt. Leo Tolstoi las das Buch mit großem Interesse und gewann seine Frau Sophia dafür, es aus dem Französischen ins Russische zu übersetzen.[19] Sabatier war ein liberaler protestantischer Pastor. Er hatte unter dem vom französischen Episkopat heftig kritisierten Historiker und Archäologen Ernest Renan studiert. Er verehrte den *poverello* aufgrund der Mystik des Bettelbruders, nicht aufgrund seiner Wunder. Sabatier zweifelte in seinen Schriften an den Stigmata – deswegen wurde seine Franziskusbiografie indiziert –, aber er meinte im Kaufmannssohn aus Assisi ein religiöses Genie zu erkennen, den Retter des mittelalterlichen Christentums, den Vorläufer der Lutherbewegung und einen geistigen Initiator der großen Revolutionen des 19. Jahrhunderts. Nach dem epochalen Erfolg von Sabatiers Franziskusbüchern begann auch die populäre Auseinandersetzung mit den Schriften des Heiligen von Assisi, der folglich zum Repräsentanten der Dissonanz, von Subversion und Randpositionen wurde.[20]

Im Kontext der erneuerten Beliebtheit des hl. Franz entstand das inzwischen global verbreitete „Friedensgebet", das angeblich von ihm stammt, aber historisch ungesichert bleibt. Es ist erstmals 1912 in einem Pamphlet belegt; 1918 wurde es in Frankreich auf einem Gebetszettel gedruckt.[21] Die folgenden Zeilen sind inzwischen unter vielen Christen bekannt:

> *Herr, mach mich zu einem Werkzeug deines Friedens,*
> *dass ich liebe, wo man hasst; [...]*
> *nicht, dass ich getröstet werde, sondern dass ich tröste;*

---

19   ALEXANDRA POPOFF, *Sophia Tolstoy: A Biography*, New York 2010, 5.
20   ANDRÉ VAUCHEZ, *Francis of Assisi. The Life and Afterlife of a Medieval Saint*, New Haven 2012, 235–237.
21   CHRISTIAN RENOUX, *La prière pour la paix attribuée à saint François: une énigme à résoudre*, Paris 2001.

nicht, dass ich verstanden werde, sondern dass ich verstehe;
nicht, dass ich geliebt werde, sondern dass ich liebe.

Die Verbreitung des Friedensmotivs und das Aufblühen der Stadt Assisi trugen zur Vermehrung von Franziskus' Ruhm um 1943 bei, als le Fort *Die Consolata* verfasste. Papst Pius XI. hatte 1939 Franziskus zum Patron des Königreichs Italien ernannt. Die Stadt Assisi wurde zwischen 1925 und 1940 in eine „rein mittelalterliche" Stadt umgebaut. Geldgeberin dafür war Mussolinis Regierung, die Durchführung oblag dem gelehrten Franziskusforscher und Bürgermeister von Assisi, Arnaldo Fortini.[22] Diese und weitere öffentlichkeitswirksame Events in Assisi lassen le Forts Zugang zum hl. Franz als profund und mystisch erkennen. Sie positioniert sich eindeutig mit Paul Sabatier, dem „Wiederentdecker" des *poverello:* Staatsdiplomatie kann auch dann gelingen, wenn sie auf Demut und Selbstentäußerung setzt. Mehr noch: Le Fort will wohl andeuten, dass sie *nur so* gelingen kann. Darauf zielt der letzte Satz der Novelle ab, wenn er die Abreise des Diplomaten nach Assisi ankündigt. Dort soll Fontana sich tiefer mit seiner beruflichen Bestimmung auseinandersetzen.

2. Die verwüstete Stadt als Topos christlicher Kunst

Die ruinierte mittelalterliche Stadt Padua wirkt in le Forts Novelle als Folie zur fortschreitenden Zerstörung Europas zwischen 1940 und 1945 und erhält somit höchste zeitgeschichtliche Relevanz. Die Consolata-Brüder könnten gar nicht aktueller sein, wenn es heißt, dass sie sich in ihrer Aufgabenzuteilung nach frischen Trümmerhaufen orientieren. Sie stimmten „abends auf den frischen Trümmerstätten der jeweils zerstörten Häuser einen frommen Gesang" an (111). Mit dieser Schilderung von Mönchen, die vor der Kulisse einer zugrunde gehenden Stadt Trost spenden, greift le Fort eine lange Tradition der christlichen Prophetie auf.

Le Forts Padua lässt sich in die biblische Kategorie der mit Schuld beladenen Stadtbevölkerungen einordnen. Die hochmittelalterliche Stadt am Rande der Po-Ebene ist Kulisse für Trümmersze-

---

nen; es fehlen nur die Leichen auf den Straßen, die im Kriegsjahr
1943 für Deutsche zwar noch nicht zum Alltag geworden waren, allerdings bald folgten. In der Apokalypse des Johannes und bei Ezechiel sind die unbegrabenen Toten ein Sinnbild für einen verschlossenen Himmel. Auch das kanonische Interdikt will als Rechtsmittel
den Himmel verschließen, weil es die sakramentale Gnadenöko-
nomie blockiert. Die herumliegenden Leichen in den biblischen
Bildern drücken noch mehr die Dringlichkeit einer geistlichen
Bestattungspflicht aus, die dennoch nicht ausgeführt werden darf.
Kontakt zu Leichen macht unrein und kontaminiert die Umgebung.
Die apokalyptische Dimension der Novelle passt bestens zur
franziskanischen Färbung der Erzählung. Im 12. und 13. Jahrhundert war die Franziskus-Rezeption betont apokalyptisch. Besonders
die Werke des Joachim von Fiore (um 1130/1135–1202) betonten das
Kommen eines neuen Reiches. Nach Joachim sei die Endzeit mit
Franziskus eingeläutet worden. Um 1300 erarbeitete der Bettel-
mönch Petrus Johannis Olivi (1248–1296) seine Variante einer franziskanischen Apokalyptik und erntete dafür viel Aufmerksamkeit.[23]
Das in der franziskanischen Tradition weitverbreitete Tau-Zeichen
verweist auf die Kreuzigung Jesu, hat aber auch eine wichtige endzeitliche Dimension: Es wurde als Kennzeichen der zu Rettenden in
der apokalyptischen Szene Ezechiel 9,4 verwendet. Ein vergleichba-
res „Siegel" zur Markierung der „Knechte Gottes" kommt in Offenbarung 7,1-8 vor.[24]

In der abendländischen Geschichtsauffassung sind die vier
Weltreiche, wie sie im Buch Daniel (Kapitel 7) beschrieben werden,
ein zentrales Motiv. Darin entwickelt sich die Geschichte der Welt
etappenweise auf ihr Ende zu. Die Epochenübergänge sind überaus selten und mit der traumatischen Zerstörung bisheriger Verhältnisse verknüpft. In der Verwüstung schreitet die kleine Gruppe
der Überlebenden mit einer Hoffnungsbotschaft voran. Derartige
Periodisierung dominierte die gesamte abendländische Tradition,[25]

---

23   EMMETT RANDOLPH DANIEL, Apocalyptic Conversion: The Joachite Alternative to the Cru-
     sades, in: Traditio 25 (1969) 127–154, hier: 129; IAN BOXALL, Francis of Assisi as Apocalyp-
     tic Visionary, in: JOHN ASHTON (Hg.), Revealed Wisdom. Studies in Apocalyptic in Honour
     of Christopher Rowland, Leiden 2014, 253–266.
24   HELMUT FELD, Franziskus von Assisi, München ²2007, 73.
25   MATTHIAS SCHLOSSBERGER, Geschichtsphilosophie, Berlin 2013, 25f.

musste aber besonders für historisch Denkende im „Dritten Reich"
ein ständiger Begleiter sein, vor allem wegen der esoterischen Anspielungen in nationalsozialistischer Ideologie[26] und den apokalyptischen Dimensionen moderner Kriegsführung, die im Ersten
Weltkrieg bereits angeklungen waren und im Verlauf des Zweiten
Weltkriegs – und seiner Entwicklung hin zum Atomkrieg – noch
bedrohlicher wurden.

Daniels berühmte Vision von den vier Reichen und dem Sieg
Gottes ereignet sich in einem himmlischen Thronsaal, in dem
Gott selbst thront. Gewand und Haare des Allmächtigen werden
im Prophetenbuch geschildert, in parallelisierender Form zu le
Forts Schilderung von Ansedios Kopfbinde – wenn auch die biblischen Dimensionen von einer monumentalen Größenordnung
sind: „Tausendmal Tausende dienten ihm, zehntausendmal Zehn-
tausende standen vor ihm" (Dan 7,10). Der Thronsaal kommt auch
im Daniel-Narrativ vor, nach einem Gang des Propheten durch die
Trümmer Jerusalems. Die Novelle von 1943 ist ebenso eine moderne Weiterführung von gut etablierten biblischen Bildern aus Ezechiel (Kapitel 39), Jeremia (25), Jesaja (29) und Offenbarung (11); alle
schildern Jerusalem als eine verwüstete Stadt der Trümmer- und
Leichenhaufen.

Die gnadenökonomische Dimension des Interdikts ist ein weiterer Bezugspunkt des ruinösen Padua zu der zerstörten Stadt Jerusalem. Wie in den biblischen Klageliedern ausgedrückt wird, ist
die Vernichtung von Jerusalem die „Idee vom Exil als totalem Null-
punkt" oder verwüsteter Landschaft schlechthin. Sie ist „Das wüste
Land", wie T. S. Eliot sein berühmtes Gedicht von 1922 überschrieb.
Eliots explizit christliches Meisterwerk war der konvertierten Verfasserin mit hoher Wahrscheinlichkeit bekannt. Eliot wusste als tra-
ditionell Denkender, dass im erniedrigten und gedemütigten Jerusalem ein allegorisches Symbol für das Abendland liegt, besonders
dann, wenn sich im Abendland ein Krieg ereignet. Verwüstung und
Exil sind in dieser Sichtweise immer auch theologisch zu deuten,
denn „Exile is Jerusalem as a wasteland; it is the emptiness of the

---

26   MANFRED GAILUS, ARMIN NOLZEN (Hg.), Zerstrittene „Volksgemeinschaft": Glaube, Kon-
     fession und Religion im Nationalsozialismus, Göttingen 2011.

soul; it is to be without God"[27]. Dieses Thema tritt öfters im Kontext
des modernen Krieges in Europa auf.

Als Frankreich im Krieg gegen Preußen geschlagen wurde,
komponierte Gounod seine *Gallia: Lamentation* (1871) in offenkundiger Anlehnung an die Vertonung der *Lamentationes* von Thomas
Tallis in der Renaissance. Andere Komponisten des 20. Jahrhunderts sind Tallis im speziellen Kontext der vom Zweiten Weltkrieg
verursachten Verwüstung gefolgt, etwa Ernst Krenek mit seinen
Lamentationes (1941–1942), Leonard Bernstein mit der *Jeremiah
Symphony* (1943) und Igor Stravinsky mit *Threni, id est* (1958).[28] Vor
allem lässt sich Richard Strauß in einen engeren Vergleich mit le
Forts Ansatz bringen. Seine zwei Kompositionen *München* und die
Metamorphosen waren schöpferische Antworten auf den Verlauf
des Krieges, den er als „das Ende seiner Welt" empfand. Das erste
schrieb er für einen Dokumentarfilm über die bayerische Landes-
hauptstadt, der zensuriert wurde. Die Musik adaptierte er von seiner
Oper *Feuersnot*, die München während eines Brandes im Mittelalter
schilderte. 1944 folgte – ebenso im Ton der Trauer – die Selbstan-
klage der *Metamorphosen*, wiederum von der Kulisse der ruinierten
„Hauptstadt der Bewegung" bestimmt.[29]

Im selben Jahr wie Strauss' *Metamorphosen* erlebte der iri-
sche Schriftsteller Samuel Beckett, seines Zeichens gründlich mit
dem biblischen Erbe vertraut, die Ruinenlandschaft nach der Vernichtung von Saint-Lô im Juli 1944 für seinen Text *The Capital of
the Ruins*. Der Text gilt als Wendepunkt in Becketts literarischem
Schaffen; Saint-Lô symbolisierte – so die Behauptung eines Beckett
Forschers – für den Nobelpreisträger des Jahres 1969 eine apokalyptische Erfahrung der Erlösung durch Vernichtung.[30]

---

27   Thomas L. Thompson, *The Mythic Past: Biblical Archaeology and the Myth of Israel*, New
      York 1999, 222, zit. n. Ulrich Berges, *Klagelieder* (Herders Theologischer Kommentar
      zum Alten Testament), Freiburg i. Br. 2002, 72.

28   Siobhán Dowling Long, Art. *Jerusalem, IX. Music*, in: EBR 13 (2016) 1087–1093, hier:
      1091.

29   Scott Warfield, *From „Too Many Works" to „Wrist Exercises": The Abstract Instrumental
      Compositions of Richard Strauss*, in: Mark-Daniel Schmid (Hg.), *The Richard Strauss
      Companion*, Westport [CT] 2003, 191–231, hier: 221f.

30   „Saint-Lô became a symbol of redemption through destruction." Dúnlaith Bird,
      Light, Landscape and Beckett, in: Samuel Beckett Today/Aujourd'hui 24 (2012) 239–247,
      hier: 239.

Die Beispiele von anderen renommierten Autoren und Komponisten belegen deutlich, dass le Forts Schilderung einer mittelalterlichen europäischen Stadt in einem von Krieg verursachten ruinösen Zustand um das Jahr 1945 eindeutige symbolische Vergleichsmomente aufruft. Die moralischen Themen von Schuld, Reue und Erlösung bestätigten die Beheimatung der Novelle unter charakteristischen Werken von le Forts Generation.

2.1 Ein apokalyptischer Thronsaal

Die *Consolata*-Novelle ruft zwar Bilder von Trauer über unbeachtete Prophetie hervor, dennoch entwickelt sich innerhalb des Rahmens von Klage und Trost eine weitere Erzählung. Das Narrativ präsentiert sich ebenso als Belehrung über das Amt eines päpstlichen Diplomaten. Die einfache Handlung reflektiert über Fontanas Funktion als Gesandter des Heiligen Stuhls, indem sie sein Ringen mit persönlicher Unsicherheit und einem vorübergehenden Verlust seiner Eloquenz schildert.

Fontanas unbeeindruckende Erscheinung, die äußere Armseligkeit der Bettelbrüder und Ugo da Cremonas stets gezogenes Schwert lassen die Gesandtschaft beim Einzug in den Thronsaal lächerlich oder zumindest impotent erscheinen. Sie durchliefen auf dem Weg dorthin ein Waffenlager, aber auch das Armarium erscheint in le Forts Text als nutzloser Haufen, der nur falsche Sicherheit erweckt: Die Waffen liegen in „hilfloser Verlassenheit" da (116). Trotzdem zeigt sich im Verlauf des diplomatischen Duells, dass Fontana im apostolischen Sinne Gesandter an Christi statt ist und somit über ungeahnte Kräfte verfügt. Dessen sind sich die Bettelbrüder bewusster als Fontana.

Der Legat gewinnt seine Redegabe – und damit ein Hauptwerkzeug seiner diplomatischen Sendung – durch die Psalmodie der bald eintretenden Brüder wieder. Er vollendet die Psalmverse, die die Brüder für ihn begonnen hatten. Dazu zitiert le Fort den Passus des 71. Psalms: „Ich gehe einher in der Kraft des Herrn" (Ps 71,16) (123). Somit kann die entscheidende Unterredung einsetzen, der päpstliche Legat aber ist nicht wesentlich an ihr beteiligt. Eigentlicher Wortführer ist der Vorsteher der Consolata. Während der Unterredung ändern sich die Raumverhältnisse im Thronsaal und damit auch die narrative Positionierung der Beteiligten. Bischof Fontana kommt sich selber wie sein Angeklagter vor, und der Tyrann Ansedio wird zur moralisierenden Instanz. An dieser Stelle nennt der ansonsten nicht näher identifizierte Consolata-Bruder den Tyrannen einen „Bußprediger". Der einstige Tyrann gilt inzwischen nurmehr als „eine armselige Kreatur" (123). Der Mönch erklärt das Bild von Ansedio als Bußprediger folgendermaßen: In der Stadt konnten sich viele „an Ansedio" vollenden, nämlich weil sie ihm verziehen, für ihn gebetet oder ihre Leiden für andere aufgeopfert haben. Nachdem er die Botschaft von Ansedios anschließendem Selbstmord erfährt, fühlt sich der Legat wie einer, der selbst begnadet worden ist (124–127).

Le Fort setzt die Szene mit einem Hinweis auf Versöhnung durch den Sündenbock-Mechanismus fort, der erst Jahrzehnte nach dem Krieg vom französisch-amerikanischen Anthropologen und Literaturkritiker René Girard ausgearbeitet wurde. In Girards Modell wird Frieden durch den Mord an einem Sündenbock erlangt, der selber auch zur Gruppe gehört, aber als Feind verteufelt wurde.[31] Le Fort schreitet also vom Bild des Tyrannen zur Erkenntnis der Verwandtschaft aller Menschheit mit dem Sünder. Girard fasste diesen Gedanken populär zusammen: „Wir sind selbst die anderen."[32] Le Forts christliche Weitsicht, derlei im Jahr 1943 zu schreiben, dokumentiert ihre tiefe christliche Reflexion des Opfers und der heilbringenden Funktion seines Leidens.

2.2 Die heilende Wirkung des Chorals

Durch die Psalmenrezitation erlangt Fontana seine Sprache zurück. Le Fort war der beflügelnde Aspekt des Gesangs von ihrer Erziehung her vertraut, denn ihre pietistisch gesinnte Mutter erzog die Schriftstellerin u. a. mit einem „reiche[n] Lied- und Gedichtschatz"[33]. Die Mönchstradition weiß die Psalmen noch höher zu schätzen. Sie

31   Arnold Angenendt, *Die Revolution des geistigen Opfers: Blut – Sündenbock – Eucharistie*, Freiburg ²2016, 11–19.
32   Jürg Altwegg, Art. *Wir sind selbst die anderen* [Nachruf auf René Girard], in: Frankfurter Allgemeine Zeitung (06. Nov. 2015) 9.
33   Gudrun Trausmuth, Art. *Gertrud von le Fort*, in: *Die konservative Moderne* (in Arbeit).

gelten den Mönchen sogar als geistliche Waffen. Die Marginalien und Initialien berühmter Psalmbücher aus allen Epochen schildern eine Vorstellungswelt des geistlichen Kampfes, in dem gerade das Gebet die mächtigste Waffe sei. Ausgehend von der Konflation des Psalmisten König David und Jesus Christus, zeigen edle Stundenbücher (Psalmensammlungen) des Mittelalters nicht selten den bewaffneten *Christus miles*, der auf Löwen und Nattern tritt (Ps 91,13) und unter dem Schutz des Höchsten den Beter Gottes Heil schauen lässt.[34]

Die lebensverändernde Potenz der Psalmen wird in der patristischen Literatur mit Waffengewalt verglichen. Nichts verstöre, ärgere, verletze und entmutige die Dämonen in ihrem geistlichen Krieg gegen die Gläubigen so sehr wie die Rezitation der Psalmen.[35] Der martialische Zugang stellte eine Art der Psalmenfrömmigkeit dar. Eine andere antike Auslegungstradition sah im Psalter etwas Prophetisches. Die alttestamentlichen Lieder seien – als Texte an sich – eine Verkörperung des Heilands Jesus Christus, in diesem Fall in seiner Sendung als *Christus medicus*, der die von Schuld gebrochene Menschheit heilen will.[36]

Immer wieder werden die Brüder der Consolata-Gemeinschaft beim Psalmengesang geschildert. Sie stimmen, auf den Steinhaufen des zerstörten Hauses sitzend, den Gesang an, was wohl als Klage gelten darf. Bei diesem *planctus* scheinen sogar die Steine weicher zu werden, ja ein ersticktes Schreien wird dabei vernehmbar (111–112). Das Beispiel zeigt, wie die Brüder die Schöpfung zum Einstimmen in das Gebet des gekreuzigten Christus bringen.

In seinen *Bekenntnissen* schildert der hl. Augustinus seine Bekehrung anhand gesungener Psalmodie; derartiger Gesang rührte ihn noch im hohen Alter zu Tränen.[37] In der unerwarteten rhetorischen Erfahrung, die der Legat Fontana im Thronsaal mit Psal-

---

34 KATHLEEN M. OPENSHAW, *Weapons in the Daily Battle: Images of the Conquest of Evil in the Early Medieval Psalter*, in: The Art Bulletin 75.1 (1993) 17–38, hier: 20.

35 LUKE DYSINGER, *Prayer and Psalmody in the Writings of Evagrius Ponticus*, Oxford 2005, 131–149.

36 MICHAEL SCHNEIDER, *Zum Beten mit den Psalmen* (Edition Cardo 32), Köln 2003, 30.

37 *Confessiones* X, 33: „Wiederum, wenn ich gedenke meiner Tränen, die ich vergoss bei den Gesängen deiner Kirche bei meiner Bekehrung und dass ich auch jetzt noch bewegt werde nicht durch den Gesang, sondern durch den Inhalt des Gesanges, dass er mit fließender und passendster Melodie gesungen wird, dann erkenne ich wiederum den großen Nutzen dieser Einrichtungen."

men machte, ist Augustinus ihm vorausgegangen. Durch die Psalmenrezitation erlebte auch der Bischof von Hippo eine rhetorische Korrektur. Die Verwandlung befreite ihn – so seine Schilderung – vom „Geist der Aufgeblasenheit"; er habe mithilfe der Psalmen eine „christliche Sondersprache"[38] gelernt.

In den augustinischen Schriften kommt die oben genannte martialische Dimension der Psalmenrezitation deutlich zum Ausdruck. Vor der „Sonnenglut" dieser Texte müssen Feinde weichen. Auf den Tyrannen Arsenio und sein Gefolge könnte man Augustins geistlichen Kampf mit den Manichäern übertragen: „Von welch heftigem und großem Schmerze ward ich wider die Manichäer ergriffen", schreibt Augustinus, „und von ebenso großem Mitleid gegen sie, dass sie jene göttlichen Geheimnisse, jene Heilmittel [die Psalmen] nicht kannten und heillos der Arznei widerständen, durch welche sie gesunden könnten!"[39]

Die benediktinische Tradition setzt diese Haltung zum Psalter erwartungsgemäß fort. Ein berühmter Brief der Benediktinerinnen-Äbtissin Hildegard von Bingen greift genau unser Thema auf, und zwar in Bezug auf die unfreiwillig unterbrochene Psalmodie im Kloster während eines Interdikts im Jahr 1178. Das Mainzer Domkapitel verhängte über Hildegard von Bingens Rupertsberger Kloster ein Interdikt, weil in ihrem Friedhof ein angeblich gebannter Mann bestattet worden war. Bis zu seiner Exhumierung sollten die Nonnen weder das Stundengebet feiern noch an der Messfeier teilnehmen. Der darauf Bezug nehmende, klagende Brief der Äbtissin nach Mainz (Epistola 231) wurde zu Recht ein oft zitierter Bezugspunkt in der Darlegung monastischer Musiktheorie. Der Brief enthält Hildegards Beschreibung einer durch den Interdikt frustrierten *anima symphonialis*. Die heilkundige Äbtissin verstand Musik als heilsam.

---

38   HERMANN-JOSEF SIEBEN, *Der Psalter und die Bekehrung der VOCES und AFFECTUS. Zu Augustinus, Conf. IX, 4.6 und X, 33*, in: Theologie und Philosophie 52 (1977) 481–497, hier: 486, zit. n. SCHNEIDER, *Zum Beten mit den Psalmen*, 65.

39   *Confessiones* IX, 4. Mehr aus dem Absatz: „die Psalmen Davids [...], die mit ihrem Schall den Geist der Aufgeblasenheit vertreiben; [...]. Wie pries ich dich bei diesen Lobgesängen, wie ward ich durch sie zu dir begeistert und entflammt, sie, wenn es möglich gewesen, dem ganzen Erdkreise als heilsames Mittel wider des Menschen Stolz zu verkündigen! Und doch werden sie auf dem ganzen Erdkreis gesungen, und keiner ist, der sich vor deiner Hitze verbirgt".

Friedenstörend und dissonant sei die Musik Satans.[40] Bei den Cisterciensernonnen in Helfta wurde das Interdikt ebenso schmerzlich empfunden, als es einmal über das Kloster verhängt wurde.[41] Auch Gertrud von le Fort interessierte sich für die Verbindung zwischen Musik, Gebet und Heilung. Als Protestantin hatte sie häufig mit Kirchenliedern gebetet. Die *Hymnen an Deutschland* – ein heute wenig zitiertes Werk aus 1932 – belegen, dass sie Lieder auch zu patriotischen Zwecken einsetzte. Sie schrieb 1968, zu einer Zeit, als zeitgenössische Komponisten längst ihren Abschied von der Harmonie genommen hatte, Folgendes über Gebet und Gesang: „Das Gebet ist die mächtigste Kraft, die der Mensch einzusetzen vermag, und zugleich ist es aber auch die verborgenste." Im Aufsatz wies sie explizit auf „den Chor benediktinischer Mönche"[42] hin. In der Kriegsliteratur des 20. Jahrhunderts ist le Fort nicht allein im Rekurs auf das biblische Lied als übernatürliche Waffe. Auch Ernst Jünger sieht in Psalmen eine Grundorientierung, die er topografisch auslegt: „das ewige Grundnetz" sei in den Psalmen vorgezeichnet, eine „menschliche Historie" liege ihnen zugrunde.[43]

Zusätzlich zum Gesang gehört die Gestik zu den Kommunikationsmitteln der Consolata-Mönche, die in manchen Szenen als Prozessionstanz verstanden werden kann. Tänze wurden von Mönchen im Mittelalter solo, in Gruppen sowie paarweise vollzogen. Feierliches Schreiten, der Prozessionsschritt und das Umkreisen des Altars sind häufig belegt und wurden auch regelmäßig verboten, was der beste Beweis für ihre Verbreitung ist. Während des 14. Jahrhunderts tanzten Dominikanermönche von Bologna in offener Reihe, Benediktiner in Einsiedeln tanzten im Reigen, viele Nonnenklöster kannten den Tanz um die in der Klosterkirche aufgestellte Weihnachtskrippe.[44]

---

40 MARIANNE RICHERT PFAU, STEFAN JOHANNES MORENT (Hg.), *Hildegard von Bingen: Der Klang des Himmels* (Europäische Komponistinnen 1), Wien 2005. Zur *anima symphonialis* siehe 311–318.

41 BRUCE HOLSINGER, *Music, Body, and Desire in Medieval Culture: Hildegard of Bingen to Chaucer*, Stanford 2001. Der Abschnitt „The Musical Body in Pain" geht auf den vom Interdikt verursachten Schmerz der Nonnen von Helfta ein, 251.

42 GERTRUD VON LE FORT, *Das Gebet der Frauenseele*, in: DIES., *Woran ich glaube und andere Aufsätze*, Zürich 1968, 43–59, hier: 48.

43 ERNST JÜNGER, *Essays*, in: *Gesammelte Werke*, Stuttgart 1960, Bd. 5, 242, zit. n. SCHNEIDER, *Zum Beten mit den Psalmen*, 32.

44 WALTER SALMEN, *Tanzen in Klöstern während des Mittelalters*, in: BERT SIEGMUND (Hg.), *Klöster als Pflegestätten von Musik und Kunst*, Michaelstein 1999, 67–74, hier: 69f.

3. Zusammenfassung

Le Forts Novelle kann in Bezug auf das Ende der Hitlerdiktatur ausgelegt werden, und zwar durch die Folie zweier ungewöhnlicher Themenfelder: Interdikt und Franziskusrezeption. Beide führen auf ihre Weise an den Rand des Weltendes. Die blockierte Gnadenvermittlung der Kirche ist lebensbedrohlich für das Funktionieren der Welt, aber gerade das Endzeitliche macht eine verheißungsvolle Aussage über die christliche Erwartung der kommenden Welt. Der Text der deutschen Schriftstellerin ist ein Beispiel für zeitgenössische Kritik im Kleid der historisierenden Erzählung. Die Autorin setzt sich auf anspruchsvolle Weise mit den theologisch substanziellen Themen des Interdikts und des Beitrags eines Bettelmönches zur hochkarätigen Konfliktaufarbeitung auf päpstlichem Niveau auseinander. Viele Umkehrungen und Widersprüche tun sich im Narrativ auf (Stärke in der Schwäche, sprechende Steine, Schuld und Sühne als Gnade), die sich nur christlich erklären lassen.

„Wein aus dem Glase der Ewigkeit". Ruth Schaumanns schweres Leben und reiches Wirken

Hanna-Barbara Gerl-Falkovitz

Ein angefochtenes Leben

„Geboren, um zu sterben – Braut, dann Fraue, / nun Witwe, Mutter von fünf Kindern, greisend – / So wisst Ihr alles. Ich vertraue: / Bin Gott beweisend." In diesen wenigen herben Worten hat Ruth Schaumann ein Selbstbildnis an der Schwelle ihres 50. Geburtstags entworfen. Ihr hartes und doch glückliches Geschick, ihre Gläubigkeit und ihr Dichtertum sind in dieser Aussage zusammengefasst, die in ihrer Gedrängtheit an Matthias Claudius erinnert.

Am 24. August, dem Tag des Apostels Bartholomäus, „dem die Haut abgezogen wurde", wurde Ruth Schaumann 1899 in Hamburg als zweite Tochter des preußischen Offiziers Curt Schaumann geboren. Ihre Kindheit verbrachte sie in Hagenau im damals noch deutschen Elsass, des geliebten Vaters Garnisonsstadt, und im niedersächsischen Uelzen, wo die Familie der Mutter Elisabeth (Lilli) Becker ein großes Mühlenwerk besaß. Szenen dieser bürgerlich gesicherten, aber auch verschatteten Kindheit sind in dem teils autobiographischen Roman *Amei* (1932) und in der späteren Autobiographie *Das Arsenal* (1968) geschildert. Mit viereinhalb Jahren kam das Mädchen bereits in die Töchterschule, lernte Lesen, Schreiben, Rechnen und das Geigenspiel. Infolge einer Scharlacherkrankung verlor die Sechsjährige 1905 für immer ihr Gehör; von nun an ist die Beschäftigung mit körperlichem und seelischem Leid ein grundlegendes Thema ihrer Weltbeschreibung. Dank der Kinderfrau Ida Goretzki, die mit dem Mädchen an die Gehörlosenschule in Hamburg umzog, lernte sie so vollkommen von den Lippen abzulesen, dass vielen ihre Behinderung nicht auffiel. Sie selbst aber vermisste die Welt der Töne bis an ihr Lebensende schmerz-

lich; einer der tiefsten Eindrücke des vierjährigen Kindes war eine
Beethovensonate auf dem elterlichen Flügel, unter den gekauert
es hingerissen lauschte. Wer ihre Sprache in Lyrik und Prosa liest,
vermag kaum zu glauben, dass solche stilistischen Feinheiten von
einer Frau stammen, die selbst nur mit rauher Stimme sprechen
konnte – ohne sich selbst zu hören.

Als Ruth Schaumanns Vater 1917 vor Verdun gefallen war,
ging sie nach München mit seiner katholischen Atmosphäre, zunächst um Modezeichnerin zu werden, immer noch begleitet von
Ida Goretzki. Dort begann sie im Empfinden tiefer Vereinsamung
Gedichte zu schreiben. Sie erschienen 1920 in dem Erstlingsband
Die Kathedrale, in der berühmten expressionistischen Reihe des He-
rausgebers Kurt Wolff mit dem Titel *Der Jüngste Tag.*

Ebenfalls 1920 schuf Schaumann die erstaunliche Holzplastik
einer *Verkündigung,* wobei der Engel, hinter Maria stehend, die auf
die Knie Gesunkene stützt (die Plastik befindet sich heute in den
USA). Der katholische Priester Dr. Alois Wurm, Herausgeber der
Zeitschrift *Seele,* erkannte ihre bildnerische Begabung und verwies
sie an den Münchner Bildhauer Joseph Wackerle, der sie in der Folge als Meisterschülerin an der Münchner Gewerbeschule annahm,
wo er eine Professur versah. Fortan gingen Plastik und Dichtung
nebeneinander her, aber die Dichtung blieb doch die „Erstgeburt".
Die vielbeachteten Gedichtbände *Der Knospengrund* und *Das Passi-*
onal, jeweils mit einem von der Autorin selbst gestalteten Titelholz-
schnitt, erschienen 1924 und 1926.

Bereits 1923 stellte der Schriftleiter der renommierten katholischen Monatszeitschrift *Hochland,* Dr. Friedrich Fuchs (1890–
1948), die junge Künstlerin der Öffentlichkeit in einem rühmenden
Artikel vor. Ihre Kunst sei „das Hervorbrechen und Offenbarwerden
des unerschöpflichen, verborgenen Lebens der Ewigkeit in den Formen und Bildern des sichtbaren, gegenwärtigen Lebens"[1]. Auch der
Jesuit und Kulturkritiker Erich Przywara stellte 1929 Ruth Schaumann in seinem Buch *Ringen der Gegenwart* als neue schöpferische
Kraft der christlichen Kunst heraus.[2] 1924 vollzog sie den Schritt in

---

1   FRIEDRICH FUCHS, *Plastik und Dichtung,* in: Hochland 21 (1923/24) 192–205, hier: 193.
2   ERICH PRZYWARA, *Ringen der Gegenwart. Gesammelte Aufsätze 1922–1927,* 2 Bde., Augs-
     burg 1929.

die katholische Kirche, womit sie sich in die Reihe großer Konvertiten der Nachkriegszeit und besonders der 1920er- bis 1930er-Jahre stellte: Theodor Haecker (1921), Edith Stein (1922), G. K. Chesterton (1922), Sigrid Undset (1924), Gertrud von le Fort (1926), Richard Seewald (1928), Erik Peterson (1930), Werner Bergengruen (1936). Am 24. September 1924 schloss sie die Ehe mit Friedrich Fuchs und gebar in den folgenden Jahren fünf Kinder. Die Erinnerung an die Ehejahre ist in dem postum veröffentlichten umfangreichen Werk *Der Kugelsack* (1999) festgehalten.

1932 erhielt Ruth Schaumann als erste Frau den Dichterpreis der Stadt München. Im selben Jahr gelang ihr der endgültige Schritt in die Berühmtheit: mit *Amei*, einem erstaunlichen Roman, in dem die Welt mit den Augen eines – meist unterschätzten und missverstandenen – Kindes traumhaft sicher wahrgenommen wird, in Jubel, Zorn, Trauer, Ahnung und Erraten der von den Erwachsenen verschwiegenen Dinge. Dank der zahlreichen Auflagen konnte sie für ihre wachsende Familie das „Amei-Haus" in München-Neuhausen kaufen. Später wurde sie durch die NS-Zensur aufgefordert, ein Kapitel aus dem Buch zu streichen, in dem sie die liebevolle Schilderung eines kleinen jüdischen Jungen vorgenommen hatte. Es gehört zu ihrem Ruhm, dass sie sich weigerte, obwohl sie deswegen keine Papierzuteilung mehr für eine weitere Auflage erhielt. Dieses eigentliche Meisterwerk verdiente heute einen Nachdruck. Allgemeine Bekanntheit errang sie außerdem mit der Aufnahme ihres Märchens *Der Petersiliengarten* in die Insel-Bücherei (1937) und der Erzählungen *Ave von Rebenhagen* (1933) und *Die Zwiebel* (1943) in Reclams Klassikerbibliothek, jeweils mit eigenen Illustrationen und in hohen Auflagen.

Als ihr Gatte 1935 vom *Hochland* entlassen wurde, mehr noch, als er am 11. Januar 1948 unerwartet starb, musste die Künstlerin mit ihren Arbeiten die große Familie selbst ernähren. Ihre erstaunliche Doppelbegabung hielt an. Sie schuf eine Fülle von Plastiken monumentalen wie zierlichen Ausmaßes, großflächige Gemälde und Miniaturen, Terrakotten, Bronzen (darunter einen wundervollen Kopf der Mechthild von Magdeburg in mystischer Entrückung), Holzschnitzereien, Glasfenster (z. B. in Landstuhl/Pfalz), Federzeichnungen, Scherenschnitte, Holzschnitte (so zum *Heliand*

[1937] und zum Vaterunser [1948]), Grabsteine, kleinformatige An-
dachtsbildchen, auch zauberhafte, ausnahmslos runde Exlibris. Ein
Großteil der Ausstattung der Kirche St. Konrad von Parzham in Ber-
lin-Falkenberg – Gemälde, Plastiken und Glasfenster – stammt von
ihr. Kostbar und nur in wenigen Exemplaren erhalten ist ein Fisch-
service *Vineta*, das sie für die Königliche Porzellan-Manufaktur
(KPM) Berlin 1929 entwarf, neben zwölf anderen Porzellanfiguren
von 1928 bis 1941; im Krieg wurden die Vorlagen sämtlich zerstört.
Einige Skulpturen Schaumanns sollen sogar in die St. Petersburger
Eremitage gelangt sein.

Diese bildnerische Fülle wurde immer begleitet von lyrischen
Eingebungen und von Prosawerken, darunter den berühmt gewordenen Romanen *Yves* (1933), *Die Übermacht* (1940) und *Die Uhr*
(1946). Im erstgenannten wird die Freigabe eines unehelichen Kindes nach der Geburt und die spätere unstillbare Sehnsucht der leiblichen Mutter nach diesem Kind geschildert. Im zweiten erzählt das
Kind, das aus einer Vergewaltigung entstand, als reifer Mann und
Bischof den seelischen Kampf seiner Mutter gegen ihre Entehrung.
Der dritte thematisiert einen Fall von Euthanasie „aus Liebe" und
die anschließende Reue. Töne der Mystik und der Legende kennzeichnen viele Erzählungen wie *Ave von Rebenhagen* und Kinder-
bücher wie *Lorenz und Elisabeth* (1936). Das „geistliche Jugendbuch"
Die Geheimnisse um Vater Titus (1938) handelt im Rahmen der Französischen Revolution von einem auf der Flucht verlorenen, dann
glücklich wiedergefundenen Kind. In einem späten Brief notierte
die Dichterin, es seien „89 Bücher auf dem Büchermarkt gewest
und verwest"[3].

Beginnend mit den Feiern zu ihrem 60. Geburtstag wurden der
Künstlerin hohe staatliche und kirchliche Auszeichnungen zuteil.[4]

Noch unerforschte Bezüge bestehen zu der Theologin und
Schriftstellerin Ida Friederike Görres (1901–1971) und zu Pfarrer
Josef Weiger (1883–1966) in Mooshausen, weiterhin auch zu Carl
Muth, den Geschwistern Scholl und vielen anderen.

---

3   Horst Hoffmann, *Die Exlibris von Ruth Schaumann*, in: Der Heidewanderer. Nieder-
      sächsische Heimatzeitschrift der Allgemeinen Zeitung der Lüneburger Heide 59, 34
      (25.08.1984), 133.
4   1959 Bundesverdienstkreuz 1. Klasse; 1960 Kogge-Ehrenring der Stadt Minden; 1964
      Bayer. Verdienstorden; 1974 Ehrenkreuz Pro Ecclesia et Pontifice (für die sakrale Kunst).

Die vielseitige, von ihren Gaben fast bedrängte Künstlerin starb am 13. März 1975 in München und wurde auf dem kleinen Neuhauser Winthirfriedhof neben ihrem Mann beerdigt, nahe dem Grab des priesterlichen Dichterfreundes Peter Dörfler, dessen Grabstein sie auch gestaltet hatte. Dörfler hatte Schaumanns großformatige sechzehn *Werkblätter*, erschienen 1925 im Verlag von Burg Rothenfels, eingeleitet und ließ sich von ihr kleine Laternen aus Ton für sein nahegelegenes Nymphenburger Waisenhaus fertigen. In der Mitte des versteckten Friedhofs steht ein von Schaumann entworfener „Dörfler-Brunnen".

Brennpunkt im literarischen und bildnerischen Werk, sowohl in künstlerischer als auch religiöser Hinsicht, ist die Liebe, aus der die Elternschaft erwächst, insbesondere die verweigerte oder erkämpfte, leidvolle und glückliche Mutterschaft. In dem erwähnten Erstlingsband *Die Kathedrale* fasst die jugendliche Dichterin das Wiederfinden des zwölfjährigen Jesus durch seine Mutter – einen seltenen Gegenstand der Wortkunst – in die Verse: „Sieh mir nicht an, wie mühsam ich mich freue. / Es ist mir nur wie graues Haar gekommen, / Dass ich nun, da Dich Gott ergriffen hat, / Wohl nichts mehr als ein Nest im Frühling bin, / Das große Hände plötzlich ausgenommen."[5] Sprachlich liegt der Vergleich mit Rilkes berühmtem *Marienleben* nahe.

„Wehe der Zeit, da die Kinder locker geworden im Herzen von Mann und Weib."

Beispielhaft für die eigentümliche Verzauberung der Sprache und die künstlerische Gestaltung des Themas Liebe sei *Ave von Rebenhagen* vorgestellt, ein Märchen mit legendenhaften Zügen, in Prosa und Reimen verfasst. 1933 mit zehn Zeichnungen der Autorin bei Reclam in Leipzig veröffentlicht, gehört es entstehungsgeschichtlich zu dem im Jahr zuvor in ihrem Berliner Stammverlag Grote herausgebrachten Hauptwerk *Amei*. 1933 erscheinen noch: der Roman *Yves* bei Kösel & Pustet in München, die Novellensammlung *Siebenfrauen* bei Grote sowie *Das Ruth-Schumann-Buch* in der Reihe

---

5   *Die Kathedrale*, München 1920, 16.

Zeichner des Volks des Berliner Rembrandt-Verlags. 1934 wird *Ave von Rebenhagen* mit vier neuen farbigen Zeichnungen aufgenommen in den ebenfalls bei Grote beheimateten Sammelband *Der singende Fisch.*

Die Geschichte wird märchenhaft verschlungen und wieder entwirrt: Ein alter Pfarrer, Kilian Rebentrost, hört in der Nacht Kinderweinen im Garten und findet einen Neugeborenen unter dem Jasmin, dem er „den Namen des Strauchs zu Schutz, Ruf und Segen" (8) gibt. Ein vorbeireitender Knecht, Wilram von Reims, erzählt später „in Reimen" von seinem Herrn, dem sein Weib Zwillinge geboren hatte, der aber durch eine Verleumdung verblendet wurde. Eine zur Taufe geladene Edelfrau, Clarissa von Adamello, spricht nämlich vor sich hin: „Die zwillingsfach genesen, Ist nimmer treu gewesen. Eins mag von ihrem Manne sein, Das zweite kann nur Gott verzeihn." (14) Darauf Ritter Fintan: ‚„Eins, das ist meins, Eins, das ist seins.' Er warf im Licht des Mondenscheins Das jüngste in den Graben." (15f.) Noch ein anderes Kind wird „locker im Herzen von Mann und Weib" (27). Als Pfarrer Kilian Rebentrost ans Sterbebett des alten Sturmius tritt, vertraut ihm jener „das schönste Blümchen" an: „Lag mir fast verdorrt im Moos, Kelch bestaubt und Würzlein bloß." (19) Eine Waldtaube zeigt Pfarrer Kilian in einem zerfallenen Holzkorb, „gleich dem Heiligen Geiste breitend und fächelnd" (21), einen Teppich, „darin in Traum und Schlummer geborgen ein sehr kleines Kind, dem hing an einer Schnur ein Ring auf die atmende Brust und der blitzte, als habe sich die untergehende Sonne darin gefangengegeben" (21). Der Pfarrer nimmt das Bündel an sich, und „Ave betete Jasmin, Ave sang Jasmin mit heller Stimme in das kleine Licht seiner Kerze, just da kam Pfarrer Kilian nach Haus." (25)

Die Kinder wachsen zusammen auf. Eine entzückende Szene lautet: „Jasmin lernte von Kilian, Ave von Jasmin. Kilian sprach: ,Der gute Gott lebt im Himmel.' ,Im Himmel', sprach Jasmin andächtig. ,Himmel', lallte Ave in den Armen Jasmins. Und Kilian: ,In Ihm leben wir, Söhnlein.' ,Leben wir', sagte Jasmin gläubig. ,Leben', lallte Ave und griff in des Knaben Haar. ,Größe und Gnade sind eins', sprach der Pfarrherr. ,Größe und Gnade', staunte Jasmin. ,Gnade', lächelte Ave und tat ihren ersten Schritt aus den Händen des Freundes." (26f.) Eines Tages kommt eine schwarze Dame,

„Frau Schleier", gegen die das Hühnlein Scholastika abwehrend aufflattert, zu einem Gespräch, aus dem sie „wie eine glutäugige Henne" (33) davonstürmt; dabei fällt der Name Clarissa. Die Kinder wachsen zur Jugend heran, „die Angesichter furchtlos gegeneinander geneigt, zur Rede der strahlenden Augen" (37). Kilian und Scholastika sterben: „Gott (hat) sein Küchlein Kilian mit süßem Schweigen zur Hirse des ewigen Lebens gelockt." (40) Wilram von Reims, der eines Tages wieder erscheint, eröffnet dem Knaben, er sei ein jüngerer Zwilling, der in den Graben geworfen wurde; nun sei der ältere aber gestorben und der Vater, Fintan von Credule, habe bereut und verlange den verlorenen Sohn zurück. „,Und was wird aus Ave?' sorgte sich Jasmin. ,Ei, die Jungfer wird nicht verlorengehen, und wir kommen sie holen', antwortete Wilram". (47f.) Aber „Vorsatz ist noch lange nicht Versprechen". (48) Ave, die keine Nachricht erhält, erfährt im folgenden Winter von einem fahrenden Spielmann, auf der Feste von Credule werde „die wehe Jasminweis" (50) gesungen; sie macht sich auf, ohne etwas mitzunehmen als „einen kahlen Zweig des alten Jasmins, darunter der junge gelegen, die brokatene Decke und den Ring, den sie als Kindlein im Korb schon getragen". (51) Währenddessen entwendet die Mutter Jasmins, der nun Kandid heißt, seine Briefe an Ave; schließlich lässt sie beim Aveläuten den Klöppel aus der Glocke nehmen, um dem Sohn die Erinnerung zu nehmen und ihn an den Gedanken heranzuführen, das Fräulein Solange von Adamello zu ehelichen. Jasmin reitet jedoch heimlich nach Rebenhagen und findet das alte Pfarrhaus gefüllt mit Miselsüchtigen, also Aussätzigen, an ihrer Spitze eine Frau; „die vorderste der grausamen Figuren, die Klapper geschäftig in borkigen Fingern bewegend, sprach: ,Ave, ave, sei gegrüßt.' Da warf Kandid von Credule den Mantel vor das Gesicht, stürzte davon zu Pferde und hinweg." (55) Als Solange aus dem Kloster, wo sie erzogen wurde, nach Credule geleitet wird, schließt sich ihr unterwegs eine nussbraune Magd an mit Namen Gottgeklagt. Diese lehrt Solange singen, um Kandid endlich zu gefallen. Jasmin bemerkt nach dem Lied: „Sagt Gottgeklagt, es sei nicht recht, den Trank der Verzauberung zu brauen." (65) Als die nussbraune Magd das Hochzeitsbett für die beiden rüstet, legt sie obenauf den brokatenen Stoff aus ihrem Findlingskörbchen, in dem sie vom alten Sturmius gefun-

den wurde. Daraufhin wird sie von Frau Clarisse zur Rede gestellt.
„Und da Gottgeklagt mit Herrn Julian zurückkam, lag ein Weib mit
gelöstem Haar auf den Knien mitten in der Kammer, umgriff die
Füße des ehrwürdigen Mannes und bat: ‚Verzeih mir, Julian, Was
ich dir angetan …‘ [...] Erbarmung, Herr der Gnaden! Sie ist dein
Töchterlein.‘“ (70) „Und sie wuschen das Braun von dem schönen
Weiß der einstigen Magd, sie wuschen den Staub des Stolzes, des
Irrtums von ihren Herzen. Sie hingen den Klöppel wieder in die
Glocke von Credule, die läutete Ave, Ave, und ‚Ave‘ sagte Kandid in
der Seligkeit aller Paradiese, die nur Gott zu vergeben hat.“ (72)
        Einige Motive seien herausgegriffen, zuerst die Assoziations-
kraft der sprechenden Namen, mit denen Schaumanns Werk durchgängig virtuos spielt. Ave steht für die Jungfrau und deren Urbild,
an die das Aveläuten erinnert. *Rebenhagen* erinnert an den *Rebenhag*, einen der ersten Gedichtbände Schaumanns, erschienen bei
Kösel in München 1927. In dem Wort schwingt aber auch Hagenau
mit, die elsässische Garnisons- und Heimatstadt. Der erste Teil des
Wortes lässt den Wein aufleuchten, den der Pfarrer Kilian Rebentrost ja als irdisches und himmlisches Getränk schon im Namen
verkörpert – er, als geistlicher Vater auch für das Leben der beiden
sorgend, und so der wirkliche, wirkende Vater der beiden. Rebenhagen ist eigentlich ein Wort für Heimat, dorthin kehrt die Geschichte auch am Ende zurück. Und im Wein, den Reben, ist zugleich
das Paradies, der Urgarten, gegenwärtig. „Wein aus dem Glase der
Ewigkeit“[6], lautet eine Gedichtzeile.
        Der väterliche Priester, der zur Heimat gehört und in sie zu-
rückführt, ist auch in anderen Werken gegenwärtig: Abbé Chanay
in *Die Uhr,* Abbé Latour in *Die Ölsiederei,* Pfarrer Carolus in *Der
scharze Valtin und die weiße Osanna;* ähnlich sind die väterlichen
Arztgestalten Dr. Verneuil in *Yves* und Dr. Belvey in *Die Uhr.*
        Dagegen sind die leiblichen Eltern, einmal der Vater, beim
anderen Paar die Mutter, unfähig, das Zwillingsgeschenk anzunehmen – er aus Misstrauen, sie aus Eitelkeit. Schaumann hat das
Motiv der unfähigen oder lieblosen Eltern immer wieder gestaltet,
insbesondere das der unmütterlichen, selbstbezogenen Frau, der
„stolzen Schönheit“ im Unterschied zur hilfreichen, eher kindli-

---

6   Gedicht: *Du warfst mich in die Tiefe,* in: *Der Rebenhag,* München 1927, 212.

chen und selbstvergessenen Schönheit. Umkehr zum Muttersein ist jedoch möglich, nicht immer aber vollzogen. Hortense in *Yves*, Repräsentantin der vom Mann verlassenen Frau (ähnlich wie in *Siebenfrauen*) reift an der Sehnsucht nach ihrem Sohn, den sie nach der Geburt weggegeben hatte, während ihre Freundin Germaine, die leiblich unfruchtbare, eben dieses Kind als wahre Mutter liebt. Sola, die Stolze, in *Solamen* geht an ihrem Stolz jedoch zugrunde und das schwächliche Kind mit ihr. Clarissa von Adamello, erst selbstsichere „Frau Schleier", wird schließlich gepeinigt von ihrem Frevel der Kindsaussetzung und findet in Ave ihre Rettung. Häufig werden die ausgesetzten, verlassenen, ungeliebten Kinder von einer zweiten Mutter rettend aufgenommen und dem Leben wieder eingefügt.

Mutterschaft und Vaterschaft sind ein klarer Brennpunkt des Schreibens von Ruth Schaumann, der in künstlerischer und religiöser Hinsicht neu zu würdigen wäre.

Überhaupt: Aufgabe der Neuentdeckung

Während Schaumann ab 1920 dem deutschen Renouveau catholique zugerechnet wurde, teilte sie in der Zeit nach dem Zweiten Weltkrieg das Los fast aller christlich inspirierten Dichter, die als angeblich nicht mehr zeitgemäß allmählich dem Vergessen überantwortet wurden. Das Verdikt der „Gruppe 47" und anderer kritischer Instanzen des literarischen Fortschritts beförderten diesen Prozess. Immerhin hatte Max Frisch ihre in „Traumfarbe" gemalten Texte gelobt, die ihn „erst entzückt, dann begeistert und endlich rettungslos verzaubert" hätten.[7] Doch wird Schaumann ab den 1960er Jahren wenig rezipiert; eine Ausnahme bilden zwei germanistische Dissertationen in Innsbruck.[8] Interessanterweise erfuhr die Autorin hingegen in Frankreich besondere Aufmerksamkeit durch den Germanisten Joël Pottier aus Limoges, der ihre zahlreichen franzö-

---

7   Neue Zürcher Zeitung, August 1932 (s. Internet).

8   MARIE-LUISE HERZOG, *Das Frauenproblem in den Romanen Ruth Schaumanns*. Phil. Diss. (masch.), Innsbruck 1960. LENI TANZER, *Die Lyrik Ruth Schaumanns*. Phil. Diss. (masch.), Innsbruck 1972.

sischen Bezüge aufgriff.[9] In jüngster Zeit ist die polnische Litera-
turwissenschaftlerin Anna Stolarczyk hervorzuheben: In mehreren
Studien versuchte sie den epochengeschichtlichen Ort der Autorin
zwischen traditionsbewussten religiösen Themen und modernem
literarischen Autonomieanspruch abzustecken. Auch die Frage, wie
sich die christliche Künstlerin unter den Bedingungen der NS-Diktatur und der Nachkriegswirren behaupten konnte, gerät dabei ins
Blickfeld.[10]

Kurz: Ruth Schaumann ist in ihrer expressiven Qualität, ihrer Doppelbegabung und herausfordernden Themenwahl für eine
künftige Generation erst noch zu entdecken.

9   Lothar Bossle, Joël Pottier (Hg.), *Deutsche christliche Dichterinnen des 20. Jahrhun-
    derts. Gertrud von le Fort, Ruth Schaumann, Elisabeth Langgässer. Festschrift für Friedrich
    Kienecker aus Anlass seines 70. Geburtstages*, Würzburg 1990; darin Aufsätze v. Alfons
    Bungert, Robert Maria Wagner und Ursula Ackermann. – Joël Pottier, *Zwei preußi-
    sche Offizierstöchter und katholische Dichterinnen. Gertrud von le Fort und Ruth Schau-
    mann*, in: Richard Faber (Hg.), *Preußische Katholiken und katholische Preußen*, Würz-
    burg 2011, 209–232.
10 Anna Stolarczyk-Gembiak, *Zwischen Christentum und Moderne. Ruth Schaumann
    und ihr Prosawerk im Dritten Reich*, Poznań 2008. Anna Stolarczyk, *Die Abbildun-
    gen der biblischen Frauenfiguren in dem Prosawerk von Ruth Schaumann aus den Jahren
    1933–45*, in: Maria Kłańska (Hg.), *Der Hl. Schrift auf der Spur. Beiträge zur biblischen In-
    tertextualität in der Literatur*, Dresden 2009, 319–329. Anna Stolarczyk, *Herrschafts-
    kategorien in Institution der Familie in dem Prosawerk von Ruth Schaumann 1933–45*, in:
    Ewa Pytel-Bartnik, Maria Wojtczak (Hg.), *Habitus und Fremdbild in der deutschen
    Prosaliteratur des 19. und 20. Jahrhunderts*, Frankfurt a. M. 2006, 91–98. Anna Stolar-
    czyk, *Ruth Schaumann klagt und tröstet. Zur dichterischen Auseinandersetzung mit dem
    Nachkriegsdasein*, in: Aleksandra Chylewska-Tölle (Hg.), *Nun aber bleibe Glaube,
    Hoffnung und Liebe". Die christliche Botschaft in der deutschsprachigen Literatur nach dem
    2. Weltkrieg*, Nordhausen 2011, 111–123.

Mehr als nur ein „*Mord im Pfarrhaus*" – Glaube und Religion im Leben und Werk von Agatha Christie. Ein kurzer Einblick auf eine ungewohnte Seite der *Queen of crime*

Bruno Hannöver OCist

Einleitung: Agatha Christie und die alte Messe – das „Agatha-Christie-Indult"!

Wer in den Internet-Suchmaschinen die Begriffe „Agatha Christie" und „Kirche" bzw. „Religion" und „Glauben" eingibt, dem wird oftmals auf diversen Seiten und Artikeln der Hinweis auf das sogenannte „Agatha-Christie-Indult" gegeben.[1]

Hierbei handelt es sich um einen im Jahre 1971 an den Heiligen Stuhl gerichteten Appell zur Bewahrung der alten Liturgie – konkreter: der tridentinischen Messe – als überchristliches abendländisches Kulturgut. Zwar unterzeichneten neben Agatha Christie auch andere prominente Vertreter aus der Kunst- und Literaturszene – wie z. B. der zum Katholizismus konvertierte Graham Greene, prominente britische Ur-Katholiken wie der damalige Herzog von Norfolk, Nichtkatholiken wie Vladimir Ashkenazy und Yehudi Menuin und andere Vertreter der klassischen Musik –, aber dennoch ist das auf diesen Appell hin von Papst Paul VI. erlassene Indult vor allem unter dem Namen der berühmten britischen Krimiautorin bekannt geworden.[2]

---

1   Vgl. *Agatha-Christie-Indult*, URL: https://de.wikipedia.org/wiki/Agatha-Christie-Indult (Stand: 14.04.2021); *Agatha Christies Beitrag zur Rettung der Tridentinischen Messe*, URL: https://www.kath.net/news/65862 (Stand: 14.04.2021); Uwe Postl, *5th of Novembre from Vatican Station. Vor 40 Jahren erließ Papst Paul VI. den „Agatha-Christie-Indult"*, URL: http://www.kath-info.de/indult.html (Stand: 14.04.2021).

2   Vgl. Hans Maier, *Verlust des Sakralen? Liturgie und Kultur*, in: *Römische Messe und Liturgie in der Moderne*, hg. v. Stephan Wahle, Helmut Hoping und Winfried Haunerland, Freiburg i. Br. 2013, 202. Maier erwähnt das Indult in einer Aufzählung von Ausnahmen bezüglich des Messbuches von 1969, die von Paul VI. über Johannes Paul II. bis zum Motu Proprio „Summorum Pontificum" Benedikts XVI. 2007.

Angeblich soll der Papst beim Durchlesen der Unterzeichner beim Namen von Agatha Christie Halt gemacht und gefragt haben, ob es nicht die berühmte Krimiautorin sei.[3]

Ob diese Geschichte sich wirklich so zugetragen hat? Fest steht jedenfalls, dass Agatha Christie niemals zur römisch-katholischen Kirche konvertiert ist, anders als es viele Prominente und Intellektuelle aus dem anglo-amerikanischen Raum es zur damaligen Zeit – besonders in den 50er-Jahren – taten, wie der bereits oben erwähnte Graham Greene oder auch Filmstars wie Alec Guinness. Nach den sogenannten Reformen eines II. Vatikanischen Konzils brachen diese Konversionen allerdings völlig ab!

Auch Agatha Christie hegte zeitweise den Gedanken, zum römischen Katholizismus überzutreten. Allerdings war sie dann durch ihren zweiten Ehemann, den Archäologen Max Mallowan, durch dessen katholische Konfession auch in gewisser Weise mit diesem Glauben verbunden.

Der vorliegende Artikel möchte kurz und stichhaltig einige Aspekte von Kirche, Glauben und Religion im Leben und Werk der berühmten Krimiautorin beleuchten. Dabei wird nicht nur die Rolle der katholischen Kirche, sondern auch die der anglikanischen Kirche betrachtet.

1. Glaube, Kirche und Religion im Leben von Agatha Christie: die Autobiografie

Obwohl innerhalb der Autobiografie der christliche Glaube und die Religiosität Christies nicht zu kurz kommen, wird dieser Aspekt in neueren Fernsehdokumentationen völlig ignoriert.[4]

Das ist umso verwunderlicher, da es eben in der Autobiografie auffällig viele prägnante Stellen gibt, in denen Agatha Christie explizit über Religion und Glauben spricht. Das betrifft nicht nur ihr eigenes Leben, sondern auch das ihrer näheren Umgebung ihrer

---

3   Vgl. POSTL, *5th of Novembre from Vatican Station.*
4   Vgl. die Dokumentationen aus den Jahren 2016 und 2017, die hauptsächlich die Emanzipation Agatha Christies aufzeigen möchten: „Agatha Christie – 40. Todestag der Queen of Crime" (Agatha Christie – 40. Todestag der Queen of Crime | ARTE Info) und „Agatha Christie – The Queen of Crime" (Agatha Christie – The Queen of Crime – Die ganze Doku | ARTE), beide aufgerufen am 14.04.2021.

Familie und der Kindermädchen. Ihre Autobiografie begann Christie in den 50er-Jahren zu schreiben, fünfzehn Jahre später schloss sie sie im Alter von fünfundsiebzig Jahren ab.[5]

In den Kindheitserinnerungen werden – wie in vielen Autobiografien selbstverständlich – zuerst einmal die Herkunft und besonders die Eltern beschrieben. Agatha beschreibt in ihrer Autobiografie ihre Mutter als eine äußerst fortschrittliche Frau, die es liebte, Experimente in ihrer Umgebung anzustellen. Diese Experimente betrafen aber auch die Dinge des Glaubens. So beschreibt sie die Experimentierfreudigkeit ihrer Mutter folgenderweise:

„Ihre eigenen Experimente hatten hauptsächlich mit Fragen des Glaubens zu tun. Ihr war, glaube ich, eine von Natur aus mystische Sinneshaltung zu eigen. Um ein Haar wäre sie in die katholische Kirche aufgenommen worden, vollzog dann aber eine Schwenkung zum Unitarismus (was die Tatsache verständlich macht, dass mein Bruder nie getauft wurde), wandelte sich in der Folge zu einer angehenden Theosophin, fasste aber eine Abneigung gegen Mrs. Besant, als sie sie predigen hörte. Nachdem sie sich kurz, aber intensiv mit dem Zoroastrismus beschäftigt hatte, kehrte sie, zu Vaters großer Erleichterung, in den sicheren Hafen der englischen Staatskirche zurück. Auf ihrem Nachttisch stand ein Bild des heiligen Franz, und in der Nachfolge Christi las sie Tag und Nacht. Das gleiche Buch liegt auch immer neben meinem Bett."[6]

Die Religiosität des Vaters war im Gegensatz zu der mystisch schwärmerischen der Mutter nach Agatha mehr von Nüchternheit geprägt. Über ihn schreibt sie:

„Vater war ein strenggläubiger Christenmensch von harmlosem Gemüt. Er sprach jeden Abend seine Gebete und ging jeden Sonntag zur Kirche. Seine Einstellung zur Religion war von Sachlichkeit und Nüchternheit geprägt und von keinerlei weltbewegenden Zweifeln getrübt – aber wenn Mutter schmückendes Beiwerk vorzog, sollte ihm auch das recht sein. [...] Ich glaube, er fühlte sich erleichtert, als Mutter noch rechtzeitig in den Schoß der englischen

---

5   Vgl. AGATHA CHRISTIE, *Die Autobiografie*, Hamburg 2017, 7, 10. Das Original erschien 1977 unter dem Titel *Agatha Christie: An Autobiografie* bei Harper Collins in London.

6   Ebd., 28f. Zu Annie Besant (1847–1933) und der Theosophischen Gesellschaft siehe URL: https://www.theosophieadyar.de/bedeutende-theosophen/annie-besant (Stand: 14.05.2021).

Staatskirche zurückkehrte, um es möglich zu machen, mich in der
Pfarrkirche taufen zu lassen."[7]
    Was ihre eigene damalige Frömmigkeit angeht, so gibt Agatha
zu, in dieser Sache zur Zeit der eigenen frühen Kindheit besonders
von ihrem Kindermädchen Nursie in einer nahezu puritanisch wirkenden Art und Weise geprägt worden zu sein:
    „Meine eigenen religiösen Ansichten übernahm ich hauptsäch-
lich von Nursie. Sie war Bibelchristin, ging daher nicht zur Kirche
und las ihre Bibel daheim. In meiner Überzeugung, der göttlichen
Gnade teilhaftig geworden zu sein, legte ich eine geradezu unerträgliche Überheblichkeit an den Tag. Ich weigerte mich, am Sonntag
zu spielen, zu singen oder auf dem Klavier zu klimpern und sorgte
mich ganz furchtbar um das Seelenheil meines Vaters, der an Sonn-
tagnachmittagen bedenkenlos Krocket spielte und unbeschwert
Witze über Geistliche machte – einmal sogar über einen Bischof."[8]
    Aber nicht nur über Mutter, Vater und die die Kindheit über-
ragende Gestalt des Kindermädchens Nursie, sondern auch über
die Religion anderer Bediensteter im Hause Miller wusste Agatha
Christie noch Jahrzehnte später in ihrer Autobiografie zu berichten:
    „Ich erinnere mich noch an Barker, eines der Hausmädchen,
das mir wieder einen anderen Ausblick auf das Leben eröffnete. Ihr
Vater war ein besonders strenggläubiger Plymouthbruder und sie
sich ihrer Sündhaftigkeit, wenn sie vom rechten Weg abwich, wohl
bewusst. ‚Verdammt in alle Ewigkeit werde ich sein, das ist mal sicher', erklärte sie mit fast heiterem Sinn. ‚Ich weiß nicht, was mein
Vater sagen würde, wenn er wüsste, dass ich in einem Gottesdienst
der englischen Staatskirche war. Das Schlimmste ist, mir hat es gefallen. Die Predigt des Vikars hat mir gefallen und das Singen auch.'"[9]
    Zeigt sich in der Religiosität der Bediensteten ein breites pro-
testantisch-evangelikales Spektrum auf, so war doch das religiöse
Leben der Familie Miller im Allgemeinen von der Church of England geprägt. Dazu gehörte auch der selbstverständliche sonntäg-

---

7   Ebd., 29.
8   Ebd.
9   Ebd., 36. Die erwähnten Plymouthbrüder sind aus der freikirchlichen Brüderbewegung
     hervorgegangen, vgl. URL: https://www.plymouthbrethrenchristianchurch.org/de/
     (Stand: 14.05.2021).

liche Gottesdienstbesuch sowie die Unterstützung der örtlichen Pfarrgemeinde durch ihre Familie:

„Der Kirchgang war einer der Höhepunkte der Woche. Die Pfarrkirche von Tor Mohun war die älteste Kirche Torquays. Torquay war ein moderner Kurort, aber Tor Mohun der ursprüngliche Stadtkern. Die alte Kirche war recht klein, und darum beschloss man, eine zweite, größere zu bauen. Das geschah zu der Zeit, als ich geboren wurde, und mein Vater stiftete einen Geldbetrag in meinem Namen, um mich zur Mitbegründerin zu machen. Er erklärte mir das zum gegebenen Zeitpunkt, und ich kam mir sehr wichtig vor. ‚Wann kann ich zur Kirche gehen?‘, drängte ich ständig – bis der große Tag kam. Ich saß neben Vater ziemlich weit vorn und verfolgte den Gottesdienst in seinem großen Gebetbuch. Er hatte mir schon vorhergesagt, dass ich, wenn ich wollte, schon vor der Predigt gehen könne, und als es so weit war, flüsterte er mir zu: ‚Möchtest du gehen?‘ Ich schüttelte energisch den Kopf und blieb. Er nahm meine Hand in die seine, und ich saß zufrieden da und tat mein Möglichstes, um nicht herumzuzappeln. Die sonntäglichen Kirchenbesuche machten mir große Freude.“[10]

Neben dem Kirchenbesuch waren es vor allem die Lektüre der Bibelgeschichten (in eigens dafür vorgesehenen Kinderbüchern), die die junge Agatha schon viel früher in ihren Bann gezogen hatten:

„Und dann gab es natürlich auch die Geschichten aus dem Alten Testament, an welchen ich mich schon von frühester Jugend an ergötzt hatte. [...] Die Geschichten aus dem Alten Testament sind durch jene dramatische Verknüpfung von Ursache und Wirkung gekennzeichnet, nach der der kindliche Sinn verlangt: Joseph und seine Brüder, sein blutiger Rock, sein Aufstieg zum Wesir des Pharaos und das dramatische Finale mit der Verzeihung, die er seinen bösen Brüdern gewährt. Moses und der brennende Dornbusch war eine Lieblingsgeschichte von mir. So auch die von David und Goliath.“[11]

Noch Jahrzehnte später war sich Christie der Tatsache bewusst, dass sie sich bei ihren Grabungen, wie zum Beispiel in Nimrud oder anderen Orten im Gebiet des heutigen Irak und Syriens, auf „bibli-

---

10   Ebd., 58.
11   Ebd., 58f.

schem" Boden befand und sie sich bei Grabungsfunden an biblische Geschichten erinnert wusste.[12] In ihrer Jugendzeit schien Agatha zeitweise eine Schwärmerei für katholische Nonnen zu haben. Da für sie und andere protestantische Mädchen nur eine Heirat infrage kam[13], schien der katholische Klostergedanke – insbesondere das religiöse Leben als Nonne – eine gewisse Faszination auf sie auszuüben: „Natürlich gab es immer Mädchen, die auf keinen Fall heiraten wollten, meist aus irgendwelchen edlen Beweggründen. Sie verspürten den Drang, Nonne zu werden oder Leprakranke zu pflegen, etwas Großartiges und Bedeutendes zu tun, sich selbst aufzuopfern. Für viele war das eine Phase, die sie durchmachen mussten. Der glühende Wunsch, Nonne zu werden, scheint bei protestantischen Mädchen weit beständiger zu sein als bei katholischen. Bei diesen handelt es sich zweifellos mehr um eine Berufswahl – um eine ganz normale Lebensform –, die jedoch für eine Protestantin den Beigeschmack des religiösen Mystizismus besitzt und seltsam faszinierend auf sie wirkt."[14]

In „Der Wachsblumenstrauß" lässt Christie die handelnden Personen in einer Szene ausführlich über Sinn und Dasein katholischer Nonnen diskutieren. Ein später Nachklang jugendlicher Schwärmerei?

Über die Faszination des Katholizismus kommt Agatha noch ausführlicher bei ihrem Neffen Jack zu sprechen, den alles Religiöse und Kirchliche – und hier insbesondere die römisch-katholischen Kirchen – anzog und der dann im Alter von 30 Jahren zur Bestürzung seiner sehr protestantischen Familie zur römisch-katholischen Kirche übertrat.[15]

Agatha selber wurde weder Nonne noch trat sie zur römisch-katholischen Kirche über. Sie heiratete Heiligabend 1914 – während des Ersten Weltkriegs – in einer schnell arrangierten Hochzeit den Leutnant und Militär-Piloten Archibald Christie.[16] Diese Heirat mit Archibald Christie endete nach einigen Jahren tragisch mit einer

---

12   Vgl. ebd., 59.
13   Vgl. ebd., 154. „Die Ehe aber stand im Mittelpunkt aller Überlegungen; wen man heiraten würde, war die Frage, die alle bewegte."
14   Ebd.
15   Vgl. ebd., 168f.
16   Vgl. ebd., 284f.; LAURA THOMPSON, Agatha Christie. Das faszinierende Leben der großen Kriminalschriftstellerin. Aus dem Englischen von Tatjana Kruse, Frankfurt a. M. 2012, 110.

Scheidung. Der Tod ihrer Mutter[17] und die damit verbundene Last
der Aufarbeitung des Erbes belasteten sie sehr – die zeitweise längere Abwesenheit von ihrem Mann führte dazu, dass dieser Agatha
mit einer anderen Frau betrog und von ihr die Trennung forderte, in
welche Agatha nach über einem Jahr dann schließlich einwilligte.[18]
   Über das Ende ihrer ersten Ehe und auch über die 11 Tage ihres mysteriösen Verschwindens, die bis heute zu vielen Spekulati-
onen führen, kommt Agatha in ihrer Autobiografie nicht zu sprechen. Der biografische Abschnitt endet lakonisch mit den Worten:
„So endete meine erste Ehe."[19]
   Allerdings ist es Laura Thompson, die hier in ihrer 2007 erschienenen Christie-Biografie – neben einigen anderen Stellen – an
dieser biografischen Stelle dezidiert auf Agatha Christies Religiosität zu sprechen kommt!
   „Nach ihrer Scheidung nahm Agatha niemals wieder das
Abendmahl in der Kirche ein. Sie fühlte sich schuldig, vor allem gegenüber ihrer Tochter, weil sie Archies Forderung nach einer Scheidung ,nachgegeben' hatte."[20]
   Einen großen katholischen Aspekt brachte die zweite Ehe mit
Max Mallowan im Leben von Agatha Christie: Nach ihrer Scheidung von Archie Christie hegte Agatha zunächst nicht die Absicht,
eine neue Ehe einzugehen. Zu sehr nagten noch die Verletzungen
der Trennung und der Scheidung von ihrem ersten Mann in ihrem
Inneren. Der entscheidende Impuls und Antrieb zu einer neuen
ehelichen Verbindung kam dann auch von ihrem Verehrer und
späteren zweiten Ehemann Max Mallowan, der alle ihre Einwände
zurückwies – darunter auch den, dass Agatha sich ihm gegenüber
als „Katholikin" bezeichnete und somit als Geschiedene gar keine
neue Ehe eingehen könne.[21] Dieser Einwand Christies in ihrer Autobiografie ist rätselhaft, da sie nie katholisch war. Vielleicht hegte sie
zu dieser Zeit aber Pläne zu konvertieren, vielleicht bezeichnete sie
aber auch ihre Form anglikanischer Frömmigkeit als „katholisch" –

17   Vgl. CHRISTIE, Autobiografie, 415.
18   Vgl. ebd., 420–424.
19   Ebd., 424.
20   THOMPSON, Agatha Christie, 276.
21   Vgl. CHRISTIE, Autobiografie, 499.

in diesem Fall müsste man „katholisch" nicht mit „römisch-katholisch" gleichsetzen.

Christies zweiter Mann, Max Mallowan, war auf Veranlassung seiner frommen Mutter katholisch getauft worden. Anders als seine zutiefst religiöse Mutter war Max aber nie zur Erstkommunion und zur Firmung gegangen – er war also quasi formal Katholik, hatte aber nie das Naturell eines Katholiken. Zwar gab es im Leben Max Mallowans einmal den Versuch, es mit dem Glauben ernster zu nehmen – der Grund war ein Versprechen an seinen tieffrommen Freund Esme –, doch dieser scheiterte ironischerweise daran, dass er Agatha Christie heiraten wollte. Die katholische Kirche wollte seine Ehe mit ihr nicht anerkennen und damit endete auch Max' Versuch mit der Religion![22]

Thompson dazu: „Ironischerweise nahm Agatha, die immer zur Kirche gegangen war, nach ihrer Scheidung nie mehr an einem Abendmahl teil. Noch ironischer war, dass Max das Versprechen [...] brach, als er erfuhr, dass die katholische Kirche seine Ehe mit Agatha nicht anerkennen würde."[23] Angeblich sollte dieser Umstand auch dazu beigetragen haben, dass Agatha Christie nie zur römisch-katholischen Kirche konvertierte!

Da auch die anglikanische Kirche in England damals noch keine Wiederverheiratung Geschiedener erlaubte, musste die Trauung in Schottland, in der St. Columba-Kirche in Edinburgh, stattfinden.[24]

Wie dem auch sei: Dass Agatha Christie auch als gefeierte Krimiautorin ihrer Religion treu blieb, macht die Tatsache des sonntäglichen Kirchganges, aber auch die Stiftung eines Kirchenfensters deutlich. Thompson beschreibt dann auch einen recht erbaulichen frommen Tod in ihrer Biografie: „Im schwindenden Licht blieb Agatha ihrem Glauben treu. ‚Ich schließe mich meinem Schöpfer an', hörte man sie sagen, kurz bevor sie am Nachmittag des 12. Januar 1976 in Winterbrook starb."[25] Ein spektakuläres, aber dennoch immer frommes Leben hatte seine Vollendung bei Gott gefunden.

---

22   Vgl. THOMPSON, *Agatha Christie*, 304f.
23   Ebd., 305.
24   Vgl. ebd., 310; CHRISTIE, *Autobiografie*, 502, 506.
25   THOMPSON, *Agatha Christie*, 494.

Es ist daher nicht verwunderlich, dass auch die Autobiografie
von Agatha Christie schon 11 Jahre früher – aus dem Jahre 1965 –
mit einem Dankgebet an Gott endete:
„Danke für das gute Essen, lieber Gott', sagen die Kinder. Was
kann ich als Fünfundsiebzigjährige sagen? Danke, lieber Gott, für
mein gutes Leben, für all die Liebe, die mir geschenkt wurde."[26]

2. Die Stiftung eines Kirchenfensters in der Kirche von Churston Ferrers

Immer wenn Agatha auf ihrem Landsitz Greenway wohnte, besuchte sie sonntags den Gottesdienst in der Kirche St Mary the Vir-
gin in Churston Ferrers. Diese Kirche war mit dem Auto nur wenige
Minuten entfernt. Zudem nahm sie als gläubige Christin auch aktiv
Anteil am dortigen Gemeindeleben. Ein beredtes Zeugnis dafür war
die Finanzierung eines neuen Ostfensters in der Kirche. Schon länger war ihr das schmucklose Fenster aufgefallen, das sie als Störfak-
tor in der ansonsten schönen Kirche empfand. Im November 1954
teilte sie der Diözese Exeter ihren Wunsch mit, ein neues Fenster zu
finanzieren. Ihre Pläne stießen bei der Diözese auf Zustimmung.[27]
    In ihrer Autobiografie erinnerte sie sich an die Finanzierung
dieses Fensters durch eine eigens dafür geschriebene Geschichte:
„Besondere Freude machte mir das Schreiben eines Kurzro-
mans [...]; der Erlös diente zum Ankauf eines bemalten Fensters für
meine Ortskirche in Churston Ferrers. Es ist eine reizende kleine
Kirche, und das Ostfenster aus gewöhnlichem Glas erinnerte mich
immer an eine Zahnlücke. Ich sah es jeden Sonntag und stelle mir
vor, wie hübsch es sich in bunten Farben machen würde. Von der
Glasmalerei verstand ich nichts, aber nach einigem Suchen fand
ich einen Künstler namens Patterson, der in Bideford lebte und
mir eine Zeichnung für das Fenster schickte, die mir ausnehmend
gut gefiel. Ich bewunderte die Farben: Statt dem gewöhnlichen Rot
und Blau verwendete er vornehmlich Mauve und Blassgrün, meine

---

26 CHRISTIE, Autobiografie, 638.
27 Vgl. JOHN CURRAN, Agatha Christie und Greenshore Garden. Nachwort in: AGATHA
    CHRISTIE, Das Geheimnis von Greenshore Garden. Ein Fall für Hercule Poirot. Aus dem
    Englischen von Eike Schönfeld, Hamburg 2015, 125–127.

Lieblingsfarben. Ich wollte den Guten Hirten als zentrale Gestalt
haben. Über diesen Punkt gab es eine kleine Meinungsverschieden-
heit mit der Diözese von Exeter und auch mit Mr. Patterson; das
zentrale Thema eines Ostfensters müsse, so wurde mir bedeutet,
die Kreuzigung sein. Am Ende erlaubte mir die Diözese, nachdem
sie eine kleine Untersuchung angestellt hatte, dann doch, Jesus als
Guten Hirten darzustellen, weil es ja eine Landpfarre war. Es sollte
ein beglückendes Fenster werden und den Kindern Freude machen,
wenn sie es betrachteten. So steht also der Gute Hirte mit seinem
Lämmchen in der Mitte, und auf den Seitenteilen sind die Krippe
mit der Jungfrau und dem Kind, die Schäfer auf dem Feld und die
Fischer mit ihrem Netz im Boot zu sehen. Mr. Patterson hat ein
schönes Fenster gemacht. Es wird, so hoffe ich, die Jahrhunderte
überdauern, denn es ist ein einfaches Bild. Es macht mich stolz und
demütig zugleich, dass es mir vergönnt war, den Erlös aus meiner
Arbeit diesem guten Zweck zuzuführen."[28]

Die autobiografischen Notizen lassen nicht erahnen, welchen
Schwierigkeiten Agatha Christie bei der Finanzierung des Kirchenfensters begegnete! Die nämlich zu diesem Zweck geschriebene Geschichte „The Greenshore Folly" mit Hercule Poirot war weder ein
richtiger Roman noch eine Kurzgeschichte, und der Umfang eigne-
te sich zudem nicht für eine Veröffentlichung in einer Zeitschrift,
um mit deren Erlös durch die Abdrucksrechte das neue Fenster zu
finanzieren.[29] Zudem bezweifelte die Diözese, dass eine Kurzgeschichte ein Kirchenfenster finanzieren könne.[30]

Agatha ließ sich etwas Neues einfallen: Sie entschied sich, aus
„The Greenshore Folly" einen richtigen Roman zu gestalten, der
dann unter dem Titel „Dead Man's Folly" (dt. „Wiedersehen mit Mrs.
Oliver") erschien. Für die Kirchenfensteraktion wurde eine neue
Kurzgeschichte mit dem sehr ähnlichen Titel „Greenshaw's Folly"

---

28   Ebd., 615f.
29   Vgl. URL: https://maricopa1.wordpress.com/2015/03/30/agatha-christie-und-das-kirchen-
     fenster-von-st-marys-in-churston-ferrers-devon/ (Stand: 04.05.2021).
30   Vgl. THOMPSON, *Agatha Christie*, 440, und Fußnote 23 auf 514: „Aus dieser Geschichte
     wurde später *Wiedersehen mit Mrs. Oliver*, aber aus irgendeinem Grund verkaufte es
     sich in seiner ursprünglichen Form nicht. ,Die Anwälte des Bischofs von Exeter stellen
     sich wegen Greenshaws Monster ganz schrecklich an', schrieb Cork 1956 an Ober. ,Sie
     können nicht glauben, dass Mrs Mallowan der Kirche eine Geschichte schenkt, die sich
     nicht verkauft!' Ironischerweise wurde *Wiedersehen mit Mrs Oliver* sofort verkauft – und
     dann gekürzt."

(dt. „Greenshaws Monstrum") geschrieben und anstatt Hercule Poirot ermittelte jetzt Miss Marple. Die Geschichte erschien 1956 in der Daily Mail, im Sammelband „The Adventure of the Christmas Pudding" erschien sie 1960 in Buchform.[31]

Dass Agatha Christie eine besondere Beziehung zu Jesus als Guten Hirten hatte, beweist nicht nur die Auswahl als Fenstermotiv, sondern auch die Tatsache, dass sie sich Psalm 23 – den sogenannten „Gute Hirten-Psalm" – für ihren Trauergottesdienst auswählte.[32]

Es ist noch zu erwähnen, dass Agatha in ihrer Bescheidenheit nicht wollte, dass ihr Name als Spenderin des Fensters in der Kirche auftauchte. Nach ihrem Tod ließ ihre Tochter Rosalind dann aber doch eine Plakette anbringen, auf der steht, dass A. C. Mallowan das Fenster „to the glory of God" – „zur Ehre Gottes" spendete.[33]

3. Glaube und Religion in den Werken Agatha Christies

Nachdem hier zunächst in (auto-)biografischen Notizen Zeugnisse über Glaube und Religion im Leben Agatha Christies gesucht wurden, soll nun der Blick auf ihr Werk gerichtet werden. Dabei soll sich dieser Artikel auf Hercule Poirot und Miss Marple, ihre wohl berühmtesten Detektivfiguren, beschränken. Es sollen hierbei die Rolle von Glaube, Kirche und Religion anhand von Geistlichen als Opfer krimineller Machenschaften, der religiöse Hintergrund von Morden als Motiv sowie die Rolle der Kirche und ihrer Geistlichen als Rahmenhandlung der Kriminalromane, aber auch weitere religiöse Bezüge betrachtet werden. In einem Schlusspunkt wird zudem auf die Umsetzung religiöser Motive in den Verfilmungen der BBC hingewiesen.

---

31   Vgl. URL: https://maricopa1.wordpress.com/2015/03/30/agatha-christie-und-das-kirchen-fenster-von-st-marys-in-churston-ferrers-devon/ (Stand: 04.05.2021).
32   Vgl. THOMPSON, *Agatha Christie*, 494.
33   Vgl. URL: https://maricopa1.wordpress.com/2015/03/30/agatha-christie-und-das-kirchen-fenster-von-st-marys-in-churston-ferrers-devon/ (Stand: 04.05.2021).

1. Geistliche als (Mord-)Opfer

Tragödie in drei Akten/Nikotin (1934/1935)

Ein schon älterer, beliebter und unbescholtener Dorfpfarrer fällt bei einer Dinnerparty im örtlichen Landhaus eines berühmten Schauspielers tot um, da sein Cocktail-Drink vergiftet wurde.

Der wie ein klassisches Theaterstück gegliederte Roman beginnt mit einer Dinnerparty im Hause des Schauspielers Sir Charles Cartwright. Vor dem Dinner bricht der Vikar plötzlich zusammen und ist tot. Man vermutet einen natürlichen Tod, entdeckt aber bald, dass er mit Nikotin vergiftet wurde. Auf die gleiche Weise stirbt wenig später bei einem festlichen Dinner auf seinem Landsitz auch Sir Bartholomew Strange, ein angesehener Londoner Arzt. Auch er wurde durch Nikotin vergiftet. Dass zwischen beiden Morden ein Zusammenhang besteht, scheint klar zu sein! Poirot ermittelt, dass der erste Mord an dem Vikar nur eine „Generalprobe" war, um von dem eigentlichen Opfer, Sir Bartholomew Strange, abzulenken. Dieser Arzt war ein Jugendfreund von Sir Charles Cartwright, der von dessen früherer Heirat mit einer Frau wusste. Diese befindet sich seit vielen Jahren in einem geschlossenen psychiatrischen Pflegeheim. Da sich eine Scheidung unter diesen Umständen verbietet, stand das Wissen des Arztes einer bigamistischen Verbindung im Wege, welche der Täter, der Schauspieler Sir Charles, vorhatte, einzugehen. Das Gift für seine Morde hatte er aus einem Mittel zur Behandlung von Rosen gewonnen.[34]

Bertrams Hotel (1965)

In diesem 1965 erschienenen Roman wird ein älterer, hoch angesehener Geistlicher niedergeschlagen und entführt – während ein „Doppelgänger" von ihm einen Postzug ausraubt!

Miss Marple ist in London im mondänen *Bertrams Hotel* im Urlaub. Die historische Atmosphäre des Hotels fasziniert sie: alles noch wie früher – es ist zu schön, um wahr zu sein. Unter den di-

---

34   Vgl. AGATHA CHRISTIE, *Tragödie in drei Akten. Ein Fall für Poirot.* Aus dem Englischen von Henning Ahrens, Hamburg 2016. Die Die Originalausgabe erschien unter dem Titel *Three Act Tradedy* 1934 bei Harper Collins, London.

versen Hotelgästen befindet sich auch Kanonikus Pennyfather, ein ziemlich zerstreuter Geistlicher und Wissenschaftler, den Miss Marple von früher noch kennt. Der Kanonikus möchte zu einem Kongress nach Luzern fliegen. Durch seine Zerstreutheit verwechselt er aber die Tage und erreicht den Flughafen einen Tag zu spät. Unverrichteter Dinge muss er ins Bertrams zurückkehren. Als er gegen Mitternacht sein Hotelzimmer betritt, wird er niedergeschlagen. Da er nicht beim Kongress erschienen und nicht aufzufinden ist, meldet ihn seine Haushälterin nach einigen Tagen bei der Polizei als vermisst. Scotland Yard übernimmt die Ermittlungen zum Verschwinden des Kanonikus. Von Miss Marple erfahren sie, dass sie Pennyfather morgens um drei Uhr beim Verlassen seines Zimmers beobachtet hatte. Tatsächlich erwacht der Kanonikus vier Tage später in einem fremden Haus, welches einige Stunden von London entfernt ist, sich aber in der Nähe eines drei Tage zuvor begangenen Überfalles auf einen Postzug befindet. Der Kanonikus war am Straßenrand gefunden worden, er kann sich aber an nichts erinnern. Aber eine Zeugin des Raubüberfalls ist sich sicher, dass jemand, der genauso aussah wie Kanonikus Pennyfather, an dem Überfall beteiligt war. Am Ende stellt sich heraus, dass das Hotel mit seinem ehrwürdigen historischen Ambiente das Zentrum eines gut organisierten Verbrecherrings ist. Alles im Hotel ist falsch und gespielt! Der Ring arbeitete mit Doppelgängern von bekannten Persönlichkeiten, wie z. B. Kanonikus Pennyfather, um die Zeugen der Überfälle abzulenken.[35]

2. Mordmotive mit religiösem Hintergrund

Die Pralinenschachtel (1923)

Im katholischen Belgien wird am Ausgang des 19. Jahrhunderts ein aufstrebender antiklerikaler Politiker durch Pralinen (sehr belgisch übrigens!) vergiftet. Geht dieser Mord von radikalen reaktionären katholischen Klerikalmächten und ihren politischen Verbündeten aus?

---

35   Vgl. AGATHA CHRISTIE, *Bertram's Hotel: Ein Fall für Miss Marple*. Aus dem Englischen von Anna Leube, Hamburg 2015. Die Originalausgabe erschien unter dem Titel *At Bertram's Hotel* 1965 bei Collins Crime Club, London.

Hercule Poirot erzählt seinem Freund Hastings in einer Erinnerung einen Fall aus seinen aktiven Polizeijahren in Belgien. Als aktiver Kommissar erlebte er diesen Fall im Jahre 1893. Die Cousine des mutmaßlich ermordeten antiklerikalen Politikers Paul Deroulard geht von einem Mord aus, weshalb sich Poirot trotz der Einwände seiner Vorgesetzten zum Ermitteln genötigt fühlte. Wesentliches Indiz für den Mord stellt eine Pralinenschachtel dar, welche noch voll war, obwohl der Verstorbene jeden Abend Pralinen aß. Als Hauptverdächtiger fungiert während der Geschichte ein Politiker der anderen der Kirche freundlich gesinnten politischen Seite, mit welchem das Mordopfer kurz vor seinem Tod heftigen Streit hatte. Poirot findet letztlich heraus, dass die fromme katholische Mutter des Verstorbenen die Mörderin ist. Sie wollte ihren Sohn ermorden, weil sie ihn politisch, aber auch privat für einen schlechten Menschen hielt: Er hatte seine eigene Frau die Treppe hinunter in den Tod gestoßen. Mit dem geerbten Geld hätte er noch mehr Macht zur Bekämpfung der Kirche bekommen, zudem hatte er es schon auf die Zerstörung der Seele einer anderen Frau abgesehen. Die Mutter wollte nicht, dass er noch mehr Frauenseelen physisch und psychisch zerstört. Vor ihrem Tod gesteht sie Poirot den Mord, bereit, sich vor Gott für ihr Tun zu verantworten. Poirot schließt daraufhin den Fall als ungelöst ab, um die Frau nicht der staatlichen Gewalt auszuliefern – diese stirbt eine Woche später.[36]

Dreizehn bei Tisch (1933)

Die Schauspielerin Jane Wilkinson – Lady Edgware – möchte sich von ihrem Gatten, Lord Edgware, scheiden lassen, um den jungen und politisch einflussreichen Herzog von Merton zu heiraten. Obwohl der Lord nach anfänglicher Weigerung nun endlich doch einer Scheidung zustimmt, wird er des Abends von einer Doppelgängerin Jane Wilkinsons formvollendet und stilvoll mit einem Messerstich in den Hals ermordet.

---

36   Vgl. AGATHA CHRISTIE, *Die Pralinenschachtel*, in: DIES., *Das große Hercule-Poirot-Buch. Die besten Kriminalgeschichten*. Aus dem Englischen von Michael Mundhenk, Hamburg 2018, 29–46. Die Erzählungen mit Hercule Poirot erschienen im Original im Sammelband Hercule Poirot bei Harper Collins, London. „Die Pralinenschachtel" erschien erstmals unter dem Titel „The Clue of the Chocolate Box" in: The Sketch, 23. Mai 1923.

Die besagte Lady Edgware befand sich zur besagten Tatzeit in einer Tischgesellschaft – daher der Titel „Dreizehn bei Tisch". Zudem hatte sie durch die Zustimmung ihres Mannes kein Mordmotiv mehr. Poirot vermutet, dass die ihm bekannte amerikanische Schauspielerin und Imitatorin Carlotta Adams aufgrund ihrer Beziehung zu einem Erben Edgwares vor dem Mord in die Rolle und Maske der Lady geschlüpft sei, um diese als Täterin zu belasten. Doch als er sie besucht, ist diese an einer Überdosis Schlafmittel verstorben. In einem letzten Brief der Verstorbenen an ihre Schwester erwähnte sie aber eine Wette, die ihr gegen eine hohe Summe angeboten worden sei. Einige Zeit später möchte der Schauspieler Donald Ross, welcher ebenfalls beim besagten Abendessen zugegen war, Poirot etwas Wichtiges über den Mord sagen. Er wird jedoch auch erstochen, ehe er Poirot berichten kann. Schließlich kann Poirot den Beteiligten auf spektakuläre Weise den Mörder von Lord Edgware, Carlotta Adams und Donald Ross nennen, nämlich Lady Edgware. Adams war gegen Geld in deren Rolle geschlüpft, hatte jedoch nicht geahnt, dass sie für einen Mord missbraucht wurde, was ihr Todesurteil bedeutete. Lady Edgwares Motive waren Macht- und Geldgier im ersten Fall und Beseitigung von Zeugen in den folgenden Fällen. Ihr Mordmotiv: Der sehr religiöse Herzog von Merton – nach Poirot „eine Säule des Anglo-Katholizismus" und „ein junger Mann von fanatischen Grundsätzen" – hätte nämlich nie und nimmer eine geschiedene Frau geheiratet.[37]

16 Uhr 50 ab Paddington (1957)

Er ist einer der berühmtesten Romane Agatha Christies, nicht zuletzt durch die klassische Verfilmung mit Margareth Rutherford.

Eine Freundin Miss Marples beobachtet während einer Zugfahrt im Fenster eines überholenden Zuges den Mord an einer Frau. Obwohl sie und Miss Marple die Polizei benachrichtigen, werden weder eine Leiche noch sonstige Hinweise gefunden und man möchte vonseiten der Polizei der Sache nicht mehr nachgehen. So machen sich Miss Marple und ihre Freundin auf und unternehmen

---

37   Vgl. Agatha Christie, *Dreizehn bei Tisch. Ein Fall für Poirot*. Aus dem Englischen von Giovanni und Ditte Bandini, Hamburg ²2017, Zitate auf 273. Die Originalausgabe erschien unter dem Titel *Lord Edgware Dies* 1933 bei Harper Collins, London.

die gleiche Zugfahrt wie am Tag zuvor. Miss Marple wird auf ein Anwesen – Rutherford Hall – in der Nähe des Bahngeländes aufmerksam. Sie beauftragt eine bekannte Hauswirtschafterin, sich dort bei der ansässigen Familie Crackenthorpe anstellen zu lassen und Nachforschungen anzustellen. Diese findet tatsächlich Indizien, die belegen, dass die ermordete Frau tatsächlich an dieser Stelle aus dem Zug geworfen wurde – schließlich wird eine allen unbekannte Frauenleiche gefunden. Einige Zeit vor dem Mord hatte die Tochter des Hauses, Emma, einen Brief von einer gewissen Martine erhalten. Sie behauptete in diesem, die Ehefrau des im Krieg gefallenen ältesten Sohnes der Crackenthorpes zu sein und einen Sohn von ihm zu haben. Infolgedessen würde dieser Sohn auch Alleinerbe des Anwesens sein. So wird nun vermutet, dass die unbekannte Frauenleiche jene Martine sei. Der Verdacht richtet sich nun gegen die Brüder Emmas. Allerdings werden nun nacheinander zwei Brüder mit Arsen vergiftet. Miss Marple greift schließlich zu einer List: Sie lädt sich und ihre Freundin zu den Crackenthorpes ein, um den Mörder zu überführen. Im Zug hatte ihre Freundin zwar den Mörder von hinten gesehen, doch als Miss Marple, die bereits einen Verdacht hat, den Mörder dazu bringt (unter dem Vorwand, sie habe eine Fischgräte verschluckt), ihr die Hände um den Hals zu legen, erkennt ihre Freundin die Situation aus dem Zug und den damaligen Mörder schlagartig wieder. Miss Marple erklärt, dass der Mord beobachtet wurde. Als Mörder entpuppt sich der Hausarzt Dr. Quimper, welcher Emma Crackenthorpe heiraten wollte, um so an ihr Erbe zu gelangen. Die Ermordete aus dem Zug war keine andere als seine Ehefrau, eine Französin, die im Schaustellerberuf tätig war – und römisch-katholischer Konfession war. Als fromme Katholikin konnte sie eine Trennung wohl akzeptieren, wollte aber nicht in eine Scheidung ihrer Ehe einwilligen.[38]

38 Vgl. AGATHA CHRISTIE, *16 Uhr 50 ab Paddington. Ein Fall für Miss Marple.* Aus dem Englischen von Ulrich Blumenbach, Hamburg 2014. Die Originalausgabe erschien unter dem Titel *What Mrs. McGillicuddy Saw* 1957 in Collins Crime Club, London.

3. Auftauchende Geistliche in den Kriminalromanen

Mord im Pfarrhaus (1930)

Dieser erste Roman mit Miss Marple – einer der bekanntesten Kriminalromane Christies – wird aus der Sicht und in der Perspektive eines Ich-Erzählers vom örtlichen Gemeindepfarrer des Dorfes St. Mary Mead erzählt.

Der Mord findet im Arbeitszimmer des Pfarrers im Pfarrhaus statt und das Opfer ist der äußerst unbeliebte Colonel Protheroe, der als Kirchenvorstand eine Unterschlagung von Kirchengeldern vermutet und daher die Buchführung überprüfen will. Zu den vielen Verdächtigen gehören im Roman letztlich auch der Pfarrer und sein Hilfsvikar. Miss Marple entlarvt schließlich die Frau des Opfers und ihren Geliebten als Mörder. Das Ambiente eines anglikanischen Pfarrhauses und einer dörflichen Kirchengemeinde kommen dabei – ebenso wie Konflikte innerhalb der anglikanischen Kirche (z. B. die „katholischen Neigungen" des Hilfsvikars!) – im Roman nicht zu kurz.[39]

Mord in Mesopotamien (1936)

Dieser Roman spielt bei einer Ausgrabungsexpedition im Irak, welches damals noch britisches Protektorat war. Die Frau des leitenden Archäologen wird ermordet, ebenso später seine Sekretärin. Alle Teilnehmer der Expedition gelten als Verdächtige. Zu den Teilnehmern gehört auch ein Ordensmann, Pater Lavigny, Mitglied der Weißen Väter (Pères Blancs), welcher als Inschriftenkundler bei der Expedition mitwirkt. Hercule Poirot, der zur Lösung des Falles herbeigerufen wird, findet schließlich heraus, dass der Ehemann der Ermordeten der Mörder ist. Das Motiv war eine glühende Eifersucht wegen der angeblichen Untreue seiner Frau. Aber auch der anwesende Pater Lavigny ist nicht der, der er sein soll: Er wird schließlich

---

39 Vgl. AGATHA CHRISTIE, Mord im Pfarrhaus, Gütersloh o. J. Die Originalausgabe erschien unter dem Titel The Murder at the Vicarage im Oktober 1930 in Collins Crime Club, London.

als ein französischer Dieb namens Raoul Menier entlarvt, welcher
in der Tarnung des Ordensmannes wertvolle Fundstücke stahl und
sie durch perfekte Kopien ersetzte.[40]
Aber Poirot erkannte die Verkleidung des Diebes: „Ich führte
ein langes Gespräch mit Pater Lavigny. Ich bin praktizierender Katholik und kenne viele Priester und Mitglieder diverser Klosterge-
meinschaften. Pater Lavigny klang für mich in seiner Rolle nicht
unbedingt glaubhaft. In einer völlig anderen Eigenschaft kam er
mir jedoch sehr bekannt vor. Männer wie ihn hatte ich schon recht
häufig kennengelernt – allerdings gehörten sie nie zu irgendeiner
Religionsgemeinschaft. Ganz im Gegenteil!"[41]
Schon vorher hatte Poirot betont, dass er sich als guter Katholik mit Priestern und Ordensleuten auskenne.[42] Poirot war also
durch seine Gespräche mit dem Pater stutzig geworden und hatte
im Ordenshaus des „echten" Pater Lavigny nachgefragt, von wo er
die Auskunft erhielt, dass dieser krankheitsbedingt die Expedition
absagen musste und zur Zeit dort weile![43]

Das Böse unter der Sonne (1941)

Der Roman spielt auf einer Insel, auf der verschiedenste Menschen,
unter ihnen auch Hercule Poirot, ihre Ferien machen. Mitten in
der hochsommerlichen Urlaubsstimmung geschieht ein Mord: das
Opfer ist Arlena, eine attraktive ehemalige Schauspielerin, welche
ständig auf der Suche nach Affären mit jüngeren Männern war, die
ihr meist auch hoffnungslos verfielen. Mit ihrem Ehemann Kenneth Marshall und ihrer sechzehnjährigen Stieftochter Linda, die
Arlena hasst, war sie zusammen mit anderen Gästen auf der Insel.
Arlena flirtete auch im Hotel mit dem gutaussehenden Patrick Redfern. Der war völlig vernarrt in sie, was dessen Ehefrau natürlich
eifersüchtig und wütend machte. Am Ende des Romans werden
Redfern und seine Frau als Gaunerpärchen und Mörder entlarvt,
seine Verliebtheit und die Eifersucht seiner Frau stellen sich als

---

40   Vgl. Agatha Christie, *Mord in Mesopotamien. Ein Fall für Poirot*. Aus dem Englischen
von Michael Mundhenk, Hamburg 2018. Die Originalausgabe erschien unter dem Titel
Murder in Mesopotamia 1936 in Collins Crime Club, London.

41   Ebd., 268.

42   Vgl. ebd., 207.

43   Vgl. ebd., 269.

taktisches Manöverspiel heraus. Ihr Tatmotiv war veruntreutes und unterschlagenes Geld, welches ihnen von Arlena anvertraut worden war.[44] Einer der Gäste im Hotel ist auch der anglikanische Vikar Reverend Stephen Lane, der in Arlena schon zu Beginn des Romans etwas personifiziert Schlechtes und Böses sieht.[45]

Schon kurz vorher hatten sich er und Poirot über das Phänomen des Bösen unterhalten:

„Es entstand eine lange Pause. Schließlich räusperte sich Pfarrer Stephen Lane und sagte mit einer Spur von Verlegenheit: ‚Was Sie vorhin äußerten, Monsieur Poirot, fand ich sehr interessant. Sie meinten, dass die Sonne auf die Guten und die Schlechten scheine. Das klingt fast nach einem Bibelzitat.' Er schwieg einen Augenblick und zitierte dann: ‚Ja, auch in den Herzen der Menschen ist das Böse, und der Wahnsinn wird in ihren Herzen sein, solange sie leben.' Über sein Gesicht glitt ein beinahe fanatisches Leuchten. ‚Ich war froh, dass Sie das gesagt haben. Heute glaubt niemand mehr an das Schlechte im Menschen. Bestenfalls betrachtet man es als die Verneinung des Guten. Der Glaube ist weit verbreitet, dass nur die Leute Böses tun, die es nicht besser wissen, die nicht aufgeklärt sind. Sie seien eher zu bemitleiden. Man könne sie nicht dafür verantwortlich machen. Aber, Monsieur Poirot, das Böse existiert! Es ist eine Tatsache! Ich glaube an das Böse, wie ich an Gott glaube. Es existiert! Es ist mächtig!' [...] ‚Ich kann Sie sehr gut verstehen', erwiderte Poirot gelassen. ‚Das Böse existiert und ist auch als solches zu erkennen.'"[46]

Dieses Gespräch erwähnt Poirot dann am Ende des Romans, als er den Fall und die Tat- und Motivhintergründe aufklärt: „An jenem Morgen unterhielten wir uns auch über das Böse, dass die Sonne auf die Guten wie die Schlechten scheine. Mr Lane zitierte aus der Bibel. Er ist ein sehr feinfühliger Mensch und spürt sofort, wenn etwas in er Luft liegt. Er wird unruhig. Aber obwohl er einen so guten Spürsinn für derartige Dinge besitzt, wusste er doch nicht genau, wo das Böse herkam. Seiner Meinung nach konzentrierte

---

44 Vgl. Agatha Christie, *Das Böse unter der Sonne. Ein Fall für Poirot*, Hamburg 2015. Die Originalausgabe erschien unter dem Titel *Evil under the Sun* 1941 bei Harper Collins, London.
45 Vgl. ebd., 23f.
46 Ebd., 19.

es sich in der Person von Arlena Marshall, und praktisch jeder hier stimmte ihm zu."[47]

Der Wachsblumenstrauß (1953)

Neben „16 Uhr 50 ab Paddington" und „Mord im Pfarrhaus" ist dieser Roman einer der bekanntesten Agatha Christies, nicht zuletzt durch die Verfilmung mit Margareth Rutherford als Miss Marple. Im Roman ist es allerdings Hercule Poirot, der ermittelt.

Zur Handlung: Tante Cora, von Beruf her eine mehr als mittelmäßige Künstlerin und das „Enfant terrible" ihrer wohlhabenden Familie, wird mit einem Beil erschlagen, nachdem sie beim Beerdigungsumtrunk ihres verstorbenen Bruders Richard Abernethie die Äußerung fallen gelassen hat, dieser sei doch aller Wahrscheinlichkeit nach von einem der Familienmitglieder ermordet worden. Hercule Poirot ermittelt und findet heraus, dass es letztlich die Hausdame von Tante Cora war, die nicht nur diese selbst umgebracht hat, sondern auch in deren Verkleidung auf der Beerdigung erschien und mit der bewusst platzierten Bemerkung diesen echten Mord der Familie in die Schuhe schieben wollte. Ihr Tatmotiv war ein Gemälde von Tante Cora, das die Hausdame erben wollte, um mit dem Erlös wieder finanziell selbstständig zu sein.[48]

Der entscheidende Hinweis für Poirot bildet neben einer beiläufigen Bemerkung der Hausdame über die Einrichtung des Hauses Abernethie (diese konnte sie ja vorher nicht kennen!) ein Hinweis über Verkleidungen, der sich aus einem Gespräch der Familienmitglieder über Nonnen und deren Ordenstracht ergibt.[49]

„In der Nacht schlief Poirot nicht gut. Er war irritiert, und er wusste nicht genau, warum er irritiert war. Gesprächsfetzen, verschiedene Blicke, kleine Gesten. [...] Eine Nonne, die am Tag von Richard Abernethies Tod an der Haustür klingelte. Eine Nonne mit einem Schnurrbart. Eine Nonne in Stansfield Grange – und in Lytchett St. Mary. Das waren entschieden zu viele Nonnen! Rosamund, die als Nonne auf der Bühne sensationell aussah. Rosa-

---

47   Ebd., 204.
48   Vgl. AGATHA CHRISTIE, *Der Wachsblumenstrauß. Ein Fall für Poirot*, Hamburg 2016. Die Originalausgabe erschien unter dem Titel *After the Funeral* 1953 bei Harper Collins, London.
49   Vgl. ebd., 223–225.

mund – die sagte, dass er Detektiv war – und alle starrten sie an, als sie das sagte. So mussten sie alle Cora angestarrt haben an dem Tag, als sie ‚Aber er ist doch ermordet worden, oder nicht?' sagte. [...] Das Ende – ein Totenbett mit Kerzen und einer betenden Nonne. Wenn er nur das Gesicht der Nonne sehen könnte, würde er wissen ... Hercule Poirot erwachte – und er wusste es!"[50]

4. Andere auftauchende religiöse Bezüge

Mord im Spiegel (1962)

Der Filmstar Marina Gregg hat sich in St. Mary Mead niedergelassen. Zur einer Einweihungsparty im örtlichen Gutshaus ist fast ganz St. Mary Mead eingeladen. Kurz nach ihrem Zusammentreffen mit dem berühmten Filmstar erleidet eine einfache Frau aus dem Dorf, Heather Badcock, einen Herzanfall und stirbt. Miss Marple erfährt durch ihre dort anwesende Freundin von der Begebenheit. Diese erwähnt dabei, Marina Gregg sei nicht ganz bei der Sache – sondern nahezu versteinert – gewesen, als Heather Badcock mit ihr zusammentraf und dem Filmstar eine alte Geschichte von einer damaligen Autogrammjagd erzählte: Trotz Krankheit und vom Arzt verordneter Quarantäne habe sie sich damals zu einer Party geschlichen, um von Gregg ein Autogramm zu bekommen. Während sich Miss Marple und ihre Freundin über den plötzlichen Tod einer offensichtlich kerngesunden Frau noch wundern, erfahren sie insgeheim, dass diese ermordet wurde. Auch Scotland Yard beginnt mit der Untersuchung des Falles, da Heather Badcock mit einer Überdosis Medikamente vergiftet wurde. Zunächst scheint alles darauf hinzudeuten, dass nicht Heather Badcock, sondern Marina Gregg das Ziel des Mordanschlages war, da sie Heather Badcock spontan ihren Cocktail angeboten hatte. Drohbriefe scheinen diese These zu bestätigen – zudem fallen Greggs Sekretärin und der Butler des Hauses weiteren Mordanschlägen zum Opfer. Es ist Miss Marple, die durch ihre Indizien und Kombinationen die Zusammenhänge der Morde aufklärt: Es stellt sich als spontaner Mord heraus, den die Schauspielerin Marina Gregg an Heather Badcock beging. Sie

---

wollte diese dafür bestrafen, dass sie sie mit der Krankheit der Röteln angesteckt hatte. Marina Gregg hatte daraufhin ein geistesgestörtes, schwer behindertes Kind geboren. Dieses verursachte bei ihr ein Trauma, unter dem sie sehr litt. Als die geschwätzige Badcock ihr das erzählte und damit angab, fasste Gregg den spontanen Beschluss, sie umzubringen. Die Sekretärin und der Butler ahnten davon etwas und wurden als Erpresser beseitigt.[51]

Letztlich stellt sich heraus, dass es auch ein Madonnenbild war, das den Ausschlag zu dem spontanen Giftmord gab. Während des Gespräches mit Mrs. Badcock hatte Marina Gregg wie gebannt darauf geschaut – was die geistige Abwesenheit und den versteinerten Blick erklärte: „An der Wand in Höhe der halben Treppe hing ein großes Bild, die Kopie eines alten italienischen Meisters. [...] Miss Marple betrachtete das rote und blaue Gewand der Madonna, die mit leicht zurückgebeugtem Kopf den Jesusknaben in ihren Armen anlächelte. ‚Das ist die lächelnde Madonna von Bellini', sagte sie. ‚Ein religiöses Bild, aber auch die Darstellung einer glücklichen Mutter mit ihrem Kind.'"[52]

5. Religiöse Adaptionen zu den Werken in den Verfilmungen der BBC: Miss Marple (1984–1992), Agatha Christie's Poirot (1989–2013) und Agatha Christie's Marple (2004–2013)

Während in den Miss Marple-BBC-Produktionen der 1980er- und 1990er-Jahre sowie des ersten Jahrzehntes des 21. Jahrhunderts Glaube und Religion nur eine geringe Rolle spielen – mit Ausnahme von „16 Uhr 50 ab Paddington" – und sich auf Geistliche als Rahmenhandlung beschränkt (wie in den Romanen), sind in den Hercule Poirot-Verfilmungen häufige Anspielungen auf dessen Katholizismus zu finden, den es so dezidiert in den Romanen nicht gibt. Diese besondere Betonung des Katholizismus Poirots kommt besonders in den Verfilmungen „Mord im Orientexpress", „Der To-

---

51 Vgl. AGATHA CHRISTIE, *Mord im Spiegel*. Neuübertragung von Ursula Gail. Ungekürzte und neu übersetzte Ausgabe der 1964 unter dem Titel „Dummheit ist gefährlich" erfolgten Taschenbuch-Erstveröffentlichung. Titel des Original: „The Mirror Crack'd from Side to Side", Gütersloh o. J. Die Originalausgabe erschien am 12. November 1962 in Collins Crime Club, London.

52 Ebd., 179f.

deswirbel" und „Dreizehn bei Tisch" zum Vorschein! Die folgenden Textausschnitte aus diesen Poirot-Verfilmungen der BBC belegen dies in teilweise beeindruckender Form!

Dreizehn bei Tisch (1933)

Die Handlung dieses Romans wurde schon oben beschrieben. In der BBC-Verfilmung wird die anglo-katholische kirchliche Richtung des Duke of Merton zum römisch-katholischen Bekenntnis umgewandelt. Dies wird Poirot in einer Szene deutlich, als der Duke ihn zu seiner Hochzeit einlädt, die in Westminster stattfindet. Poirot erwähnt daraufhin die Westminster Abbey, der Duke berichtigt, dass die Hochzeit nicht in der Westminster Abbey, sondern in Westminster Cathedral sei. In der Endszene des Filmes geht Poirot darauf ein, indem er darauf hinweist, dass dieser Verweis auf das römisch-katholische Bekenntnis des Duke ihm der entscheidende Hinweis für das Mordmotiv der Mörderin gewesen sei. Als gläubiger römisch-katholischer Christ habe der Duke niemals eine geschiedene Frau heiraten wollen bzw. heiraten können![53]

Mord im Orientexpress (1934)

Dieser Roman gehört zu den Klassikern Agatha Christies, welcher inzwischen bereits dreimal (1974, 2010 und 2017) erfolgreich verfilmt wurde.

Zur Handlung: Poirot wird von Istanbul dringend nach London zurückgerufen. Der dafür gebuchte Orient-Express ist überraschenderweise bereits voll besetzt, aber es gelingt ihm, noch einen letzten freien Platz zu bekommen. In Jugoslawien wird die Fahrt des Zuges durch Schnee blockiert. Zu dieser Zeit wird der amerikanische Mitreisende Mr. Ratchett – ein sich der Justiz entziehender Kindesentführer und Mörder namens Casetti – durch zwölf Messerstiche ermordet. Am Abend zuvor hatte er noch von Poirot seinen Schutz mit Geld erkaufen wollen. Vonseiten der Zugleitung bitte man Poirot, bis zum Eintreffen der Polizei den Fall aufzuklären. Da keiner den Zug verlassen haben kann, muss der Mörder also noch

---

53   Vgl. Brian Farnham (Regisseur), David Suchet (Darsteller), *Agatha Christie's Poirot: Dreizehn bei Tisch* (Originaltitel: *Poirot – Lord Edgware Dies*), DVD A&E Television 2013.

im Zug sein. Die Befragung der Passagiere im betreffenden Schlafwagen ergibt kein klares Bild: sämtliche Zeugenaussagen scheinen abgesprochen und machen jeden logischen Schluss unmöglich. Poirot bietet schließlich zwei Lösungen an: eine einfache, wonach der Mörder aus dem Zug geflohen sei, und eine zweite, eigentliche Lösung, wonach alle Reisenden einschließlich des Schaffners ein Mordmotiv an Ratchett/Casetti hatten. Sie haben sich alle im Zug zusammengefunden, um in der Nacht nacheinander auf Ratchett in seinem Abteil einzustechen und Vergeltung zu üben. Ein raffiniertes Geflecht von einander entlastenden und irreführenden Indizien und Zeugenaussagen sollte alle gegenseitig entlasten. Poirots treffsichere Schilderungen führen zu bewegenden Geständnissen der Reisenden. Da sich keine Polizei im Zug befindet, entscheidet sich Poirot mit der Zugleitung für die erste Lösungsvariante als Klärung des Falles.[54]

In der Verfilmung für die BBC-Serie „Agatha Christie's Poirot" aus dem Jahr 2010 kommt in dieser Folge die Katholizität Poirots durch das Beten des Rosenkranzes (besonders in der Endszene) und durch Gebetbücher und Kruzifix besonders ausdrucksvoll zu Geltung. Sehr beeindruckend ist die Szene am Beginn der Mordnacht: Die persönlichen Abendgebete des Katholiken Poirot versus des Kindermörders Ratchett werden in ihrer jeweiligen Verschiedenheit im Szenenwechsel gezeigt![55]

Poirot: „Herr im Himmel, danke vielmals, dass du mich erschaffen hast, dass du mich als Katholiken erschaffen hast." Ratchett: „Vergib mir ... all die Gräuel, die ich fähig war zu tun." Poirot: „Und wenn ich Gutes getan habe, so flehe ich dich an, es voller Gnaden anzunehmen." Ratchett: „Schütze mich, während ich mich zur Ruhe bette ... und erlöse mich von der Gefahr." Poirot: „Amen" Ratchett: „Amen".[56]

---

54 Vgl. AGATHA CHRISTIE, *Mord im Orientexpress. Ein Fall für Poirot*, Hamburg 2017. Die Originalausgabe erschien unter dem Titel *Murder on the Orient Express* 1934 bei Harper Collins, London.

55 Vgl. PHILIP MARTIN (Regisseur), DAVID SUCHET (Darsteller), *Agatha Christie's Poirot: Mord im Orient-Express*, Polyband/WVG 2017 (Diese Einzel-DVD ist eine Auskopplung aus „Agatha Christie: Poirot – Collection 11" der BBC von 2010 anlässlich der Neuverfilmung von „Mord im Orient-Express" 2017 mit Kenneth Branagh, Johnny Depp, Willem Dafoe, Michelle Pfeiffer, Penélope Cruz und Judi Dench.)

56 Ebd.

Der Todeswirbel *(1943)*

Gordon Cloade, ein alter Junggeselle, heiratet auf einer Amerika-
reise Rosaleen Underhay, eine junge und schöne Witwe. Beide kehren nach London zurück und werden Opfer eines Bombenangriffs.
Gordon Cloade stirbt, seine Frau überlebt leicht verletzt. Durch die
Heirat ist das bisherige Testament, welches die Familie von Gordon
Cloade vor allem berücksichtigte, ungültig geworden – ein neues
hatte er noch nicht aufgesetzt. Rosaleen ist als seine Frau somit –
zum großen Missfallen der Familie Cloade – Alleinerbin. Sie ist gut-
mütig und möchte mit der Familie ihres verstorbenen Mannes teilen, steht aber unter Einfluss ihres Bruders David, der das Vermögen
vor den Nachstellungen der Familie Cloade bewacht. Die Ankunft
eines Mannes im Dorf, der David mit der Behauptung erpresst, dass
Rosaleens erster Mann noch lebe, verändert die Lage für alle. Denn
dies würde bedeuten, dass die Ehe von Rosaleen mit Cloade ungültig war und das Erbe an die Familie fallen würde. Später wird dieser
Mann ermordet in seinem Zimmer aufgefunden. Ebenso stirbt später Rosaleen durch Vergiftung. Poirot klärt letztlich den Fall auf, indem er herausfindet, dass Rosaleen gar nicht „Rosaleen" ist: Davids
Schwester wurde gemeinsam mit ihrem Mann bei dem Bombenangriff getötet. „Rosaleen" war ein irisches Hausmädchen von Gordon
Cloade, wurde die Geliebte von David und dann seine Komplizin bei
der Jagd nach dem Erbe.[57]

Der Film weicht an einigen Stellen von dem Roman ab: So ist
der Bombenangriff im Film eine Gasexplosion, die sich letztlich als
von David initiiert herausstellt. Ebenso ist die falsche Rosaleen im
Film nicht freiwillig die Komplizin Davids: Sie wurde von ihm verführt, geschwängert und dann durch die Gewalt einer erlittenen Abtreibung und einer Morphiumabhängigkeit gefügig gemacht. Anders als im Roman stirbt Rosaleen auch nicht an einer Vergiftung,
sondern wird gerettet.[58]

---

57   Vgl. AGATHA CHRISTIE, *Der Todeswirbel* (Originaltitel: *Taken at the Flood*). Deutsch von
        Renate Hartenstein, Frankfurt a. M. 2009.

58   Vgl. ANDY WILSON (Regisseur), DAVID SUCHET (Darsteller), *Agatha Christie's Poirot:
        Der Todeswirbel* (Originaltitel: *Poirot – Taken at the Flood*), Polyband & Toppic Video/
        WVG 2006.

Eine der eindringlichsten Szenen der BBC-Verfilmung findet sich dann auch auf dem Friedhof nach einer stattgefundenen Beerdigung: Poirot führt mit Rosaleen auf der Bank vor der Kirche ein Gespräch, wobei er die Gnade Gottes erwähnt. Daraus ergibt sich ein sehr religiöses Gespräch über die Gnade Gottes! Poirot: „Wussten Sie, dass man einen Priester immer so begräbt, dass er der Gemeinde zugewandt ist? Oui! Denn wenn der Tag des Jüngsten Gerichts ansteht und die Toten auferstehen, dann kann er sie begrüßen und sie durch das Tor ins Paradies führen. Eine schöne Vorstellung."⁵⁹

Rosaleen aber wehrt diese Vorstellung weinend und entschieden ab – mit dem Hinweis, dass sie nicht mehr in Gottes Gnade stehe und deshalb auch nicht ins Paradies komme. Diesem Einwand entgegnet Poirot: „Jeder von uns empfängt die Gnade Gottes und das für immer" und er tröstet „Gott ist überaus geduldig."⁶⁰

In der Endszene mit der Überführung des Täters David wird dann deutlich, weshalb sich Rosaleen nicht mehr in Gottes Gnade wähnte. Sie musste auf Druck Davids eine Abtreibung durchführen lassen! Poirot: „Sie haben sie verführt! Mit voller Absicht haben Sie dieses Mädchen geschwängert. Dann haben Sie das Baby entsorgt! Vor der Kirche erzählte (sie mir), dass sie nicht mehr in Gottes Gnade steht! Sie ertrug eine Abtreibung. [...] Es war von Ihnen geplant, dass sie das tun wird. Sie wollten die Seele dieses armen katholischen Mädchens zerstören, damit sie vor den Trümmern ihres Lebens steht und sich Ihnen bedingungslos ausliefert!"⁶¹ Fazit

Der vorliegende Artikel ist ein kleiner und anfanghafter Versuch, einen Einblick in eine bisher kaum beachtete Facette des umfangreichen Werkes von Agatha Christie zu geben! Bei den Ausführungen beschränkte man sich auf die Notizen in Christies Autobiografie bzw. auf die Romane ihrer berühmtesten Akteure Hercule Poirot und Miss Marple. Sicherlich wäre es auch interessant zu wissen, ob es im weiteren Œuvre Christies – wie z. B. in ihren frühen Werken und unter dem Namen Mary Westmacott oder in anderen Detektivreihen – auch so viele religiöse theologische Anklänge gibt. Wer alleine nur Miss Marple und Hercule Poirot gelesen hat, kann

59   Ebd.
60   Ebd.
61   Ebd.

dort schon eine Menge entdecken. Letztlich muss das nicht verwundern, denn Agatha Christie war zeitlebens eine fromme Christin und Sonntags-Kirchgängerin. Von ihr selber soll der Ausspruch stammen, dass man abends vor dem Zubettgehen doch besser die Bibel lesen solle – und keine Krimis. Denn diese seien schlecht für den Charakter!

„Die Wahl der Wege". Erzählte Eschatologie: *Die große Scheidung* von C. S. Lewis

Norbert Feinendegen

C. S. Lewis ist im deutschsprachigen Raum vor allem durch seine Fantasy-Geschichten bekannt, ob nun die *Narnia*-Geschichten für Kinder (1950–1956) oder seine *Perelandra*-Trilogie für Erwachsene (1938–1945). Weniger bekannt, aber nicht weniger gehaltvoll ist seine Prosadichtung *The Great Divorce* (dt. *Die große Scheidung*), die 1944/45 erstmals als Fortsetzungs-Geschichte in der Zeitschrift *The Guardian* erschien.[1] Die Schriftstellerei war für C. S. Lewis eigentlich nur ein Hobby.[2] Von Beruf war er Literaturwissenschaftler, 1925–1954 Tutor für Literatur in Oxford und 1954–1963 Professor für die Literatur des Mittelalters und der Renaissance in Cambridge. Das Schreiben war für ihn, der erst als Erwachsener zum christlichen Glauben gefunden hatte, jedoch ein Herzensanliegen. Lewis sah seine Berufung als Christ darin, seinen dem christlichen Glauben überwiegend entfremdeten Zeitgenossen diesen Glauben wieder nahezubringen, und zwar in einer Sprache, die von ihnen auch verstanden werden

---

1   Vgl. Jeffrey D. Schultz, John G. West Jr. (Hg.), *The C. S. Lewis Readers' Encyclopedia*, mit einem Vorwort von Christopher Mitchell, Grand Rapids 1998, 186.

2   Vgl. Helmut Kuhn, *C. S. Lewis. Der Romancier der unerbittlichen Liebe*, in: Karlheinz Schmidthüs (Hg.), *Lob der Schöpfung und Ärgernis der Zeit. Moderne christliche Dichtung in Kritik und Deutung*, Freiburg i. Br. 1959, 125–141, hier: 126f. Kuhns Aufsatz erschien erstmals 1955 in der Zeitschrift *Wort und Wahrheit* und ist die erste umfassende Stellungnahme zu C. S. Lewis im deutschsprachigen Raum. Er nimmt auf etliche Bücher von Lewis Bezug, auch auf die phantastischen und literaturwissenschaftlichen Werke (zur *Perelandra*-Trilogie gibt es noch einen eigenen Essay von ihm: *Heilsdrama im Weltraum. Betrachtungen zu der interstellaren Romantrilogie von C. S. Lewis*, in: Wort und Wahrheit 13/1 [1958] 27–40). Auf *The Great Divorce*, welches er als eine glückliche Verbindung von Gedanke, Bild, Analyse und Phantasie bezeichnet, geht er dabei ganz besonders ein (vgl. Kuhn, *Romancier*, 136–141). Ende 1954 entschloss sich Kuhn, *The Great Divorce* ins Deutsche zu übersetzen und nahm dazu Kontakt mit Lewis auf; seinen Essay schickte er ihm gleich mit (vgl. Clive Staples Lewis, *Collected Letters, Volume III. Narnia, Cambridge and Joy 1950–1963*, hg. v. Walter Hooper, London 2006, 549). Lewis antwortete nicht ohne eine gewisse Selbstironie, die Sätze in diesem Text seien so wuchtig und die Wörter so lang, dass er den Eindruck bekomme, er müsse ein weitaus gewichtigeres Phänomen sein, als er das bisher je gedacht habe. Doch er war von der Darstellung seiner zentralen Gedanken wie auch seines geistigen Umfelds sehr beeindruckt, und ihm gefiel die Würdigung von *The Great Divorce*, welches in England sehr unpopulär sei (vgl. ebd., 582).

konnte. Bei dieser Tätigkeit kamen ihm seine große Kenntnis der
abendländischen Literaturgeschichte und sein literarisches Talent
sehr zugute.

Lewis' erstes christliches Werk war der nach dem Vorbild von
John Bunyans *The Pilgrim's Progress* gestaltete Roman *The Pilgrim's
Regress* (1933, dt. *Das Schloss und die Insel* bzw. *Flucht aus Puritanien*).
Und sein letzter Roman *Till We Have Faces* (1956, dt. *Du selbst bist die
Antwort* bzw. *Bis wir wirklich werden*) war eine Neubearbeitung von
Apuleius' Mythos von Amor und Psyche. Auch *Die große Scheidung*
hat ein solches literarisches Vorbild. Der Bezug zum großen literari-
schen Vorbild ist hier nicht ganz so offensichtlich, die Anspielungen
auf Dantes *Göttliche Komödie* sind jedoch so zahlreich und so weit-
reichend, dass einige Kommentatoren sogar von Lewis' Göttlicher
Komödie sprechen.[3]

Worum geht es in diesem schmalen Bändchen von etwas mehr
als 100 Seiten? Der Ich-Erzähler (der sich später als Lewis selbst entpuppt) findet sich zu Beginn in einer tristen grauen Stadt vor, in der
ständige Abenddämmerung herrscht (11).[4] Eine Reihe von Leuten
steht an einer Bushaltestelle und wartet; aus Neugier und weil es
nichts anderes zu tun gibt, stellt er sich ebenfalls an. Da die War-
tenden immer wieder in Streit geraten, verkürzt sich die Schlange
schnell und Lewis ergattert einen Platz im nächsten Bus.

Dieser steigt unerwarteterweise in die Höhe (sodass man auch
die unermessliche Größe der grauen Stadt erkennt) und kommt
schließlich in einer herrlichen Landschaft an. Beim Aussteigen stellen die Reisenden fest, dass sie dort oben bloße Schatten sind – sie
sind fast durchsichtig – und sie haben zudem so wenig Kraft, dass
sie nicht einmal einen Grashalm krümmen können. Es ist daher
zunächst recht unangenehm, sich in dieser festen Welt zu bewegen;

---

3   Vgl. JOE R. CHRISTOPHER, *The Romances of Clive Staples Lewis*, Oklahoma 1969, 8, und
     ROGER LANCELYN GREEN, WALTER HOOPER, *C. S. Lewis: A Biography* (Revised Edition),
     San Diego/New York/London 1994, 222. Die ausgezeichnete Studie von MARSHA
     DAIGLE-WILLIAMSON, *Reflecting the Eternal: Dante's Divine Comedy in the Novels of C. S.
     Lewis*, Peabody 2015, enthält im letzten Kapitel, in dem die unzähligen Bezüge zwischen der
     Großen Scheidung und Dantes *Göttlicher Komödie* herausgearbeitet werden.

4   Die Seitenzahlen in Klammern beziehen sich auf CLIVE STAPLES LEWIS, *Die große Schei-
     dung oder Zwischen Himmel und Hölle*, übertragen und mit einem Nachwort von Helmut
     Kuhn, Einsiedeln ¹³2018. Die Dante-Zitate sind entnommen: DANTE ALIGHIERI, *Dantes
     Göttliche Komödie. Das Hohe Lied von Sünde und Erlösung*, übertragen von Hermann A.
     Prietze, Köln 1966.

das Gras ist härter als die Füße derer, die darauf zu gehen versuchen, und die einzelnen Halme sind so scharf, dass man sich leicht daran verletzen kann. Auch könnte man von einem wehenden Blatt oder einem Regentropfen erschlagen werden (30f.).

Jeder Neuankömmling wird von einer festen, nicht durchsichtigen Person begrüßt und eingeladen, in dieser festen Welt zu bleiben. Die Personen, die versuchen, die Schatten zum Bleiben zu bewegen und sich ihnen als Hilfe und Begleiter anbieten, sind vorher auf Erden Bezugspersonen der Neuankömmlinge gewesen: Verwandte, Freunde oder Kollegen. Auch Lewis selbst erhält einen solchen Begleiter, den von ihm verehrten schottischen Schriftsteller George MacDonald (1824–1905).

Nach und nach erschließt sich, worum es in den Dialogen über das Bleiben in dieser Welt geht. Diese Landschaft ist sozusagen der äußerste Rand des Himmels. Und die festen Personen sind aus den Tiefen des Himmels zurückgekommen, um eine Person, mit der sie auf Erden verbunden waren, dazu zu bewegen, dort *bleiben* zu wollen. Es geht für die Schatten darum, sich auf die Objektivität, Festigkeit und morgendliche Frische der himmlischen Realität einzulassen oder in der Schattenhaftigkeit und Nichtigkeit eines selbstbezogenen Lebens zu verharren.

Jeder Schatten führt dabei seine eigene Weise vor, sich dem Himmel zu verschließen:[5] Einer betont, er wolle nichts geschenkt haben (sondern nur sein Recht); ein anderer sucht die Schuld für seine Fehler stets bei anderen; einem geht es allein um seine Reputation als Künstler; einem weiteren nur um seine eigenen theologischen Ideen (aber nicht um die Wahrheit). Letztlich, so zeigt sich, kommt es gar nicht darauf an, was man dem Himmel vorzieht. Das Ergebnis ist nämlich immer dasselbe: die Hölle, die man in sich

---

5   Daigle-Williamson weist darauf hin, dass die Darstellung der Szenen Dantes Unterscheidung zwischen *pervertierter* und *ungeordneter* Liebe folgt. Pervertierte Liebe bedeutet Liebe zum falschen Gegenstand; ungeordnete Liebe eine übermäßige Lieben für etwas an sich Gutes. „Virgil describes the souls on the three lower ledges of the mount as needing to be purged of perverted love (pride, envy, and anger), and souls on the upper ledges as needing to be purged of disordered love (sloth, avarice, gluttony, and lust). Lewis approximates this general division for his ten main episodes – episodes that consist of three or more pages. The first five are illustrations of some kind of perverted love, while the next five episodes are illustrations of disordered love" (DAIGLE-WILLIAMSON, *Reflecting the Eternal* Loc. 4150–4155).

vorfindet, wenn man sich von der Gemeinschaft mit Gott losgesagt hat, die der Himmel *ist*.

Die graue Stadt, die ihren Bewohnern so groß und massiv erscheint und die sie für ihre Heimat halten, ist daher aus der Perspektive des Himmels ein bloßer Schatten. Und sie ist in Wahrheit so klein – sie hat so wenig Substanz –, dass ein Schmetterling des Himmels sie verschlucken könnte, ohne dabei Schaden zu nehmen (130). Diese Substanzlosigkeit der Hölle spiegelt sich auch in den Wohnverhältnissen der grauen Stadt. Das Bauen ist dort leicht; man muss sich sein Haus nur vorstellen und schon ist es da. Größe und Stil der Häuser entsprechen daher ganz den Wünschen ihrer Bewohner (Napoleon wohnt z. B. in einem riesigen Palast), Schutz vor Regen oder Einbrechern bieten sie aber nicht, da sie reine Phantasiegebilde sind. Und da jeder nur um sich selbst kreist, gerät er ständig mit anderen in Streit und zieht immer weiter von ihnen weg. „Hölle" heißt also Leben in Beziehungslosigkeit – weshalb die graue Stadt auch stetig weiterwächst (20–25).

Der Einladung des Himmels, zu bleiben, folgen nur wenige Schatten. Die meisten kehren freiwillig zum Bus zurück, der sie wieder in die graue Stadt bringt. Einige bleiben aber auch und beginnen mit Unterstützung ihrer Begleiter den Weg hinauf in die Berge (110f.). Lewis selbst wird nicht zum Bleiben aufgefordert, sein Begleiter MacDonald erklärt ihm aber, was er sieht, und fordert ihn auf, seinen Lesern später davon zu berichten (104, 135f.).

Zum Schluss scheint es so, als sei die Zeit des Sonnenaufgangs gekommen und alles erwartet freudig die Ankunft einer bedeutenden Person. Ihr Name wird nicht genannt, es deutet aber alles darauf hin, dass es sich um Christus handelt. Bevor dies passiert, bricht die Erzählung ab; Lewis findet sich auf dem Boden seines Arbeitszimmers wieder, in dem er gerade vom Stuhl gerutscht ist und dadurch aus seinem Traum erwacht (136).

Soweit kurz zum Handlungsablauf des Buches. Was ist *Die große Scheidung* für ein Buch? Es ist eine *Traum-Phantasie*, die uns in symbolischen Bildern die grundlegende Wahl unseres Menschseins vor Augen führt. Die Anlage als Traum verbindet das Buch dabei mit der *Allegorie* (viele bedeutende Allegorien sind als Traum gestaltet). Lewis kannte sich mit der Gattung der Allegorie bestens aus: Er hatte nicht nur mit *The Allegory of Love* (1936) ein Standardwerk über die mittelalterliche Liebesdichtung geschrieben, sondern sich mit *The Pilgrim's Regress* auch bereits an einer eigenen Allegorie versucht (auch hier übrigens in einen Traum gekleidet). Er selbst hätte sein Buch aber vermutlich keine klassische Allegorie genannt, sondern gesagt, es sei eine symbolische Erzählung, die *auch* allegorische Züge trägt.

„Allegorie", das bedeutet für Lewis nämlich den Versuch, die innere (und somit nicht sichtbare) Welt unseres Bewusstseins dadurch fassbarer zu machen, dass man in seiner Geschichte einzelne Aspekte dieses Bewusstseins als konkrete, sinnlich wahrnehmbare Größen auftreten lässt.[6] So tritt in einer Allegorie zum Beispiel die Haltung des menschlichen Hochmuts als eine reale Person in Erscheinung, der Zeitgeist tritt als ein Riese auf, der die Leute in seinen Kerker sperrt,[7] und die Rose in einem verschlossenen Garten symbolisiert die Liebe der jungen Frau, nach der sich ein Jüngling sehnt.[8]

In gleicher Weise spiegeln sich in den Figuren der *Großen Scheidung* bestimmte geistige Haltungen. Und mit der Landschaft ist es ebenso. Die Schäbigkeit der grauen Stadt und die über ihr liegende Abenddämmerung sowie die Morgenfrische des Vorhimmels kurz vor Sonnenaufgang: auch sie haben symbolischen Charakter; dass man sich von der grauen Stadt aus aufwärts bewegen muss, um in den Himmel zu gelangen, natürlich ebenfalls.

Doch die Grundidee des Buches ist nicht allegorisch; sie ist das, was Lewis ein „supposal" nennt. Es ist ein *Gedankenspiel:* Was wäre, wenn es die Möglichkeit eines solchen Ausflugs von der Hölle in den Himmel tatsächlich gäbe? Was könnte uns ein solches Gedankenspiel über das Wesen der Wahl von Gut und Böse sagen? Das ist nicht allegorisch, weil es keine Entsprechung auf unserer inneren geistigen Landkarte hat. Und nicht allegorisch sind natürlich auch die historischen Persönlichkeiten wie Napoleon oder George

---

6 „In Wirklichkeit [...] will eine gute Allegorie niemals verbergen, sondern offenbaren; sie will die innere Welt greifbarer machen, indem sie ihr eine (erdichtete) Verkörperung gibt" (CLIVE STAPLES LEWIS, *Flucht aus Puritanien*, Basel/Gießen ²1985, 215, vgl. LEWIS, *Collected Letters, Volume III*, 1004).
7 Vgl. ebd., 64–68.
8 Vgl. CLIVE STAPLES LEWIS, *The Allegory of Love. A Study in Medieval Tradition*, Oxford 1936, 129.

MacDonald, die in der *Großen Scheidung* auftauchen. Sie stehen für sich selbst, aber zugleich auch für geistige Haltungen.

Im Rahmen einer Literaturtagung ist es sicher angebracht, etwas über die Hintergründe der Entstehung des Buches zu sagen. Es kam bei C. S. Lewis öfter vor, dass es Jahre oder sogar Jahrzehnte dauerte, bis aus der Idee für ein Buch ein fertiges Werk wurde. So versuchte er zum Beispiel schon 1922, seine eigene Version des Mythos von *Amor und Psyche* zu schreiben. Das Buch wurde aber erst mehr als 30 Jahre später fertig (*Till We Have Faces* erschien 1956). Die ersten Entwürfe für die *Narnia*-Geschichten entstanden gut 10 Jahre, bevor der erste Band herauskam, und Lewis' erster Versuch, die Geschichte seiner Bekehrung zu schreiben, liegt dem Erscheinen seiner spirituellen Autobiografie *Surprised by Joy* (1955, dt. Überrascht von Freude) um 25 Jahre voraus.

Bei der *Großen Scheidung* ist es nicht anders. Im September 1931, das heißt in den Wochen, bevor er zum Glauben an Christus kam, las Lewis die Werke Jeremy Taylors, eines anglikanischen Theologen des 17. Jahrhunderts.[9] Dort stieß er auf die Vorstellung, den Seelen der Verdammten in der Hölle werde von Zeit zu Zeit eine Atempause gewährt, in etwa wie die Pausen zwischen zwei Fieberschüben. In einem römischen Messbuch von 1626 aus Paris gibt es zum Beispiel in der Messe für die Toten ein Gebet, in dem es heißt: Sollte es Gott unmöglich sein, dem Verstorbenen seine Schuld komplett zu erlassen, so möge er ihm in seiner großen Barmherzigkeit doch wenigstens ab und zu etwas Erleichterung von seinen höllischen Qualen schenken.

Als Quelle für die Idee eines solchen „Refrigeriums" verweist Taylor auf eine Hymne des spätantiken Dichters Prudentius Aurelius Clemens, in der es heißt, jenseits des Styx (also des Flusses, der die Lebenden von den Toten trennt) würden auch die schuldigen Seelen Urlaub von ihren Strafen machen; selbst die feurigen

---

9 Vgl. Clive Staples Lewis, *Collected Letters, Volume I. Family Letters 1905–1931*, hg. v. Walter Hooper, London 2000, 967, und Walter Hooper, *C. S. Lewis: A Companion & Guide*, San Francisco 1996, 279f.

Flüsse würden dann aufhören, mit ihrer gewohnten Schwefelhitze zu brennen.[10] Das Wort „refrigerium" ist dabei biblischen Ursprungs, es kommt mehrfach in der lateinischen Bibel-Übersetzung, der Vulgata, vor. Zum Beispiel heißt es in Psalm 66,12: *exudisti nos in refrigerium – Du hast uns an einen Ruheplatz geführt.* Die Bedeutung ist jedes Mal „Ruhe oder Erquickung nach der Hitze und dem Aufruhr des Lebens", allerdings nie im Sinne einer Auszeit von den Qualen der Verdammnis.

Diese Idee des Refrigeriums blieb bei C. S. Lewis hängen. Am Ostersonntag 1933 notierte sein Bruder Warren in seinem Tagebuch, sein Bruder Jack[11] habe die Idee für ein neues religiöses Buch. Diese Idee kreise um die Ansicht einiger Kirchenväter, auch wenn die die Verdammnis endgültig sei, so habe sie doch Unterbrechungen. Jack habe daher vor, eine Art Tagesausflug der Hölle ins Paradies zu beschreiben.[12] Dabei blieb es dann aber erst einmal; es gibt keinen Hinweis, dass Lewis 1933 tatsächlich vS puren versucht hat, ein solches Buch zu schreiben.

Das tat er dann erst gut 10 Jahre später. Im April 1944 schreibt J. R. R. Tolkien seinem Sohn Christopher, Jack habe beim letzten Inklings-Treffen[13] das Schlusskapitel seines neuesten Werkes vor-

---

10   „About all I know of the ‚Refrigerium' is derived from Jeremy Taylor's sermon on ‚Christ's advent to judgement' and the quotations there given from a Roman missal printed at Paris in 1626, and from Prudentius. See Taylor's Whole Works, edit. R. Heber, London 1822, Vol. V, p. 45. The Prudentius says, ‚Often below the Styx holidays from their punishments are kept, even by the guilty spirits. [...] Hell grows feeble with mitigated torments and the shadowy nation, free from fires, exults in the leisure of its prison; the rivers cease to burn with their usual sulphur'" (WARREN HAMILTON LEWIS, WALTER HOOPER [Hg.], *The Letters of C. S. Lewis,* mit einem Memoir von W. H. Lewis. Überarbeitete und erweiterte Ausgabe, San Diego/New York/London 1993, 505). Weder bei Taylor noch bei Prudentius ist es den Verdammten jedoch möglich, bei ihrem Ausflug in den Himmel zu gelangen, geschweige denn, dort zu bleiben. Dies ist nur bei Dante möglich, vgl. DANTE, *Par.* XX, 106–117, und *The Great Divorce,* 61.

11   Lewis mochte seine Vornamen Clive Staples nicht und beschloss daher schon als kleiner Junge, sich „Jack" zu nennen. Dies wurde von der Familie und später von seinen Freunden übernommen.

12   Vgl. CLYDE S. KILBY, MARJORIE LAMP MEAD (Hg.), *Brothers and Friends. An Intimate Portrait of C. S. Lewis. The Diaries of Major Warren Hamilton Lewis,* San Francisco 1982, 102f.

13   Die Inklings (dt. „Anklänge" bzw. „Tintlinge") waren eine Gruppe befreundeter Literaten um C. S. Lewis und J. R. R. Tolkien, die sich ab den 1930er-Jahren wöchentlich trafen, um über Literatur, Philosophie und Theologie zu debattieren und sich aus ihren im Entstehen begriffenen Werken vorzulesen (vgl. HOOPER, *Companion & Guide,* 16–18).

getragen. Es sei eine moralische Allegorie oder Vision, die auf der mittelalterlichen Idee des Refrigeriums basiere, wonach die verlorenen Seelen ab und zu einen Ausflug ins Paradies machen können.[14] Erstmals publiziert wurde *Die große Scheidung* zwischen November 1944 und April 1945 in der anglikanischen Zeitschrift *The Guardian*. Diese Zeitschrift hatte drei Jahre zuvor die *Screwtape Letters* (dt. *Dienstanweisung für einen Unterteufel*) als Serie veröffentlicht und damit einen enormen Erfolg verbucht. Als Lewis den Herausgebern sein neues Werk über die Entscheidung zwischen Himmel und Hölle anbot, griffen sie daher nur zu gerne zu. Auch in den *Screwtape Letters* geht es ja um die Entscheidung für die richtige Seite, dort allerdings aus der Perspektive der Hölle.

Die einzelnen Kapitel erschienen im *Guardian* unter dem doppelten Titel *Who Goes Home or The Grand Divorce*. Die Resonanz war, soweit sich das heute noch rekonstruieren lässt, durchweg positiv. Als das Werk Anfang 1946 in Buchform erschien, lautete der Titel dann jedoch *The Great Divorce*. Laut Lewis war dieser Namenswechsel erforderlich gewesen, da der Titel *Who Goes Home?* bereits vergeben war.[15]

Lewis nennt im Vorwort zu seinem Buch auch den Ursprung seiner Idee, die himmlische Welt so hart und fest sein zu lassen, dass die Besucher aus der Hölle in ihr nicht einmal einen Grashalm krümmen können. Er hatte eine Science Fiction-Geschichte gelesen (deren Name und Autor er aber vergaß), in der ein Mann in die *Vergangenheit* reist und dort die Dinge hart und unveränderlich findet. Das Vergangene ist ja bereits geschehen, daran lässt sich also bei einem nachträglichen Besuch von heute aus nichts mehr ändern.

Geschichte und Autor hat man inzwischen gefunden: *The Man Who Lived Backwards* von Charles F. Hall (1938).[16] Aufgrund eines misslungenen Experiments bewegt sich der Held dieser Geschichte rückwärts in die Vergangenheit. Er stellt dabei fest, dass er dort nichts bewegen oder verändern kann außer dem eigenen Kör-

---

14   Vgl. Humphrey Carpenter (Hg.), *The Letters of J. R. R. Tolkien*, hg. mit der Unterstützung von Christopher Tolkien, London 1981, 71.

15   Vgl. Walter Hooper (Hg.), *The Collected Letters of C. S. Lewis, Volume II. Books, Broadcasts, and the War, 1931–1949*, San Francisco 2004, 657.

16   Die Geschichte wurde wieder veröffentlicht in: Douglas A. Anderson (Hg.), *Tales Before Narnia. The Roots of Modern Fantasy and Science Fiction*, New York 2008, 283–300.

per. Er wirft nicht einmal ein Bild im Spiegel; auch die Leute, die er trifft, nehmen keinerlei Notiz von ihm. Mit Erschrecken wird dem Held bewusst, dass er in dieser Vergangenheit von einem einzigen Regentropfen erschlagen werden könnte, da er seinen Weg wie eine Gewehrkugel fortsetzen wird, falls er ihm in den Weg geraten sollte. Und er überlegt, was passieren würde, wenn es ihm gelingen sollte, ein Sandwich hinunterzuschlucken: Es würde ihn von innen her zerreißen, sobald er sich bewegt, da es fest an seinem Ort in der Vergangenheit verankert ist.

Lewis erklärt in seinem Vorwort, er habe die Idee der Unveränderbarkeit auf die Ewigkeit übertragen. Sie ist bei ihm also kein bloßer Science Fiction-Effekt, sondern dient dazu, seine Metaphysik des Guten zu illustrieren. Der Kern dieser Metaphysik besteht darin, dass letztlich allein das Gute echtes Sein hat. Das Böse ist bereits für Augustinus (wie später auch für Boethius und Thomas von Aquin) eine *privatio boni,* das heißt ein Mangel an Gutem. Es ist ein *Parasit* am Baum des Guten. Und der Irrtum ist immer ein Mangel an Wahrheit; er bezieht seine gesamte Überzeugungskraft aus den Resten von Wahrheit, die er in verdrehter und verzerrter Form noch enthält.[17]

Eben dies kleidet Lewis in der *Großen Scheidung* in die Bilder von fest und durchsichtig, von substanziell und schattenhaft. Die Schatten klammern sich an jene Reste an Gutem und Wahrem, die sie für sich anerkennen, und erklären sie zum Ganzen. Sie verschließen aber ihre Augen vor allem anderen, weil es ihnen nicht zusagt oder nicht ins Konzept passt.[18]

Was Lewis hier schildert (lange vor Computer und Internet) ist also ein Rückzug in eine rein virtuelle Welt, in der der Kontakt mit

17 „The combined association of these elements – being/substance/goodness and non-being/lack of substance/ evil – is part of a long tradition that can be found in Augustine, Boethius, Thomas Aquinas, and others" (DAIGLE-WILLIAMSON, *Reflecting the Eternal* Loc. 3993–3996). Vgl. den Text *Gott und das Böse* in: CLIVE STAPLES LEWIS, *Durchblicke. Texte zu Fragen über Glauben, Kultur und Literatur,* ausgewählt, zusammengestellt und übersetzt von Norbert Feinendegen, Basel 2019, 121–126.
18 „Was aber vom Guten abfällt, das hört auf, zu sein. Die Bösen hören also auf, zu sein, was sie einst waren; denn dass sie einst Menschen waren, beweist noch die ihnen gebliebene äußere Form des menschlichen Körpers. Die eigentliche innere Natur der Menschen verloren sie aber, als sie sich dem Bösen zuwandten" (BOETHIUS, *Trost der Philosophie*, übers. v. Richard Scheven, Berlin 2017, 82; vgl. DAIGLE-WILLIAMSON, *Reflecting the Eternal* Loc. 4606–4608).

der realen Welt auf ein Minimum reduziert ist. Auch das Bild der
Schatten von sich selbst ist ein virtuelles Bild, das mit ihrem wahren
Ich fast nichts mehr zu tun hat; sie haben sich selbst unfähig gemacht, sich so zu sehen, wie sie wirklich sind. Erst das unbestech-
liche Licht der himmlischen Realität entlarvt die Schattenhaftigkeit
dieser Bilder.

Es ist daher nur konsequent, dass die festen bzw. leuchtenden
Gestalten stets bei der ganzen Wahrheit bleiben (so unbequem sie
sein mag und so unvorteilhaft sie auch ihr eigenes früheres Verhalten erscheinen lässt). Helmut Kuhn schreibt entsprechend, die Erlösten kämpften „um die Schatten mit der Waffe der unerbittlichen
Liebe: der Wahrheit"[19]. Indem die Schatten sich auf jene verzerrten
und verdrehten Reste der Wahrheit fixieren, die sie in ihrer Verblendung hören wollen, werden sie dem wahren Sein der Dinge natürlich nicht gerecht. Es ist daher auch unmöglich, dass die Erfüllung
ihrer Forderungen sie wirklich glücklich macht.

Da ist der Illusionslose, der erklärt, hinter allem – ob wir es
nun Himmel, Hölle oder Erde nennen – stecke dieselbe korrupte
Firma; der gesamte Sinn seines Tuns besteht darin, andere über diese vermeintliche Tatsache aufzuklären (6of.). Da ist der Schatten
des anglikanischen Bischofs, dem seine eigenen theologischen Theorien wichtiger sind als die göttliche Wahrheit und der selbst dann
nicht an einen wirklichen Himmel glaubt, wenn er ihn mit seinen
eigenen Augen vor sich sieht. Er sagt zu seinem himmlischen Begleiter: „Du meinst, dass die graue Stadt mit ihrer nie endenden
Hoffnung auf den Morgen [...], mit ihrem Raum für unbegrenzten
Fortschritt – dass sie, in einem gewissen Sinne, Himmel ist, wenn
wir nur Augen haben zu sehen. Das ist eine schöne Idee" (43). Und
da ist der Künstler, der ganz von der Anerkennung seiner künstlerischen Leistungen durch nachfolgende Generationen lebt, ohne zu
ahnen, dass er auf Erden bereits völlig vergessen ist (89).

Und, so mögen wir hinzufügen, da sind heute auch jene vielen
Leute, die in die Todesanzeigen und auf die Grabsteine ihrer Angehörigen schreiben: „Er bzw. sie lebt in unserer Erinnerung weiter."
Sie alle ziehen den Schein der Wirklichkeit vor, denn nichts davon
kann das Herz des Menschen wirklich erfüllen. Unser Herz ist

---

19 KUHN, *Romancier*, 138.

nämlich so groß, dass nur Gott selbst es ganz erfüllen kann. Auch hier hatte Augustinus nach Lewis' Überzeugung recht, als er zu Beginn seiner *Bekenntnisse* schrieb: „unruhig ist unser Herz, bis es ruhet in Dir"[20].

Lewis besteht aber darauf: Gott hat die Gemeinschaft mit ihm nicht *willkürlich* als Bedingung für die Aufnahme in den Himmel festgesetzt – als könnte es noch einen anderen Himmel geben, der nicht in der Gemeinschaft mit ihm besteht. Eine solche Glückseligkeit gibt es einfach nicht, und es kann sie auch nicht geben:[21] Gott selbst ist der Ursprung und der Maßstab alles Guten, sodass es letztlich nur drei Möglichkeiten gibt: 1) Gott selbst zu sein, 2) in geschöpflicher Antwort an seiner Güte und Glückseligkeit teilzuhaben oder 3) auf ewig zu hungern und zu dürsten nach einem Glück, das man doch nie erlangen kann, weil man es an der falschen Stelle sucht.[22]

Von besonderer Bedeutung für unser Verständnis der *Großen Scheidung* ist jene bereits erwähnte literarische Inspiration für Lewis' Buch, Dantes *Göttliche Komödie*. Ich selbst habe diese Inspiration per Zufall schon recht früh entdeckt. Bei den Recherchen für meine Promotion im Herbst 1999 stieß ich in den Beständen der Bonner Uni-Bibliothek auf eine literaturwissenschaftliche Dissertation von 1984, die allerdings nur auf Mikrofiche zur Verfügung stand. Sie arbeitet den Einfluss von Dantes *Göttlicher Komödie* auf das literarische Werk von Lewis heraus (der insgesamt sehr groß ist). Erst 2015 hat Marsha Daigle-Williamson, die Autorin dieser Dissertation, ihre Arbeit als emeritierte Anglistik-Professorin doch noch veröffentlicht, nun um Massen an neuem Material erweitert.

In ihrem Kapitel über *Die Große Scheidung* zeigt Daigle-Williamson, dass es zu fast allen Charakteren, Episoden, Szenen und Lehren von Lewis' Buch Parallelen in Dantes großem Werk gibt. Damit ist keineswegs gesagt, Lewis hätte einfach nur bei Dante abgeschrieben. Das geht schon deshalb nicht, weil Dantes Werk 100 Gesänge umfasst und Lewis' Buch nur etwas mehr als 100 Seiten. Und das schließt andere Einflüsse auch nicht aus. Die Bezüge zu

Dantes allegorischer Traumvision sind aber so zahlreich, dass sie eine genauere Betrachtung wert sind. Dass Lewis sein Vorbild keineswegs nur kopiert, sieht man schon daran, dass er seinen Fokus anders wählt als Dante. Denn Dante führt seinen Lesern auf seiner Reise durch Hölle, Fegefeuer und Himmel die *Auswirkungen* der freien Entscheidungen der Menschen vor Augen – deren Schicksal somit bereits besiegelt ist. Lewis hingegen geht es um den *Moment der Entscheidung selbst* und somit um das Wesen der Wahl, vor der ein jeder von uns steht: das Schicksal seiner Figuren – der Weg, den sie gehen – ist somit noch offen. Was Lewis schildert, ist nicht wie bei Dante ein Zustand, nämlich das Ergebnis unserer Entscheidungen, sondern das Drama der Entscheidung selbst.[23] Seine Begegnungen finden daher auch alle auf derselben Ebene oberhalb der grauen Stadt statt, einer Art Vorhimmel am äußersten Rand des Himmels, der nicht direkt selbst ins Bild gebracht wird.

Lewis' grundlegende Technik nennt Daigle-Williamson die der „Kompression". Er greift auf mehr als eine Szene aus der *Göttlichen Komödie* zurück und webt einige ihrer Elemente in eine seiner Episoden; er nimmt verschiedene Charaktere Dantes und verschmilzt sie zu einem Charakter.[24]

Ein erstes Beispiel für eine solche Fusion ist der Bus, der die Leute zu Beginn aus der grauen Stadt in den Vorhimmel bringt.[25] Er ist ein „wunderbares Fahrzeug, leuchtend von goldenem Licht, mit heraldischen Farben geschmückt" (14). Damit ist dieser Bus eine moderne Version jenes schnellen, leuchtenden Bootes, das die Reisenden bei Dante zur Ebene am Fuß des Berges der Läuterung bringt (*Purg.* II, 41). Und sein Fahrer, der mit einer Hand steuert und mit der anderen den öligen Dampf des Regens vor seinem Gesicht wegfächelt, ist eine Kombination aus zwei Engeln bei Dante. Der eine benötigt zum Navigieren des gerade erwähnten Bootes ebenfalls nur eine Hand (und erweckt damit den Eindruck der Mü-

---

23		Vgl. Daigle-Williamson, *Reflecting the Eternal* Loc. 3947–3951.
24		Daigle-Williamson nennt dies „a composite approach: two or more settings from Dante's poem are blended into a new setting; two or more Dantean characters are fused into a single character; two or more episodes from Dante's poem are condensed into one" (vgl. ebd. Loc. 3928f.).
25		Schon Helmut Kuhn war diese Anspielung auf Dante aufgefallen, vgl. Kuhn, *Romancier*, 137f.

helosigkeit, *Purg.* II, 38), der andere steht am Eingang der Höllenstadt Dis und fächelt mit einer Hand die schlechte Luft vor sich weg (*Inf.* IX, 101–103).[26] Er erscheint dabei wie jemand, der ganz im Tun seiner Pflicht aufgeht – ganz so wie Lewis' Fahrer, der „einen Ausdruck von Autorität trug und entschlossen schien, seine Arbeit zu vollbringen" (14). Und auch wenn er diese Autorität dazu gebrauchen könnte, Störenfriede aus dem Bus zu werfen, gewährt der Fahrer (genau wie Dantes himmlischer Steuermann) jedem Zugang zu seinem Gefährt, der die Reise tatsächlich antreten möchte.

Durch diese Assoziationen wissen Dante-kundige Leser schon hier, wo sie sich befinden und wohin die Reise geht, nämlich von den Toren der Hölle hinauf ins Fegefeuer (bzw. in eine Art Vorhimmel). Und hier deutet sich auch bereits an: Gott verwehrt niemandem den Zutritt zum Himmel, der diesen wirklich ersehnt. Es ist stets die eigene Entscheidung der Schatten, den Bus nicht zu besteigen oder nachher in die graue Stadt zurückzukehren.

Die Inspiration für Lewis' himmlische Führer entstammt natürlich ebenfalls der *Göttlichen Komödie.* Dante verirrt sich dort zu Beginn seines Traumes in einem Wald, in dem ihm plötzlich wilde Tiere (Panther, Löwe, Wölfin) den Durchgang versperren (*Inf.* I, 32–49). Da erscheint der von ihm verehrte römische Dichter Vergil, hilft ihm und wird auf dem Weg durch Hölle und Fegefeuer sein Führer und geistlicher Begleiter (*Inf.* I, 73–87). Da Vergil jedoch kein Christ war (er lebte von 70–19 v. Chr.) und somit den Himmel nicht betreten kann, übernimmt später Dantes verstorbene Jugendliebe Beatrice die Führung.

Lewis gibt sich in der *Großen Scheidung* ebenfalls einen Führer nach dem Vorbild von Vergil und Beatrice. Auch dieser erscheint, als wilde Tiere (in diesem Fall Einhörner) ihn von seinem Weg abdrängen. Er trägt einen langen Bart, hat ein wettergegerbtes Gesicht, den weitläufigen Blick eines Mannes, der lange im Freien gelebt hat und spricht mit schottischem Akzent. Auch die umgebende Landschaft (Kiefern, Felsen und Heidekraut) deutet auf seine Herkunft hin: Es ist der schottische Schriftsteller und Theologe George Mac-

---

26 Vgl. Lewis, *Collected Letters, Volume III,* 313f., und Daigle-Williamson, *Reflecting the Eternal* Loc. 4026–4043.

Donald (1824–1905), der Lewis hier seine Führung und Begleitung anbietet (70).[27] Dies wiederum veranlasst Lewis, stammelnd zu bekennen, welch große Bedeutung dessen Schriften für ihn hatten. Besonders hebt er dabei ein Buch hervor, dass er im Alter von 17 Jahren an einem frostigen Nachmittag in einem Bahnhofskiosk erstanden hatte: *Phantastes. A Faerie Romance* aus dem Jahr 1858 (dt. *Phantasus. Ein Feenmärchen*).[28] Die Lektüre dieses Buches war für den jungen Lewis ein so einschneidendes Ereignis, dass er in seinen Schriften gleich mehrfach davon berichtet, am ausführlichsten in seiner Autobiografie *Surprised by Joy*.[29]

Als er dieses Buch zum ersten Mal las, war Lewis Atheist. Und zudem bekennt er, zu dieser Zeit so weitgehend a-moralisch gewesen zu sein, wie es einer Person seiner Herkunft und seines Standes überhaupt möglich gewesen sei.[30] Und die literarische Sinnwelt, in der er innerlich lebte, hatte mit der realen Welt „da draußen" nicht das Geringste zu tun; diese empfand er als durch und durch sinnlos und fremd.[31] Auch hatte er allen Grund, pessimistisch in die Zukunft zu blicken. Als Lewis den *Phantastes* Anfang März 1916 erstand, tobte der Erste Weltkrieg bereits seit knapp 2 Jahren, und es sollte nur noch ein Jahr dauern, bis er selbst einberufen und nach Frankreich an die Front geschickt werden sollte.

In dieser Situation begann er, *Phantastes* zu lesen, ein Buch, das stark von der deutschen Frühromantik beeinflusst ist, besonders von Novalis und dessen Romanfragment *Heinrich von Ofterdingen*. Dieses Buch ist (wie viele Bücher MacDonalds) ein Werk von durch und durch *symbolischem* Charakter. Lewis war von der ersten Seite an fasziniert: Dieses Buch hatte alles, was er an den Mythen und mittelalterlichen Legenden liebte, es hatte aber eine völlig andere Wirkung auf ihn.

Bisher hatte ihm die Lektüre solcher phantastischer Texte die reale Welt stets umso leerer und sinnloser erscheinen lassen. Dieser

---

27   Vgl. KUHN, *Romancier*, 139.
28   Vgl. DAIGLE-WILLIAMSON, *Reflecting the Eternal* Loc. 4297–4316.
29   Vgl. CLIVE STAPLES LEWIS, *Überrascht von Freude*, Gießen ²1994, 216–219, sowie DERS., *Die Weisheit meines Meisters. Anthologie aus George MacDonald*, Einsiedeln 1986, 18f.
30   Vgl. LEWIS, *Über den Schmerz*, 38, sowie DERS., *Überrascht von Freude*, 206.
31   Vgl. LEWIS, *Überrascht von Freude*, 207.

Effekt trat jedoch bei *Phantastes* nicht ein, ganz im Gegenteil: Der Lichtstrahl des Guten und Schönen, der vom Feenland ausging, fiel aus der Geschichte hinein in die Welt, in der er tatsächlich lebte, und schien sie ebenfalls in ein Feenreich zu verwandeln. Das heißt, Lewis erkannte, dass die Qualität des Feenlandes bzw. der Mythen, die ihn sein Leben lang bewegt und angezogen hatten, eine Qualität der echten, realen Welt war: die Bäume, Tiere und Personen dieser unserer wirklichen Welt sind gut und schön, wenn wir nur die Augen haben, dies zu sehen.[32]

Lewis bekannte später, es sei *Heiligkeit* gewesen, was er beim Mitverfolgen der Reise des Anodos durch die Welt des Feenlandes kennengelernt habe (71). In dieser Nacht der ersten Lektüre sei daher in gewisser Weise seine Imagination, sein Vorstellungsvermögen, getauft worden, der Rest von ihm habe verständlicherweise länger gebraucht.[33] Sein Intellekt folgte in der Tat erst weitaus später. Erst 1931 kam Lewis zum Glauben an Christus: So lange sollte es dauern, bis all seine intellektuellen Vorurteile ausgeräumt waren.[34] Doch es ist wohl nicht zu viel gesagt, dass er seit der Lektüre des *Phantastes* wusste, dass es da ein „Mehr" gibt an Gutem und Schönem in der Welt (an Heiligkeit), auch wenn er ihm in seiner Weltsicht noch keinen Platz zuweisen konnte.

Lewis hat sich auf dem Weg seiner Bekehrung (und danach) noch viele weitere Werke von MacDonald zu Gemüte geführt, ob nun seine übrigen phantastischen Werke, seine viktorianischen Romane oder theologischen Schriften. Später bekannte er, keinen anderen Autor zu kennen, der dem Geist Jesu konstant so nahe gewesen sei wie MacDonald;[35] auch gebe es wohl kein Buch, in dem er MacDonald nicht wenigstens einmal zitiert habe.[36] In *Die große Scheidung* hat Lewis MacDonald seinen Dank dafür abgestattet, dass er ihm auf dem Weg der Bekehrung quasi zum geistlichen Führer wurde (71).

---

32 Vgl. ebd., 218f.

33 Vgl. LEWIS, *Die Weisheit meines Meisters*, 18, sowie DERS., *Überrascht von Freude*, 219.

34 Vgl. NORBERT FEINENDEGEN, *Apostel der Skeptiker. C. S. Lewis als christlicher Denker der Moderne*, Dresden 2015, 304–309, sowie LEWIS, *Durchblicke*, 108–116.

35 Vgl. LEWIS, *Die Weisheit meines Meisters*, 15f.

36 Vgl. ebd., 18.

Ganz zentral für MacDonalds Denken ist nun der Glaube an Gottes universelle Liebe. Diese Liebe ist nach seiner Ansicht nicht damit vereinbar, dass irgendeines seiner Geschöpfe auf ewig verloren geht. MacDonald behauptete aber nicht, jeder werde gerettet, egal, wie er sich verhält: die Freiheit des Menschen ist bei ihm keineswegs außer Kraft gesetzt. Er war aber überzeugt (nicht anders als Origenes, Gregor von Nyssa oder auch Hans Urs von Balthasar), dass sich letztlich niemand der rettenden Liebe Gottes entziehen wird, sodass die Hölle *de facto* leer ist.[37]

Diese Liebe war für MacDonald jedoch keineswegs ein bloßes Wohlwollen, sondern eine äußerst strenge und ernsthafte Angelegenheit. Sie zielt nicht auf ein bloßes Wohlfühlen, sondern darauf, dass es wahrhaft und im tiefsten Sinn wohlbestellt ist um die geliebte Person. Die väterliche Liebe Gottes zu seinen Geschöpfen ist wie ein reinigendes Feuer, das alles verbrennt, was der Beziehung mit Gott und anderen Menschen im Wege steht.[38] Lewis' Kapitel über die Gutheit Gottes in *Über den Schmerz* zeigt hier klar den Einfluss MacDonalds.[39]

Dabei war sich Lewis keineswegs immer mit MacDonald einig, und er nahm auch seine Schwächen als Schriftsteller wahr. Daher vertritt der MacDonald, den Lewis sich in der *Großen Scheidung* als Führer zugesellt, längst nicht so unverhohlen eine Theorie der universalen Erlösung aller, wie der echte MacDonald das getan hatte. Lewis' Führer hält diese Möglichkeit zwar offen, und er hält die *Hoffnung* auf eine Erlösung aller auch für eine Christenpflicht. Doch er hält es nicht für möglich, aus unserer Perspektive von innerhalb der Zeit bereits das Ende aller irdischen Entscheidungen vorwegnehmen zu können (132f.). Hans Urs von Balthasar merkt dazu an, damit seien „alle Apokatastasis-Lichter ausgeblasen"[40], ohne dass Lewis die Hoffnung auf Erfüllung der Verheißung Lady Julians von

---

37   Vgl. ebd., xxxvif.
38   Vgl. ebd., 21f.
39   Vgl. Lewis, *Über den Schmerz*, 37–53.
40   Hans Urs von Balthasar, *Was dürfen wir hoffen?*, Einsiedeln/Trier ²1989, 76. „Ich würde alles darum geben, aufrichtig sagen zu können: ‚Alle werden gerettet werden.' Aber meine Vernunft stellt die Gegenfrage: ‚Mit ihrem Willen oder ohne ihn?' Wenn ich sage: ‚Ohne ihren Willen' – bemerke ich sofort den Widerspruch: Wie kann der höchste Akt des Willens, die Selbsthingabe, unwillentlich sein? Sage ich: ‚Mit ihrem Willen' – so entgegnet meine Vernunft: ‚Und wenn sie *nicht* wollen – was dann?'" (Lewis, *Über den Schmerz*, 117f.).

Norwich aufgeben müsste, dass „es mit allem wohl stehen wird, und mit jeglicher Art von Ding wird es wohl stehen" (132). Lewis vertrat diese Position auch bereits zuvor in Über den Schmerz; der Ernst und die Würde menschlicher Freiheit verbieten es ihm, schon heute zu sagen, dass sich tatsächlich alle Menschen zu Christus bekehren werden. Die Hölle, das heißt ein endgültiges Verschließen geschaffener Freiheit in sich selbst, ist eine reale Möglichkeit: nicht nur für Judas und Nero und Hitler, sondern für uns selbst.[41]

Kehren wir noch einmal zur Göttlichen Komödie als Vorbild für Die Große Scheidung zurück. Lewis' Darstellung der Besucher aus der Hölle im Himmel als transparente Schemen bzw. bloße Schatten hat ebenfalls ein Vorbild bei Dante. Dessen Reise führt von der Erde hinauf durch die neun himmlischen Sphären zum Empyreum, das heißt zur wahren Wohnstätte Gottes. Als Dante den Mond erreicht (Par. III, 10), also den Rand des Bereichs des Vollkommenen, trifft er auf Seelen, die in der Ausübung der Tugend noch schwanken. Ihnen mangelt es noch an Beständigkeit – ganz so wie dem Mond selbst, der ja ständig zu- und wieder abnimmt. Sie erscheinen daher im strahlenden, durch keine Wolke getrübten Licht der Sonne nahezu transparent, etwa so wie die Reflexion eines Gesichtes auf der Oberfläche eines Sees, dessen Grund man ebenfalls noch sieht. Dante dreht sich sogar erst einmal um, da er diese Erscheinungen für bloße Reflexionen hält und erwartet, die betreffenden Seelen hinter sich stehen zu sehen, während sie in Wahrheit vor ihm stehen.

Diesen Seelen ermangelt es also an Substanz, um im strahlenden Licht der Sonne, das den Himmel durchleuchtet, ganz sichtbar zu sein. Lewis hebt in einem Vortrag ausdrücklich die Prägnanz und Ausdrucksstärke dieses Bildes hervor,[42] sodass nur wenig Zweifel besteht, dass es sich hierbei um die Quelle für seine eigenen Schatten handelt.

Dantes Berg der Läuterung nutzte Lewis ebenfalls als Inspiration. Da gibt es zum Beispiel einen Baum, der an zwei von Dantes Bäumen erinnert (Purg. XXII, 137ff.; XXIV, 103ff.). In beiden Fällen

---

41 Vgl. Lewis, Über den Schmerz, 126.
42 Vgl. Clive Staples Lewis, Dante's Similes, in: Ders., Studies in Medieval an Renaissance Literature, hg. v. Walter Hooper, Cambridge 1998, 64–77, hier: 69.

ertönt auch eine Stimme, die den nach den Äpfeln Greifenden davon abhält, diese an sich zu nehmen, ob nun aus Hunger wie bei
Dante oder aus Gier wie bei Lewis (57f.). Doch auch hier wiederholt Lewis nicht nur Ideen Dantes. Zwar
wird auch der eine von Dantes Bäumen durch den Nebel eines benachbarten Wasserfalls besprüht (54f., vgl. *Purg.* XXII, 137–139). Der
Wasserfall erinnert den Lewis-Kenner aber auch an eine Passage in
The Abolition of Man (1943, dt. *Die Abschaffung des Menschen*). Lewis
kritisiert dort ein modernes Schulbuch dafür, dass es die Erfahrung
des Erhabenen, die das Betrachten eines großen Wasserfalls bei uns
auslösen kann, auf rein subjektive Gefühle reduziert.[43] Nach seiner
Ansicht (er folgt hier dem englischen Dichter Coleridge) sind die
Gefühle, die ein solches Naturschauspiel bei uns auslöst, keineswegs nur subjektiv: sie sind unsere Antwort auf etwas, das in der
Welt tatsächlich *objektiv gegeben* ist.

Diesen Aspekt unterstreicht Lewis in der *Großen Scheidung*, indem er dort seinen Wasserfall mit einem *genius loci* (bzw. genauer
gesagt einem Engel) ausstattet. Das zeigt: der Wasserfall ist eben
nicht *nur* ein Naturschauspiel; er ist in seiner Erhabenheit sozusagen transparent für seinen göttlichen Ursprung. Dieser Engel steht
nun wie ein Gekreuzigter am Felsen und ergießt sich unter lautem
Jubel unablässig in die Tiefe (58). Er steht somit für Christus, der
sich mit seiner Liebe unablässig für uns hingibt und in eben dieser
Hingabe ganz er selbst bleibt. Auch ein Wasserfall behält ja seine
Form nur dadurch, *dass er sich verströmt.* Lewis' Bild zeigt also: das
Sich-Hingeben für andere *nimmt uns nichts,* es geht nicht auf Kosten
unserer selbst. Ganz im Gegenteil: nur durch diese Hingabe sind
und bleiben wir, wer wir von Gott her wahrhaft sind und sein sollen.

Noch einmal zurück zu Dante. Lewis' Vorhimmel hat auch
insofern dieselbe Funktion wie das Fegefeuer der *Göttlichen Komödie*, als Dante seinen Läuterungsberg als einen Ort beschreibt, an
dem die menschliche Seele Reinigung erfährt und dazu befähigt
wird, aus eigenen Kräften den Aufstieg in den Himmel zu beginnen. Eben dazu, diesen Aufstieg zu beginnen, sollen die Schatten
in der *Großen Scheidung* ja gebracht werden. Und bei beiden ist es

---

43   Vgl. Clive Staples Lewis, *Die Abschaffung des Menschen*, übertragen von Martha Gisi
      (Kriterien 50), Einsiedeln ⁴1993, 13–16.

auch so, dass dieser Aufstieg zu Beginn schmerzt, dann aber mit jedem Schritt auf den Himmel zu (d. h. je fester man wird) weniger wehtut (*Purg.* 4.89f.).[44]

Diese Schmerzen sind jedoch sowohl für Lewis als auch für Dante kein *Selbstzweck*, und sie sind auch nicht dazu da, Gottes Zorn zu beschwichtigen: Es sind *Schmerzen der Läuterung*, das heißt Nebenwirkungen eines Prozesses der Reinigung, der darauf abzielt, uns, die wir auf Erden nur ganz anfänglich gelernt haben, Gott um seiner selbst willen zu lieben, zu befähigen, dies freudig und mit ganzem Herzen zu tun. In seinem Spätwerk *Letters to Malcolm* (1964, dt. *Du fragst mich, wie ich bete*) beklagt Lewis den Abstieg, den die katholische Konzeption des Fegefeuers zwischen Dante und der Reformationszeit genommen habe: hin zu einer bloßen Strafe um der Strafe willen, mit Schmerzen, die es der gepeinigten Seele unmöglich machen, noch an Gott zu denken. Erst mit Newman, so fügt er hinzu, sei die richtige Sicht des Fegefeuers in die katholische Theologie zurückgekehrt.[45]

Was ist nun für Lewis der richtige, positive Sinn des Fegefeuers? Er folgt hier seiner Literaten-Freundin Dorothy Sayers, die in ihren späten Jahren (lange nach ihren Lord Peter Wimsey-Krimis) die *Göttliche Komödie* neu ins Englische übersetzte. In ihrer Einführung betont Sayers, wir sollten uns stets bewusst sein, dass zu jedem Akt der Vergebung *zwei* Parteien gehören. So sehr auch die verletzte Partei zur Vergebung bereit ist, diese Vergebung kann nur wirksam werden (das heißt, das richtige Verhältnis zwischen den beiden Parteien wieder einkehren), wenn die andere Seite auch bereit ist, die ihr gewährte Vergebung *anzunehmen*.[46]

Übertragen auf unser Verhältnis zu Gott heißt das: Gottes Vergebung ist natürlich bedingungs-los. Doch wir sollten nicht glauben, jedes Mal, wenn wir einen Mord oder eine andere schwere Sünde begehen, sage Gott zu uns: „Ah, vergiss es, ist schon o. k." Wenn wir sündigen, dann *entfernen wir uns von Gott*. Soll unsere

44   Vgl. Clive Staples Lewis, *Du fragst mich, wie ich bete. Briefe an Malcolm*, übersetzt von
      Cornelia Capol (Beten heute 7), Einsiedeln ³1985, 117.
45   Vgl. Daigle-Williamson, *Reflecting the Eternal* Loc. 3971–3975.
46   Dorothy L. Sayers, *Introductory Papers on Dante, Vol. 1. The Poet Alive In His Writings*,
      Eugene 2006, 80.

Beziehung zu ihm je wieder in Ordnung kommen, so müssen *wir*
uns ändern, nicht Er.

Sayers verweist darauf, bereits Thomas von Aquin sei deshalb
der Ansicht gewesen, die Schmerzen im Fegefeuer hätten nicht den
Zweck, Gottes Zorn zu besänftigen. Sie erfolgen zuallererst zum
Wohl des Sünders: als ein Weg und Mittel, um seine Befleckung
wieder zu entfernen.[47] Der Weg hierzu besteht zum einen darin,
dass wir das Maß unserer tatsächlichen Entfremdung von Gott erkennen; nichts anderes ist das Gerichtsurteil Gottes über uns. Und
zum anderen müssen wir darin einwilligen, dass unsere Beziehung
zu Ihm wiederhergestellt wird, egal, wie schwer und schmerzhaft
das sein wird. Die Säuberung von der Befleckung (wie Dante es
nennt) *ist* daher laut Sayers das Fegefeuer. In dem Moment der Erleuchtung, der einem im Tod gegeben wird, sagt die Seele also sinn-
gemäß zu Gott:

> „Herr, ich sehe Dich und ich sehe mich selbst; ich bin
> schmutzig und ekelerregend. Auch wenn Du in Deiner
> unermesslichen Güte bereit wärst, mich so zu empfangen,
> wie ich bin, wäre ich nicht in der Lage, so vor Dich
> zu treten; meine Augen könnten es nicht ertragen, Dich
> zu schauen. Bitte säubere mich – egal, was Du mit mir
> machst –, ich werde durch Feuer und Wasser gehen; alles,
> um dem ähnlicher zu werden, wie Du mich haben willst."[48]

Lewis verwendet in *Du fragst mich, wie ich bete* ganz ähnliche Worte, um sein Verständnis des Fegefeuers auszudrücken, ebenfalls
in Form einer solchen Bitte der Seele um Reinigung.[49] Und er fügt
hinzu, dies sei es auch, was Dante in seinem *Purgatorio* sage. Eben
diese Sicht unterliegt aber auch bereits der fast 20 Jahre zuvor geschriebenen *Großen Scheidung*. Die himmlischen Führer kommen,
um den Schatten Gottes Vergebung anzubieten. Sie werden von

---

47   Vgl. ebd.
48   Ebd., 81., Übersetzung N. Feinendegen.
49   „Würde uns nicht das Herz brechen, wenn Gott zu uns spräche: ‚Zwar stinkt dein Atem,
       mein Sohn, und deine Lumpen triefen von Schlamm und Drecke; aber wir sind hier
       nachsichtig, und keiner wird dir das vorhalten oder von dir abrücken. Tritt ein in die
       Freude!' Würden wir nicht erwidern: ‚In aller Ergebenheit, Herr, und falls dem nichts
       entgegensteht – ich möchte *lieber* erst gesäubert werden.' ‚Es könnte aber wehtun, weißt
       du.' ‚Trotzdem, Herr'" (LEWIS, *Du fragst mich, wie ich bete*, 117f.).

dem Bösen, das ihnen die Schatten entgegenbringen, aber in keiner Weise berührt oder verletzt; sie stehen über den Angriffen ihrer höllischen Gesprächspartner. Sie sind selbst viel zu solide, um von den schwachen Angriffen der Hölle tangiert zu werden (126–128).[50] Und sie verlangen auch keine Wiedergutmachung für das, was man ihnen auf Erden angetan hat. Es geht allein darum, die Schatten zu befähigen, wieder heil, also *beziehungsfähig* zu werden. Dieser Prozess mag am Anfang schmerzhaft sein, und er mag einiges an Überwindung kosten. Aber er tut umso weniger weh, je weiter man auf seinem Weg vorankommt, das heißt je beziehungsfähiger – oder, mit einem anderen Bild der *Großen Scheidung*, je fester – man selber wird.

Ein letzter Punkt sei noch genannt. Auch in seinem Verständnis menschlicher Freiheit stimmt Lewis mit Dante überein. Daigle-Williamson hat festgestellt, dass Dante die Lehre vom freien Willen genau in der Mitte seines Werkes platziert, auf der Hälfte des Aufstiegs auf den Berg der Läuterung. Lewis macht es nicht anders; er beginnt die Erörterung dieses Themas genau in der Mitte seines Buches. Und bei Dante heißt es dann später: „Das größte Gut, das Gott aus seiner Fülle / Geschaffen hat, und das am meisten kündet / Von seiner Huld und er am meisten liebt, / Das ist, was wir die Willensfreiheit nennen, / Mit der er die vernunftbegabten Wesen / Und sie allein von je begnadet hat." (*Par.* V 19–22).

Lewis schreibt zum Ende seines Buches, Freiheit sei „die Gabe, durch die ihr eurem Schöpfer am meisten ähnelt und durch die ihr ein Teil seid der ewigen Wirklichkeit" (132). Aufgrund dieser Achtung menschlicher Freiheit besteht bereits bei Dante Gottes Gerechtigkeit nicht darin, dass dieser dem Sünder gibt, was er nach seinem unfehlbaren göttlichen Urteil *verdient*, sondern darin, dass er ihm gibt, was der Sünder in seiner Verblendung *selber wählt*. Lewis stellt

---

50   Lewis lässt an dieser Stelle George MacDonald sagen: „I know it has a grand sound to say ye'll accept no salvation which leaves even one creature in the dark outside. But watch that sophistry or ye'll make a Dog in a Manger the tyrant of the universe" (CLIVE STAPLES LEWIS, *The Great Divorce. A Dream*, London 1977, 111). Helmut Kuhn übersetzt „Dog in a Manger" mit „Hund in der Krippe" (128), offenbar ohne die Anspielung auf Aesops kurze Fabel gleichen Namens zu erkennen. In dieser Fabel liegt ein Hund in einer Futterkrippe und hindert durch sein Zähnefletschen und Gebell einen Ochsen daran, das Heu zu essen, das für ihn selbst ungenießbar ist. Gemeint ist also jemand, der andere daran hindert, etwas zu genießen, woran man selbst keinen Gefallen findet.

diese Selbst-Wahl des Sünders nicht weniger eindringlich heraus. Er schreibt: „Am Ende gibt es nur zwei Arten von Menschen: die, die zu Gott sagen: ‚Dein Wille geschehe', und die, zu denen Gott am Ende sagt: ‚*dein* Wille geschehe'. Alle, die in der Hölle sind, erwählen sie. Ohne diese Selbstwahl könnten sie nicht in der Hölle sein. Keine Seele, die ernstlich und inständig nach Freude verlangt, wird sie verfehlen" (78). Auch hier sollten wir aber den symbolischen Charakter des Buches nicht vergessen. Eines ist es nämlich nicht: eine Spekulation darüber, was uns nach dem Tod tatsächlich erwartet. Es geht auch nicht darum, ob wir im Tod (oder vielleicht sogar danach) noch die Möglichkeit einer letzten Entscheidung haben. Und wir müssen auch nicht annehmen, Lewis habe tatsächlich an die Existenz eines Refrigeriums geglaubt. Er betont im Vorwort, nichts wolle er „weniger ermutigen als eine auf Tatsachen und Einzelheiten des Jenseits gerichtete Neugier" (9); es gehe ihm allein um die Natur der Wahl, vor der wir *hier und jetzt* stehen. Es geht ihm um die „Die Wahl der Wege" (132), die wir mit unseren Entscheidungen immer wieder neu treffen.

Das heißt, indem wir uns beim Lesen die Wahl vor Augen führen, die Lewis' Figuren für sich treffen, wird uns jene Wahl bewusst, vor der wir selber stehen: heute und morgen und jeden Tag unseres Lebens. Und das kann sehr erhellend sein. So, wie wir beim Lesen von Lewis' *Dienstanweisung für einen Unterteufel* entdecken, wie oft wir die Ratschläge des Teufels befolgen, so entdecken wir beim Lesen der *Großen Scheidung*, wie oft wir dazu neigen, die Verhaltensweisen von Lewis' Schatten zu imitieren. Das mag keine leichte Lektüre sein, aber es ist gewiss eine lohnende Lektüre: Man erfährt dabei jede Menge über sich selbst. Wer mag, kann das ja einmal selbst ausprobieren.

V.
EROS UND JUNGFRÄULICHKEIT IN DER LITERATUR

Mystik, Eros und Jungfräulichkeit in Thomas Manns Josephsroman. Schreiben in der Spannung zwischen Schuld und Gnade

Hanna-Barbara Gerl-Falkovitz

Gibt es eine „Mystik der Gottesferne"? Diese Frage verdankt sich einer gleichnamigen Arbeit von Anna Hellersberg-Wendriner von rund 200 Seiten, erschienen vor rund 60 Jahren. Sie stellt eine kühne These von der gottbezogenen Gottesferne Thomas Manns auf, und das hat tatsächlich einige Wahrscheinlichkeit für sich; Hellersberg zitiert dazu den Autor selbst in seinem Vortrag *Meine Zeit,* gehalten in Chicago im Mai 1950: „Wenn es christlich ist, das Leben, sein eigenes Leben, als eine Schuld, Verschuldung, Schuldigkeit zu empfinden, als den Gegenstand religiösen Unbehagens, als etwas, das dringend der Gutmachung, Rettung und Rechtfertigung bedarf – dann haben jene Theologen mit ihrer Aufstellung, ich sei der Typus des a-christlichen Schriftstellers, nicht so ganz recht. Denn selten wohl ist die Hervorbringung eines Lebens – auch, wenn sie spielerisch, skeptisch, artistisch und humoristisch erschien – so ganz und gar, vom Anfang bis zum sich nähernden Ende, eben diesem bangen Bedürfnis nach Gutmachung, Reinigung und Rechtfertigung entsprungen, wie mein persönlicher und so wenig vorbildlicher Versuch, die Kunst zu üben. [...] Da wird [...] nur ein Trostgedanke bleiben: der an die Gnade, diese souveränste Macht, deren Nähe man im Leben schon manchmal staunend empfand und bei der allein es steht, das Schuldiggebliebene als beglichen anzunehmen."[1]

Das Großthema Schuld und Gnade ist offenkundig in Thomas Manns wohl gewaltigstem Romanwerk, der Tetralogie *Joseph und seine Brüder,* begonnen 1926, erschienen von 1933 bis 1943. Allein die Abfassungszeit und der während des Schreibens vollzogene

---

[1] ANNA HELLERSBERG-WENDRINER, *Mystik der Gottesferne. Eine Interpretation Thomas Manns,* Bern/München 1960, 7.

Ortswechsel – ins amerikanische Exil – weisen auf ein Jahrhundert-
thema hin, und in der Tat ist das Werk ein Brunnen, durch den man
lesend geradezu hindurchfällt, durch die Jahrtausende, durch die
Kulturen, durch die Religionen, und im Fall holt man unversehens
die Gegenwart ein. „Tief ist der Brunnen der Vergangenheit, und
sollte man ihn nicht unergründlich nennen?", so der erste Satz, der
in der Tat zum Sprung ansetzt.

Um welche Gottesferne geht es, um welche Art von „Mystik"?
Adrian Leverkühn in *Dr. Faustus* formuliert als – zunächst noch knir-
schenden – Schlüssel: „Abtrünnigkeit ist ein Akt des Glaubens, und
alles ist und geschieht in Gott, besonders auch der Abfall von Ihm."[2]

Dennoch bleibt nach dem Durchgang durch den Josephsroman, dem sich das Folgende zuwendet, zu fragen, ob es denn nur
wie bei den *Buddenbrooks* um den „Verfall einer Familie", hier der Jaa-
kobssöhne, geht, größer gedacht um den Verfall einer Kultur? Oder
ob sich in der unleugbaren Abfallbewegung nicht auch Zeichen der
Rettung, des Opfers, ja, eben der souveränen Gnade auftun?

Eingeflochten in die Großerzählung ist das Motiv des Eros
in vielen Schattierungen – schon bei Jaakob, dem Stammvater, in
seiner hell-dunklen Beziehung zu den beiden Schwestern: Lea, der
ungeliebten, die ihm die Söhne bringt, und Rachel, der einzig geliebten, die an den Söhnen stirbt. Aber sie schenkt ihm Joseph, den
Hellen, Schönen, Gesegneten, auf dem sichtbar die Gunst Gottes
liegt. Auch ihn bläst der „Feuerstier" des Eros mit seinem heißen
Atem an – er kommt nur mit knapper Not davon. Berühmt geworden als „keuscher Joseph" wird er später eine Ägypterin heiraten,
aber wie konnte er seine jugendliche Unberührtheit wahren?

Prüfen wir zunächst die Grundkonstellation des Romans, hier
wörtlich zu verstehen als die Stellung der Sterne, insbesondere des
Mondes, der das Geschlecht Jaakobs, das Geschlecht der „Mond-
wanderer" begleitet. Damit taucht die Erzählung tief in die Mythologie Mesopotamiens ein, aus dem sich mit Abraham und Jaakob die
Offenbarung erst herausarbeiten, ja herauswinden muss. Dies ist
eine Leistung höchsten kulturellen Ranges, tief in die Religionsge-
schichte eingegraben.

---

2 Zit. ebd., 6; jetzt in: Thomas Mann, *Über mich selbst. Autobiographische Schriften*,
Frankfurt a. M. 1994, 5f.

Rhythmik der Erzählung:
Aufstieg und Abstieg in mystischer Verflechtung

In Joseph, dem Lieblingssohn Jaakobs, dem elften und jüngsten
vor der Geburt des letzten, Benjamin, der Rachel das Leben kostete,
spielt sich die Geschichte von Erwählung, Verwerfung und erneuter
Erhöhung ab. Schon das Vorspiel „Höllenfahrt" intoniert die Urbilder des Abstiegs. Wenn Mystik nach der Definition des Johannes
Gerson eine *cognitio Dei experimentalis* bedeutet, eine Erfahrungs-
erkenntnis Gottes, dann ist die Lebensreise Jaakobs und die davon
abgeleitete Lebensreise Josephs ein Sich-Nähern, Abfallen, erneutes
Annähern an Gott, ein Kennenlernen des Höchsten und Einzigen
in der Weise einer beständigen Bewegung – freilich mit einem noch
zu befragenden Ende.

Kurz die äußere Geschichte: Jaakob selbst prägt in seinen
Weggabelungen das Geschehen, auch das seines Sohnes, vor. Als
Liebling der Mutter Rebekka (und insgeheim des Vaters Isaak) er-
schleicht er sich den Segen der Erstgeburt, muss darauf „hinunter" in das Land Laabans, des „Erdenkloßes", des Sinnbilds des
Widergöttlichen, des Götzenanbeters. Der Segen bleibt und strahlt
aus, denn Jaakob vermehrt das Vermögen Laabans beträchtlich, ja,
endlich werden auch Söhne neben den beiden Töchtern Laabans
geboren. Doch Jaakob muss zweimal sieben Jahre um Rachel dienen, dazu die Kinderlosigkeit der „Lieblichen" zusammen mit ihr
ertragen. Er wird zuerst mit der anmutlosen Lea betrogen, verliert
Rachel fast schon mit ihrer Erstgeburt Joseph und dann endgültig
mit Benjamin. Auch die heimliche Flucht vor Laaban hat Züge eines Betruges, und letztlich muss er sich dem getäuschten Bruder
Esau zum Kampf stellen – den er geheimnisvoll mit einem anderen auszufechten hat, der ihn zugleich segnet und zeichnet. Ein
geistiges Versagen kennzeichnet Jaakob in seiner Liebe zu Joseph,
den er ungerechterweise allen anderen Söhnen vorzieht – und eben
dafür wird er zum zweiten Mal aufs Schmerzhafteste bestraft. Die
Söhne führen ihm den blutigen Rock Josephs vor als Zeichen der
Zerreißung durch einen Löwen. Aber auch in dieser Strafe erwartet
Jaakob am Ende Segen: Der scheinbar Verlorene und im Tod Gebor-

gene wird zum Ernährer aller. Dennoch bleibt an der Geschichte
etwas Ungelöstes.

In Joseph wiederholen sich bleibender Segen und strafende
Erniedrigung, dann wieder unerhörte Erhöhung – allerdings mit
einem Makel: Er wird in der Linie der Stammväter Israels im Segen Jaakobs übergangen, sondern nur in seinen Söhnen Ephraim
und Manasse gesegnet. Bis dahin vollziehen sich dramatische Um-
schwünge: von Josephs Träumen der Erwählung vor allen anderen
Brüdern über die Fahrt in die Grube, das Verkauftwerden, das Hi-
nabziehen ins Schlammland Ägypten, den Namenswechsel von Joseph zu Usarsiph (dem Totengott Osiris gehörig), die Sklaverei im
Hause Potiphars, den allmählichen Aufstieg zum Hausverwalter,
die Bedrängung durch Potiphars Frau, die „Mondnonne" Mut-em-
Enet und deren kaum bestandene, auch mit einem leisen Makel
durchsetzte Versuchung, bis zum erneuten Frondienst und dem
endgültigen Wiederaufstieg zum „Herrn" Ägyptens in der unmittelbaren Rangordnung nach dem Pharao (der von Thomas Mann
mit Echnaton gleichgesetzt wird). Die Wiederbegegnung mit dem
Vater setzt Joseph nicht wieder in seine „Sohnesrechte" ein; Joseph
ist zu sehr Ägypter geworden – und hier liegt die Frage nahe: Was
hat Joseph, trotz allen insgeheim behaltenen Wissens vom Höchsten und Einzigen, dem Gott über allen Göttern, denn doch verloren,
zumindest aufs Spiel gesetzt? Worin besteht seine „Gottesferne",
die ihn den Segen des Vaters kostet? Um das zu beleuchten, muss
der Unterschied von Israel und Ägypten, von Monotheismus und
Polytheismus, von Offenbarung und Mythologie deutlich werden.

Die Mühsal der Gotteserfahrung

In literarischer Form höchsten Ranges verknüpft Thomas Mann
seinen Josephs-Roman mit der Frage: Weshalb bewahrt die Gotteserfahrung Jaakob-Israel vor dem Fall in die Scheol Ägyptens, in die
ungleich herrlichere Kultur im Vergleich zum nomadischen Dasein
im kargen Israel? Die Antwort ist bündig: „Euere Toten sind Götter, und eure Götter sind Tote, und ihr wisst nicht, was das ist: der

lebendige Gott."³ War doch die Scheol Ägyptens bei genauem Hin-
sehen eine Totenkultur, die die Lebenden als Sklaven der Toten ein-
forderte. Jaakob formuliert mit grandioser Bewusstheit: „Denn auch
wir sprechen vom Herrn, meinen's aber ganz anders, und ich kann
nicht genug achthaben auf Israels Seele und nicht genug predigen
unterm Unterweisungsbaum, dass der ‚Herr' nicht der Herr ist, weil
nämlich immer das Volk im Begriffe steht, sie zu verwechseln und
rückfällig zu werden auf den [...] Gott nach seiner Lust. Denn Gott
ist eine Anstrengung, aber die Götter sind ein Vergnügen."⁴ Vergnügen, denn die Feste Ägyptens dienen den Götzen: der Buhlerei, der
Vermengung von Tier und Mensch und Göttern. Gerade dieses Mi-
schwesen in immer neuen Metamorphosen der Lebenden mit den
Toten stärkt Josephs Widerstand: „Denn es liegt etwas Taumelhaftes
darin, und ein Dahinfall der Gottesbesonnenheit, die meine Väter
nicht freuen wollte."⁵

„So hatte Abraham Gott entdeckt aus Drang zum Höchsten,
hatte ihn lehrend weiter ausgeformt und hervorgedacht und allen
Beteiligten eine große Wohltat damit erwiesen: dem Gotte, sich
selbst und denen, deren Seelen er lehrend gewann. Dem Gotte, indem er ihm Verwirklichung in der Erkenntnis des Menschen be-
reitete, sich selbst und den Proselyten aber namentlich dadurch,
dass er das Vielfache und beängstigend Zweifelhafte auf das Eine
und beruhigend Bekannte zurückführte, auf den Bestimmten, von
dem alles kam, das Gute und das Böse, das Plötzliche und Grau-
enhafte sowohl wie das segensvoll Regelmäßige, und an den man
sich auf jeden Fall zu halten hatte. Abraham hatte die Mächte versammelt zur Macht und sie den Herrn genannt – ein für alle Mal
und ausschließlich."⁶

„Denn ihm gab Gott die Unruhe ins Herz um seinetwillen, dass
er unermüdlich arbeite an Gott, ihn hervordenke und ihm einen
Namen mache, zum Wohltäter schuf er sich ihn, und er erwiderte dem Geschöpf, das den Schöpfer erschuf im Geiste, die Wohltat

---

3 THOMAS MANN, *Joseph und seine Brüder*, Frankfurt a. M. 1964, 803. (Im Folgenden werden auch andere Ausgaben, alle bei Samuel Fischer/Frankfurt, zitiert – Folge einer sich
   lang hinziehenden Lektüre.)
4 1964, 1274.
5 1964, 831.
6 ⁹2000, 42.

mit ungeheuren Verheißungen. Einen Bund schloss er mit ihm in
wechselseitiger Förderung, dass einer immer heiliger werden sollte
im andern, und verlieh ihm das Recht der Erberwählung, Segens-
und Fluchgewalt, dass er segne das Gesegnete und Fluch spreche
den Verfluchten. Weite Zukünfte riss er auf vor ihm, worin die Völker wogten, und ihnen allen sollte sein Name ein Segen sein."⁷

   Gleichermaßen vermag Joseph, der Lieblingssohn, trotz seiner frühen Verschleppung in das dunkle „Schlammland" wenigstens die Grundzüge seiner Freiheit vom Staatskult freizuhalten.
Konkret: Wieso bewahrt er sich – als Sklave – eine unerklärliche
Kühnheit der Rede vor dem Pharao? Weil er nach Thomas Mann
seine unbegreifliche Bindung an den Höchsten erinnert, wie er
sie in seinem Vater Jaakob sichtbar erfahren hatte: „Eine Überlieferung geistiger Beunruhigung war es, die er im Blute hütete, von
der das ihm nahe Leben, Welt und Wandel seines Vaters bestimmt
waren [...]. Unkenntnis der Ruhe, Fragen, Horchen und Suchen, ein
Werben um Gott, ein bitter zweifelvolles Sichmühen um das Wahre
und Rechte, das Woher und Wohin, den eigenen Namen, das eigene
Wesen, die eigentliche Meinung des Höchsten – wie drückte das
alles sich, vom Ur-Wanderer her durch die Geschlechter vermacht,
in Jaakobs hochgestirnter Greisenmiene, in dem spähend besorgten
Blick seiner braunen Augen aus, und wie vertraulich liebte Joseph
dies Wesen, das sein selber als eines Adels und einer Auszeichnung
bewusst war und, eben als Selbstbewusstsein höherer Sorge und
Kümmernis, der Person des Vaters all die Würde, Gehaltenheit, Fei-
erlichkeit verlieh, die ihre Wirkung vervollständigten! Rastlosigkeit
und Würde – das ist das Siegel des Geistes, [...]."⁸

Götzendienst versus „Gottesvernunft"

Umgekehrt vermag Joseph jedoch nicht, sich aus dem Sog der
ägyptischen Hochkultur zu lösen. Es bleibt zwar das innere und
wahrnehmbare Gezeichnetsein durch seine fremde Herkunft, aber
äußerlich wird er Ägypter, heiratet eine Ägypterin, wird „Herr"
Ägyptens. Tritt er damit nicht auch in dessen Dienst?

---

7   ¹³2006, 279f.
8   1975, 35f.

Der Dienst im Schlammland ist ein Dienst an den Toten, der
die Kraft der Lebenden aufzehrt, indem „der Priester täglich herein-
tritt zu Ptach und ihm den Mund öffnet mit dem dazu kräftigen
Werkzeug, dass er trinken und essen möge, und erneuert ihm
täglich auf seinen Wangen die Schminke des Lebens. Das ist der
Dienst und die Pflege"[9].

In dem alle Fragen versammelnden Religionsgespräch zwischen dem Traumdeuter Usarsiph und dem jungen Echnaton im
Beisein der klugen Königsmutter Teje kennzeichnet der Träumer
Echnaton selbst die alte, abgestorbene Amun-Kultur seines Landes,
die er in den Dienst des einen Gottes Aton zu stellen bemüht ist, um
ihr neues Leben einzuhauchen:

„(Amun) trägt den Namen des Totenherrn, Usirs, des Fürch-
terlichen, auf dem Richterstuhl und mit der Waage, der nur gerecht
ist, aber gnadenlos, und vor dessen Spruch die verängstigte Seele
zittert. Es ist alles nur Verängstigung mit diesem alten Glauben, der
selber tot ist, ein Osar-Glaube, [...]. [...], dass die Seele, die nach dem
Richterstuhl wandert, sieben mal sieben Gefilde des Schreckens
durchschreiten muss, von Dämonen belagert, die sie auf Schritt
und Tritt nach dreihundertsechzig schwer zu behaltenden Zauber-
sprüchen verhören – all diese muss die arme Seele am Schnürchen
haben und aufsagen können einen jeden am rechten Ort, sonst
kommt sie nicht durch und wird schon vorher gefressen, bevor sie
zum Stuhle gelangt, wo sie aber auch alle Aussicht hat, gefressen
zu werden, wenn nämlich ihr Herz zu leicht befunden wird auf der
Waage, und wird diesesfalls dem Ungetüm überliefert, dem Hund
von Amente. [...] eins machen will Amun die Welt in der Dienstbar-
keit starren Schreckens, was eine falsche und finstere Einheit ist,
die mein Vater nicht will, denn er will seine Kinder vereinigen in
Freude und Zärtlichkeit."[10]

So kommt der träumerische Pharao-Knabe zum Bild des Lichtes und der Schönheit Atons:

„Bezeugt es doch, dass der dich liebt, der die Schönheit der
Gestalt schafft durch sich selbst allein, der den Augen Leben und
Seh-Gestalt verleiht durch Seine Schönheit, für Seine Schönheit.

---

9   1964, 564.
10   1964, 1076f.

Man kann die Schönen die Lieblinge des Lichts nennen. [...] Schönheit [...] hat mit Weisheit zu tun, nämlich durch das Mittel des Lichtes. Denn das Licht ist das Mittel und ist die Mitte, von wo Verwandtschaft strahlt nach drei Seiten hin: zur Schönheit, zur Liebe und zur Erkenntnis der Wahrheit. Diese sind eins in ihm, und das Licht ist ihre Dreieinigkeit. Fremde trugen mir die Lehre zu von einem anfänglichen Gott, aus Flammen geboren, einem schönen Gott des Lichts und der Liebe, und sein Name war ‚Erstgeborener Glanz'. Das ist ein herrlicher, nutzbarer Beitrag, denn es erweist sich darin die Einerleiheit von Liebe und Licht. Licht aber ist Schönheit sowohl wie Wahrheit und Wissen, und wollt ihr das Mittel der Wahrheit wissen, so ist's die Liebe."[11]

Aber Joseph leitet den kindlichen Pharao klug durch die Abgründe seiner Theologie: „Ernst und streng ist das Licht, und die Kraft, die von unten zu ihm hinaufstrebt in seine Lauterkeit – Kraft muss sie wahrlich sein und von Mannesart, nicht bloße Zärtlichkeit, sonst ist sie falsch und zu früh daran, und es gibt Tränen."[12]

In der Tat gibt es Tränen, denn das Schwärmen und Ahnen des romantischen Knaben kippt in einen Anfall der Verzückung, der ekstatischen Abwesenheit. Meisterhaft ist die Schilderung einer religiösen Innigkeit, einer Übersüße des Göttlichen, der nur die Wirklichkeit fehlt – und Joseph selbst erinnert sich der Unreife seiner eigenen Jugend: „Da ich ein Knabe war, verzückte es mich wohl, und ich schuf Sorge dem Vater, indem ich die Augen rollte, gehörnten Nacktläufern gleich und Orakellesern. Das hat der Sohn von sich abgetan [...] und hält's mit dem Gottesverstande, auch wenn er deutet. Deutung ist Verzückung genug; man muss nicht auch noch dabei geifern. Deutlich und klar sei das Deuten kein Aulasaukaulala. [...] Es hängt aber [...] die Gefasstheit beim Deuten und Weissagen nach dem Dafürhalten dieses Geringen damit zusammen, dass es ein Ich ist und ein Einzig-Besonderes, durch das die Form und das Überlieferte sich erfüllen – dadurch wird ihnen meines Erachtens das Siegel der Gottesvernunft zuteil. Denn das musterhaft Überlieferte kommt aus der Tiefe, die unten liegt, und ist, was uns bindet. Aber das Ich ist von Gott und des Geistes, der ist frei. Dies aber

---

11   1964, 1054f.
12   1964, 1081f.

ist gesittetes Leben, dass sich das Bindend-Musterhafte des Grunds
mit der Gottesfreiheit des Ich erfülle, und ist keine Menschengesit-
tung ohne das eine und ohne das andere."[13]
So ist weder die Finsternis des Totenkultes mit Osiris und
Amun noch die ihr entgegengesetzte Lichthelle Atons für Joseph, aus
dem dabei die Väter Israels sprechen, das Wahre. Das Wahre bedarf
der Überlieferung (aus der Tiefe) *und* des Ich (des Geistes und seiner
Freiheit), um wahr zu sein. Der Pharaoknabe stößt sich zwar von der
Finsternis der Toten ab und sehnt sich nach dem Licht, aber er hat
noch nicht die Fassung der eigenen Einzigkeit, der Erwähltheit, die
sich dem Gott stellt – er verschwimmt im Pantheismus einer undeut-
lichen All-Liebe. So bleibt er ein jugendlicher, sogar pubertärer, von
Gefühl überschwemmter Rebell ohne Durchsetzungskraft.

Wie steht es aber mit Joseph-Usarsiph, der schon im Namen
dem toten Osiris geweiht ist und all dies Unzureichende weiß und
unterscheiden kann? Geht er dann doch verloren? Gibt es bei ihm
eine Abweichung vom Einmal-Errungenen oder nicht? Bleibt er „Is-
raelit" oder wird er „Ägypter", das meint Abtrünniger?

Es ist die rhythmische und doch individuelle Geschichte Josephs, die Segen, Fall und Aufstieg seines Vaters Jaakob wiederholt – zu welchem Ende und besser noch: Ziel? Thomas Mann lässt
unverhohlen auch die kommende Gestalt Christi in Josephs dramatischen Umschwüngen aufscheinen, ebenso aber auch die mythi-
sche Vorzeichnung durch Tammuz, den zerstückelten und wieder
erweckten Gott. Zugespitzt wird die Josephs-Figur durch den Auf-
prall auf den Eros, den der Jungfräuliche mit einem blauen Auge
besteht. Wie kann er das?

Dramatis personae: Die dem Eros Geopferten – Das verschnitzte Opfer: Potiphar

Thomas Mann fügt der alten Geschichte neue Akzente hinzu, die
der biblische Bericht nicht enthält.[14] Entscheidend: Potiphar, Petepre genannt, ist von seinen Eltern als Kind verschnitten worden, in
einem missverstandenen Opfer an die neue Zeit einer neuen unkla-

---

13   1964, 1056.
14   1964, 655.

ren Gottheit. (654) Ihr gegenüber wollten die Eltern sich absichern, aber im Rahmen ihrer wirren Theologie – wenn man sie so nennen kann – verfielen sie wörtlich auf den „Schnitzer". Das verpfuschte Sohnesopfer drückt die alt gewordenen Eltern immer wieder; ihre Rechtfertigung aus Gottesfurcht will nicht so recht gelingen; die Verwirrung versetzt die Alten, die die Gründe dieses Opfers nicht mehr aufzählen können, in peinliche Gerichtserwartung nach dem Tode. So wird Petepre als fetter und zarter Eunuch gezeigt, der dennoch keineswegs der Würde entbehrt, freilich einer „hohlen Würde"[15], dem innerlich die erlittene Verstümmelung schmerzlich bewusst ist – und der deshalb Josephs erste extemporierte Rede über die nicht-geschlechtliche Fruchtbarkeit in der Natur mit Staunen und verborgener Freude anhört. Auch die folgenden Unterhaltungen mit Joseph, der raschest befördert wird zum Vorleser und Leibdiener, gewähren diese Freude, und zwar bereits aus dem Gefühl heraus, Joseph sei selbst ein Ausgesonderter, „daher denn nichts so geeignet ist, [...] mit dem ungewohnten und darum desto beglückenderen Gefühl des Vertrauens zu beschenken, wie die Entdeckung, dass einer aus der beeiferten Gesamtheit ein strenges Grün im Haare trägt, welches seine Person des üblichen beunruhigenden Charakters entkleidet"[16]. Das strenge Grün ist die Myrte der Jungfräulichkeit und Bräutlichkeit, noch ohne dass gesagt ist, wem der Ausgesonderte zugehört. Jedenfalls verfügt Joseph immer wieder über ein lösendes und tröstendes Wort, und der oberste Verwalter Mont-Kaw erfasst diese Gabe sogleich nach der ersten Rede des Jungsklaven: „Die Götter gaben dir feine Gedanken und lösten dir die Zunge, sie auszusprechen, dass sie sich fügen und schmiegen als wie im Reigen. Der Herr hatte Wohlgefallen daran, und du sollst hinter seinem Stuhle stehen."[17]

---

15   1964, 670.
16   1964, 684f.
17   1964, 673. Die folgenden Zahlen in Klammern entsprechen dieser Ausgabe.

Mitgeopfert: Potiphars Frau – und Nebenfrauen

Trotz seiner Kastration hält Petepre, wie es der hohen Würde gebührt, einen Harem von fünfzehn Nebenfrauen, zynisch gesagt einen Stall „voll von zwitscherndem, kakelndem, lügendem und naschendem Zubehör eines Gebieterlebens" (639), „die selber alle zusammen einen bloßen und leeren Luxus, [...] den ungenießbaren Liebesstaat eines Hofämtlings bildeten". (749) „Denn ohnehin werden sie allzu vollbeleibt vom Naschen und Präpeln und sind schnatternde Stopfgänse allzumal." (627) An ihrer Spitze steht die Herrin, davon sehr abgehoben, die „Erste und Rechte", die von ihren weitaus lässigeren Freundinnen „Mondnonne" genannt wird und es auch ist. Auch ihr ist Leids geschehen, vorderhand unbewusst, da sie dem Verschnittenen schon als Kind angetraut wurde, nun in allem Prunk des „Schwarzlandes" lebt, hochmütig, nicht mehr ganz jung, aber unberührt.

Mut-em-enet, so ihr Name, ist jungfräulich, aber gezwungenermaßen und auf den ersten Blick leidlos: Sie „weiß sich hochmutvoll als Aufgesparte des Gottes, und duftet all ihr Wesen so herb wie das Laub der Myrte". Aber ihre Schwiegermutter Tuji, Mitverschworene ihres Gatten und mitschuldig am doppelten Lebensbetrug an den beiden Jungen, fürchtet „nicht den Tag [...] und die Ehrenordnung des Tages, sondern die stille Nacht und das schweigende Mutterdunkel [...]. Hast du aber die Rache des Lichtes gefürchtet ob unserer Dunkelehe, so fürchte ich Frau zuweilen die Rache des Mutterdunkels". (650) Mut, die schon im Namen die Mutter trägt, bleibt in ihrer Weiblichkeit unentbunden, was sie nicht hindert, eine Dame der ersten Gesellschaft zu sein und in der Maske der heiligen Kuh Hathor vor dem Gott Amun zu singen und zu spielen.

Als „Haremsfrau Amuns" (751) trug diese sakral überhöhte Seite ihres Lebens dazu bei, „die Weltkälte der großen Dame zu erhöhen und ihr das Herz leer zu halten von weicheren Träumen" (751). „Eine elegante Heilige war Mut-em-enet, eine weltkühle Mondnonne, deren Lebenskräfte teils von einer anspruchsvollen Zivilisation verzehrt wurden, teils sozusagen Tempelgut waren und in geistlichem Stolze aufgingen." (752) „Zu allen Zonen und Zeiten hat es dies Vorkommnis temperaturloser weiblicher Weltlichkeit gegeben."

(750) Auf ihrem Boden wartet allerdings eine Dramatik: „Die Ansprüche ihres Geschlechts [...], deren Bilder die wassergeschwärzte Erde und das Mond-Ei, der Ursprung alles stofflichen Lebens, sind, schlummerten stumm und keimhaft in ihr, unbewusst ihrer selbst und ohne gegen die liebevoll-lebenswidrige Verfügung den leisesten Widerspruch zu erheben. Sie war leicht, lustig, ungetrübt, frei. Sie war wie eine Wasserblüte, die auf dem Spiegel schwimmend unter den Küssen der Sonne lächelt, unberührt von dem Wissen, dass ihr langer Stengel im dunklen Schlamme der Tiefe wurzelt." (746f.)

Thomas Mann führt damit tiefenpsychologisch eine starke Verteidigung ihres späteren Tuns und Sprechens ins Feld: Ihr Begehren Josephs sei erst „in äußerster Verwirrung, im höchsten Fieber der Verzweiflung" (743) geschehen, es handle sich „um einen späten Schrei aus letzter Seelen- und Fleischesnot". (743) „Dieses Trugbild lüsterner Hemmungslosigkeit und schamentblößten Verführertums stimmt mit dem, [...] worin sich uns schon ein wenig genaueres Leben auftat, jedenfalls schlecht überein." (744) „Gegen die Annahme, dass Mut-em-enet [...] sich im Stande der Berührtheit wie ein Metze benommen hatte, spricht schon ihre Kinderstube, die nicht adelig genug zu denken ist." (745) Vielmehr lebte sie im „mondkeuschen Ehrenstand [...], der ihr an den streng blickenden Augen abzulesen war". (747)

Als sie dann in „ein mänadenhaftes Straucheln geriet" und mit Joseph schlafen wollte, „(a)ls sie das Wort schließlich mit zerbissener Zunge flüsterte, kannte sie sich selbst nicht mehr; sie war weit außer sich, aufgelöst von Leiden, ein Opfer der geißelschwingenden Rachlust unterer Mächte, denen sie durch ihren Mund verschuldet war, während ihr Auge ihnen kühle Geringschätzung bieten zu dürfen geglaubt hatte". (749)

So nimmt denn das Schicksal seinen Lauf, nachdem Mut-em-enet immerhin sieben Jahre nach dem Eintritt des Sklaven Usarsiph in das Haus erstmals mit der „Lebensrute" geschlagen wurde. Seitdem versengt der Atem des Feuerstiers die Felder. (839)

Josephs Jungfräulichkeit

Das Techtelmechtel zwischen Joseph und der Frau seines verehrten
und bemitleideten Herrn nimmt breiten Raum ein. Denn es wiederholt parallel auf *erotischem* Gebiet, was Joseph insgesamt in Ägypten an Verlockung auf *religiösem und kulturellem* Gebiet zu bestehen
hat: den Abfall in das Lockende, Fremde, Genussbringende, in die
tier- und menschengestaltigen Götter, in das Verwirrende, Schlei-
erhafte der Welt. (637) Mit einem Wort: Die erotische Versuchung
versucht ihn auch zum Abfall vom Gott seines Vaters Israel. Dieses
Ineinanderblenden von erotischer und religiöser Verführung oder
aber von erotischem und religiösem Widerstand ist große erzähle-
rische Kunst.

Im Kampf um die „Gottesklugheit" ist Josephs geschlechtliche
Enthaltung deutlich die entscheidende Waffe. Sie ist das eigentliche
Werkzeug in der Fechtschule – im Unterschied zum ägyptischen
Aulasaulakaula festlich enthemmter Sexualität, die die religiösen
Feiern der Ägypter meist durchwirkt. Es spricht klar für Thomas
Manns' Durchdringung des Stoffes, dass er die Keuschheit Josephs
keineswegs nur als sexuellen Verzicht kennzeichnet, vielmehr umgekehrt entspringt sie einer erotischen Grundeinstellung gegenüber dieser Welt. Sie entspricht nicht einem Rückzug, im Gegenteil:
einer Zuwendung zu allem Liebens-Werten, Liebe Anfordernden,
sie entspricht einer Liebe zum Ganzen.

Seine „berühmte Keuschheit war tatsächlich so weit entfernt,
ein Erzeugnis seiner Unbegabtheit zu sein, dass sie vielmehr im
geraden Gegenteil auf einer Gesamtdurchdringung der Welt und
seines Wechselverhältnisses zu ihr mit Liebesgeist beruhte, einer
Allverliebtheit, die ihre umfassende Bezeichnung darum so ganz
verdiente, weil sie an den Grenzen des Irdischen nicht haltmachte,
sondern als Arom, zarter Einschlag, heikle Bedeutung, verschwie-
gener Untergrund in durchaus jeder Beziehung, auch der schauer-
lich-heiligsten, gegenwärtig war. Dass sie es war, eben daraus ging
die Keuschheit hervor"[18].

Sie hat also mit Welt zu tun, mit der ungeschmälerten Hingabe an (geradezu) alles. Dennoch geht sie durch eine herbe Schule.

---

18   1964, 840.

Denn natürlich tut sich gerade dem Hingabe-Fähigen die Liebe zu einem Besonderen, einem besonders Lockenden auf, einem genauen Gegenüber, und das wird noch verstärkt durch den Trieb, den Atem des Feuerstiers. Und Joseph ist schon einmal an einer zu starken Liebe gescheitert: jener seines Vaters Jaakob, die ihn übermütig machte und „in die Grube" brachte, und so muss er die Rolle des Lieblings neu lernen, indem sich die Hand des eifersüchtigen Gottes über all sein Tun legt. Joseph steht in einem Bund, sogar in einem ererbten Ehebund, ob er es will oder nicht. Ein Griff hat ihn ergriffen, der sein ganzes Leben packt.

Dies bringt Thomas Mann in einen volltönenden sprachlichen Akkord: „Eine neue, höhere Lieblingschaft und Erwählung war es, in der es nun, nach der Grube, zu leben galt, im bitter duftenden Schmuck der Entrafftheit, der aufgespart war den Aufgesparten und vorbehalten den Vorbehaltenen. Den zerrissenen Kranz, den Schmuck des Ganzopfers, er trug ihn neu – nicht mehr in vorträumendem Spiel, sondern in Wahrheit, das hieß: im Geiste [...]."[19]

Der „bitter duftende Schmuck der Entrafftheit" ist die Myrte, der bräutliche Kranz, der neu übernommen werden muss, als Zeichen der Erwähltheit durch den Gott, der die Seinen *ganz* anfordert. Auch Mut-em-enet duftet in erzwungener Enthaltsamkeit nach Myrte, aber ihre Götter sind fleischlich, tierisch, großenteils dumpf missverstandene Entwürfe fromm-irregeleiteter Phantasie. Der Gott Israels ist anders, von eifersüchtiger Klarheit und duldet niemanden neben sich. Schon Jaakob weiß es: „Gott aber hat dir das Kleid zerrissen und meine Liebe zurechtgewiesen mit mächtiger Hand, gegen die kein Löcken ist. Er hat dich gesondert und dich abgetrennt von meinem Hause; das Reis hat Er vom Stamm genommen und es ist in die Welt verpflanzt – da bleibt nur Gehorsam."[20]

Aber aufgrund seiner Geweihtheit an diesen Gott bringt Joseph überraschend eine innere Beruhigung für den Eunuchen Petepre, der seiner Frau erklärt: „Er und die Seinen aber sind unter einem Gott, den ich nicht kannte und dessen Eifer mich überraschte. Denn der Einsame brennt auf Treue und hat sich ihnen verlobt als Blutsbräutigam – es ist eigentümlich genug. Grundsätzlich tra-

---

19 1964, 519f.
20 1943, IV, 551f.

gen sie alle das Kraut und sind aufgespart ihrem Gotte gleich einer Braut. Aber unter ihnen erliest er sich noch einen besonders
als Ganzopfer, dass er ausdrücklich den Schmuck trage geweihter
Jugend und sie dem Eifrigen aufgespart. Und, denke dir, so einer ist
Osarsiph!" (784)
    Auch Petepre ist Ganzopfer, aber für ein sprachloses Nichts, das
nicht benannt werden kann. Joseph hingegen ist Ganzopfer eines
Gottes in einer sich immer klarer ausfaltenden Theologie, es ließe
sich sagen: in einer erotischen Theologie – Gott zwingt die Seinen
in einen bräutlichen Bund. Bräutlich bedeutet dabei zugleich gewalt-
sam, rücksichtslos, fordernd – Gott ist „Blutsbräutigam". Durch diesen Bund gefeit, gewinnt Joseph den Kampf mit der Frau, allerdings
unter steter Gefährdung und insgesamt nicht schuldlos, wie er wohl
weiß. Denn natürlich haucht der Feuerstier ihn an, natürlich gefällt
sich Joseph halb und halb in der Aura des maßlos Geliebten, der sich
immer wieder entzieht, natürlich kommt er nur mit äußerster Not
davon, lässt sich denn auch widerspruchslos festnehmen und fährt
zum zweiten Mal in die Grube. Diesmal in ein Fron-Gefängnis Pharaos im Nirgendwo des Nildeltas, und nicht für drei Tage, sondern
für drei Jahre: noch einmal in die tiefste Erniedrigung – vor der äußersten Haupt-Erhebung zum Ersten Diener Pharaos.
    Aber klarerweise: Eros und Jungfräulichkeit stehen in tiefster
Verbindung – sie steigern einander geradezu. Und so ist das Kapitel
„Von Josephs Keuschheit" (1964, 839–849) aufs sorgfältigste durchdacht. Thomas Mann entfaltet sieben Gründe für Josephs Stand-
halten, trotz seiner unbestreitbaren seelischen und auch leiblichen
Erregung, die ihn zuletzt fast abstürzen lässt.

Die sieben Gründe lauten:

> Theologisch: „Er war gottverlobt, [...] er trug dem besonderen
> Schmerze Rechnung, den Treulosigkeit zufügt dem Einsa-
> men" (843) – Angelobung also an Gott.

> Sozial: die verwandte Treue zu Potiphar.

> Erotisch: Als Mann will Joseph selbst werben, nicht geworben
> werden: „nicht Ziel, sondern Pfeil sein [...] der Lust". (843)

Kulturell: Mut-em-enet ist Sinnbild des verheißungslosen, „starren" Totenlandes – Joseph aber erwählt für die Zukunft.

Familiär: Keine „Schändung" des Vaters (wie Ruben), indem er Potiphar als dem neuen Vater die Frau nimmt.

Religiös: Kein „Bund mit Scheol", der brünstigen Tiefe.

Alles umfassend: Als Sohn vollzieht er keine „Entblößung" des Vaters: „Was ihn aber vermochte, sich loszureißen und von ihr hinauszufliehen im letzten, äußersten Augenblick, war dies, dass Joseph das Vaterantlitz sah [...] Also Jaakobs Bild? Gewiss, das seine (... aber) Jakobs Züge vermischten sich darin mit Potiphars Vaterzügen, Mont-kaw, dem bescheiden Verstorbenen, ähnelte es in einem damit, und viel gewaltigere Züge noch trug es alles in allem und über diese Ähnlichkeiten hinaus." (934)

Der Vater hält den Sohn – mit diesem letzten Geprägt-Sein durch die lebendige Herkunft, die Herkunft des Lebens aus dem Vater, ist die Schranke dicht, sogar gegen das durchbrechende eigene fleischliche Verlangen. Große Kunst der Gestaltung: die Apotheose des Vaters als des Letzt-Bindenden, in letzter Richtigkeit. Die Apotheose des Jungfräulichen, der sich einem anderen Eros aufspart.

Würde des Ich

Der entscheidende Durchbruch zu dieser Gerichtetheit gelang bereits Abraham, dem Stammvater. In den Worten Jaakobs: „Wer aber auf sich hält, wie Abram es tat, als er entschied, dass er, und in ihm der Mensch, nur dem Höchsten dienen dürfe, der zeigt sich zwar anspruchsvoll, wird aber mit seinem Anspruch vielen ein Segen sein. Darin eben erweist sich der Zusammenhang der Würde des Ich mit der Würde der Menschheit. Der Anspruch des menschlichen Ich auf zentrale Wichtigkeit war die Voraussetzung für die Entdeckung Gottes, und nur gemeinsam, mit dem Erfolge gründlichen Verkommens einer Menschheit, die sich nicht wichtig nimmt, können beide Entdeckungen wieder verlorengehen."[21]

---

21   1964, 1280.

Es ist unabdingbar, den Menschen als Adressaten Gottes herauszustellen – in seiner Unverwechselbarkeit. Nicht alle sind gemeint, sondern ein Ich – erst darauf und in diesem alle. Nicht aus
der Menschheit leitet sich der Einzelne ab, sondern aus dem Einzelnen die Menschheit – diese Folge ist unumkehrbar.[22]
Religionsgeschichtlich lässt sich, Thomas Mann bestätigend,
sagen: „Was die heidnische Welt vermissen lässt, ist eine Konzeption des Menschen, der offen wäre für das Wort und fähig, einen
Dialog mit Gott aufzunehmen und Ihm seine irdische Existenz
vollends anzuvertrauen."[23] „Also das Unterscheidungsmerkmal bildet die Idee des Dialogs – denn Menschen und Götter des Heidentums sind grundsätzlich dialogunfähig. Reden, die sie führen, sind
entweder monologisiert oder aber bar jeglicher Bedeutung. Das
menschliche Leben wird vielmehr vom blinden Schicksal – dem Fatum – bestimmt. Das Fatum ist eine wortlose, düstere und stumme
Macht. Was nützt dann die Wehklage Antigones? Welchen Sinn haben mithin noch die Fragen des Ödipus? Das Heidnische am europäischen Menschen, das tief in seiner Seele verborgen liegt, äußert
sich in seiner Neigung, das Prinzip des Dialogs zugunsten des wie
auch immer vorgefassten Fatumglaubens aufzugeben."[24]
   Im Dialog zwischen zweien, die „Ich" sagen können, wurzelt nach Thomas Mann die Qualität Israels, die sich dem Christentum mitgeteilt hat und in ihm ausgestaltet worden ist. Sie ist
das bleibend Unterscheidende zu anderen Kulturen. „Die Kritik
(Nietzsches), die das (19.) Jahrhundert am Christlich-Moralischen
übt (von Dogma und Mythologie zu schweigen), die lebensgefühlsmäßigen Korrekturen, die es daran vornimmt, bleiben, so tief sie
reichen, so umgestaltend sie wirken mögen, Oberflächenbewegung.
Das Unterst-Bedingende, Bestimmende und Bindende, die kulturel-

---

22   Vgl. Thomas Mann, *Lübeck als geistige Lebensform*, in: Ders., *Altes und Neues. Kleine
     Prosa aus fünf Jahrzehnten*, Frankfurt a. M. 1953, 199: „Man gibt das Persönlichste und
     ist überrascht, das Nationale getroffen zu haben. Man gibt das Nationalste – und siehe,
     man hat das Allgemeine und Menschliche getroffen – mit viel mehr Sicherheit getroffen, als wenn man sich den Internationalismus programmatisch vorgesetzt hätte."

23   Stéphane Mosès, *Système et Révélation*, Paris 1982, 280; zit. n. Józef Tischner
     (Anm. 24).

24   Józef Tischner, *Ethik der Solidarität*, in: Wilhelm Breuning, Hanspeter Heinz
     (Hg.), *Damit die Erde menschlich bleibt. Gemeinsame Verantwortung von Juden und Christen für die Zukunft*, Freiburg i. Br. 1985, 114–127, hier: 115.

le Christlichkeit des abendländischen Menschen als das Einmal-Errungene, Nie-zu-Veräußernde berühren sie gar nicht."[25] Dieses Einmal-Errungene ist die Würde des Menschen, die zugleich keine Überhebung erlaubt. In einem Lehrgespräch Josephs mit dem Knecht und Meister Eliezer kommt es zu der rabbinischen Frage: „,Aus welchen drei Gründen schuf Gott den Menschen als letztes nach allem Gewächs und Getier?' Dann musste Joseph antworten: ,Am allerletzten schuf Gott den Menschen erstens, damit niemand sagen könne, er habe mitgewirkt bei den Werken; zum zweiten um des Menschen Demütigung willen, damit er sich sage: ,Die Schmeißfliege ging mir voran', und drittens, damit er sich alsobald zum Mahle setzen könnte, als der Gast, für den alle Vorbereitungen getroffen.'"[26]

In solcher geschmeidigen Gegenspannung steht die Beziehung zwischen Gott und Mensch.

Gefahr des Mythos: Verschwimmen des Ich

Insgesamt ist noch eine Gefährdung des Gesamtansatzes Thomas Manns anzudeuten. Was er an Joseph und bereits in Jaakob versinnbildet, sind Urbilder, Ursprungsgeschichten. „Einst" enthält im Deutschen den Doppelsinn von vergangen und zukünftig: Es ist das Grundwort des Mythos.

„Denn es ist, ist immer, möge des Volkes Redeweise auch lauten: Es war. So spricht der Mythus, der nur das Kleid des Geheimnisses ist; aber des Geheimnisses Feierkleid ist das Fest, das wiederkehrende, das die Zeitfälle überspannt und das Gewesene und Zukünftige seiend macht für die Sinne des Volks. Was Wunder, dass im Feste immer das Menschliche aufgärte und unter Zustimmung der Sitte unzüchtig ausartete, da darin Tod und Leben ein-

---

25 THOMAS MANN, *Meerfahrt mit Don Quijote*, Frankfurt a. M. 1956, 47. Dem Gedanken unveräußerlicher geistiger Freiheit entspricht Thomas Manns Rede 1929 über Lessing: „Er hat das Licht geliebt – darin nennt man ihn mit Recht einen Aufklärer. Er hat die Dummheit gestachelt, die Lüge verfolgt, Knechtssinn und Geistesfaulheit gegeißelt und die Freiheit des Gedankens mit ernstester Ehrfurcht geschützt. [...] Er hat an die Menschheit und an ihr kommendes Mannesalter geglaubt."

26 1964, 296.

ander erkennen? – Fest der Erzählung, du bist des Lebensgeheim-
nisses Feierkleid, denn du stellst Zeitlosigkeit her für des Volkes
Sinne und beschwörst den Mythus, dass er sich abspiele in genauer
Gegenwart! Todesfest, Höllenfahrt, bist du wahrlich ein Fest und
eine Lustbarkeit der Fleischesseele, welche nicht umsonst dem Vergangenen anhängt, den Gräbern und dem frommen Es war."[27]

Dieses Verschwinden der Gegenwart in der Ewigkeit des „immer schon", die gleichbleibende Wiederholung der Urereignisse
lässt die Genauigkeit des Ich verschwimmen. So spricht Joseph
zum Pharao: „Denn was wahr ist, ist nicht die Wahrheit. Die ist
unendlich fern, und unendlich alles Gespräch."[28] Die Konturen der
Abfolge, der Einmaligkeit, der historischen Zeit lösen sich im Mythos auf: „Was uns beschäftigt, ist nicht die bezifferbare Zeit. Es
ist vielmehr ihre Aufhebung. [...] Die Könige von Babel und beider
Ägypten [...] und alle ihre Nachfolger waren Erscheinungen des Son-
nengottes im Fleische – und das heißt, der Mythus wurde ihnen
zum Mysterium, und zwischen Sein und Bedeuten fehlte es an jedem Unterscheidungsraum."

Aber nicht nur in „Ägypten" verschwimmen die Konturen.
Jaakob selbst kommt aus dem urbildlichen Wandern Abrams, und
der mitwandernde Knecht Eliezer ist selbst nur die Wiederholung
eines früheren Eliezer und vielleicht Halbbruders von Abram ... und
so fort. So wiederholt ja auch Joseph den Vater und die väterlichen
Höllenfahrten und in ihnen jene des zerstückelten und wieder auf-
erstehenden Tammuz.

Darin liegt eine tiefe Gefährdung eben des Einzelnen, und was
zuvor von seiner Würde gesagt wurde, scheint sich damit zu verflüchtigen. „Denn mit dem Warum der Dinge kommt niemand zu
Ende. Die Ursachen alles Geschehens gleichen den Dünenkulissen
am Meere: eine ist immer der anderen vorgelagert, und das Weil,
bei dem sich ruhen ließe, liegt im Unendlichen."[29]

Bleibt nur die Würde der Urbilder, oder was erhebt sich gegen
die Mythisierung, was bricht ihre Unendlichkeit, in der alles Einzelne als Wiederkehr des Gleichen erscheint?

---

27   1975, I, 38f.
28   1943, IV, 212.
29   1964, 1218.

Auf der einen Seite steht dagegen die Spätzeit selbst, das heißt
eine Subjektivität, die Thomas Mann kunstvoll aus der Moderne
einblendet. „Es war schon Spätzeit, das Schon-fernab-Sein einer Gesellschaft von Enkeln und Erben von den Gründungen und Mustern
der Väter. [...] Das sprach den Joseph an, weil er selbst schon spät
daran war nach Zeit und Seele, ein Sohnes- und Enkelfall, leicht,
witzig, schwierig und interessant. Darum war ihm hier gleich als
wie dem Fisch im Wasser, und gute Hoffnung erfüllte ihn, dass er
es mit Gottes Hilfe und ihm zu Ehren weit bringen werde in Pharaos Unterland."[30]

Auf der anderen Seite ist die Subjektivität selbst ein Problem,
zerstört sie doch – wieder spätmodern gedacht – die Wahrheit, auch
die Wahrheit als Möglichkeit von Beziehung. So sagt Joseph zu Ked-
ma, dem Sohn des Ismaeliten: „Aber siehe, die Welt hat viele Mitten,
eine jede für jedes Wesen, und um ein jedes liegt sie in eigenem
Kreise. Du stehst nur eine halbe Elle von mir, aber ein Weltkreis
liegt um dich her, deren Mitte nicht ich bin, sondern du bist's. Ich
aber bin die Mitte von meinem. Darum ist beides wahr, wie man
redet, von dir aus oder von mir."[31]

Beide Formen der Distanzierung vom Mythos sind, wie sofort zu sehen, selbst schwierig, ja, sie gehören zu dem kulturellen
„Verfall", der keine Lösung bietet, nur ein doppeltes Auflösen und
Verflüchtigen von Wahrheit. Gerade darin kann man die vielzitier-
te Ironie Thomas Manns erkennen, dass alle „Lösungen" aus dem
Mythischen, die angeboten werden, sei es aus der „Gottesvernunft"
des Einmaligen, sei es aus dem „Witz" des Spätlings, sei es aus der
Relativität der Wahrheit, sich doch wieder in den „Kulissen" des Mythos verfangen.

Daher mag ein Vorwurf gegen Thomas Mann begründet sein:
Er führe zu einer Remythologisierung des Alten Testaments (so Romano Guardini). Kierkegaard bringt das Gefährliche des Mythos auf
den Punkt: „Der Mensch soll nach der Lehre des Christentums in
Gott aufgehen nicht durch ein pantheistisches Verschwinden, nicht
durch eine Auswischung aller individuellen Züge in dem göttlichen
Ozean, sondern durch eine potenzierte Bewusstheit: ‚der Mensch

---

30   1936, III, 221.
31   1936, III, 10.

soll Rechenschaft ablegen für jedes ungehörige Wort, das er geredet hat'. Und wenn die Gnade die Sünde auswischt, so geht doch die Vereinigung mit Gott vor sich in der durch diesen ganzen Prozess abgeklärten Person."[32] Eben diese Personalität wird aber im Verfahren Thomas Manns immer wieder mythisch unterfangen, verwischt, in eine *sfumatura* gehüllt durch die endlos kreisenden Urerzählungen. Dieses Unklare wird durch die Dialektik des Erzählens verstärkt. Denn ist die Erhöhung im „Unteren Land" überhaupt eine Erhöhung? „Im Urteil des Vaters erscheint der seltsam Erhöhte als Sinnbild des Falles. [...] Trotz aller Begnadung mit geistiger und körperlicher Schönheit, trotz des Glanzes seiner äußeren Stellung ist Joseph ein tragischer Held. Er ist wie alle seine Vorgänger der seinen Ursprüngen entfremdete, der sich verlierende, der versagende Mensch."[33] Diese Deutung hat viel für sich; darauf verweist auch die Verweigerung des väterlichen Segens, der kummervoll die Erblinie überspringt, dabei im Tadel auch den Selbsttadel einschließt. „Er hat dich erhöht über deine Brüder, wie du dir's träumen ließest – ich habe, mein Liebling, deine Träume immer im Herzen bewahrt. Aber erhöht hat Er dich über sie auf weltliche Weise, nicht im Sinne des Heils und der Segenserbschaft – das Heil trägst du nicht, das Erbe ist dir verwehrt. Du weißt das? [...] Du bist der Gesonderte. Abgetrennt bist du vom Stamm und sollst kein Stamm sein."[34]

---

32 Sören Kierkegaard, *Die Tagebücher 1834–1855*, 20.8.1838, übers. v. Theodor Haecker, München ⁴1953, 106. Vgl. Martin Buber, *Sage und Geschichte*, in: Ders., *Werke. Bd. II: Schriften zur Bibel*, München/Heidelberg 1964, 21: „Alle Verherrlichung gilt hier dem wirkenden Gotte allein: der in seinem Auftrag handelnde Mensch ist in seiner ganz unverklärten Menschlichkeit dargestellt. Der wundertätige Stab in seiner Hand macht ihn nicht zum Inhaber übermenschlicher Gaben: bedient er sich seiner einmal unbefohlen, unterliegt er dem Gericht; und wenn beim Niederstieg vom Sinai sein Antlitz strahlt, ist es nicht eine Ausstrahlung seines eigenen Wesens, sondern nur der Abglanz eines oberen Lichts. Durch diese Abrückung der Menschen vom mythischen Element ist die Erzählung in eine Atmosphäre ‚heiliger Nüchternheit' getaucht, eine trockene Atmosphäre gleichsam, die uns vielfach den Blick in einen geschichtlichen Kern freigibt."
33 Hellersberg-Wendriner, *Mystik der Gottesferne*, 96.
34 1943, IV, 551f.

Mystik der Gottesferne?

Damit steht Thomas Manns großer Wurf vor der Frage, ob sich darin tatsächlich eine Mystik aussage. Heinrich Mann schrieb an seinen Bruder am 25. Dezember 1933: „Das heutige Deutschland könnte bei Dir lernen, dass die äußerste Intellektualität sich, man weiß nicht wie und wo, in Mystik verwandelt – oder auch, dass Mystik etwas zu Denkendes ist. Aber wenn das heutige Deutschland so viel lernen könnte, wäre es nicht das heutige." Man kann zustimmen, dass es sich bei dem Josephsroman um eine Mystik des *Denkens*, um eine intellektuelle Mystik handelt.[35] Aber im ganzen Verlauf der Darstellung zielt sie nicht vorrangig auf die Gottesferne eines späten Geschlechts, das den Glauben der Väter eingebüßt hat. Joseph ist „verwickelter" zu lesen, gedankenreicher. Möglicherweise, 90 Jahre zurückgedacht, meint Thomas Mann mit der Josephserzählung der bloßen Einfriedung der Religion ins Verstehen und schon Verstandenhaben entgegenzuwirken: denn „das schien uns immer der Abkürzung, Aussparung und Eintrocknung zu viel: wie ein ausgenommener, gesalzener und gewickelter Überrest der Wahrheit erschien es uns, nicht wie ihre Lebensgestalt [...]"[36] Wie gelangt man zurück zum Ursprung der Gottesfrage? Was ist die Lebensgestalt der Wahrheit? „Joseph der Ägypter" ist offenbar ein „Mann des Wendepunktes und der Vertauschung der Eigenschaften, der oben und unten zu Hause war."[37] „Er war ‚t'àm', die Brüder einigten sich auf diese Kennzeichnung. Er war zweideutig, doppelgesichtig und ein Mann des Zugleich."[38] Aber zum Doppelgesicht gehört das Unentscheidbare: Ist Joseph wirklich verloren, oder steht er in der Spannung, die nach Thomas Mann das Menschliche ausmacht? Er kennzeichnet es als „ein Menschentum, das gesegnet ist oben vom Geiste herab und ,aus der Tiefe, die unten liegt'"[39]. In der letzten Formulierung ist wörtlich der biblische Segen des ster-

---

35 Hans-Rüdiger Schwab verdankt sich der Hinweis, dass mit diesem Typus von Mystik eine Unterscheidung zur zeitgenössischen völkischen „Mystik" des Blutes getroffen sei.
36 1964, 1101.
37 1943, IV, 403.
38 1943, IV, 404.
39 THOMAS MANN, *Brief vom 18. Februar 1941 an Karl Kerényi*, in: THOMAS MANN, KARL KERÉNYI, *Gespräch in Briefen*, München 1967, Werke XI, 651; kontextuell bezogen auf die Verbindung von Mythos und Psychologie.

benden Jaakob enthalten: „Der Gott deines Vaters – er helfe dir! –
Gott, der Allmächtige – er segne dich! –, mit Segnungen vom Himmel droben, mit Segnungen aus der Wassertiefe, die drunten lagert,
mit Segnungen aus Brüsten und Mutterschoß." (Gen 49,25)

Vor diesem Horizont scheint es sich nicht einfach um Ferne
und Abfall einer Sohnes- und Enkelgeneration der Urwanderer
zu handeln, sondern um einen Abfall in den nicht überwunde-
nen Ursprung „unten", damit aber auch um das Einholen des Ursprungs. So bieten die mythischen Erzählungen immer wieder den
Mutterboden, den Rachel-Anteil an Joseph, das „Ägyptische" und
Schlammige, aus dem sich der Berufene erhebt. Es wäre falsch, hier
von einer „Versöhnung" zu sprechen, eher von einem fruchtbaren
Widerstreit von Dunkel und Licht. Die Höllenfahrt in die Grube, wo
der von seinen Brüdern Geschändete drei Tage und Nächte liegt, ist
nicht zu „versöhnen" mit dem späten Aufstieg, in dessen Glück er
diese mörderischen Brüder ernährt und beschenkt. Dennoch bleibt
die Grube auf den späteren Herrn über Ägypten bezogen, dennoch
bleibt Ägypten auf Israel bezogen, denn Joseph behält das väterliche
Erbe unterscheidend, unverlierbar im Geist.

Verschlungen und verwoben ist das Ganze dieses Lebens, und
glücklich der Glaube, der diese unabsehbaren Tiefen mitträgt und
sie immer wieder ins Geistige löst und übersteigt. Der Humanismus Thomas Manns weiß, „dass der Mensch ein Wesen ist, welches
am Geiste teilhat, und dass das Religiöse in ihm, in seiner Zweiheit
aus Natur und Geist beschlossen liegt. [...] Es bildet den Gegenstand
des Romans, an dem ich schreibe, eines Buches, noch krauser und
eigensinniger vielleicht als das vorige [...]"⁴⁰.

Es handelt sich um eine Mystik des dunklen Ursprungs, aus
dem die Berufung ins Licht ergeht – um von diesem immer wieder
in die Verlorenheit rücktauchen zu müssen –, um wieder die Bewegung auf das Licht zu vollziehen. Wenn die Gegenwart sich ebenfalls in einer Remythisierung und Repaganisierung weithin gegen
das Christentum vollzieht oder zu vollziehen scheint – ist es möglicherweise die Grube der Gottesferne, aus der die Gefesselten eines
Morgens wieder gezogen werden, um sich mit neuer Lust dem Gott

40   THOMAS MANN, *Fragment über das Religiöse (1931)*, in: DERS., *Über mich selbst. Autobiographische Schriften*, Frankfurt a. M. 1994, 378–380, hier: 379f.

der Väter zuzuwenden? Bis zur endgültigen Apokalypse, was heißen will, Entbergung des Lichts, ist dieses Hin und Her wohl nicht
zu vereindeutigen, erst dann wird die Lösung des Verworrenen zu
erwarten sein: Ob die Gegenwart stärker im Abfall in die Grube
befangen ist oder schon wieder aus ihr ins undeutlich geahnte Licht
gezogen wird? Immer gilt aber: „Ernst und streng ist das Licht, und
die Kraft, die von unten zu ihm hinaufstrebt in seine Lauterkeit –
Kraft muss sie wahrlich sein und von Mannesart, nicht bloße Zärtlichkeit, sonst ist sie falsch und zu früh daran, und es gibt Tränen."[41]

---

41 1964, 1081f.

Hoffnungsvoll, verwundet, leidenschaftlich, alltäglich: Ehe, Einsamkeit und Gnade im Blick von Ida Friederike Görres

Hanna-Barbara Gerl-Falkovitz

1. Die Herausforderung

Ehe kommt von „ewig" – und da stockt schon der Atem. Denn was sind Hilfen zur Ewigkeit in diesem vorläufigen Leben? Nach heutiger Erfahrung erlebt das angeblich Ewige Zerreißungen, die nicht mehr zu überbrücken sind.

Ida Friederike Görres, die als Ida Gräfin Coudenhove in ihrer Jugend 1924 als Novizin bei den damals noch so genannten „Englischen Fräulein" in St. Pölten weilte, schrieb als verheiratete Frau am Ende ihres Lebens ein Buch: „Was Ehe auf immer bindet". Nur acht Tage vor einer Rede im Rahmen der Würzburger Synode, um den 6. Mai 1971, beendete sie das Typoskript des Buches – angetrieben von dem ringsum erfahrenen Einbruch der Ehelehre und einer Vergleichgültigung des Eros, der Treue, der Fruchtbarkeit. Am 15. Mai 1971 starb sie in Frankfurt nach einer leidenschaftlichen Rede vor den Synodalen.

An dem Buch über Ehe, ihrem „Testament", scheint nichts veraltet. Es wurde zum Vermächtnis einer großen Schriftstellerin, die es wiederzuentdecken gilt, nachdem sie vom klassischen „Vergessen" im Kulturbruch nach 1968 eingeholt wurde. Ihre Potenz, ihre ursprüngliche Denkkraft wird sich erneut durchsetzen.

Dem letzten Buch ging ein anderes voraus, ähnlich in eine Zeitenwende hineingesprochen, nämlich nach dem Zweiten Weltkrieg: „Von Ehe und Einsamkeit"[1]. Auch dieses schmale Buch, in vier „Briefen" geschrieben, trifft wahrhaftig heute ins Schwar-

---

1   Verlag Josef Knecht, Frankfurt a. M. 1949; neu aufgelegt Wien 2011.

ze. Die Schwierigkeiten einer tragenden Beziehung sind offenbar dieselben geblieben, denn vor einer Bindung schrecken allzu viele zurück: Wieso nur du und für immer? Wieso unauflöslich? Wie sich selbst retten, wenn alles bricht? Und ebenso wenig lassen sich die Nöte des wider Willen Einsamen, heute: des Singles, betäuben: Warum findet man keinen Partner? Zu anspruchsvoll – zu wenig attraktiv – zu verklemmt – zu idealistisch – zu unweiblich/unmännlich – zu unauffällig etc.? Gibt es einen Rat, über Psychologie und Lebensklugheit hinaus, der ernsthaft weiterträgt?

Was dieses erste Buch von 1949 so anziehend und frisch macht, sind drei Dinge: der unverblümte Inhalt, die farbige Sprache, die ungewohnte religiöse Aufhellung von Fragen.

Der unverblümte Inhalt: Alle Einwände gegen Ehe als „unmögliche Dauerbindung" werden vorgebracht – nichts hat sich seitdem verändert. Aber auch alle Erfahrungen des „unerfüllten" Alleinseins werden – ja, herausgeschleudert, zornig und traurig. Und werden in der Antwort aufgegriffen, behutsam vertieft, in ihrem wahren Anspruch geklärt, in der Übertreibung abgewiesen – bis sich die großen Möglichkeiten herausschälen, wie Leben in riskanter Balance, aber doch zu bestehen ist: das ganze Leben mit einem anderen Menschen oder das ganze Leben ohne einen bestimmten anderen, mit vielen Menschen. Beides hat seine je eigenen Lasten, die nicht schönzureden sind, aber ohne Bitterkeit geschultert werden wollen; beides hat seine Erfüllungen, aber auch seine Abstürze. Und trotzdem können sie gemeistert werden. Auch die (Selbst-)Missverständnisse der ersten großen Liebe werden im vierten Brief behutsam beleuchtet – ein Lehrstück über die menschliche Hingabefähigkeit und die gefahrenreiche Selbsttäuschung in einem. Aber ein Lehrstück, das nicht demütigt. Hier spricht mehr als Gefühl; hier spricht Erfahrung.

Die farbige Sprache: Es gehört zur Stärke des Buches, schwierige, ja in der menschlichen Tiefe verborgene Sachverhalte so lange zu umkreisen, bis sie durchsichtig werden. Es ist eine Sprache voll Leidenschaft, die ein schlagendes Herz, aber auch einen analytischen Geist spüren lassen: ebenso zuchtvoll wie schöpferisch, ebenso elegant wie kämpferisch. Eine unvergleichlich nuancenreiche

Sprachkunst verleiht den Ausführungen ihre Deutlichkeit, mehr noch ihre Überzeugungsstärke. Religiöse Aufhellung: Das Kostbare an diesem Denken ist die Kraft, Gott ins Spiel zu ziehen. Nicht als Lückenbüßer und Allheilmittel, sondern als lebendigen Wider-Stand, an dem man sich aufrichten kann. „Stützen kann nur, was widersteht", so formuliert Ida Görres öfter. Und gerade das erweist sich als hilfreich. Denn wenn man meint, das Ganze müsste auf den „heutigen religionsfernen Menschen" zugeschnitten sein, damit man ihn auf keinen Fall überfordere oder gar herausfordere, so gilt der kluge Satz von Botho Strauß: „Er braucht nicht abgeholt zu werden, sondern wird angezogen, nähert sich von selbst, wenn jemand von einer etwa zehn Zentimeter höheren Warte zu ihm redet."

So gibt Ida Görres ein tiefes Plädoyer für die Unauflöslichkeit der Ehe, für das leiblich Verbindende und Verbindliche, weil der Mensch „menschlich lieben will, mit Leib und Seele beschenkt und hingegeben und geborgen und behalten sein möchte von einem Menschen, für jetzt und für immer, für alle Fährnisse des Lebens und für das große einsame Abenteuer des Sterbens"[2]. In ergänzender Spannung dazu stand ihr Plädoyer für den priesterlichen Zölibat und den freiwilligen oder erzwungenen Zölibat der Frauengeneration nach dem Krieg, wo sie den Sinn der unerfüllten Leiblichkeit um der neuen Schöpfung willen zu beleuchten suchte.[3]

Tatsächlich: Ida Görres zieht an und zieht mit; ihre Überlegenheit und Einsicht bestechen schon auf den ersten Seiten. Anders als in überwiegend seichten „Ratgebern für Lebensfragen" (obwohl Ida Görres für Lebensfragen ein Gutteil Anlage besitzt) gibt sie keine Checkliste für „Beziehungsarbeit", keine kurzatmige Anleitung zum Eheführerschein, keine Tipps zum Anmachen für Singles. Sie geht wirklich auf den Grund: den Grund einer verworrenen, widersprüchlichen, „unerlösten" Natur, in der das Geschlecht als großer ungezähmter Motor tätig ist. Lösungen gibt es nur aus dem Kern des Daseins, auf den das tastende Gespräch hinführt: in Prüfung der jahrhundertelangen Erfahrungen der Kirche, der Dichtung, der

---

2   *Von Ehe und Einsamkeit. Ein Beitrag in Briefen*, Donauwörth ²1954, 17.
3   *Von den zwei Türmen. Drei Briefe über Welt und Kloster*, Frankfurt a. M. 1949.

Literatur. Lösung aus dem persönlichen Gespräch und Streit mit Gott, aus dem seligen Überraschtsein von seiner Führung.

*

Auch das zweite, späte Buch von 1971 hilft aufräumen – sowohl die überzogenen Erwartungen als auch das halbherzige Jasagen als auch das zynische Misstrauen gegen Bindung. Und was durchträgt durch alles unvermeidlich Vorläufige, bekommt Namen: Vernunft, Vertrauen, Tapferkeit, Überwindung, Stützen auf Hilfe, Sich-tra-gen-Lassen von göttlicher Kraft. Daraus entsteht ein helldunkles Mosaik; Görres gibt keinen fortlaufenden Text, sondern wechselnde Einsichten, Blickwinkel und Neuansätze. Ihre Stärke liegt im Einbezug der heutigen und früheren Wirklichkeit, im Einbezug auch des verletzten, vielfach kranken Zeitgeistes, dem sich keiner ganz entzieht. Ehe ist nicht ein Sonderbereich des Lebens, der für sich betrachtet werden könnte; sie ist verflochten in das Gewirr üblicher Halbheiten und Missverständnisse und verlorenen Sinns. Da hilft nur Unterscheidung des Richtigen vom Falschen, des Möglichen vom Unmöglichen – und ein Leitgedanke, der durch das Gewirr begleitet und nicht nachlässt zu führen.

Die wichtigsten Unterscheidungen zielen geradewegs auf die Situationsnot, die vor rund 50 Jahren ebenso wie heute herrscht. Ist der folgende Satz wirklich schon um 1970 geschrieben? „Die Befreiung der geschiedenen Eheleute gehört zumindest unterschwellig zum Kampf um die Befreiung des Klerus von der Zölibatspflicht, um die erleichterte Laisierung von Mönchen und Nonnen, zur Rehabilitierung der Homosexuellen, zur absoluten Freigabe der Geburtenverhinderung mit allen Mitteln bis zur Abtreibung, zur möglichsten Billigung oder Bagatellisierung außerehelicher Sexualverhältnisse, zum Streben nach Gewissens-Autonomie des Sexus vor und innerhalb der Ehe." (410)[4]

Was die zerbrochenen Ehen angeht, so gilt die zeitübergreifende Revolte auch der Weigerung der katholischen Kirche, zu Lebzeiten der Partner eine zweite Bindung sakramental zu schließen und sie mit dem eucharistischen Brot zu speisen. Worin, wird gefragt,

---

4   Die Zahlen in Klammern beziehen sich auf die Ausgabe im Verlag Josef Knecht, Frankfurt a. M. 1971.

bestünde hier „frohe Botschaft"? Hat sie denn nicht mit Glück und
Freiheit zu tun – schon in diesem Leben? Solche Fragen nach der
Lösbarkeit der Ehe werden durchaus religiös gestützt – und ein wi-
derständiger Gedanke des Buches gilt auch dem Nachgeben vieler
Theologen unter dem Gesichtspunkt von „Gönnen", von Barmherzigkeit, von „veränderter Glaubenshaltung" etc. Aber: „Christliche
Ehe entwächst dem Zusammenhang des Glaubensganzen, des [...]
Gottes-, Christus-, Kirchen- und Menschenbildes. Sie entwurzelt
sich in dem Maß, als der Hintergrund verblasst oder verstümmelt
wird, oder wenn leise, unmerklich fast, andre Figuren darüber ge-
schoben werden, bis sie zuletzt in der Luft hängt, unlogisch und
unbegreiflich." (15f.)

*

Was also ist das Glaubensganze, das nicht „aufgelöst" werden kann?
Es kann nur aufleuchten, wenn es mit dem Nährboden des Natür-
lich-Kultivierten zusammen gesehen wird, denn auch hier, gerade
hier, „vollendet die Gnade die Natur".

Mit der Kunst der Unterscheidung hebt Görres diesen Nährboden heraus. Zuerst im Negativen: Trennung ist erlaubt und muss
möglich sein, sofern das Zusammenleben zur Qual wird – aber
auch erst dann. Denn Qual ist ein Zustand, der häufig rasch und
ungeduldig behauptet wird; zur Prüfung ist aber Geduld notwendig.
Also geht es zunächst um Klärung der subjektiven Empfindungen.
„Vorwiegend psychologische Befindlichkeiten" (19) können nicht veranschlagt werden, wo es um eine objektive Ordnung geht. Und die
christliche Ehe ist eine objektive Ordnung: ein überpsychologischer,
überindividueller Stand, ein Schicksalsbund, in den die liturgische
Trauformel bereits „gute und böse Tage" einbezieht, deutlich betont
und nicht nebenher.

Ehe bedeutet also den Schritt in einen Raum der Ordnung,
nicht der Empfindung. Einige der stärksten Passagen des Buches
betreffen die Unterscheidung zwischen Liebe und Ehe, welche
meist folgenschwer fälschlich identifiziert werden. Darin steckt ein
unwirkliches Denken, das erst im Umkehrschluss seine Gefährlichkeit preisgibt: Wenn die Liebe, vor allem als Hochgefühl, zwin-
gend zur Ehe gehört und die Liebe würde erlahmen – wäre damit

auch die Ehe hinfällig (dies ist mittlerweile sogar als theologisches „Argument" zu hören)? Vielmehr besteht eine wichtige Spannung zwischen Liebe und Ehe, nicht ein Ineinsfall. Überzeugend sichtbar wird diese Spannung in den außereuropäischen Kulturen, worin Ehen „auf ganz klare Bestimmung und Ziele hin geschlossen und gelebt wurden, die sehr wenig mit Liebe zu tun hatten" (24). Ziel war vorrangig die Nachkommenschaft, was die klassische Güterlehre der Kirche aufnahm in der Reihenfolge: proles, fides, sacramentum; Nachwuchs, Treue, heiliger Bund.
Geht dann mit der Betonung der Elternschaft eine Vernachlässigung der Liebe einher? Es gehört zu den Stärken des Gedankens, dass – rein erfahrungsmäßig – die Liebe durch die Kinder eine Kräftigung erfährt, vielleicht sogar überhaupt erst erwacht und zumindest aus einer anfanghaften Flamme zu einem großen, beständigen Feuer wird. „Und nach der Hochzeit neigten sich ihre Herzen zueinander", heißt es in den isländischen Sagas (27). Natürlich sind Kinder zunächst ein „abstrakter" Wunsch. Doch führt Görres eine bedenkenswerte Überlegung ein: Zwischen dem Gattungs- und dem individuellen Interesse heißt es, ein Drittes zu beachten – das Interesse an der gens, wie sie es nennt, an der Geschlechterfolge, am Stamm, an der Sippe. Das meint ein Fortführen der Überlieferung, des Besitzes, schlechthin der Tradition über die Todesgrenze des Einzelnen hinaus. Aus diesem Interesse schlossen (und schließen bis heute in außereuropäischen Kulturen) die Eltern als die Älteren die Ehen zueinander „passender" Kinder. Solches Denken in „Generationen" unterscheidet die menschliche Fruchtbarkeit von der tierischen (26): Paare gibt es auch bei Tieren, nicht aber einen Bund im Horizont von Zukunft und Verantwortung (27). Das Gewicht überdauernder Generationen stellt eine unterbelichtete Seite heutiger Eheversprechen dar, gibt aber großen Halt.
Allerdings ist dies nur eine Seite, und sie darf keinesfalls einseitig bleiben. Hier beginnt das Abwägen des Vielgestaltigen der menschlichen Bindung, und hier muss entschieden auch die Liebe ins Feld kommen. Aber sie besteht nicht nur in erfahrungsgemäß flüchtiger Verliebtheit. Im Regenbogen der Liebe gibt es viele Farben, die schwächer und stärker werden können: die außerordentliche große Eros-Leidenschaft, aber auch die maßvolle amicitia,

übersetzt als Neigung, sogar die familienübergreifende Pietät. Realistisch: „Zum Ehebunde genügen Sympathie, Achtung, Wohlgefallen, Wohlwollen, Vertrauen." (28) Die gens- oder Generationen-Ehe, wie es etwas schwerfällig heißt, ist offen für alle Abstufungen der Liebe, auch die unvollkommenen, und bleibt bodenständig im Sinne, dass sie den (erwartbaren) Wechsel der Empfindungen auswägt und neu gewichtet.

*

Bedenkenswert ist die Schilderung des „nur" Erotischen. Hier wird der Gedanke kulturkritisch und sollte auch als Gegengift gegen eine zu starke, vielleicht sogar zölibatär blauäugige Verharmlosung des Eros gelesen werden. Im Blick auf die Ordnung der Ehe „ist der Eros grundsätzlich ortlos" (31), heißt es. Das dämonisiert ihn nicht, macht vielmehr auf seine Stärke aufmerksam. „Nicht grundlos reden die Dichter von Blitz, Überfall, Springflut, Fieber, Rausch und Wahn, von Eros als dem überschwemmenden, gewalttätigen Element, stärker als der Mensch, der seine Beute wird." (41)

Unter der Macht des Eros kann sich die gens-Ehe tatsächlich zur Paar-Ehe verfeinern (33), und eben dies geschah in der christlichen Kultur. Unter seiner Macht bleibt daher auch die unfruchtbare Ehe ein unlöslicher Bund. „Dennoch ist es eine fable convenue, eine leider heute besonders von Theologen gestützte, Paarehe und Liebesehe einfach zu identifizieren. Danach soll jede Durchschnitts- und Normalehe gleich die tiefste Seelen- und Leibesverschmelzung zweier reifer Persönlichkeiten sein, die sich bewusst in jeder Umarmung einander ‚total verschenken und annehmen' – und wo dies nicht zutrifft, wäre es eben keine Ehe [...]. Unbegreifliches Geschwätz im Zeitalter der Psychologie und Psychosomatik." (35) Vielmehr: „Paarehen sind sehr häufig Vernunftehen, Pflichtehen, ausgesprochene Zweckehen. [...] Sie sind, was das Herz angeht, genauso Ehen auf Hoffnung hin wie die alten gens-Ehen: Hoffnung auf ‚wirkliche' Liebe, zumindest auf Eintracht, Frieden, Zufriedenheit. Die Partner können vielleicht nicht sagen ‚Ich liebe dich' – wohl aber ‚Ich bin dir gut.'" (36)

So ist der Ertrag des Buches ein wohltuender Realismus, der die Ehe nicht an der großen Leidenschaft misst (worin sie versagen muss), sondern an dem vielfältigen Gestaltwandel der Liebe, der Zuneigung, sogar der Gewöhnung aneinander. Und im Gestaltwandel kann und muss Ehe bestehen bleiben, auch wenn das ursprünglich Heiß-Empfundene langsam abkühlt.

*

Was aber bindet auf ewig? Das sagt ein klarer, schöner Satz: „Bund, Gesetz und Gnade, das heißt Sakrament." (44) Weil Menschen wankelmütig sind, bedarf es aller drei Elemente, am meisten aber des Sakraments. Nicht zur feierlichen Erhebung des Gemüts, zur Zierde des Festes, zur sinnlichen Steigerung des religiösen Gefühls. Weit trockener: Bund bindet – im gegebenen Wort und im leiblichen Entzücken (45f.); Gesetz fordert Gehorsam – durchaus bezogen auf freudige Erfüllung (48ff.); aber Gnade ist unerklärliche „Verwandlung und Erfüllung der schon natürlich so wunder-vollen Ehe durch Offenbarung und Glauben" (51). In der Ehe wird Gnade buchstäblich „erlebt", denn der Leib des anderen wird „zum Gegenstand religiöser Ehrfurcht", wie Paulus im Ersten Korintherbrief fordert, weil der erlöste Leib ein Tempel des Heiligen Geistes ist und Gott gehört. Solche wichtigen, ja, ermutigenden Hinweise auf den erlösten Leib – entgegen dem Vorwurf der Leibfeindlichkeit – führen zur christlichen Überzeugung von der Unlösbarkeit der Ehe. Paulus bindet nochmals in einem Großvergleich im Epheserbrief den Mann an die Frau wie Christus an die Kirche (60f.). Damit ist das „Natürliche" an der gegenseitigen Anziehung „in eine neue Dimension" übersetzt: „Mann und Frau sollen einander heiligen, einander auf die Höhe ihrer menschlichen, ihrer geistlichen, ihrer christlichen Potenzen helfen." (61) Eben dies meint gemeinsame Lebensgeschichte, Wachsenlassen, Werden: Es gibt kein bereits vollendetes Band beim ersten Jasagen, sondern ein beständig zu verstärkendes, zu entfaltendes Band beim Jasagen durch die Zeit hindurch.

„Aber wer kann das leisten? Die zu Tod gekränkte Liebe, die ausgelöschte Neigung, das enttäuschte Vertrauen? Nur der Bund, das Gesetz und die Gnade." (62)

Und wenn es doch zum Ehebruch kommt, der ungeheuer scharf als „fast ‚mystische' Sünde, das Realsymbol für allen Verrat an Gott selbst" dargestellt wird? (77) Kann dann nur helfen, ihn

komplizenhaft als normal hinzustellen, als Schwäche und verzeih-
liches Ausrutschen? Offenbar nicht, wenn der Gedanke des unlös-
baren Bundes, seiner Spiegelung im heiligen Gott selbst, begriffen
worden ist. Keine Abwertung der Ehe ist der Ausweg, nur die letzte,
schmerzliche Vergebung durch den Ehepartner und – die Kirche
selbst. So streng sie das Sakrament verwaltet und verwalten muss,
so verwaltet sie doch ebenso die Gnade – für die, die es „nicht schaffen" und umkehren. „Immer wird die Kirche für alle da sein müssen,
auch für die Krüppel von den Hecken und Zäunen, ihr Gesetz denen
auferlegen, die es nicht halten. [...] Und aus denen erwachsen immer
wieder, den Kritikern unbemerkt, echte Kinder Gottes, Zeugen Seiner Barmherzigkeit und Seiner verborgenen Herrlichkeit." (92)

2. Die Autorin

Ida – wer?, fragte kürzlich jemand bei der Nennung des Namens
Görres. Ja, wer ist die einstige Vordenkerin der intellektuellen
Avantgarde des katholischen Lebens? Wer schreibt so gerade, hefti-
ge, kluge, lebendig pulsierende Zeilen?
    Ida Friederike Görres ist neu zu entdecken. Warum? Natür-
lich geht es nicht um ihre Person, so spannend ihr Lebenslauf auch
ist.[5] Das wirklich Aufregende ist ihre Art zu denken. Sie schreibt
nicht ab, weder den Katechismus noch berühmte Autoren (wie Joseph Ratzinger oder Romano Guardini, die sie beide kannte und
schätzte) – sie urteilt selbst. Noch genauer: Sie schärft ihr Urteil
am langen Atem der Kirche und der Geschichte, sie holt aus alten
Schatztruhen, die verstaubt scheinen, funkelnde, erlebte Weisheit
heraus, bitter bezahlte Erfahrungen, in Schmerzen gereifte Ratschläge ... und setzt sie passgenau ein. Nicht alles muss richtig sein,
manchmal schießt ihre Leidenschaft, auch ihr Ärger über das Ziel
hinaus – aber nie ist das Gesagte langweilig, nie nachgekaut.
    So kommt sie zu Unterscheidungen, auf die man stößt wie auf
Widerstand im Boden, wenn man tief genug gräbt. Sie selbst stammt
aus einer gens, einem Stamm, einem hochadligen dazu. Und sie

---

5   Zur Biografie vgl. das Kapitel über Görres in: HANNA-BARBARA GERL-FALKOVITZ, *Ge-
     spräche mit Freundinnen. Christliche Frauenbilder aus zwei Jahrtausenden*, Kevelaer
     2017, 167–182.

musste sich freischwimmen davon – dennoch bleibend geprägt von dem japanischen Sippenethos, das ihre Mutter Mitsuko Aoyama ihr vererbt hat.

Denn als ihr Vater Heinrich von Coudenhove, österreichischer Reichsgraf, beim diplomatischen Dienst in Tokyo eine junge Geisha kennen und lieben lernt, heiratet er sie nach der Geburt der ersten beiden Söhne und zieht mit der wachsenden Familie auf ein altes Schloss in Ronsperg im westlichen Böhmen, wo 1901 auch Friederike Maria Anna als sechstes Kind und dritte Tochter zur Welt kommt. Ida nennt sie sich später, wohl in einer kindlichen Verkürzung von Friederike. Die Distanz der Eltern, vor allem der Mutter zu den Töchtern, prägt die frühe Kindheit; an diese Leerstelle tritt bei Ida ausgleichend die geheimnisvoll schöne Natur, vor allem der Wald: „Der Duft der Dinge, die Güte der Dinge, [...] die Wesenheit von Haus und Zimmer und Wald und Jahreszeit, die sich stumm und mächtig ausströmend offenbarte und die Seele berührte – die einzigen ‚numinosen' Erfahrungen meiner Kindheit.“[6] Mit etwa vierzehn Jahren im Internat von St. Pölten tritt die Entdeckung der mütterlichen Kirche hinzu. Der Kirche begegnet sie nochmals lösend in der katholischen Jugendbewegung, die ihr die großen Freundschaften und intellektuellen Begegnungen schenkt. Nach dem Studium der Geschichte und Staatswissenschaften in Wien geht die junge Gräfin 1927 nach Freiburg, wo sie Sozialwissenschaften und auch Philosophie belegt, von dort 1932 nach Dresden, wo sie in dem neu gegründeten Bistum die Mädchenbildung befördern soll und auch in einem protestantischen Freundeskreis verkehrt. Überraschend und lösend lernt sie in Dresden 1934 den Ingenieur Carl-Joseph Görres kennen, den sie 1935 im Leipziger Oratorium heiratet. „O dieses Jahres nie geglaubte Wende: / Er aber gab mich, wie ein neues Brot, / in deine liebsten, die geliebten Hände [...].“[7]

Nach berufsbedingten Ortswechseln lässt sich das Ehepaar 1939 in Stuttgart nieder, wird 1944 ausgebombt nach Kirchheim/ Teck und verlässt Stuttgart erst 1962: Neuer, letzter Wohnort wird ein Altersheim in Freiburg.

Seit 1931, als ihr berühmtes Buch über Elisabeth von Thüringen mit dem Titel „Gespräch über die Heiligkeit“ erschien, bleibt

---

6   Ida F. Görres, *Zwischen den Zeiten. Aus meinen Tagebüchern 1951–1959*, Olten 1960, 360.
7   Ida F. Görres, *Gedichte*, hg. v. Hanna-Barbara Gerl-Falkovitz, Dresden ³2010, 159.

Görres am Schreiben. Jahr für Jahr erscheinen Bücher, meist über Heilige, denen sie zeitnahes Leben einhaucht; vor allem gründet ihr Ruhm als Erneuerin der Hagiografie auf der meisterhaften Darstellung der „kleinen großen" Thérèse von Lisieux 1943. Aber auch andere Themen beschäftigen sie: Es entstehen drei Mädchenbücher gegen die braune Umdeutung von „Frauentum", dazu Gedichte, Novellen und Auseinandersetzungen mit der Kirche bis zum berüchtigten „Brief über die Kirche" 1946, der ihr Misstrauen und Ablehnung seitens der Hierarchie einbringt.[8] Eine Lähmung der Beine macht sie über Jahre hinweg seit 1950 bettlägerig; in diesem „Reklusendasein" entstehen große Briefwechsel[9], aber sie erteilt auch Konvertitenunterricht, schreibt weitere „Einsprüche" in die Zeit und bedeutende Essays.

Dass ihre Ehe gegen ihren Willen kinderlos war, gehörte zu den bleibenden Schmerzen. 1949 veröffentlichte sie – wie immer als damaligen „Bestseller" – den Titel „Von Ehe und von Einsamkeit", bezogen auf die ungewollte und ungewünschte Einsamkeit der Frauen der Kriegsgeneration.[10] Ehe und Sexus blieben ein Dauerthema, auch in ihren Tagebüchern[11], war sie doch selbst großer, auch erotisch unterlegter Freundschaften fähig. Die Enzyklika „Humanae vitae" 1968 von Papst Paul VI. empfand sie in manchem als verunglückt, aber im Ganzen als großen Wurf, den sie mit Scharfsinn verteidigte. Zu dieser Zeit war sie bereits am Rande des Vergessenwerdens, richtiger gesagt: von dem Umschwung des Denkens, markiert durch das ominöse Jahr 1968, ins Abseits abgedrängt.

Am Abend ihres Lebens erreichte sie der Ruf zur Würzburger Synode 1970. Sie stand deren Anliegen, der Umsetzung des Konzils in den „Alltag", ziemlich skeptisch gegenüber, nahm aber den Ruf an mit den Worten: „Adsum". Überraschend erhielt sie einen tödlichen

---

8   Eine erste Bibliografie erstellte Beatrix Klaiber, in: IDA FRIEDERIKE GÖRRES, WOLFGANG LEHMANN, JOSEPH RATZINGER, *Der gewandelte Thron. Bemerkungen zur Synode und anderes*, Freiburg 1971, 197–215. Ausführliche Bibliografie bei: MICHAEL KLEINERT, *Es wächst viel Brot in der Winternacht. Theologische Grundlinien im Werk von Ida Friederike Görres*, Würzburg 2001, 389–417.

9   IDA FRIEDERIKE GÖRRES, *„Wirklich die neue Phönixgestalt?" Über Kirche und Konzil: Unbekannte Briefe 1962–1971 an Paulus Gordan*, hg. v. Hanna-Barbara Gerl-Falkovitz, Heiligenkreuz 2015.

10   Unter demselben Titel neu aufgelegt: Wien 2014.

11   Vgl. IDA FRIEDERIKE GÖRRES, *Nocturnen. Tagebuch und Aufzeichnungen*, Frankfurt a. M. 1949.

Gehirnschlag unmittelbar nach einer leidenschaftlichen Rede auf einer Synodensitzung in Frankfurt am 14. Mai 1971 und starb am Tag darauf im dortigen Marienkrankenhaus. Joseph Ratzinger hielt als damaliger Tübinger Dogmatiker die Gedenkrede im Freiburger Münster; bestattet wurde sie auf dem Bergäckerfriedhof zwischen Freiburg und Kirchzarten; zwei Jahre später folgte ihr dorthin ihr Mann.

Beide Bücher vermitteln eine Ahnung von der scharfen Beobachtungsgabe, der Leidenschaft, der Trauer, dem Eros dieser großen Frau. In dem Tagebuch „Zwischen den Zeiten" (Frankfurt 1960) zeichnet sie selbst ihre Fähigkeiten: „Meine Hauptprobleme, meine zentralen, existenziellen, liegen in Wirklichkeit gar nicht im Intellektuellen, wie meine Bekannten, Fremde und sogar Freunde hartnäckig von mir glauben. Sie liegen seit je im Moralischen, soweit meine Erinnerungen zurückreichen – und auch hier nicht im Theoretischen und Prinzipiellen, sondern im Leben. Den Intellekt habe ich stets nur als Hilfstruppe herbeigerufen, um den unentwirrbaren Dschungel des Lebenmüssens zu durchleuchten, und die Grundsätze, um eine Straße durchzuhauen – der WEG, das war und ist doch der Inbegriff meines Fragens."[12]

Wie tief kann man ihr glauben, die fähig war zu solchen „Schreien der Liebe und des Schmerzes"?

„Du weißt den Hunger, der mich schütternd quält,
nach einem Menschen, der mir Frieden spende,
nach einer Hand, die meine beiden Hände
ganz leis in lieben Fingern hält.

Nach einer grünen Rast an Straßenwende,
nach einem Nah-Sein, das mich gütig tröste,
ganz ohne Worte mir den Sturm erlöste,
zu Kerzen weihte meine wirren Brände ..."[13]

---

12   GÖRRES, *Zwischen den Zeiten*, 328.
13   Gedicht im Archiv der Maria-Ward-Schwestern St. Pölten, Linzerstraße 11; datiert vom Herz-Jesu-Fest (Juni) 1924.

Es wird und kann sich zeigen, dass sie mit solcher Sprache, mit solchem Ernst über die Jahre hinweg das Ohr auch einer heutigen, in der Tiefe verstörten und führungslosen Generation erreicht. Fassen wir Ehe zuletzt in ihrer Schönheit:

„EHE
Du bist in mir – ganz heimlich eingedrungen
in Mark und Atem, Adern, Bein und Blut;
mit tausend Wurzeln in mein Sein geschlungen
bis in die tiefen dunklen Niederungen,
darin das Leben stumm bewusstlos ruht.

Ich bin in dir: Was kann uns noch zerteilen?
Ein Fleisch, ein Schicksal, eines Herzens Schlag!
Ein Glauben, Lieben und Entgegeneilen,
und eine Schuld und einer Gnade Heilen,
und nach der Erde zärtlichem Verweilen,
Gott geb's: ein Tod, ein Auferstehungstag."[14]

---

14   GÖRRES, *Gedichte*, 53; datiert vom 12. November 1941.

Im Spannungsfeld von Eros und Jungfräulichkeit: Über die größere Liebe in Werken Gertrud von le Forts und Graham Greenes.

Gudrun Trausmuth

1. Zusammenschau Gertrud von le Fort – Graham Greene

Jenen, die beide Schriftsteller kennen, mag es vielleicht seltsam erscheinen, Gertrud von le Fort (1876–1971) und Graham Greene (1904–1991) zusammenzuspannen. Denn die Unterschiede fangen bereits dort an, dass man le Fort gerne und zu Recht als „Dichterin" bezeichnet, während für Graham Greene sicher eher „Literat" oder „Bestsellerautor" passt. Dennoch würde ich als erste, großzügig gefasste Klammer die literarische Erneuerungsbewegung des europäischen Renouveau catholique sehen, wobei man die preußische Baronesse wohl der zutiefst spirituellen Richtung zuordnen müsste (in einem entsprechenden Soziogramm müsste sie neben Paul Claudel stehen), während der Engländer ganz woanders verortet werden müsste. Doch die beiden so Verschiedenen haben auch einiges gemeinsam: Beide haben im Jahr 2021 einen runden Todestag: Greene den 30. am 3. April, le Fort den 50. am 1. November. Und beide sind Konvertiten: Le Fort wurde 1926 in Rom in die katholische Kirche aufgenommen, zwei Jahre, nachdem sie mit den „Hymnen an die Kirche" ihren literarischen Durchbruch erlebt hatte. Graham Greene konvertierte im gleichen Jahr, 1926, um eine Katholikin, Vivien Dayrell-Browning, zu heiraten. Die Konversion mit 22 Jahren stellte er als Formalakt „gleichsam zwischen Mittags- und Abendarbeit"[1] dar, einfach, um eine Katholikin heiraten zu können. Dennoch war der katholische Glaube – trotz der lebenslangen Ambivalenz, die

---

1   Zit. n. GISBERT KRANZ, *Christliche Literatur der Gegenwart*, Aschaffenburg 1963, 85.

er diesbezüglich kannte, jener ständigen Spannung zwischen Bekenntnis und Abgrenzung – von da an eine konsequente Unterströmung seines Schreibens. Und: Graham Greenes erfolgreichste und bekannteste Texte gehören zu seinen sogenannten „katholischen Romanen", man denke an „Die Kraft und die Herrlichkeit" (1940)", „Das Herz aller Dinge" (1948) oder „The End of the Affair" (1951).

Was den Stil anbelangt, so ist le Fort ein – heute gar nicht so leicht zugänglicher – „hoher Ton" eigen; sie ist eine Dichterin, die auch in ihrer Prosa Sprachkunstwerke anfertigt. Sinnschlüssel all ihrer Texte ist das Geheimnis des Kreuzes; das Gestalten einer geheimen Geschichte des Menschen, die sich im irdischen Leben oft als Scheitern darstellt, aus der Perspektive der Ewigkeit aber eine ganz andere Bedeutung hat. Immer legt le Fort in ihren Texten viele Schichten von Bedeutung übereinander. Ein Satz im „Veronika-Roman", im ersten Band des „Schweißtuchs der Veronika", verdichtet dies und beschreibt die Systematik ihres Schreibens: „Es gibt von jedem Menschen eine Geschichte seines Lebens und eine Geschichte seiner Seele, aber dann gibt es auch noch eine Geschichte seiner Seele mit Gott. Und diese ist, auch wenn sie noch so wunderlich mit jenen verschlungen erscheint, im Grunde immer ganz gerade und einfach. Denn es steht ja eben nicht so, dass wir uns zu Gott durchkämpfen, sondern Gott kämpft sich zu uns durch, und zuletzt geschieht alles fast über uns hinweg."[2] Zum Wesen von le Forts Erzählen gehört auch, dass es zutiefst in die Historie hineinverwoben ist: Rom vor dem Ersten Weltkrieg im „Römischen Brunnen", Heidelberg in der Zwischenkriegszeit im zweiten Teil des Doppelromans „Das Schweißtuch der Veronika" (1946)[3], das Magdeburg des 30-jährigen Krieges[4] oder das Rom des großen Abendländischen Schismas in „Der Papst aus dem Ghetto"[5] (1930) – das sind die Orte und Zeiten der bekanntesten Romane. Was le Forts meisterhafte Erzählungen betrifft, so bildet etwa der Schwedische Krieg den Hintergrund für

2   GERTRUD VON LE FORT, *Der römische Brunnen. Kleine Bibliothek des Abendlandes*, Bd. 3, hg. v. Hanna-Barbara Gerl-Falkovitz und Gudrun Trausmuth, Heiligenkreuz 2018, 336.

3   GERTRUD VON LE FORT, *Der Kranz der Engel. Kleine Bibliothek des Abendlandes*, Bd. 4, hg. v. Hanna-Barbara Gerl-Falkovitz und Gudrun Trausmuth, Heiligenkreuz 2018.

4   GERTRUD VON LE FORT, *Magdeburgische Hochzeit*, Frankfurt a. M./Leipzig 1991.

5   GERTRUD VON LE FORT, *Der Papst aus dem Ghetto*, hg. v. Gundula Harand, Würzburg 2017.

„Die Verfemte"[6], die Stadt Padua unter dem Interdikt die Kulisse für „Die Consolata"[7] oder die Schwelle ins 17. Jahrhundert den Kontext ihrer Galilei-Erzählung „Am Tor des Himmels"[8].

Beide Autoren schreiben in einer Art Abendlicht, aber diese Stimmung eines „Zuendegehenden" prägt sich völlig unterschiedlich aus. Bei le Fort als Melancholie, Innigkeit und Innerlichkeit, immer mit einer Katharsis der Hauptpersonen – das sanfte Abendlicht. Bei Graham Greene dagegen sehr viel Bewegung, Vitalität, Lebendigkeit – und auch viel Humor. Der Abend vor einem Sturm, das ist die Stimmung der Texte Graham Greenes. Seine erzählten Orte befinden sich in einer heruntergekommenen, gefährlichen Welt der Gegenwart des 20. Jahrhunderts: London im Bombenhagel von 1944 ist ebenso Schauplatz wie ein elendes, verarmtes Mexiko unter einer atheistischen Militärdiktatur („Die Kraft und die Herrlichkeit") oder eine schäbige, von Korruption und Gewalt geprägte Inselkolonie („Das Herz aller Dinge"). Das triste Setting ist so typisch, dass sich dafür der Begriff „Greeneland" ausgeprägt hat.

Am besten beschreibt vielleicht tatsächlich Gertrud von le Fort die Sprache Graham Greenes: „Schon die Sprache dieser Bücher zeigt die eigentümliche Entzauberung dieser Welt, sie verhält sich zur Poesie wie die schonungslose Helle elektrisch beleuchteter Städte zum Mondlicht einer romantischen Landschaft."[9] – Genau hier deutet sich auch die einzige konkrete Verbindung zwischen den beiden Schriftstellern an: Le Fort hat ein Vorwort zu Greene's Essayband „Das Paradox des Christentums" geschrieben, aus dem auch obiges Zitat stammt.

Halten wir die beiden Schriftsteller noch etwas gegeneinander: Da ist die preußische Baronesse aus geschichtsträchtigem und geschichtsbewusstem adeligem Hause – „die le Forts waren eigentlich überall dabeigewesen" heißt es in le Forts Erinnerungen. Und dem-

---

6   GERTRUD VON LE FORT, *Die Verfemte*, in: GUNDULA HARAND, GUDRUN TRAUSMUTH (Hg.), *Gertrud von le Fort Lesebuch. Ausgewählte Erzählungen, Einleitung und Kommentar*, Würzburg ³2017.

7   GERTRUD VON LE FORT, *Die Consolata*, in: HARAND, TRAUSMUTH (Hg.), *Gertrud von le Fort Lesebuch*.

8   GERTRUD VON LE FORT, *Am Tor des Himmels*, in: HARAND, TRAUSMUTH (Hg.), *Gertrud von le Fort Lesebuch*.

9   GERTRUD VON LE FORT, *Graham Greene*, in: GRAHAM GREENE, *Vom Paradox des Christentums*, Freiburg i. Br. 1958, 10.

gegenüber ein Graham Greene aus ganz anderem Umfeld: der Sohn eines Schulleiters, dessen schwierige Jugend in einem Selbstmordversuch kulminierte, schließlich wurde er Journalist und Agent des englischen Geheimdienstes. Der Bestsellerautor feierte seinen ersten großen Erfolg mit „Brighton Rock"; in der Verfilmung gilt sein Erstlingserfolg als einer der Klassiker des Film noir. Das Bild wäre nicht vollständig, erwähnte man Greene, den Lebemann und Frauenhelden, nicht – und die Tatsache, dass seine Ehe trotz zahlreicher Affären und Abenteuer nie geschieden wurde. Eine Erinnerung wert ist es auch, dass Graham Greene es war, der das Filmdrehbuch bzw. den Kurzroman zu einem „der" Wien-Filme schlechthin gedreht hat: „Der Dritte Mann" ist vor allem bekannt geworden durch Orson Welles in der Hauptrolle. Es geht um ein Nachkriegs-Wien in Trümmern, die Fronten des Kalten Krieges dräuen herauf, Medikamentenschmuggel und eine Lovestory prägen die Handlung. Graham Greenes Alleinstellungsmerkmal ist die pikante Mischung aus Krimi/Thriller, Erotik und Religion, während le Fort uneingeschränkt hochspirituelle, empfindsame und subtile Texte schreibt.

2. „Vom Paradox des Christentums"

Der schon erwähnte Essayband „Paradox des Christentums" besteht aus einer Sammlung verschiedener Texte Graham Greenes, die Auskunft gibt über sein Schreiben. Dass es sich bei dem von le Fort verfassten Vorwort um die einzige bekannte Verbindung zwischen den beiden Schriftstellern handelt, bestätigte der französische Germanist Joël Pottier, dem für eine Reihe hilfreicher Auskünfte zum Thema dieses Beitrages ausdrücklich gedankt sei. In besagtem Vorwort Gertrud von le Forts findet sich eine Passage, die oft als zentraler Impetus ihres Schreibens zitiert wird: „Dichtung hat eine unwiderstehliche Neigung, sich der Fragwürdigen, der Angefochtenen, ja der tragisch Gescheiterten anzunehmen – unangefochtene, moralisch geglückte Existenzen haben für sie nur geringe Anziehungskraft."[10] In der Folge kommt le Fort in ihren Reflexionen über

---

10   Ebd.

die Position des katholischen Schriftstellers auf jenen Unterschied
zwischen Kirche und Dichtung zu sprechen, der eine Spannung
verursachen könnte:

„[...] Graham Greene bedeutet, der Dichter habe das Vorrecht,
[...] illoyal zu sein – ein Vorrecht, von dem er allerdings weiß, dass
man es ihm nicht zugestehen will. So ist er sich vollkommen darüber klar, dass ihm selbst gerade als katholischem Dichter schwere
Konflikte entstehen können. Wir brauchen über die Art dieser Konflikte kein Wort zu verlieren, da sie hinlänglich bekannt sind. Sie
beruhen auf dem Missverständnis, dass Dichtung zur Erbauung da
sei, nachahmenswerte Vorbilder schaffen und – wofern sie sich auf
christlich religiöse Probleme einlässt – die von der Moraltheologie
vorgeschriebenen Gesetze vertreten und ihnen zum Sieg verhelfen
müsse. Graham Greene zögert nicht mit der Anerkennung, dass
diese Gesetze hohe und ehrwürdige sind, ja höhere und ehrwürdi-
gere als die dichterischen, dass sie aber schlechterdings einen anderen Auftrag und einer anderen Seinssphäre angehören. Die Moraltheologie hat es mit dem Reich des Gehorsams zu tun, die Dichtung
mit dem Reich der Freiheit. Wir meinen nicht die Willensfreiheit,
sondern die Freiheit des Geistes und des Gewissens. Man nehme
der Dichtung diesen und man schneidet einen Strom von seiner
Quelle ab: freiheitslose Dichtung ist zur Ohnmacht verurteilt. Alle
gelenkte Kunst zeigt eine eigentümliche Kraftlosigkeit. In ihren Erzeugnissen scheidet sich das Machwerk vom Kunstwerk. Nun aber
gehört die Freiheit des Gewissens zum unveräußerlichen Besitz der
katholischen Lehre – von dieser Seite her kann sie also auch dem
Dichter unmöglich verweigert werden."[11]

Man merkt ein Beben in diesen Sätzen le Forts, eine eigentümliche Betroffenheit. Der Punkt, den le Fort anzielt, wo sie Grenzen zieht, ja, sich gegen Anspruch oder Kritik kirchlicher Stimmen
verwahrt, ist die Freiheit des Dichters in Bezug auf die kirchliche
Morallehre.

---

11   Ebd., 14f.

3. „Die Kraft und die Herrlichkeit" und die Notwendigkeit eines Perspektivenwechsels

Eines der zentralen Momente, das Graham Greene in Widerspruch zur katholischen Kirche brachte, ist ja sein literarischer Umgang mit dem Eros. Namentlich mit dem Priesterroman „Die Kraft und die Herrlichkeit" aus dem Jahr 1940 eckte er an, die Indizierung war eine greifbare Möglichkeit (Die letzte amtliche Ausgabe des *Index librorum prohibitorum* erschien 1948 mit Nachträgen bis 1962.)[12] Zum Inhalt des Romans: Auf der Flucht vor dem atheistischen Regime, das – bis auf ihn – alle Priester hingerichtet, vertrieben oder zum Abfall gezwungen hat, kämpft sich der – wie Bernanos' „Landpfarrer" namenlose – „Schnapspriester" durch Mexiko in Richtung Staatsgrenze. Keine edle Gestalt, sondern ein Trinker, der im Suff sogar ein Kind gezeugt hat. In der katholischen Welt nahm man in den Jahren nach Erscheinung des Romans leider nur den Skandal wahr, dass Greene einen Priester im Zwielicht zeigte. Was man nicht bemerkte, war das Erzählen eines heroischen Kampfes, etwa, um täglich Eucharistie feiern zu können. In der erschütternden Episode, wie der „Schnapspriester" Wein fürs Messopfer zu besorgen versucht, leuchtet – wie selten in der erzählenden Literatur – ein Moment tiefer Liebe zur Eucharistie auf. Nicht weniger berührend ist des „Schnapspriesters" Wertschätzung der Beichte: Als er kurz vor der rettenden Landesgrenze zu einem sterbenden Gangster gerufen wird, kehrt er um, obwohl ihm völlig bewusst ist, dass es sich um eine Falle handelt. Tatsächlich wird er verhaftet und schließlich unspektakulär in einem Hinterhof erschossen.

Schilderungen des Konflikts im Gefolge des Erscheinens von „Die Kraft und die Herrlichkeit" deuten auf eine eher selektive Rezeption kirchlicherseits hin: „Danach monierte ein Gutachter des Heiligen Offiziums Greenes ‚abnormalen Hang' zur Schilderung von ‚Situationen, in denen die eine oder andere Form von sexueller Unmoral eine Rolle spielt'. Und doch gab es – und das war entscheidend – einen einflussreichen Kirchenvertreter, der die andere Dimension der Texte Graham Greenes zu schätzen wusste: ‚Dass

---

12   Seite „Index librorum prohibitorum", URL: https://de.wikipedia.org/w/index.php?title=Index_librorum_prohibitorum&oldid=210836503 (Stand: 21.05.2021).

der Roman nicht auf dem Index landete, verdankte er seinem einzigen prominenten Fürsprecher in der Kurie. Giovanni Battista
Montini, der spätere Papst Paul VI., warf den Zensoren vor, ihr ne-
gatives Urteil zeige ‚mangelndes Verständnis der wesentlichen Meriten des Werkes‘."[13] Papst Paul VI. hat Graham Greene übrigens
später auch in Privataudienz empfangen, was als weiteres Signal
der Relativierung der Probleme der 1950er-Jahre betrachtet werden
kann. Anhand der schwierigen Rezeption von „Die Kraft und die
Herrlichkeit" wird allerdings ein wichtiger Aspekt in Bezug auf den
Spannungsbogen „Eros und Jungfräulichkeit" sichtbar. Eros in all
dem, was der Begriff an sexueller oder erotischer Konnotation umfasst, ist – im Leben wie in der Literatur – eine dominante, nicht
leicht zu bändigende Kraft, die dazu tendiert, sich in den Vordergrund zu drängen. Genau das geschieht nur allzu gerne auch in
der Rezeption von Werken, in denen Autoren mit dem Eros umgehen – je stärker sie mit einer konkret sexuellen Implikation des Eros
arbeiten, desto mehr. Eros ist „Sensation", wie das Wort ausdrückt,
sinnenhaft und sinnlich wahrnehmbar – eine „Sensation" zieht die
Aufmerksamkeit auf sich. Graham Greenes Roman aus dem Jahr
1940 regte entsprechend auf – auch, wenn erotische oder sexuelle
Implikationen im Vergleich zu dem, was heute in der Belletristik
Usus ist, tatsächlich relativ harmlos erscheinen.

Dennoch war und ist es bedauerlich, dass dadurch die Linie
der „größeren Liebe" Gottes in den Schatten gestellt wird. Und
diese – eben nicht „sensationelle" – Dimension gibt es in Graham
Greenes bekanntestem Priesterroman auch. 70 Jahre nach der Ersterscheinung ist vielleicht die Zeit gekommen, das zu sehen: Graham
Greenes „Schnapspriester" hat mit seinem Priestertum der „größeren Liebe" ganz konkret Antwort gegeben, und trotz seiner Sündhaftigkeit steht er in diesem Anspruch. Oder was soll es sonst sein,
was ihn veranlasst, mit seinem letzten Geld verzweifelt Traubenwein
auf dem Schwarzmarkt zu suchen, damit er auf seiner Flucht gültig
Eucharistie feiern kann? Diese Liebe zu Christus in der Eucharistie
lässt Graham Greene auch in einer anderen Szene aufstrahlen: Er beschreibt eine Liturgie unmittelbar vor Ankunft der Verfolger, die dem

13   Zit. n.: URL: https://www.welt.de/print-welt/article462617/Wie-Graham-Greene-fast-
auf-den-Index-kam.html (Stand: 21.05.2021).

letzten Priester auf den Fersen sind. Eine Eucharistiefeier aus der Perspektive des verfolgten Priesters inmitten eines Thrillers zu plazieren, ist kühn, doch schafft Graham Green eine ergreifende Szene: „Die lateinischen Worte flossen ineinander auf seiner hastigen Zunge; er konnte die Ungeduld um sich her spüren. Er begann mit der Wandlung (die Oblaten waren ihm schon lange ausgegangen, es war Brot aus Marias Ofen); die Ungeduld ließ mit einem Male nach. Alles andere wurde gewöhnlich, nur dieses nicht. – ‚Am Abend, an dem er ausgeliefert wurde, nahm er das Brot in seine heiligen und ehrwürdigen Hände [...].‘ Wer immer sich draußen auf dem Waldpfad bewegte, hier rührte sich niemand. – ‚Hoc est enim corpus meum.‘ Er konnte den Seufzer der Erleichterung hören: Gott war hier unter ihnen zum ersten Mal seit sechs Jahren. Als er die Hostie hob, erschienen ihm die erhobenen Gesichter wie verhungerte Hunde. Er begann mit der Wandlung des Weins – in einer zerbrochenen Schale.“[14] – Die Worte der Wandlung in einem Roman des 20. Jahrhunderts! War es das, worauf der spätere Papst Paul VI. sich bezog, wenn er verteidigend von den „Meriten des Werkes" sprach (vgl. oben)? Oder dachte er an die sich vollziehende Läuterung des Schnapspriesters während seiner Flucht? Oder bezog er sich allgemein und ganz aktuell (der Roman erschien 1940) auf die Schilderung des Glaubens unter den Vorzeichen der Verfolgung, unter einem diktatorischen Regime? Oder dachte der spätere Papst an die mehrfach im Text bezeugte Liebe zum Bußsakrament? – In den Dörfern, durch die der Schnapspriester auf seiner Flucht kommt, bitten die Gläubigen sehnsüchtig darum, zur Beichte kommen zu dürfen und so hört der völlig geschwächte Priester immer zuallererst die Beichte der Menschen. Man halte sich vor Augen, welchen Wert Graham Greene in Person des „Schnapspriesters" der Beichte zuschreibt: Als der Priester kurz vor der rettenden Landesgrenze zu einem sterbenden Gangster gerufen wird, kehrt er um und reitet zurück ins Landesinnere, obwohl ihm völlig bewusst ist, dass es sich um eine Falle handelt. Oder, wiederum ein Symptom für eine ungeheure Wertschätzung des Bußsakraments in „Die Kraft und die Herrlichkeit": Jener Leutnant, der viele Priester verfolgt, getötet und zum Abfall gezwungen hat und der den Schnapspriester

---

14   Graham Greene, *Die Kraft und die Herrlichkeit*, München 2003, 90.

schließlich aufgreift und zur Hinrichtung in die Hauptstadt bringt, ausgerechnet dieser reitet zum (nunmehr zivil verheirateten) Priester José, um ihm des Schnapspriesters Wunsch nach der Beichte zu überbringen …
Ein Beitrag zum 30. Todestag Graham Greenes trägt den Titel „Perspektivenwechsel"[15]. Denn ein solcher ist notwendig, um die übersehenen Schätze der „katholischen Romane" Greenes auszugraben. Ein Perspektivenwechsel würde auch bedeuten: eine Abkehr vom reduzierten Blick auf Eros in seiner gebrochenen Gestalt bei Graham Greene. Denn niemand möge Graham Greene vorwerfen, dass er ins volle Leben hineingreift – und dazu gehört nun einmal der Eros ebenso wie auch Geburt und Tod. Was man allerdings sachlich und ohne Vorwurf in Bezug auf den Roman „Die Kraft und die Herrlichkeit" feststellen kann, ist, dass Eros in seiner Schönheit und positiven Kraft nicht vorkommt. Im viel beschworenen „Greeneland" präsentiert Eros sich als mächtig, aber auch als schmutzig, außerhalb der ihm zukommenden Diskretion, ja, als unwürdig. Noch einmal: Einer mangelnden positiven Perspektive in Bezug auf Greenes erzählten Eros steht in seinem Priesterroman eine größere Liebe gegenüber, eine oft zu schwache, aber immer sehnsüchtige und unleugbare Bezogenheit auf das Übernatürliche. Diese größere Liebe bindet nach oben und von oben her, ist aber in Greenes Roman weit davon entfernt, etwa eine Begeisterung oder ein Entflammt-Sein im Sinne einer vom Sexuellen absehenden Bedeutung des Eros zu bezeugen.

Der Begriff „Perspektivenwechsel" beschreibt aber auch den grundlegenden Schreibgestus Graham Greenes. Werfen wir diesbezüglich einen kurzen Blick auf seine Rede „The vertue of disloyality"[16], die Greene als Dankrede für die Verleihung des Shakespearepreises 1969 an der Hamburger Uni hielt. Provokant und in seiner Rhetorik das abbildend, was er als Schreibender machte, kritisierte er den großen William Shakespeare als angepasst, dem Hofe verpflichtet und in Loyalität erstarrt. Greene stellte dem sein eigenes Selbstverständnis als Dichter gegenüber: Er wolle „Widerpart" sein,

---

15   ALKUIN SCHACHENMAYR, GUDRUN TRAUSMUTH, *Perspektivenwechsel. Graham Greene zum 30. Todestag*, in: Klerusblatt. Zeitschrift der katholischen Geistlichen in Bayern und der Pfalz 4 (2021) 121.
16   GRAHAM GREENE, *The vertue of disloyality*, in: Gedenkschriften 1969. Stiftung F. V. S.

Sympathie mit den Unschuldigen, aber auch den Schuldigen zeigen. Er wollte „a piece of grit", Sand im Getriebe, sein. Entscheidend
dann der Satz: „But the novelist's task is to draw his own likeness
to any human being, to the guilty as much as to the innocent."[17] In
diesem Satz der Shakespeare-Rede Greenes zeigt sich verdichtet die
Grundformel seiner Texte: Wichtig ist der Ausdruck „likeness to the
guilty". Denn schreibend vollzieht Greene einen Akt der Solidarität mit Sündern. Konkret äußert sich das in der Architektur seiner
Texte darin, dass Greene beim Weg „zu Gott" oder beim Weg spiri-
tueller Vertiefung, auf den er seine Gestalten schickt, oft von ihrer
Sündhaftigkeit ausgeht, ja, bei einer Sünde ansetzt.

4. „The end of the affair": Zwischen Ehebruch, Gottesliebe und Wundern

Besonders interessant ist diesbezüglich Graham Greenes Roman
„The end of the affair", in der deutschen Ausgabe übersetzt mit „Das
Ende einer Affäre". „Das Ende der Geschichte" wäre nicht nur die
treue Übersetzung gewesen, sondern hätte auch der „Lösung des
Falls", wie wir sie im Laufe der Lektüre erfahren, besser entsprochen.[18] Tatsächlich legt Greene den Roman als Detektivgeschichte
an: Der Ministerialbeamte Henry Miles erzählt Maurice Bendrix,
dem Ich-Erzähler, bei einem zufälligen Treffen von der Befürch-
tung, seine Frau Sarah habe einen Liebhaber. Henry weiß zu diesem
Zeitpunkt nicht, dass eben jener Bendrix, dem er sich anvertraut,
vier Jahre lang ein Verhältnis mit Sarah hatte. Bendrix wiederum,
der ehemalige Liebhaber Sarahs, veranlasst der Verdacht, einen Pri-
vatdetektiv zu engagieren, der Sarah ausspionieren soll; vor allem
aber erhofft er eine Antwort auf die Frage, warum Sarah ihn in jener Londoner Bombennacht des Jahres 1944 verlassen hat. In „The
end of the affair" vollzieht Greene einen genialen erzähltechnischen
Schachzug: Er lässt den Detektiv Mr. Parkis Sarahs Tagebuch aus
ihrem Zimmer entwenden; die Leser erleben dann die Tagebuch-
lektüre des Ich-Erzählers Bendrix. Dieser Text im Text, das Tage-

---

17   Ebd., 4.
18   Diesen Hinweis auf die reduzierende Semantik des deutschen Titels verdanke ich P. Al-
      kuin Schachenmayr.

buch, ermöglicht nun eine Art Doppelbeleuchtung der Geschehnisse, welche die Beantwortung der zentralen inhaltlichen Fragen in ganz eigener Weise erledigt. Aus Sarah's Perspektive nämlich werden nun all jene Momente, die Bendrix zuvor als rätselhaft thematisiert hatte, in ihrer wahren Bedeutung offengelegt, auch das Rätsel der Bombennacht: Sarah fand in jener Nacht im Juni 1944 Bendrix leblos unter den Trümmern seines Hauses liegen und wandte sich mit einem verzweifelten Schwur an Gott (an den sie bis dahin nicht geglaubt hatte!). Wenn er Bendrix weiterleben lasse, werde sie, Sarah, auf den Geliebten verzichten. Und was geschieht? – Bendrix tritt kurz darauf lebendig ins Zimmer. Sarah hält ihren Schwur und trennt sich von Bendrix. Ihr großer schmerzhafter Verzicht geht damit einher, dass Gott immer mehr zum Bezugspunkt ihres Lebens wird. In ihrem Tagebuch äußerst sich das dadurch, dass sie in ständigem Gespräch mit Gott ist: Er ist nun das „Du" ihres Lebens, wird von dem Unbekannten, zu dem sie in höchster Not Zuflucht nimmt, dem sie das Leben ihres Geliebten gleichsam abgehandelt hat, zu ihrer neuen Liebe. Das alles aber unter Schmerzen, in einem großen Kampf, *in der Wüste,* wie Sarah ihre Situation immer wieder beschreibt.

Graham Greene wählt eine kühne Dynamik für seinen Roman: Der Verzicht auf den Geliebten öffnet für die Gottesliebe. Typisch für Greene, dass vieles gebrochen bleibt, nicht alles wird heil und geheilt: Sarah lernt nicht etwa ihren Mann neu lieben, sondern geht einen Weg tiefsten Leides, denn ihr Eros, ihre ganze menschliche Sehnsucht, richtet sich weiterhin auf Maurice: „Ich habe noch nie jemanden so geliebt wie Dich", schreibt sie in einem Abschiedsbrief an Bendrix, und dann: „und ich habe noch nie an etwas so geglaubt wie jetzt."[19]

In „The end of the affair" wird Eros – im Setting des Ehebruchs – in all seiner rücksichtslosen Macht geschildert. Radikal und provokant erscheint Ehebruch bei Greene als fast normal, *lieben* fast gleichbedeutend mit dem Geschlechtsakt. Zur Ausgangslage gehört aber auch – und hier zeigt sich wieder Graham Greenes Neigung, die Dinge ex negativo anzupacken –, dass Sarah und Bendrix ihr Verhältnis offenbar als ungenügend und auf ein baldiges Ende

---

19 GRAHAM GREENE, *Das Ende einer Affäre,* München ⁵2015, 187.

hinsteuernd empfinden. Nach der Trenung von Bendrix entwickelt sich in Sarah diese enorme Sehnsucht nach einer absoluten Liebe: „Wenn man an Gott glauben könnte, würde Er die Wüste beleben? Ich wollte immer geliebt oder bewundert werden. Ich fühle mich schrecklich unsicher, wenn ein Mann sich von mir abwendet, wenn ich einen Freund verliere. Ich möchte nicht einmal einen Ehemann verlieren. Ich will alles, immer und überall. Ich fürchte mich vor der Wüste. Gott liebt dich, sagt man uns in der Kirche, Gott ist alles. Menschen, die daran glauben, brauchen keine Bewunderung, sie brauchen nicht mit einem Mann zu schlafen, sie fühlen sich sicher." (Tagebucheintrag vom 12. Juni 1944)[20]

Man beachte die Art der Didaxe: Es ist eine Ehebrecherin (Bendrix war nicht Sarahs einziger Liebhaber), die Graham Greene auf diese Weise die Möglichkeit des Verzichts auf menschliche Liebe – im Sinne des Eros als sexuelle Realisierung – im Bewusstsein einer „größeren Liebe" entdecken lässt. Tatsächlich deutet Graham Greene auch so etwas wie die ersehnte Vereinigung von Sarahs Leiden mit dem Leiden Christi am Kreuz an. Jedenfalls berühren Szenen wie jene, als Sarah lernt, ein Kreuzzeichen zu machen; wie sie in einer Kirche in Betrachtung des Gekreuzigten verharrt; schildert, wie sie – verschämt – ein Kreuz kauft: „Gestern habe ich ein Kruzifix gekauft, ein billiges, hässliches, weil ich mich beeilen musste. Ich wurde rot, als ich danach fragte. [...] Wenn ich meine Zimmertür abschließe, kann ich das Kruzifix aus meinem Schmuckkästchen hervorholen, wo es ganz zuunterst liegt."[21] Ihr wird die notwendige Verankerung der menschlichen Liebe in der göttlichen bewusst und die Tatsache, dass Gott selbst der große Lehrer der Liebe ist: „Lieber Gott, ich habe versucht zu lieben und damit ein solches Durcheinander angerichtet. Wenn ich Dich lieben könnte, wüsste ich auch, wie ich sie lieben soll. Ich glaube an die Legende. Ich glaube, dass Du geboren wurdest. Ich glaube, dass Du für uns gestorben bist. Ich glaube, dass Du Gott bist. Lehr mich zu lieben."[22]

Sarahs Kampf, über dessen Versuchungen und Härten wir aus ihrem Tagebuch erfahren, löst Graham Greene erzählerisch durch

---

20   Vgl. ebd., 115.
21   GREENE, Das Ende einer Affäre, 151.
22   Vgl. ebd.

ihren frühen Tod. Im Gefolge ihres Todes geschieht dann so manche wundersame Heilung, deren Schilderung man jedem anderen Autor als Kitsch und unglaubwürdig vorwerfen würde; Greene, in seiner Collage aus Thriller, Erotik und Religion, kann sich das aber leisten. Übrigens weisen die „Wunder" nach Sarahs Tod auch darauf hin, dass sie ihr Ziel, den, der *DIE LIEBE* ist, erreicht hat: Angedeutet wird beispielsweise, dass ein Kind durch Sarah Heilung erfährt, dass die entstellte Wange des früheren Agnostikers Richard Smythe durch sie geheilt wurde. In den Bereich des Wunders gehört ebenso, dass Henry Miles (Sarahs Mann) und Maurice Bendrix (Sarahs Geliebter) nach Sarahs Tod Freunde werden, ja, wie Brüder im gleichen Haus leben. Schließlich gibt es sogar Hinweise, dass auch für diese beiden Männer ein Weg zu Gott begonnen hat.

Graham Greene beginnt auch in „The end of the affair" beim Empörenden, dem Skandal. Und wieder besteht die Versuchung, dass der erzählte Eros alle Aufmerksamkeit auf sich zieht, Eros in seiner ungeordneten Form. Graham Greene markiert diese Gefährlichkeit deutlich, beschreibt er doch das Liebesverhältnis zwischen Bendrix und Sarah bei aller erotischen Anziehung als enorm schwierig. Auch in diesem Roman Greenes gibt es das Bekenntnis zum Sakrament, wenn etwa nach Sarahs Tod ihre (reichlich schrille) Mutter dem Ich-Erzähler Bendrix etwas erzählt, was Sarah selbst nicht wusste: dass sie – freilich in einem Akt des Aufbegehrens gegen ihren Mann – Sarah taufen ließ. War es also, kann man als Leser mit Recht fragen, die Taufgnade, die Sarah in der Bedrängnis jener Bombennacht zu Gott geführt hatte?

Schließlich legt der widerständige Katholik Greene ein gewisses Bekenntnis zur katholischen Kirche auch dadurch ab, dass er nicht nur einen sympathischen Priester auftreten lässt, sondern auch, indem er nach ihrem Tod Sarahs Absicht kundtut, katholisch zu werden.

Gisbert Kranz konstatiert, dass Graham Greene „Grenzsituationen" liebe, „da er an ihnen am besten zeigen kann, worauf es ihm ankommt: den Lichtstrahl, der plötzlich die Finsternis durchbricht"[23]. Um sein narratives Ansetzen bei der Sünde zu rechtfertigen, nahm Graham Greene bei Kardinal John Henry Newman

---

23   GISBERT KRANZ, *Graham Greene*, in: DERS., *Christliche Literatur der Gegenwart*, 86.

Zuflucht, der meinte: „Es ist ein Widerspruch in sich, über sündige Menschen eine von Sünden freie Literatur zusammenstellen zu wollen."[24]

5. „Der Kranz der Engel" und die existenzielle Notwendigkeit des Sakraments

Mit obigem Zitat sind wir wieder bei Graham Greenes Essayband „Vom Paradox des Christentums" und dem Vorwort Gertrud von le Forts in dem Buch. Joël Pottier sagte mir diesbezüglich: „Die Initiative kam sicherlich nicht von ihr, sondern le Fort wurde höchstwahrscheinlich vom Arche-Verlag, und das heißt konkret von Peter Schifferli, darum gebeten. Aber warum gerade sie?" Prof. Pottier beantwortet seine Frage folgendermaßen: „Weil dieses Geleitwort auf dem Hintergrund der langjährigen Debatte um den ‚Kranz der Engel' gelesen werden muss. Le Fort war erst vor Kurzem einer Indizierung (knapp) entgangen, für Greene war sie noch eine ernste Möglichkeit."[25]

Le Forts Roman „Der Kranz der Engel" führte wie kein anderer Text der Dichterin zu heftigen Frontstellungen innerhalb des deutschsprachigen kulturellen Diskurses. Der 1946 erschienene Roman ist der zweite Teil des Doppelromans „Das Schweißtuch der Veronika". In der Neuausgabe von 2018[26] las Hans-Rüdiger Schwab in seinem begleitenden „Leselicht" den Roman als erste große Auseinandersetzung der deutschen Literatur mit dem Nationalsozialismus. Nach seiner Ersterscheinung wurde „Der Kranz der Engel" aber völlig anders rezipiert und führte in katholischen Kreisen zu einer enormen Debatte, die der Band „Gertud von le Fort. ‚Der Kranz der Engel' im Widerstreit der Meinungen"[27] dokumentiert.

---

24   GRAHAM GREENE, *Warum ich schreibe*, in: GRAHAM, *Paradox des Christentums*, 90.
25   E-Mail an die Verfasserin von Joël Pottier, 12.10.2020.
26   LE FORT, *Der Kranz der Engel*.
27   GERTRUD VON LE FORT, *Werk und Bedeutung. „Der Kranz der Engel" im Widerstreit der Meinungen*, München 1950.

In „Der Kranz der Engel" ist Veronika mit Enzio verlobt. Enzio ist hochbegabt, glaubt nicht, ist vom Ersten Weltkrieg gezeichnet und hat sich politisch radikalisiert. Er will der tiefgläubigen Veronika nicht zugestehen, dass sie ihren Glauben innerhalb einer sakramentalen Ehe leben darf. Veronika, ringend und im Austausch mit zwei Priestern, die ihr Unterschiedliches raten und für zwei grundsätzlich unterschiedliche pastorale Wege stehen, entscheidet sich schließlich, dem Freund in die Dunkelheit nachzufolgen. Das heißt, sie verzichtet auf all das Ihre, vor allem aber auf die katholische Ehe und die Eucharistie. Es wird sehr wenig ausgeführt – le Fort in ihrer Diskretion ist hier ganz das Gegenteil von Greene –, wie weit das „Zusammenleben" von Veronika und Enzio im Roman tatsächlich geht. Sehr deutlich aber wird, dass Veronika am Verzicht auf das Sakrament physisch und psychisch zugrunde zu gehen droht. Das Ende der Handlung ist fast zu knapp erzählt: Jedenfalls ist es Enzio, der der Todkranken, in Überwindung von Egoismus und Eifersucht, schließlich einen Priester ruft. Das Sakrament wirkt rettend, Veronika erholt sich, eine dauerhafte Änderung der Haltung Enzios wird angedeutet.

Wichtig ist: Die finale Entwicklung der Romanhandlung bewertet das Zugeständnis Veronikas an Enzio eindeutig als existenziell falsch und fatal. Diesem Votum durch den Handlungsverlauf haben die kirchlichen Kritiker zu wenig Beachtung geschenkt. Die Sünde führt zum Tod, das ist die Botschaft des Romans: Veronika, der Prototyp der gläubigen Frau, berufen, der Welt das Antlitz Christi zu zeigen, verrät diese Berufung. Und wenn auch le Fort die subjektiv lauteren Motive Veronikas unbestritten lässt, so bleibt doch klar, dass das Handeln der liebenden jungen Frau falsch ist. Auch inhaltlich: Wie kann sie die Seele des Geliebten retten, wenn sie selbst sich vom Heil abschneidet? Das Verlassen des Raumes des Heils führt zur Zerstörung von Veronikas Wesen, und: „das Sakrament rettet" scheint im Blick auf die Romanhandlung die zentrale Botschaft.

6. „Plus ultra" – Im Ruf der größeren Liebe

1950, vier Jahre nach „Der Kranz der Engel", schreibt Gertrud von le Fort ihre große Erzählung „Plus ultra", die le Fort rund um den entsprechenden Wappenspruch von Kaiser Karl V. entwickelt. Wichtig und eine historische Gestalt ist „die Statthalterin", des Kaisers Tante Margarethe von Österreich.

Die Ich-Erzählerin, Arabella, erzählt ihre eigene Geschichte und jene der Statthalterin. Beide Geschichten sind Liebesgeschichten und haben etwas zu tun mit jener *größeren Liebe* im Spannungsfeld zwischen Eros und Jungfräulichkeit.

Am Hofe Karls V. begreift die junge Hofdame Arabella nicht, dass der junge, bereits verheiratete Kaiser sie liebt und begehrt. Doch alle anderen sehen es und rasch wird Arabella entfernt und kommt an den Hof von Mecheln, zur Statthalterin, der Tante des Kaisers. Dort sieht sich Arabella plötzlich einem ungeheuren Zug ihres Herzens ausgesetzt, ihr selbst rätselhaft, bis sie schließlich erkennt, dass sie in leidenschaftlicher Liebe zum jungen Kaiser entbrannt ist. Mit ganzer Gewalt wird sie von Eros ergriffen; Arabella will dem Kaiser antworten, möchte ihr Herz offenbaren – und kann es doch nicht. Eine verständnisvolle Gefährtin findet sie in der Regentin. Und Arabella, die die Statthalterin anfangs als ihre Gefängniswärterin verabscheut, lernt sie zu lieben und zu begreifen. Denn auch die Statthalterin – und darin sieht Arabella sich verwandt – ist eine große Liebende. Nicht nur das, auch die letzte Unerfüllbarkeit ihrer Liebe verbindet die junge und die reife Frau. Denn: die große Liebe der Statthalterin ist ihr verstorbener Mann. Eine große eheliche Liebe *über den Tod hinaus*, die aber eine eigene Problematik hat: Auch diese Liebe *aus der Ordnung*. Dies bildet sich an der Kirche von Brou, die die Statthalterin als Grabmal ihres Mannes bauen lässt, ab. Dieser Kirche fehlt nämlich der Hochaltar, an seiner Stelle zeigen die Pläne das Grabmal Philiberts II.: „Im Chor nämlich, wo sich sonst in einer Kirche der Hochaltar erhebt, erhob sich ein reich verziertes Grabmal wie ein Tabernakel."[28] In der Novelle gipfelt die Auseinandersetzung um den Kirchenbau in einer harten Auseinan-

---

28   GERTRUD VON LE FORT, *Plus ultra*, in: DIES., *Die Tochter Jephthas und andere Erzählungen*, Frankfurt a. M. 1989, 118.

dersetzung der Statthalterin mit dem Priester, der im Auftrag Roms die Witwe vom Bau des Hochaltars überzeugen soll. „Eure Hoheit baut dem Sterblichen, was nur dem Ewigen gebührt – sie scheut sich ihrem Schöpfer den Altar zu setzen – sie lehnt Gott ab: das ist das furchtbare Geheimnis von Brou, das Rom nicht dulden kann." Es trat nun wiederum ein Schweigen ein, dann sagte die Regentin leise und stolz: „Ich lehne Gott nicht ab, Monseigneur, wie sollte sich ein Mensch wohl dessen unterfangen? Aber es ist kein Raum für Gott in meinem Herzen. Vielleicht ist dieses Herzens Raum zu eng, vielleicht dass ihn die Gnade einst erweitert – noch fasst er nichts wie den geliebten Gatten: weil er ein Mensch war, liebe ich die Menschen, weil er Fürst war, will ich Fürstin sein, weil er für mich nicht tot ist, kann ich leben."[29]

Am Sterbebett erkennt die Regentin kurze Zeit darauf ihren Irrtum und anerkennt Gott als *die größere Liebe:* „Ja, ich liebe Gott – ich liebe ihn – ich habe ihn von je geliebt – ich liebte ihn in seinem Ebenbilde."[30] Arabella wird die einzige Zeugin ihres Todes und der Kaiser möchte um jeden Preis die letzten Worte der Statthalterin wissen, da die Frage des Altars der Kirche von Brou sein Verhältnis zu Rom belastet. Um ein Gespräch mit dem Kaiser zu erreichen, greift Arabella nach einem Trick: Sie vermittelt dem Kloster, in das sie – gegen ihren Willen –geschickt worden ist, dass sie sich ihm dauerhaft als Nonne verbinden möchte. Als künftige Ordensfrau begegnet sie dem Kaiser und möchte ihm den Blick der Liebe, den sie einst nicht verstanden hat, zurückschenken. Er aber ist ganz Majestät geworden, unzugänglich, unerreichbar, hat im Dienst seines Amtes gelernt zu verzichten: „[...] der Blick, dieser rufende, von dem ich Tag und Nacht geträumt, dass ich ihm Antwort geben müsse – dieser Blick war nicht mehr da, da war nur noch der Blick des Kaisers."[31] Arabella erkennt ihr Sakrileg und entscheidet sich nun aus freiem Willen, neu und aus ganzem Herzen, ihr Leben im Kloster zu verbringen, als Opfer für den Kaiser und sein Reich. Sie hat sich die kaiserliche Devise „Plus ultra!" zu eigen gemacht.

---

29 Ebd., 121f.
30 Vgl. ebd., 138.
31 Vgl. ebd., 145.

Innerhalb der Erzählung erscheint die Linie der Statthalterin spannender und blutvoller als jene Arabellas. Doch deren Schicksal erscheint in ganz anderem Licht, wenn man eine biografische Dimension mitbedenkt, die Joël Pottier in seiner Habilitation „Gertrud von le Fort et sa pensée réligieuse"[32] ausführt: Eine lange Reihe von Indizien spreche dafür, dass sich in der Geschichte Arabellas le Forts eigenes „Plus ultra-Erlebnis" spiegle, so Pottier. Nach sorgfältigster Analyse aus le Forts Werk, Briefen und anderen Spuren, folgert Pottier, dass le Fort sich im Alter von etwa 30 Jahren – sie war noch Protestantin – in jemanden verliebt habe, der sie auf ihrem Weg in die katholische Kirche entscheidend vorangebracht habe. Es habe sich aber um eine unmögliche Liebe gehandelt, die le Fort wie einen „Fehler" empfand. Le Fort habe auf diese – übrigens nie offenbarte – Liebe verzichtet und sei ihr zugleich treu geblieben, indem sie zeitlebens jungfräulich gelebt habe. Schließlich die kühne, aber von Pottier wohlbegründete These: „l'être aimé était un prêtre."[33] – le Forts Liebe galt einem Priester.

Zieht man diese Möglichkeit in Erwägung, bekommt die Radikalität des Schrittes der jungen Gesellschaftsdame Arabella in „Plus ultra" eine andere Dimension. Sie spiegelt einerseits den großen Verzicht le Forts auf eine irdische Liebe und andererseits die Hingabe ihrer selbst als Dichterin und zölibatär lebende Frau an die himmlische Liebe. Le Forts persönlicher Verzicht bezeugt somit etwas, was auch die Literatur des 20. Jahrhunderts in unterschiedlicher Gestalt kennt: Wenn *die größere Liebe* einen Menschen zu einem Dienst erwählt hat, ist das eine absolute Grenze für menschliche Liebe, die sich dieser Ordnung zu beugen und zurückzutreten hat. Auch in der Literatur des 20. Jahrhunderts gibt es Werke, die den Verzicht auf Erfüllung einer Liebe erzählen, aufgrund einer Aufgabe, eines Amtes oder eines Auftrags, welcher vollständiger Verfügbarkeit bedarf. Man denke etwa an Bilbo und Frodo Beutlin in Tolkiens „Hobbit" und „Herr der Ringe" oder an Ransom in C. S. Lewis' „Perelandra"-Trilogie. Dass ein Verzicht im Licht *der größeren Liebe* auch die Gnade einer anderen Fruchtbarkeit mit sich bringen

---

32   Joël Pottier, *Gertrud von le Fort et sa pensée réligieuse. Thèse pour le doctorat d'Etat d'Allemand. Préparée sous la direction de Monsieur le professeur Michel Reffet*, Dijon 2008.

33   Ebd., 98.

kann, erzählt Gertrud von le Fort nicht nur in verschiedenen ihrer Texte, sondern – wenn wir Joël Pottiers These in Betracht ziehen – auch durch ihr Leben als Dichterin.

Gertrud von le Fort und Graham Greene haben in ihrer Biografie völlig unterschiedliche Entscheidungen in Bezug auf das Spannungsfeld Eros und Jungfräulichkeit getroffen. Auch in ihrem Werk gibt es diesbezüglich große Unterschiede, aber auch die Gemeinsamkeit, dass ihrer beider literarischer Umgang mit dem Eros zu einer kontroversiellen Rezeption innerhalb der katholischen Welt führte. (Auch) erzählter Eros besitzt per se ein hohes Potential an Provokation, doch werden sensible Leser – jenseits der Sensation des Eros – die Spuren einer größeren Liebe in den Texten Gertrud von le Forts und Graham Greenes entdecken können.

VI.
PRIESTERLICHE AUSEINANDERSETZUNG MIT EROS UND JUNGFRÄULICHKEIT

Lernen zu lieben:
Der Weg des Thomas Merton

Kosmas Thielmann OCist

Kann man lernen, zu lieben? Und wenn ja, dann muss es auch lehrbar sein. Aber wer lehrt da wen – und wie? So wirft der Titel dieses Aufsatzes einerseits Fragen auf, deutet aber auch mögliche Antworten an: Es ist ein Weg, auf dem wir Menschen uns hin zu einer größeren Liebesfähigkeit entwickeln. Das soll exemplarisch am Weg des Thomas Merton gezeigt werden.

Der Verlust

Bezüglich Thomas Merton kursieren verschiedene Gerüchte über sein Leben wie über seinen Tod im fernen Bangkok. So ist zunächst eine kurze biografische Skizze angebracht.[1]

Geboren wird er am 31. Jänner 1915 in Prades im französischen Teil der Pyrenäen, nah an der Grenze zu Spanien, in dem nicht nur Französisch, sondern auch Katalanisch gesprochen wird. (Der katalanische Cellist Pau Casals wird später 1939 Prades zum Ort seines Exils wählen.) Merton ist das erste Kind seiner Eltern Owen Merton, einem Neuseeländer, und Ruth Calvert Jenkins Merton, einer US-Amerikanerin. Beide Eltern sind Maler, der Vater immerhin so erfolgreich, dass er die Familie mit seiner Kunst erhalten kann. 1918 wird sein jüngerer Bruder John Paul geboren, der nach dem frühen Tod der Mutter 1921 bei den Großeltern in Queens (New York) aufwächst, während Thomas Merton beim Vater bleibt. Vor ihrem

---

1   Die Darstellung orientiert sich an der umfänglichen, im Auftrag der Abtei Gethsemani erstellten Biografie von MICHAEL MOTT, *The Seven Mountains of Thomas Merton*, Boston 1984. Zudem sei besonders verwiesen auf das Tagebuch Thomas Mertons für die Jahre 1966–67: THOMAS MERTON, *Learning to love: Exploring Solitude and Freedom* (The Journals of Thomas Merton, Volume 6: 1966–1967), hg. v. Christine M. Bochen, San Francisco 1997, sowie das Tagebuch seiner Asienreise: THOMAS MERTON, *The Asian Journal of Thomas Merton*, hg. v. Naomi Burton Stone, Patrick Hart und James Laughlin, New York 1973. Die Gedichte Mertons sind veröffentlicht in THOMAS MERTON, *The Collected Poems of Thomas Merton*, New York 1977.

Tod an Magenkrebs hatte die Mutter ihrem älteren Sohn Tom noch einen Brief geschrieben, den der Vater aus dem Spital dem Kind bringt. Der Sechsjährige ist zutiefst erschüttert, aber es wird nicht die letzte schmerzliche Erfahrung eines großen Verlustes bleiben. Etliche Umzüge führen die beiden durch Europa, auch eine Zeit nach Bermuda. Schließlich lassen sie sich in London nieder, wo der Vater 1931 an einem Hirntumor verstirbt. Nachdem Merton mit sechs Jahren seine Mutter verloren hat, ist er nun, 16 Jahre alt, Vollwaise. Ein Freund seines Vaters, ein erfolgreicher Arzt in London, übernimmt die Vormundschaft. 1932 schließt Merton seine Schulzeit an der Oakham School in England ab und begibt sich auf eine längere Reise, die ihn auch durch Deutschland führt. Anschließend beginnt er im Herbst 1933 ein Studium am Clare College in Cambridge, allerdings nur bis zum Frühling 1934: das Semester dort wird zum moralischen Tiefpunkt seines Lebens, geprägt von ausschweifenden Feiern und sexuellen Abenteuern. Als er eine junge Frau schwängert (vermutlich ein Zimmermädchen seines Colleges), zieht sein Vormund die Reißleine und schickt seinen Schützling in die USA zu den Großeltern mütterlicherscits.

Die Wende

Mertons Leben stabilisiert sich. Er beginnt im Jänner 1935 ein Literaturstudium an der Columbia University in New York, das er 1939 als M. A. mit einer Masterarbeit über William Blake abschließt. An der Columbia findet er Freunde, die ihn für den Rest seines Lebens begleiten und auf seinen weiteren Weg großen Einfluss haben werden. Einer von ihnen wird später einige seiner Bücher verlegen: Robert Giroux für den bekannten Verlag Farrar, Straus and Giroux.

Als er aus Neugier ein Buch über mittelalterliche Philosophie erwirbt – das berühmte Werk Etienne Gilson's „Der Geist der mittelalterlichen Philosophie" –, entdeckt er zu seiner Überraschung darin ein „imprimatur" – eine kirchliche Druckerlaubnis. Zunächst von dieser Entdeckung geschockt, findet er in diesem Buch die okzitanische Welt seiner Kindheit wieder, ein katholisches Mittelalter, das ihn zunehmend in seinen Bann zieht. So bittet er im September 1938 in der Pfarre Corpus Christi in New York City um Unterweisung im katholischen Glauben und empfängt dort am 16. November 1938 die Taufe sowie am 25. Mai 1939 die Firmung. Nach seinem Studienabschluss beginnt er, 1940, Literatur am St. Bonaventure College in Olean (New York State) zu unterrichten, das vom Franziskanerorden geführt wird. Merton bittet um Aufnahme ins Noviziat der Franziskaner. Als er einige Wochen später dem Magister von seinem Leben in Cambridge erzählt, schickt der ihn weg. (Die Trappisten von Gethsemani werden später nicht so heikel sein.)

Einer seiner Lehrer von Columbia, Dan Walsh, erzählt ihm begeistert von Exerzitien, die er in einem Trappistenkloster in Kentucky gemacht hat, und empfiehlt Merton, dorthin zu fahren. (Dan Walsh wird Jahre später mit über 60 Jahren die Priesterweihe empfangen. Er ist in Gethsemani begraben.) So kommt er in der Karwoche 1941 ein erstes Mal zur Gethsemani Abbey. Seine Lektüre in diesen Tagen im Gästehaus der Abtei sind Texte des hl. Bernhard von Clairvaux, die er eifrig exzerpiert, vor allem „De diligendo Deo" über die Gottesliebe.

Ein neuer Anfang

Am 10. Dezember 1941 durchschreitet Thomas Merton die Pforte zur Klausur, um als Mönch zu leben. (Auf den Tag genau, am 10. Dezember 1968, wird er nach 27 Jahren als Trappist in Bangkok sterben.) Ein neuer Abschnitt seines Lebens beginnt. Ungefähr die erste Hälfte seines Lebens hatte er als ein Mann der Suche in der Welt gelebt, die zweite Hälfte ist er Mönch, zuerst in der Gemeinschaft, später dann als Einsiedler. Die Haltung des Suchers aber wird Merton bleiben. Der Abt, unter dem er in Gethsemani eintritt, Abt Dom Frederic Dunne (Abt von 1935–1948), fördert Mertons literarisches Talent. Er ist der erste US-amerikanische Abt dieser von exilierten französischen Trappisten gegründeten Abtei. Auf Aufforderung des Abtes hin beginnt Merton mit der Abfassung einer Autobiografie, die sein Leben bis zum Klostereintritt beschreibt. Kurz bevor das Werk 1948 unter dem Titel „The Seven Storey Mountain"[2] („Der Berg

---

2   THOMAS MERTON, *The Seven Storey Mountain*, New York 1948. Deutsch: *Der Berg der sieben Stufen*, Einsiedeln 1950. Diverse Auflagen und Übersetzungen.

der sieben Stufen" – eine Anspielung auf Dantes Göttliche Komödie) erscheint, stirbt der von Merton verehrte und geliebte Dom Frederic Dunne überraschend auf einer Zugfahrt. Der Abt wird nicht mehr den Welterfolg des von ihm angeregten Buches erleben. Hinter Thomas Merton, im Kloster nun Fr. Louis, liegen ereignisreiche Jahre. Selbst erst 1938 getauft, darf er am 26. Juli 1942 die Taufe seines jüngeren Bruders John Paul erleben, kurz bevor dieser seinen Kriegsdienst bei der US-Luftwaffe antritt. Am 17. April 1943 fällt John Paul Merton im Einsatz. Ein Gedicht Mertons drückt seine Trauer und seinen Schmerz über den Tod seines Bruders aus.[3] Irgendwie begleitet der Krieg das Leben dieses überzeugten Pazifisten: Während des Ersten Weltkriegs wird er geboren, im Zweiten Weltkrieg tritt er ins Kloster ein, und er stirbt auf dem Höhepunkt des Vietnamkriegs in Asien. Die US-Luftwaffe schließlich wird den Leichnam dieses Opponenten des Vietnamkriegs in die USA überführen.

Die Krise

Der Erfolg seiner Autobiografie hat Folgen: für seine Abtei, ja, für Klöster weltweit, wie auch für Merton selbst. Viele vom Zweiten Weltkrieg geprägte Männer entscheiden sich nach der Lektüre dieses Buches für einen Klostereintritt bei den Trappisten, aber auch bei anderen Gemeinschaften: So wird z. B. im Zisterzienserstift Heiligenkreuz 1956 Gottfried Schenker-Angerer (als P. Ludwig) Chormönch der Abtei.

Und dieses Werk macht seinen Autor mit einem Schlag weltberühmt. Die Tantiemen, die das Buch, bald auch übersetzt in viele Sprachen und bis heute aufgelegt, dem Kloster einbringt, ermöglichen es dem neuen Abt, Dom James Fox (Absolvent der Harvard Business School und Abt von 1948–1967), die Modernisierung der klösterlichen Wirtschaftsbetriebe voranzutreiben und die durch den Zustrom von Kandidaten notwendigen Neubauten auszuführen sowie fünf neue Klostergründungen vorzunehmen.

---

3 Vgl. MERTON, *The Collected Poems*, 35f.

Merton ist nicht mit allen Entwicklungen seines Klosters zufrieden. Er stört sich an der Mechanisierung der Landwirtschaft,
wissend, dass der neue Traktor von „seinem Geld" gekauft wurde.
Er notiert spöttische Werbesprüche für „Trappist Cheese" und „Kentucky Bourbon Fruit Cake". Vor allem aber schaut er sehr kritisch
auf sein bisheriges Schreiben. Schon als Student und Lehrer hatte
er Gedichte und andere Texte publiziert. Im Kloster kamen dann
Bücher über Heilige und Spiritualität des Zisterzienserordens hinzu. Rückblickend stellt er bei sich eine Lieblosigkeit in seinem, wie
er es nennt, „schlechten Schreiben" fest: zu autoritär, zu sehr die
Sündhaftigkeit der Welt verdammend. Positiv notiert er nur ein ent-
schiedenes Zeugnis und Bekenntnis in seinen Schriften.[4]

So bereitet sich im Leben Thomas Mertons ein neuer Abschnitt
vor. Vor dem Hintergrund der Enzyklika „Deus caritas est", in der
Papst Benedikt XVI. die drei griechischen Begriffe für „Liebe" –
Eros (begehrende Liebe), Philia (brüderliche Liebe), Agape (hingebende Liebe) – ausführlich darstellt und dabei keineswegs den Eros
verwirft, sondern nur seine Läuterung hin zur Agape fordert, ist
eine erste Einordnung von Mertons Lebensweg möglich. Zunächst
ist er stark vom Eros geprägt, vor allem in seiner Zeit in Cambridge.
Mit seiner schrittweisen Hinwendung zum Glauben gesellt sich die
Philia dazu, die dann für die ersten zehn Jahre seines Klosterlebens
bestimmend sein wird. In der Gemeinschaft der Brüder entdeckt er
den Wert einer Liebe, die nicht vom Begehren dominiert wird, und
dehnt diese auf die Welt aus. Allerdings eher in Form einer „Liebe
von oben herab": Die Mönche leben streng asketisch und beten viel
für die Menschen, die in der Welt vielfältigen Versuchungen ausgesetzt sind.

Anfang der 1950er-Jahre gerät Merton in eine ernste Krise.
Nicht allein, dass ihm manche Neuerungen in seiner Abtei missfallen. Er spürt zunehmend eine Sehnsucht nach Einsamkeit, überlegt
sogar, zu den Kamaldulensern (eremitisch lebende Benediktiner)
überzutreten, was ihm vom Generalabt verwehrt wird. Dom James
Fox reagiert darauf, indem er für Merton Gelegenheiten zur Einsamkeit schafft. So wird er Brandwächter des Klosters (während
der einsamen Rundgänge entstehen einige seiner schönsten Texte),

---

4   Vgl. MERTON, *Learning to love*, 371.

dann erhält er als „Silvarius" die Aufsicht über die Wälder der Abtei. In den Wäldern darf er sich 1953 eine kleine Hütte errichten, in die er sich zurückziehen kann und die später zu seiner Einsiedelei ausgebaut wird.

Zugleich gibt der Abt ihm verantwortungsvolle und wichtige Aufgaben für die Mönchsgemeinschaft. So amtiert Merton von 1951–1955 als Magister der Scholastiker (der zeitlichen Professen, die sich auf die Priesterweihe vorbereiten), dann zehn Jahre lang von 1955–1965 als Novizenmeister. Für diese Aufgaben ist er bestens vorbereitet: Er spricht und liest diverse (lebende wie tote) Sprachen und ist mit den Schriften der Kirchenväter und der Zisterzienser im Original vertraut. Für die ihm anvertrauten Mönche fertigt er eigene Übersetzungen ins Englische an, die zum Teil auch publiziert werden.

Die Sehnsucht nach Einsamkeit (solitude) bleibt und mit ihr das Bewusstsein, einer tieferen Heilung zu bedürfen.

In der „Schule der Liebe"

Ein großes Erlebnis wird eine Weitung seines Herzens bewirken. Zu bedenken dabei ist das Selbstverständnis der Zisterzienser, ihr Kloster als eine „Schule der Liebe" (schola caritatis, d. h. der hingebenden Liebe) zu verstehen. In diese Schule ist Thomas Merton eingetreten. Und in dieser Tradition der Zisterzienserväter sieht er das Kloster als einen Ort, wo man lernt, Gott zu lieben und ebenso die Nächsten. Aber in seinem Drängen nach mehr Einsamkeit kommt er immer stärker in eine Krise. So muss er lernen, dass sich Liebe und Einsamkeit nicht ausschließen. Das wird Merton geschenkt am 18. März 1958 in den Straßen von Louisville, in der sog. „Fourth and Walnut Experience", einer inneren Erfahrung, die Merton an einer Straßenkreuzung von Fourth und Walnut Street macht. „Inmitten dieses Einkaufsbezirks war ich plötzlich überwältigt von dem Bewusstsein (realization), dass ich all diese Menschen liebe, dass sie mein waren und ich ihrer, dass wir einander nicht fremd sein konnten, obwohl wir uns völlig unbekannt waren."[5] Diese Erfahrung, die

---

5   THOMAS MERTON, Conjectures of a Guilty Bystander, Garden City NY 1966, 158.

ihn entdecken lässt: Nein, er ist nicht separiert als zunehmend als
Eremit lebender Mensch von den Menschen in der Welt, von den
Menschen um ihn herum. Das wird Stück um Stück sein Leben
und Lieben verändern. Und er schreibt: „Wenn doch jeder das nur
verstehen und realisieren könnte. Aber es kann nicht erklärt werden.
Da ist kein Weg, Menschen zu erzählen, dass sie alle herumlaufen,
leuchtend wie die Sonne. Jeder ein Geheimnis, und gut und liebens-
wert im Blick Gottes."[6] Und er sieht die Frauen, so schreibt Merton,
„als eine geheimnisvolle Schönheit". Sein Gelübde der Keuschheit
lasse ihn überhaupt diese geheime Schönheit der Frauen entdecken.
„Es ist durch die Keuschheit, dass ich gleichsam verheiratet bin mit
dem, was am meisten rein ist in all diesen Frauen. Und dass ich diese geheime Schönheit (secret beauty) kosten und spüren kann, wenn
sie im Sonnenlicht herumgehen, dass dieses Frausein das Bild Gottes in die Welt bringt, und jede ist Weisheit und Sophia und Unsere
Liebe Frau."[7] Später wird Merton das in verschiedenen Gedichten,
in denen es um Weisheit, um Sophia, oder Proverb geht, eine Frau-
engestalt, beschreiben. Er träumt auch davon. In einem Text von
1959 – sieben Jahre, bevor er sich im April 1966 in eine Krankenpflegeschülerin verliebt – sieht er eine Begegnung im Bild vor sich:
Der Sprecher des Gedichtes befindet sich im Krankenhaus. In der
Morgenfrüh wird er geweckt durch die sanfte Hand einer Kranken-
schwester, die ihm wie ein jüdisches Mädchen mit schwarzgelock-
tem Haar erscheint.[8] Und diese Erfahrung, die Merton in diesem
Gedicht beschreibt, entfaltet sich als ein Erwachen von Menschlichkeit, von den Träumen hin zur Wirklichkeit, von einer gebrochenen
Menschheit zu einer Einheit der Liebe in dem einen Christus. Wenn
man sich diese tiefe religiöse Erfahrung, die er 1959 macht, in diesen Bildern, die er dort sieht und im Text beschreibt, vorstellt, dann
ist eher nachvollziehbar, dass es den sensiblen Künstler Merton, als
dieses Bild 1966 für ihn Wirklichkeit wird, aus der Bahn wirft. Also
schon 1958/59 eine große Erfahrung auf diesem Weg Mertons, Liebe zu lernen: eine Öffnung hin zu den anderen, nun nicht mehr

6   THOMAS MERTON, *A Search for Solitude: Pursuing the Monk's True Life* (The Journals of
     Thomas Merton, Volume 3: 1952–1960), hg. v. Lawrence S. Cunningham, San Francisco
     1996, 182.
7   Ebd.
8   Siehe MERTON, *The Collected Poems*, 363f.

die anderen zu sehen als Menschen, die durch die Sünde gefährdet sind und die von den nach Heiligkeit strebenden Mönchen gerettet werden müssten, sondern eine Menschheit, die untereinander verbunden ist in dem einen Christus und die sich auf einen Weg der Liebe macht, einen Weg der Erfahrung.[9] (Monastische Theologie ist immer eine Theologie der Erfahrung!) So wird Merton das Kloster und die Einsiedelei zur Schule der Liebe, in der selbstlose Liebe gelernt und in der Gemeinschaft der Mönche, aber auch in Einheit mit Christus gelebt wird. „Du kommst ins Kloster, um zu lernen, oder eher wieder zu lernen die Liebe, deren Samen eingepflanzt sind in unsere wahre Natur."[10] Das kontemplative Leben ist für Merton einfach ein Leben der Liebe und ein Leben, das der Liebe gewidmet ist, der Liebe zu Gott und zu den anderen Menschen, in Gott und zu Seiner Verherrlichung.

Aber um das in der Fülle ergreifen zu können, muss Merton sein eigenes gebrochenes Menschsein und Mannsein heilen lassen. Es ist ihm bewusst, dass er, vor allem in seiner Studentenzeit, verantwortungslos gelebt und Frauen eher gebraucht hat. Er spürt als Einsiedler zunehmend sein Bedürfnis nach Liebe, sein Alleinsein, seine innere Spaltung. Ein Kampf, in dem er Einsamkeit (solitude), ein Für-sich-Sein aber auch nötig hat. Das ist von einem Isoliertsein von Menschen (loneliness) zu unterscheiden: Merton fühlt sich innerlich verbunden mit anderen Menschen. So ist diese Einsamkeit einerseits für ihn ein Problem, andererseits aber auch die Lösung für sein Problem. Das setzt Merton in eine ungeheure Spannung. In seiner Lebensführung spiegelt sich das wieder: So fragt er sich, was sein Abt wohl sagen würde, entdeckte er die „Newsweek"-Magazine, Whisky- oder Bierflaschen unter seinem Bett. Auf einem Grammophon spielt er Jazzplatten. Einmal wird ihn die berühmte Sängerin Joan Baez besuchen: Sie hören Musik, tanzen, baden in einem nahe gelegenen Teich. Es ist ein Ringen um dieses Leben als Einsiedler. Merton ist ein gefeierter Schriftsteller des geistlichen Lebens, viel gelesen und bewundert. Und doch ist in ihm eine tiefe Sehnsucht nach Liebe, die durch den sehr frühen Tod der Mutter und den vorzeitigen Tod des Vaters von Kindheit an schmerzlich unerfüllt blieb.

---

9   Vgl. THOMAS MERTON, *The Spirit of Simpliciy*, Trappist KY 1948, 99.
10 THOMAS MERTON, *The Waters of Siloe*, New York 1949, 291.

Ihm ist die Diskrepanz bewusst zwischen dem Blick von außen auf ihn und seinem Ringen um eine eremitische Lebensform. Seine Tagebücher geben darüber nüchtern und kritisch Auskunft. So hat er gar kein Interesse daran, in seinem Tagebuch die Affäre mit einer jungen Krankenpflegeschülerin zu verheimlichen. „Ich wollte immer offen sein über die Fehler, die ich mache, aber auch, wie ich versuche, einen Sinn in meinem Leben zu finden."[11] Es ist der Blick Thomas Mertons, den wir auf diese Affäre mit M. (dieses Initial wählen die Herausgeber der Tagbücher; in der offiziellen Biografie von Michael Mott findet sich „S") haben. Es ist also eine einseitige Schilderung dieser Liebesgeschichte. Was Merton in einem Gedicht 1959 beschrieben hat, wird nun Wirklichkeit. Merton ist wegen einer Rücken-OP im Krankenhaus. Nach der OP wacht er in der Früh auf, als sich diese Gestalt einer schwarzgelockten jungen Frau über sein Bett beugt. Er verliebt sich. So entspannt sich eine sehr emotionale Liebesgeschichte. Beide verlieben sich ineinander, aber die junge Frau ist definitiv reifer als Merton. Sie erkennt, dass diese Liebe keine Zukunft haben wird, und löst das Problem, in dem sie weit wegzieht.

Ein vom Büro des Cellerars heimlich geführtes Telefonat wird unabsichtlich mitgehört und dem Abt zugetragen. Merton bekommt das irgendwie mit und sucht den Abt auf, um die Angelegenheit aufzuklären. Er gibt am 8. September 1966 eine vom Abt gegengezeichnete schriftliche Erklärung ab, dass er nach seinen Gelübden leben möchte.[12] Und auch wenn die Affäre längere Zeit dauert, weiß Merton schon bald: Es ist nicht sein Weg. Er entscheidet sich für „solitude" und gegen die Liebe zu dieser Frau. Aber er wird diese Liebe für sich verarbeiten und seine Liebe in einem umfassenderen Sinne wird reifen. Erst durch diese Erfahrung, dass er persönlich gemeint und geliebt ist als Mensch und als Mann, wird er zur Agape finden, zu einer Liebe, die imstande ist, sich auch hinzugeben und niemanden auszuschließen von dieser Liebe.

---

11   MERTON, *Learning to love*, 234.
12   Vgl. ebd., 129: „to live in solitude for the rest of life".

Am Ziel

Am 10. Dezember 1968 stirbt Merton in einem Hotelzimmer in Bangkok an einem Stromschlag, nachdem er vorher einen Vortrag auf einer Konferenz von Äbten und Äbtissinnen, Mönchen und Nonnen gehalten hat, auf den Tag genau 27 Jahre nach seinem Eintritt ins Kloster. Selbst an diesem letzten Tag seines Lebens nimmt er in einem Tagebucheintrag Bezug auf die Lehre von der monastischen Therapie, vorgetragen durch den frühen Zisterzienservater und Abt Adam von Perseigne, der den Zweck monastischen Lebens versteht als ein „Lernen, die Menschen zu lehren, durch Liebe zu leben (to live by love) und die Cupiditas (die begehrende Liebe, Eros) umwandeln zu lassen und umzuwandeln in eine hingebende Liebe, in Caritas (Agape), die selbstbezogene Liebe in eine Liebe, die aus sich herausgeht und in anderen zentriert ist; sich selbst zu sterben und so aufzuerstehen in Christus"[13].

Das ist das Ziel, um das es Thomas Merton ging: diese Verwandlung der Liebe, das Auferstehen in und mit Christus. So ist der Weg, den Merton gegangen ist, ein zutiefst monastischer, ein zisterziensischer Weg in dieser „Schule der Liebe". Es ist ein Weg, der – obschon stark bestimmt von Reflexion und publizierten Texten – vor allem von persönlichen Erfahrungen geprägt ist und ihn letztlich zu einem inneren Heilwerden geführt hat. Merton entdeckt eine Liebe in Fülle, die Agape, Hingabe, ist.

So legt sein Lebensweg Zeugnis davon ab, dass es möglich ist, Liebe zu lernen und darin heil zu werden.

---

13 MERTON, *The Asian Journal*, 333f.

Zumutung aus der Ewigkeit – Über priesterliches Seelenleben

Nicolaus U. Buhlmann CanReg

Priesterliches Seelenleben – das klingt doch etwas vorsintflutlich heutzutage, weil beide Wortbestandteile gleichsam in eine Krise gekommen sind. Dem Priestertum geht es nicht gut, weil einige von denen, die es sind, es nicht mehr sein wollen, während gleichzeitig manche, die es nicht sind und nicht sein können, es unbedingt werden wollen. Und für die ‚Seele' ist in der wissenschaftlich-technischen Zivilisation ohnehin eine Verlustanzeige aufzugeben. Priester brauchen wir nur in einer Kirche, die von Gott und seinem Anspruch reden will. Die weit vorangeschrittene Selbstsäkularisierung des Christentums hin zu einem vagen Humanismus kann auf Priester verzichten, weil jeder Diener der neuen Zivilreligion sein kann. Wer aber die großen Themen wie Schuld, Gnade, Erlösung und vor allem das Kreuz aufgibt, wer nicht mehr von den Haupt-Sachen des Glaubens reden will, gerät unweigerlich in die Modernitätsfalle wie die anderen Institutionen auch, die ihrer Aufgabe nicht mehr nachkommen. „Die christliche Zivilreligion leidet nicht daran", schrieb Norbert Bolz in der ‚Tagespost', „dass sie mit der Kulturentwicklung nicht mitkäme, sondern an ihrer eigenen Realitätsgerechtigkeit. [...] Den christlichen Kirchen fehlt der Mut zur Unzeitgemäßheit. Gerade weil sie so modern und ‚aufgeklärt' sind, können sie nicht mehr Heil versprechen und eine neue Welt prophezeien"[1]. Das Priestertum alter Art wird dann ersetzt durch Zeitgeist-Herolde, die auf das gerade angesagte Thema aufmerksam machen und Akte der Huldigung einfordern.

Doch noch gibt es den Stamm der Priester, auf den jedenfalls *de lege lata* in der katholischen und orthodoxen Kirche nicht verzichtet werden kann. Er wird gerade hart herangenommen, auch von der eigenen Obrigkeit. Augsburgs Bischof Bertram Meier hat jüngst angehende Geistliche gewarnt, als er anlässlich einer Weihe

---

1   NORBERT BOLZ, *Volkskirche ohne Volk*, in: Die Tagespost, 16. Juli 2020.

ausführte: „Da kommt jemand aus dem Volk, ganz Mensch, und
plötzlich steht er für Gott vor dem Volk und er steht für das Volk
vor Gott – wie Mose auf dem Berg Horeb." Dieser Standort hebe
hervor und berge eine Versuchung, denn der Berg entrücke. „Auf
dem Berg kann man leicht abheben, dann stellen sich Starallüren
ein und Menschen führen sich wie Herrgötter auf."[2] Priester leben
also zwischen Anspruch und Versuchung, zwischen Idealem und
Banalem. So weit, so bekannt. Werden Priester anders versucht als
Nicht-Geweihte? Zunächst scheint es nicht so, denn Priester sind
ja offenkundig normale Menschen, durchaus nicht vom Himmel
gefallen, und sie sind Männer. Sie können also mit all dem verführt
werden, was jedem Menschen und jedem Mann gefährlich werden
kann. Beim Essen und Trinken, bei ausgeübter Sexualität, durch
Geld und alles Materielle. Beim Umgang mit Macht ist zu diffe-
renzieren: Priesterliche Macht ist zunächst Vollmacht, nämlich all
das zu tun, was mit dem Begriff Weihegewalt gemeint ist. Ist das
Macht? Für viele hierzulande schon, sonst wären sie nicht so ver-
sessen darauf, diese Voll-Macht den Geweihten zu entwinden und
sie anderen, zuvorderst sich selbst, zukommen zu lassen. Bei den
‚Reform'-Befürwortern in der Kirche ist geradezu eine Fixierung auf
diese Form von Macht, eigentlich also auf einen bestimmten Begriff
davon, festzustellen. Als Priester mit nun doch schon einigen Jahren im Dienst darf ich anmerken, dass es mir noch nie in den Sinn
gekommen ist, die Ausübung meiner mit der Priesterweihe verbundenen Rechte und Pflichten als Macht-Demonstration zu verstehen.
Jedes Mal zittere ich innerlich, wenn ich bei der hl. Messe in der
Wandlung jene berühmten Worte aussprechen darf und aussprechen muss. Doch soll überhaupt nicht bestritten werden, dass Priester Macht – im landläufigen Sinn des Wortes – ausüben können,
und das ist gerade in unserem Sprachraum häufig der Fall. Da sind
die Pfarrer großer Pfarreien mit vielen Einrichtungen und mehreren Dutzend Angestellten, die eigentlich einen mittelständischen
Betrieb leiten; da sind die Generalvikare, Akademiedirektoren, die
Oberen größerer Klöster, alle, die in ihrem Amt wirtschaftliche
Entscheidungen treffen und Personalverantwortung tragen. Daran
hängen Arbeitsplätze und manchmal das Leben ganzer Familien.

---

2   Vatican News, deutschsprachiger Dienst, 12. Juli 2020.

Ein Bischof oder Pfarrer in Afrika, Lateinamerika oder Asien kann in diesem Bereich nicht mithalten, weil er einfach nicht in einer vergleichbaren Situation ist.

Eine spezifische Form von Versuchung für Priester und ein gerade in letzter Zeit intensiv diskutiertes Problem ist mit dem Begriff ‚geistlicher Missbrauch' verbunden. Es sei allerdings gleich hinzugesetzt, dass dieses Phänomen die Angehörigen therapeutischer Berufe, insbesondere Psychotherapeuten und Psychiater, aber auch Lehrer und sogar schon Eltern in gleicher Weise betreffen kann. Es geht letztlich um falsche Begleitung und Beratung, die nicht auf Gott und das Heil für den Einzelnen, sondern eben auf den Begleiter und dessen Bedürfnisse hin ausgerichtet ist und erschreckende und sehr gefährliche Formen annehmen kann. In der katholischen Kirche haben wir gelernt, dass besonders die Gründer-Persönlichkeiten neuer Orden oder geistlicher Gemeinschaften von diesem Virus befallen sein können, und gerade dann, wenn sie erfolgreich sind. An dieser Stelle seien keine Beispiele aufgezählt.[3] Es ist aber auf eine Behauptung oder auf einen Vorwurf einzugehen, den man häufig zu hören bekommt, wenn wieder einmal in der Kirche etwas schiefgegangen ist, wenn es einen neuen Skandal gibt oder wenn einfach ein Priester oder Ordensmann sich falsch benommen hat. ‚Das darf es doch bei einem Priester nicht geben, das kann doch ein Vertreter der Kirche nicht tun', heißt es dann. Es wird offenbar vorausgesetzt, dass die Gottgeweihten weniger von Versuchungen betroffen sind als andere oder aber, dass ein Blick zum Himmel genüge, sich davon zu befreien. Wie aber, wenn es gerade umgekehrt wäre? Kann es nicht sein, dass der Versucher, den wir auch als den *Diabolos,* den Durcheinander-Wirbler kennen, sich gerade und mit Wonne die als Zielobjekte aussucht, die sich offen und mit lebensprägender Selbstverpflichtung auf die andere Seite geschlagen haben? Die nachkonziliare Kirche tut sich schwer, vom Teufel zu reden. Darüber freut sich niemand mehr als der alte Widersacher, dessen bester Trick es ist, sich gleichsam hinter seinen Werken zu verstecken, als Wesen aufzugehen im Unheil, das er schafft. Aber

---

3   Näheres dazu findet sich bei Céline Hoyeau, *La trahision des pères,* Montrouge 2021, die mit nüchternem Blick auf mehrere Dutzend der neueren geistlichen Bewegungen und insbesondere deren Gründer schaut. Wiederholt findet sie dort eine Vermischung von geistlich-emotionalem und sexuellem Missbrauch.

auch neben dieser die Sphäre des Übernatürlichen respektieren-
den Erklärung ist nicht einzusehen, dass Priester oder Ordensleu-
te gleichsam von Natur aus bereits heilig sein müssen. Ein Blick
auf die Gründermannschaft, auf das Apostelkollegium als engsten
Mitarbeiterkreis des Herrn, dürfte doch für Ernüchterung sorgen.
Da waren Zweifler, aber auch charakterlich Schwache versammelt.
Sie scharten sich um Jesus, der sie als Mitarbeiter ausgewählt hatte
und der seine letzten irdischen Atemzüge in der Gesellschaft zweier
Galgenvögel tun sollte, von denen er einem das Paradies verhieß.
Man kann sich des Eindrucks nicht erwehren, dass die geforderte
Sündenlosigkeit des Priesters bei manchen auch selbstentlastende
Wirkung haben und von der eigenen Lebenspraxis ablenken soll.

Es gibt also ein durchaus spannendes Feld von Motivlagen und
verschiedenen Formen gelebten Lebens der Geweihten, das sich
in dieser bunten Fülle auch in der Literatur widerspiegelt und ihr
vielfältige Anknüpfungen ermöglicht. Der aktuelle Befund ist allerdings ernüchternd: Wer in eine Internet-Suchmaschine das Stich-
wort ‚Priesterromane‘ eingibt, wird sich wundern. Das Angebot
reicht von Pornografie bis Esoterik und zu Verschwörungstheorien
à la Dan Brown, garniert mit nur ganz wenigen ernst zu nehmen-
den Werken meist aus älteren Tagen. Deswegen ist es sinnvoll, auch
dort in der Vergangenheit anzusetzen: Man kann gar nicht anders
als mit dem klassischen Priesterroman der ersten Hälfte des letzten
Jahrhunderts zu beginnen, der hier auch als Richtschnur zum Thema dienen soll. Gemeint ist natürlich das ‚Tagebuch eines Landpfarrers‘ von Georges Bernanos (1888–1948), 1936 erschienen und 1950
von Robert Bresson mit zum Teil wortgetreu übernommenen Dialogen verfilmt. Es ist die Geschichte eines Scheiterns, die Geschichte
gelebter Hingabe, es geht natürlich um das Ringen zwischen Gut
und Böse, um den harten Acker der Seelsorge in bereits nach-volks-
kirchlichen Zeiten und am Ende auch um die Vollendung im Tod.
Auch andere Autoren dieser Zeit haben diese oder wenigstens nahe
verwandte Thematiken behandelt und in ihren Werken dem Über-
maß psychoanalytischer Selbstzerfaserung, wie es damals typisch
war, zu wehren getrachtet zugunsten einer als Möglichkeit und Erfüllung vorausgesetzten metaphysischen Einheit der Seele, wie sie
dies in einem gelungenen Priesterleben verkörpert sahen. Einige

dieser Werke seien genannt, von denen manche wohl auch bekannt sein dürften. Außer Bernanos der damals ebenfalls viel gelesene Roman von Graham Greene ‚Die Kraft und die Herrlichkeit‘, die meist etwas zu optimistischen Bücher von Bruce Marshall wie ‚Wunder des Malachias‘ und ‚Keiner kommt zu kurz‘, natürlich Franz Werfel ‚Das Lied von Bernadette‘ (weil Priester hier wichtige Nebenrollen spielen), mehrere Werke von Peter Rosegger, etwa „Das ewige Licht", das gleichfalls erfolgreich verfilmte Werk von Henry Morton Robinson ‚Der Kardinal‘, Willa Cather ‚Der Tod kommt zum Erzbischof‘, Beatrix Beck ‚Léon Morin, Priester‘, Bella Just ‚Der Lastträger Gottes‘, Cecily Hallack ‚Die Fröhlichkeit des Paters Savinius‘, William Barett ‚Gottes linke Hand‘, Crawford Power ‚Der Pfarrer und die Sünde‘, Carlo Coccioli ‚Himmel und Erde‘, natürlich auch Giovanni Guareschi ‚Don Camillo und Peppone‘, wobei wir hier, wie bei Chestertons Pater Brown-Geschichten, den Bereich des Unterhaltungsromans streifen, Bruno Gay-Lussac mit mehreren Werken, genannt sei nur ‚Bitterer Wein der Nacht‘, und Luc Estang mit seiner Anfang der 1950er-Jahre erschienenen Trilogie ‚Charges d'ames‘, soweit mir bekannt nie ins Deutsche übersetzt. Das ist doch recht viel aus der Zeit der letzten siebzig Jahre, wobei nach dem Konzil nicht mehr viel dazukam und zudem auch auffällt, dass fast alles fremdsprachig ist. So reizvoll und wohl auch notwendig es wäre, zu allen diesen Autoren etwas zu sagen, es kann an dieser Stelle nicht geleistet werden.

Schauen wir jetzt auf den Landpfarrer, der übrigens keinen Namen hat, womit uns der Autor wohl einen Hinweis auf das Überzeitliche, das allgemein Gültige der Handlung geben will. Das Buch kann uns schon deshalb ein Schlüssel zum Thema sein, weil das angeblich so wichtige Thema gelebte oder unterdrückte Sexualität, das ja von manchen ‚Reform‘-Anhängern in der Kirche als Erklärungsmuster für eigentlich alles verwendet wird, hier so gut wie keine Rolle spielt. Nein, Bernanos' Werk ist deswegen interessant, weil er seinen namenlosen Priester als grüblerischen, von Selbstzweifeln nicht freien, sich vorsichtig in seine neue Pfarr-Stelle hereintastenden Mann zeichnet, alles andere als ein pastoraler Kraftlackl, aber doch ein Idealist mit hohen Ansprüchen an sich und die anderen. Ein Mann mit reichem Innenleben, über das er sich in sei-

nem Tagebuch ehrlich Auskunft gibt. Und ein Mann, der scheitert,
der die von ihm als Ideal ersehnte geradezu mystische Einheit von
Pfarrei und Pfarrer im Morast von Lauheit, Mittelmäßigkeit und einer bloßen Erfüllung von Geboten entschwinden sieht, so wie er
am Ende sein Leben verlieren wird in einer Krebserkrankung, auf
die der Autor immer wieder im Laufe der Handlung anspielt. Der
Landpfarrer ist uns auch deswegen nahe, weil man mit ihm fühlen
kann und weil er mit den besten Absichten untergeht, auch wenn
der Schluss des Romans überraschenden Trost bereithält und eine
metaphysische Verortung des Geschehens, die Zeugnis ablegt von
Bernanos' eigenem Glauben und auch von seiner Devotion für die
kleine heilige Theresia.

„Meine Pfarrei ist eine Pfarrei wie die anderen auch", beginnt
der junge Priester sein Tagebuch, und kommt schon nach wenigen
Sätzen auf ein Problem grundsätzlicher Art zu sprechen, das das
Pfarrleben kennzeichne, den Stumpfsinn, „das ist das richtige Wort
dafür", schreibt er. Veit Neumann, dem die beste neuere Übersetzung des Werkes zu verdanken ist, merkt im Kommentar zu dieser
Ausgabe an,[4] dass Stumpfsinn *(Ennui)* ein Zentralbegriff bei Bernanos, aber auch bei anderen französischen Autoren des *Renouveau
Catholique* sei. Ein Mensch könne nicht nur dem Leiden, sondern
auch dem Bösen gegenüber abstumpfen, Lauheit und eine dump-
fe Mittelmäßigkeit seien die Folgen. Damit haben wir eine gültige Beschreibung der geistigen Situation, in der eine Pfarrei oder
auch eine geistliche Gemeinschaft sich befinden kann und die dem
neu ernannten Pfarrer im Buch zu Recht Sorge macht. Der Pfarrer
nimmt diesen Stumpfsinn, diese Unfähigkeit, die Dinge zum Besseren zu wenden, aber auch als Metapher für die ganze Ortskirche,
wenn er sagt: „Mit dem Optimismus ist es bei den Oberen längst
vorbei. Die weiter dazu stehen, verbreiten ihn gewohnheitsmäßig,
glauben aber selbst nicht daran." Das kommt bekannt vor, schaut
man auf die heutige Situation. Um eine angemessene Haltung ringt
unser Pfarrer zweifelsohne; unter anderem deswegen führt er Tagebuch, um sich über seine Motive Rechenschaft abzugeben. Er weiß
aber auch: „Für jemanden, der ein regelmäßiges Gebetsleben pflegt,

---

4   Georges Bernanos, *Tagebuch eines Landpfarrers,* neu übersetzt und kommentiert von
     Veit Neumann, Regensburg 2015, 295f.

ist das Nachdenken nur zu oft ein unangemessenes Alibi, um unsere eigenen Absichten zu bestärken." Fast schon neidisch blickt er auf die „weltläufigen" Männer, die Weltmenschen, die nur Gedanken an ihr eigenes Fortkommen hegen. Was bedeutet das für uns, fragt er sich als Priester, „die wir es nun ein für alle Mal auf uns genommen haben, die erschreckende Gegenwart des Göttlichen in jedem Augenblick unseres armen Lebens zu ertragen"? Im nächsten Augenblick notiert er achselzuckend, dass er sich gutgläubig von einem Händler über den Tisch hat ziehen lassen und es auch nicht anders verdient habe. Der Landpfarrer wird uns also als Idealist mit Hang zur Selbstkritik geschildert, als jemand mit den besten Absichten, dem aber der Umgang mit den Kindern dieser Welt nicht leichtfällt, weil er sich ihnen unterlegen wähnt. Man kann einen Vergleich ziehen mit einem Jung-Priester unserer Tage, der wahrscheinlich mit zwei Phänomenen konfrontiert sein wird: Das, wenn es gut geht, höfliche, aber immer häufiger auch unhöflich kundgetane Desinteresse an der Möglichkeit und Wirklichkeit praktizierter Religion durch die meisten, die allenfalls mit Ironie, aber eben auch immer öfter mit Aggression auf die Präsenz eines Priesters reagieren. Dazu – nun auf der Seite der Kirchen-Insider – das offenbar grenzenlose Beharrungsvermögen nach dem Muster: So haben wir es immer gemacht, wir brauchen keine neuen Rezepte, es ist nicht unsere Schuld, wenn die Leute nicht kommen. Theologisch gesprochen: Die Unfähigkeit, jedenfalls Unwilligkeit, die Methoden der Neuevangelisierung einzusetzen, ja überhaupt die Notwendigkeit einer erneuten Missionierung zu bejahen. Das sind zwei Reaktionsweisen, die jedenfalls der Verfasser dieser Zeilen ständig erlebt. Es scheint, dass Bernanos das schon vorausgesehen hat: Den immer größer werdenden Anteil an Menschen, die Gott komplett vergessen einerseits und die Borniertheit und Unbeweglichkeit derjenigen, die rein in der Binnenperspektive der Kirche verharren. Was macht das jetzt mit einem Priester, ist die Frage, die zu stellen ist. Das ist doch ein durchaus spannendes Thema für einen Literaten, und in der Tat wird einiges durchprobiert. In Graham Greenes Roman ‚Die Kraft und die Herrlichkeit' ist die Priester-Hauptfigur alkoholkrank; dieser Priester hat so ungefähr alle Sünden begangen, die sich ihm boten, aber an ihm will Greene das Paradox vorführen, dass ein

Sünder ein exzellenter Priester sein kann. Auch der spätere Roman dieses Autors ‚Monsignor Quixote' zeigt eine problematische Priesterfigur, die erst im Tod oder kurz vor dem Tod richtig handelt und zurückfindet. In Petra Morsbachs Roman ‚Gottesdiener' von 2004, dem bisher letzten deutschsprachigen Priesterroman, wird die Hauptfigur mit dem unschönen Namen Isidor Rattenhuber von der Autorin nicht wirklich mit klar einzuordnenden Eigenschaften ausgestattet, er ist ein bisschen verliebt in eine Frau, er ist ein bisschen Alkoholiker, er ist ein bisschen seiner Rolle überdrüssig, wird aber doch das Priesteramt nie verlassen. Er nimmt die Krise der Volkskirche wahr, aber findet es schwer, eine Verbindung zu sich selber und seinem Wirken herzustellen. Dieser Pfarrer Isidor ist am Ende kein unsympathischer Mann – die Kritiker haben damals bei Erscheinen des Romans ausdrücklich festgestellt, dass Morsbach der Versuchung widerstanden habe, eine karikaturhafte Priesterfigur zu schaffen –, aber richtig warm wird man auch nicht mit ihm, es ist sozusagen in ihm Mittelmäßigkeit verkörpert, die an sich selbst nicht leidet. In der ‚Zeit' war damals zu lesen, dieser Pfarrer Rattenhuber sei zwar keine Ausnahmefigur, aber eben auch kein Kinderschänder, heimlicher Homosexueller oder Häretiker.[5] Mehr ist heutzutage wahrscheinlich nicht drin für einen katholischen Priester als Romanfigur.

Da ist Bernanos' Landpfarrer doch von anderem Kaliber. Die absolute Ehrlichkeit, mit der er von sich spricht, berührt und ebenso die Liebe, die unerwiderte Liebe, die der Pfarrer zu seiner spröden Gemeinde hegt. Er will sie gewinnen, nicht für sich, aber für Gott gewinnen; es geht ihm geradezu um eine Einswerdung dieser armseligen kleinen Landpfarre im nordfranzösischen Artois mit dem

---

5   Nur kurz erwähnt sei der 2003 erschienene Roman des dt. Dominikaners Anatol Feid († 2004), ‚Die Krankheit des Prälaten Neuffer', der den verschiedenen Priestern seines Buches so ziemlich alles zuordnet: Alkoholismus, sexueller Missbrauch von Minderjährigen, Ranküne und Machtspiele. Zwar kann man die Ehrlichkeit des Autors schätzen, aber die holzschnittartige Darstellung, auch und gerade in kirchenpolitischen Fragen, hilft nicht. Petra Morsbach hat sich in ihrer Essay-Sammlung mit dem Titel ‚Der Elefant im Zimmer' (München 2020) ein weiteres Mal mit einem Kleriker, Hans Hermann Kardinal Groer, beschäftigt und dekliniert vor dem Hintergrund der gegen den früheren Erzbischof von Wien erhobenen Missbrauchs-Vorwürfe das Thema Missbrauch von Macht, das sie als das eigentlich Bedeutsame erkennt, durch. In einem Interview mit der Zeitung ‚Der Freitag', Ausgabe vom 4. März 2021, spricht sie im Übrigen von einem allmählichen ‚Kulturwandel' in der kath. Kirche.

Pfarrer, der bewusst und ohne zu klagen die Armut seiner Dorf-
bevölkerung mitträgt und der die Skepsis gegenüber dem Besitz-
bürgertum teilt, die einem Großteil der französischen Autoren des
Renouveau Catholique zu eigen ist, wenn man nur an Léon Bloy oder
Huysmans denkt. Veit Neumann hat darauf aufmerksam gemacht,
dass gerade die intransigenten, die streng-konservativen unter diesen Autoren ein starkes soziales Bewusstsein hatten.[6] Zuerst aber
fühlt sich der Pfarrer dem ihm anvertrauten Ort Ambricourt verbunden, eine Verbindung, für die er Worte findet, wie sie in Lie-
besbriefen vorkommen: „Ich weiß, dass es diese Pfarrei wirklich
gibt, dass wir in alle Ewigkeit zueinander gehören, denn sie ist eine
lebensspendende Zelle der Kirche, die nicht untergehen kann, und
kein Konstrukt der Verwaltung. Aber ich möchte, dass mir der liebe Gott Augen und Ohren öffnet, es mir ermöglicht, ihr Antlitz zu
sehen und ihre Stimme zu hören. Ist das wohl zu viel verlangt?"
Diese Sehnsucht wird sich nicht erfüllen. Es gibt gute Begegnungen, aber es gibt auch viel routiniertes Gewohnheits-Christentum,
es gibt Ablehnung. Bernanos schreibt eben schon in der Perspektive
des 20. Jahrhunderts und eines gefestigten Laizismus in seinem
Vaterland. Die Pfarrei ist für Bernanos jedenfalls eine Chiffre für
den Ort einer grundstürzenden Auseinandersetzung um Sünde
und Gnade und keine Verwaltungseinheit. Es geht ihm ums Ganze
und umso größer ist seine Enttäuschung, dass die Menschen diesen Weg existenzieller Betroffenheit mehrheitlich nicht mitgehen
wollen. Es ist diese Mittelmäßigkeit, diese Lauheit und Stumpfheit,
die den jungen Pfarrer an den Rand der Verzweiflung und sogar
bis zu Suizidgedanken treiben. Ein einziges Erfolgserlebnis ist ihm
vergönnt, während er schon von seiner tödlichen Krebserkrankung
gezeichnet ist. Die verbitterte Gräfin im Schloss – der einzige Ort
im Dorf, der im wahrsten Sinn des Wortes hervorragt – kann er
auf ihrem Sterbebett wieder mit Gott versöhnen und findet auch
Zugang zur schwierigen Tochter Chantal. Dann hört seine eigene
Lebensuhr auf zu schlagen. Dieses Ende seines Pfarrers gestaltet
Georges Bernanos aber durchaus trostvoll. Der Priester erkennt,
dass ihm, gerade in den Schwierigkeiten und Anfechtungen, die
Gnade Gottes nie gefehlt hat, dass er nie so allein gewesen ist wie er

---

6   Bernanos, *Landpfarrer*, 307.

meinte.[7] „Es ist leichter als man glaubt, sich zu hassen. Die Gnade besteht darin, dass man sich vergisst. Wenn aber aller Stolz in uns gestorben wäre, dann wäre die Gnade der Gnaden, sich selbst demütig zu lieben als irgendeinen, wenn auch noch so unwesentlichen Teil der leidenden Glieder Christi." Er stirbt mit den Worten Theresia von Lisieux' auf den Lippen: „Alles ist Gnade." Es ist also Bernanos ein wahrhaft katholisches Werk gelungen, die Erkenntnis, dass alles, was wir erreichen können, Geschenk Gottes ist, verbunden mit der Verpflichtung des Menschen, sich als Mitarbeiter der Gnade Gottes zur Verfügung zu stellen. Wir sehen am ‚Landpfarrer' von Bernanos – viel mehr als an dessen anderem Priester-Roman ‚Unter der Sonne Satans' (1926), der eine extreme Priesterfigur vorstellt – auch, wie in und an der Person des Priesters einige Grundsatzprobleme verhandelt werden, die den Standort des Religiösen in der Moderne determinieren: Die Zweitrangigkeit der Religion im Vergleich zur Sphäre der Politik und der Wirtschaft, die Unfähigkeit, daran etwas zu ändern, die Aufteilung des Klerus in solche, die sich zu arrangieren wissen und nach einem bourgeoisen Leben trachten, und den Arbeitern im Weinberg – Bernanos verwendet sogar den Begriff ‚Frontschweine' –, die ganz in und mit ihren Gemeinden leben und von daher auch mehr leiden, wenn pastorale Erfolge ausbleiben. Und dann eben dieser Zentralbegriff des ‚Ennui', des Stumpfsinns, der eine Verhärtung des Herzens, der religiösen Empfindsamkeit bezeichnet, der nicht leicht beizukommen ist. Es ist, als ob eine dicke Schlammschicht sich über die Sensoren gelegt hat, die uns Gottes Anwesenheit anzeigen und die abzukratzen nicht mehr gelingen will.

Bernanos zeichnet das Bild eines Priesters, der all dies wahrnimmt und daran leidet, aber nicht daran zerbricht. Er stirbt an Magenkrebs und sicher wird die Arbeitssituation auf seine gesundheitliche Talfahrt, die sich durch den gesamten Roman zieht, Auswirkungen gehabt haben, aber der Schriftsteller ist doch nicht bereit,

---

7   Auf den Landpfarrer trifft am Ende wohl zu, was Gerhard Ludwig Kardinal Müller in die Worte kleidet: „Nicht die glänzenden Begabungen, der Schwung homiletischer Rhetorik und die Fertigkeit in allen pastoralen Techniken lassen die Funken überspringen, sondern nur die Liebe des guten Hirten, selbst wenn er ein religionspädagogischer Dilettant sein sollte". (GERHARD KARDINAL MÜLLER, *Ihr sollt ein Segen sein – 12 Briefe über das Priestertum*, Freiburg/Basel/Wien 2018, 161.)

seine Romanfigur in der Verzweiflung enden zu lassen. Er lässt ihn
Gottes Beistand erkennen, er lässt ihn getröstet sterben, der Pfarrer
war die ganze Zeit – auch wenn er es selbst erst am Ende erkennt –
in den göttlichen Gnadenkreislauf eingebunden, seine vermeintlichen Erfolge und auch die Misserfolge waren Gottes Erfolge und
Misserfolge, letztlich nicht nach menschlichen Maßstäben zu beurteilen. Schauen wir im Vergleich auf die Vita des Schriftstellers und
Ex-Priesters Joseph Bernhart (1881–1969), finden wir dort Tragik in
dem Bereich, den Bernanos für seinen Helden nicht vorsah. Erst
nach seiner Priesterweihe 1904 erkannte der vielfach begabte Bernhart, dass zwar seine Entscheidung für die Theologie richtig, die
fürs Priesteramt aber falsch gewesen ist, weil er den Zölibat nicht
leben kann. 1913 heiratet er heimlich in London, während er offiziell
noch zum Weiterstudium freigestellt ist. Er wird sein ganzes Leben lang den Zölibat und die ganze kirchliche Doktrin verteidigen,
auch als 1918 seine Ehe ruchbar wird und er sich seitdem als freier
Schriftsteller durchschlagen muss. Die Kirche hat offenbar diesen
heroischen Sinn anerkannt, indem sie ihn vergleichsweise milde
behandelt hat: 1938 erhalten er und seine Frau *pro foro interno* die
Wiederzulassung zu den Sakramenten, 1942 wird die Exkommunikation aufgehoben und er aus dem Klerikerstand entlassen. Bernhart stirbt als hochgeehrter Schriftsteller und Honorarprofessor
in München, einer der seltenen Fälle, dass ein ehemaliger Priester
ohne Bitterkeit und ohne Anklagen gegen die Kirche ist. In seinem
Roman *Der Kaplan* (1919) – literarisch nicht sehr bedeutsam – hat er
ehrlich Auskunft über seinen Weg gegeben und über die viel zu frühe Entscheidung für das Priesteramt, zu der er damals von ‚Wohl-
meinenden' aus seiner Umgebung gedrängt wurde. Ausdrücklich
sei festgehalten, dass der Eros, so wie er in Gestalt seiner späteren
Frau in das Leben Bernharts trat, keine zerstörerische Wirkung entfaltete, vielmehr diesem Menschen zu seinem Lebensglück verhalf
und insofern dem Plan Gottes entsprach.[8]

Spätestens jetzt können wir uns fragen, was es mit der Versuchbarkeit des Priesters letztlich auf sich hat. Das Bild soll zuvor

---

8   Die Joseph-Bernhart-Gesellschaft hält die Erinnerung an den Autor wach. Sein wichti-
     ges, seinerzeit sehr erfolgreiches Werk, ‚Der Vatikan als Weltmacht', wurde 2019 neu
     kommentiert wieder herausgegeben. (Artikel ‚Musik und Geschichte' v. Ingrid Paulus,
     Kath. Sonntagszeitung f. d. Bistum Augsburg, 07./08.12.2019).

noch ergänzt werden durch die zu den sieben Todsünden gezählte *acedia*, was zu übersetzen gar nicht leichtfällt. Wenn wir sagen *Trägheit*, müsste man hinzusetzen *geistige Trägheit*. Man spricht auch vom Überdruss, vom ,*Mittagsteufel*' oder gar von der *Mönchskrankheit*. Es ist also ein Phänomen, dass häufig geistliche und gottgeweihte Personen befällt. Gemeint ist damit weniger ein Nichtstun, sondern im Gegenteil eine gesteigerte Aktivität, die sich auf falsche Ziele richtet und das eigentlich notwendige Tun vernachlässigt. Es waren wohl zuerst die Wüstenväter, die beobachteten, dass einige ihrer Mitbrüder ruhelos umhergingen, sich woanders hin wünschten und die ihnen aufgegebene Arbeit vernachlässigten. Der Rat, der ihnen gegeben wurde, entspricht der Nüchternheit des mönchischen Lebens und lautete schlicht: *Bleib in deiner Zelle!* Neuerdings haben Autoren wie R. J. Snell, Universität Princeton[9], und der französische Abt Jean-Charles Nault OSB von Saint-Wandrille[10] darauf hingewiesen, dass die mit *acedia* gemeinte Form von Rastlosigkeit die schlimmste und am meisten verbreitete spirituelle Krankheit unserer Zeit ist, vor der eben auch geistliche Menschen, mit und ohne Weihe, nicht gefeit sind. Abt Jean-Charles meint, dass viele Menschen heute nicht mehr bereit sind, etwas Gutes, das außerhalb ihrer selbst liegt oder gar oberhalb ihrer selbst, anzunehmen. Der medial verstärkte Terror der Selbst-Optimierung zwingt uns, das Heil in uns selber zu suchen. Diese offenkundige Überforderung kann eben einen Zustand des Überdrusses hervorbringen, der uns die eigentlich naheliegende Arbeit vor unseren Augen vergessen lässt, um uns stattdessen zu Aktivitäten zu treiben, die weder notwendig noch nützlich sind.[11] Priester sind davon selbstverständlich nicht ausgenommen; manche lassen uns, dem aktuellen Drang zur Selbstentblößung in sgn. sozialen Netzwerken folgend, auch gerne daran teilhaben, womit sie ihre Zeit verbringen. Auf unseren Land-

---

9   R. J. SNELL, *Acedia and its Discontents: Metaphysical Boredom in an Empire of Desire*, Kettering, OH, 2015.

10 JEAN-CHARLES NAULT, *Le Démon de Midi – L'Acédie, mal obscur de notre temps*, Dijon 2013.

11 Wie weit diese Haltung führen kann, zeigt die Figur des Richters Holden in Cormac McCarthys Roman ,Die Abendröte im Westen' (*Blood Meridian*, 1985), einem der wichtigsten Prosa-Werke in englischer Sprache der Neuzeit. Dieser unheimliche Mann führt ein kleines Notizbuch mit sich, in das er ständig Zeichnungen von Pflanzen, Tieren, geologischen und sonstigen Funden einträgt, um das, was er gezeichnet hat, anschließend zu zerstören. Er sagt: „Was immer in der Schöpfung existiert ohne meine Kenntnis, existiert ohne meine Erlaubnis."

pfarrer bezogen wird man jedoch sagen müssen, dass dies nicht sein Problem war. Er hat seine Pflichten erfüllt, wohl aber unter der scheinbaren Erfolglosigkeit seines Tuns gelitten.

Ich habe von *priesterlichem Seelenleben* ein wenig wie von einem seltenen Tier geredet, das niemals jemand gesehen hat, eine Art spirituellem Yeti. Wenn ich mit den ältesten Mitbrüdern meines Konvents spreche, höre ich, dass ihnen im Noviziat und noch in der Kaplanszeit Vorträge gehalten wurden, wie sie ihre Allgemeinbildung vertiefen, in welche Wiener Theater und Konzertsäle sie gehen und in welche sie keineswegs gehen könnten, was überhaupt für Priester in der Öffentlichkeit sich zieme und wie der Umgang mit Frauen zu gestalten sei. Diese Versuche, auf lehrhaftem Weg zur inneren Formung des Priesters beizutragen, gibt es heute, wenn ich recht sehe, nicht mehr oder wohl nur noch in traditionsverbundenen Gemeinschaften. Wie eingangs festgehalten wurde, das Amtspriestertum steht unter Beschuss und wird von niemandem mehr in seiner Notwendigkeit infrage gestellt als aus der Kirche selber. Es scheint fast, dass Fernstehende, Nicht-Katholiken oder dezidierte Nicht-Christen sich mehr vom katholischen Priester erwarten als manche in der Kirche. Damit ist, noch mehr als früher, der Priester auch selber für seinen Seelenzustand verantwortlich. Er muss schauen, wovon er sich geistig nährt, ob überhaupt er zu Zeitungen und Büchern greift, ob er, wenigstens manchmal, ins Konzert oder Theater geht. Er muss vor allem auf seinen Freundeskreis schauen, ob er von dort konstruktive Kritik und geistige Anregung erwarten darf oder nur bedingungslose Bestärkung, die ihm letztlich nicht weiterhilft. Er muss auf sich schauen, auch auf seinen Gesundheitszustand und seine körperliche Fitness, zuallererst aber darauf, ob und wie er im Gebetskontakt mit Gott steht, ob er die Sakramente, die er anderen spendet, selber empfängt, ob er mit der Kirche, der er dient, innerlich mitschwingt, was heute eben oft heißt, mitleidet. Dass er von seinen Oberen, insbesondere den Bischöfen, zu all dem brauchbare Hilfe erfährt, wird man nicht in jedem Fall bejahen können. Katholischer Priester sein heißt, in manchem auf sich selbst gestellt zu sein, um sicheren Selbststand besorgt zu sein, während gleichzeitig viele auf einen schauen. Letztlich war das freilich immer Aufgabe und Verpflichtung des Priesters, nur dass die Rahmenbedingun-

gen andere waren, weil mehr Unterstützung angeboten und der Beruf – innerhalb und außerhalb der Kirche – respektvoll behandelt
und geschätzt wurde. Vielleicht heißt priesterliche Jungfräulichkeit
ja heute, sich seiner Gefährdung bewusst zu sein und auch seiner
Unzeitgemäßheit. Eingangs wurde die Frage gestellt, ob es spezielle
Versuchungen für einen Priester gibt und dies zunächst bezweifelt.
Jetzt kann eine Antwort versucht werden: Ja, ein Priester, der die
Hoffnung verloren hat, ist am Ende. Ein Priester, der den Glauben
verloren hat, tut das Werk des Teufels. Wer nicht mehr im Gebets-
strom steht,[12] kann auch den Zölibat nur als Situation der Einsamkeit verstehen, setzt seine Jungfräulichkeit potenzieller Gefährdung
aus. Es gibt leider Menschen, so ist zu beobachten, die eine derartige Situation instinktiv erspüren, die dann Witterung aufnehmen,
erst recht, wenn das potenzielle Opfer Signale der Hilflosigkeit
aussendet. Letztlich gefährlicher (und alltäglicher) scheint aber die
Fallgestaltung, dass die Arbeit ermüdet, weil in seelischen Dingen
keine raschen Erfolge zu sehen sind. Dazu lässt sich sagen: Mutlos
kann man schon einmal sein oder ratlos, wie in einer bestimmten
Situation zu verfahren ist. Aber Rat kann man sich eben auch holen, die Gesetze der Lebenserfahrung gelten auch im pastoralen
Raum; zudem ist es eine Selbstüberschätzung anzunehmen, das
21. Jahrhundert halte einzigartige Problemstellungen bereit, für die
es noch nie gedachte Antworten geben müsse. Tatsächlich ähnelt
unsere Situation in vielem – so scheint es – derjenigen zu Beginn
der kirchlichen Mission vor zweitausend Jahren im unruhigen römischen Riesenreich: Dieselbe gelangweilte, blasierte Haltung der
Oberschicht und Intelligenz, die schon alles zu kennen scheint und
die nicht mit einer Idee konfrontiert werden will, die elementare
Kraft enthält und den Aufruf zur Lebensveränderung erhebt. Über
die modernen Kommunikationsmittel sind aktuell mehr Menschen
mit der Haltung der Transzendenz-Feindlichkeit angesteckt als früher, doch bleiben die Ängste und Wünsche, die tiefsten Bedürfnisse
der Menschen gleich. Ein Priester, der die Hoffnung nicht verloren
hat, der weiß, dass er sich nicht von der Tradition der Kirche in Lehre und Praxis entfernen darf, wenn er segensreich wirken will, der

---

12   Auch der Landpfarrer hat zeitweise Probleme mit dem Gebet, kehrt aber doch immer
     wieder dahin zurück.

natürlich nach Gleichgesinnten Ausschau hält und mit ihnen Kontakt hält im Bewusstsein, dass jeder etwas Spezifisches und Sinnvolles beitragen kann, wird auch heute nicht ohne Erfolg die Netze auswerfen. Um diese Priester müssen wir beten, ihnen müssen wir den Rücken stärken, gemeinsam mit ihnen dürfen wir auf den Lohn hoffen, der allen verheißen ist, die ihre Arbeit auf sich nehmen.

VII.
PRIESTERLICHE SPIRITUALITÄT

Als Theologen der Wahrheit des Friedens Gottes dienen[1]

Kurt Cardinal Koch

Inauguration zur Friedensmission

Für die heutige Feier der Inauguration des neuen Studienjahres hält uns die Liturgie der Kirche eine hilfreiche Perikope aus dem Evangelium des Lukas bereit, nämlich diejenige von der Aussendung der zweiundsiebzig Jünger. Nachdem Lukas am Beginn des neunten Kapitels die Aussendung der zwölf Jünger berichtet hat, erzählt er nun am Beginn des zehnten Kapitels die zweite große Sendung, die Jesus vorgenommen hat. Mit der Aussendung der zwölf Apostel, die die Stammväter Israels repräsentieren, zeigt Jesus seine Intention an, ein neues Israel zu bilden, das auf den zwölf neuen Stammvätern gebaut ist. Bei der zweiten Aussendung sind es demgegenüber zweiundsiebzig Jünger. Da gemäß einer alten Überlieferung Israels zweiundsiebzig die Zahl aller Völker der Erde ist, gibt Jesus zu verstehen, dass er nicht nur die zwölf Stämme Israels sammeln, sondern seine Jünger zu allen Völkern der Erde senden will. Denn seine Botschaft vom Nahekommen des Reiches Gottes gilt allen Völkern der Erde und geht alle an.

Die Aussendung der zweiundsiebzig Jünger ist gleichsam die erneute Inauguration der Mission Jesu, seine Botschaft zu allen Menschen zu tragen und die Menschen in die Wahrheit seiner Botschaft hineinzuführen. Auch mit der heutigen Feier der heiligen Messe findet eine Inauguration statt, die Eröffnung eines neuen Studienjahres. Auch sie ist eine Aussendung, deren Intention darin besteht, sich im theologischen Studium in die Botschaft Jesu zu vertiefen, um die Wahrheit dieser Botschaft noch besser kennenzulernen, sie sich persönlich anzueignen und auf diese Weise auf die Mission, diese Botschaft zu den Menschen zu tragen, vorbereitet zu werden.

---

1   Homilie im Pontifikalamt zur Inauguration des neuen Studienjahres 2020/21 in der Kirche der Zisterzienserabtei Heiligenkreuz am 01. Oktober 2020.

Von daher sind wir gut beraten, danach zu fragen, worin genauer die Mission besteht, die Jesus damals den zweiundsiebzig Jüngern anvertraut hat und mit der er auch uns heute betraut. Gemäß dem heutigen Evangelium beinhaltet diese Mission, dass die Jünger in jedes Haus, das sie betreten, einen Gruß bringen, und zwar einen spezifischen Gruß, der heißt: „Friede diesem Haus". Auf den ersten Blick erscheint dies uns Christen heute etwas harmlos und vielleicht einfach selbstverständlich. Dieser oberflächliche Anschein dürfte aber verfliegen, sobald wir bedenken, dass es sich dabei nicht einfach um einen alltäglichen Gruß, sondern um den Gruß Gottes selbst handelt. Es ist nämlich genau jener Gruß, mit dem in der heiligen Weihnacht die Engel die Geburt des Erlösers verkündet haben: „Verherrlicht ist Gott in der Höhe, und auf Erden ist Friede bei den Menschen seiner Gnade" (Lk 2,14). Und es ist derselbe Gruß, mit dem Christus nach seiner Auferstehung zum ersten Mal den verängstigten Jüngern begegnet ist, als er durch die verschlossenen Türen in ihre Mitte hineingekommen ist und zu ihnen gesagt hat: „Friede sei mit euch!" (Joh 20,19b).

Der Friede ist das kostbarste Geschenk, das Gott uns Menschen macht. Gott ist in die Welt zu uns Menschen gekommen, um uns seinen Frieden zu bringen. Sein Sohn, Jesus Christus, hat am Kreuz Frieden zwischen den Verfeindeten gestiftet und in seiner Auferstehung diesen Frieden erneut in die Welt gebracht. Der christliche Glaube ist deshalb überzeugt, dass diesen Frieden die Welt sich selbst nicht geben kann. Dies zeigt uns nicht nur der Anblick der heutigen Welt, die von so viel Krisen und Leiden, Konflikten und Kriegen stigmatisiert ist, sondern dessen werden wir auch ansichtig, wenn wir in die Katakomben unserer eigenen Herzen blicken und dabei feststellen müssen, wie viel Unfriede und Unversöhntheit in uns wuchern und gefährliche Metastasen bilden. Der Anblick der Welt und der Blick ins eigene Herz zeigen uns, dass der erste und der wichtigste Friede der Friede mit Gott im eigenen Herzen ist. Er ist der wirkliche Friede, und alle anderen Friedensgestalten sind Spiegelungen dieses Friedens. Nur der Mensch, der innere Befriedigung erfährt und im Letzten im Frieden mit Gott lebt, kann jene Haltung haben, die auch dem Frieden unter den Menschen

und Völkern dient. Der Friede der Welt beginnt im eigenen Herzen
mit dem Frieden, den allein Gott uns geben kann.

Kein Friede ohne Wahrheit

In diesen Frieden Gottes hineinzuführen, ist die Sendung Jesu gewesen, mit der er auch seine Jünger betraut. In diesen Frieden uns
hineinführen zu lassen, ist auch der tiefste Sinn des theologischen
Studiums, das uns im kommenden Jahr wieder bevorsteht. Das Studium legt uns vor allem die Einsicht nahe, dass es keinen Frieden
oder höchstens einen billigen Frieden an der Wahrheit vorbei gibt,
dass die eigentliche Zwillingsschwester des Friedens vielmehr die
Wahrheit ist. Da der Friede in der Einheit der Menschen besteht,
kann allein die Wahrheit die Menschen in die Einheit hinein versammeln, und zwar die eine Wahrheit, die zugleich die Liebe ist.

Diese Wahrheit versteht sich heute, sogar in der Kirche, nicht
mehr von selbst und muss deshalb im Theologiestudium eingeübt
werden. „Was ist Wahrheit?": Diese Frage, mit der bereits der Prä-
tor Pilatus auf das Selbstbekenntnis Jesu, dass er für die Wahrheit
Zeugnis ablege, geantwortet hat, geht gleichsam als ein skeptisches
Gegendogma zur Wahrheit Jesu durch die Jahrhunderte der christlichen Geschichte hindurch bis auf den heutigen Tag. In der Gegenwart stellt sich diese Frage sogar noch viel radikaler: Sind wir
Menschen überhaupt fähig und in der Lage, Wahrheit zu erkennen?
Gibt es überhaupt Wahrheit, oder gibt es nur verschiedene Meinungen und Überzeugungen, die wir Menschen gegenseitig tolerieren
müssen, um einigermaßen zusammenleben zu können? Was bleibt
angesichts dieser groß gewordenen Angst vor der Wahrheit – wenn
nicht die Zuflucht zum pluralistischen und relativistischen Geist
der heutigen Zeit, demgemäß jeder Mensch seine eigene Wahrheit
haben kann und hat?

In dieser Situation ist christliche Theologie erst recht berufen
und verpflichtet, nach der Wahrheit zu fragen und die Frage nach
der Wahrheit wachzuhalten, genauer nach der Wahrheit des Glaubens und der Glaubensgemeinschaft der Kirche. Denn wahr ist nicht
einfach das, was für mich wahr ist, sondern nur dasjenige, was für
alle wahr sein kann und wahr ist und was uns zur Gemeinschaft zu-

sammenführt. Der Theologe verkündet deshalb nicht einfach sein eigenes Wort, sondern er muss das Wort eines anderen ausrichten. Er ist Treuhänder des Wortes desjenigen, der von sich sagt: „Ich bin der Weg und die Wahrheit und das Leben" (Joh 14,6). Der Theologe dient dem Wort des lebendigen Gottes, das ihm zu treuen Händen anvertraut ist und das er nicht verpanschen darf, wie der Apostel Paulus mit drastischen Worten einschärft: „Wir sind nicht wie die vielen anderen, die mit dem Wort Gottes ein Geschäft machen. Wir verkünden es aufrichtig und in Christus, von Gott her und vor Gott" (2 Kor 2,17).

Das Wort von Gott her und vor Gott verkünden, dies bedeutet vor allem, es nicht einfach als ein historisches Wort zu verkünden, das von einer langen Vergangenheit her auf uns zukommt. Der Theologe hat das Wort Gottes vielmehr als ein solches zu vertreten, das Gott zwar durch Menschen einer vergangenen Zeit gesprochen hat, das er aber zugleich als ein in jeder Zeit gegenwärtiges Wort uns schenkt. Das Studium der Theologie will uns helfen, in den Texten der Offenbarung dem lebendigen Wort Gottes zu begegnen und es in unser Leben hinein sprechen zu lassen. Billiger ist das Theologiestudium nicht zu haben, wie bereits Origenes von Alexandrien im dritten Jahrhundert betont hat: „Die Ursache der einfältigen Reden von Gott dürfte keine andere sein als die, dass die Schrift nicht geistlich, sondern nach dem bloßen Buchstaben aufgefasst wird."[2] Nur wenn der Theologe, als Lehrer wie als Student, sich selbst immer wieder – geistlich – vom Wort Gottes treffen und nähren lässt, kann er sich auch als Stimme des Evangeliums zur Verfügung stellen, um so seinem Wort Raum zu geben.

Ernstfälle der theologischen Mission

Der Theologe ist zunächst immer Hörer des Wortes Gottes, weil er nur so wirklich Diener des Wortes Gottes sein kann. Und nur, wenn er in der Wahrheit des Wortes Gottes beheimatet ist, kann er die Sendung wahrnehmen, mit der Jesus im heutigen Evangelium seine Jünger betraut hat. Denn die Sendung, Menschen in den Frie-

---

2   ORIGENES, *Peri archon* IV, 2.2.

den und die Wahrheit Gottes hineinzuführen, ist keine Pflicht, die
dem Glauben äußerlich erst hinzugefügt würde. Sie ist vielmehr
die Dynamik und logische Konsequenz des Glaubens selbst. Wenn
wir in der Begegnung mit dem Wort Gottes wirklich Jesus Christus begegnet sind und in ihm den lebendigen Gott gefunden haben,
dann werden wir von selbst zu unseren Freunden gehen und ihnen sagen: „Wir haben den gefunden, der für uns Liebe, Leben und
Wahrheit ist."

Hier sehe ich den tiefen Sinn, dass die Kirche uns als Patronin
der Weltmission die heilige Theresia von Lisieux, derer wir heute
gedenken, geschenkt hat. Sie hat nie unmittelbar missionarische
Aktivitäten ausgeübt, und sie hat nie ein Missionsland betreten; sie
hat aber mit ihrem geistlichen Weg des Kindseins die Wahrheit des
Glaubens so ausgestrahlt, dass sie andere zu überzeugen vermochte. Sie hat die Wahrheit des Glaubens vor allem mit ihrem Leiden
bezeugt, nicht nur mit ihrem Leiden an der schweren Krankheit
der Tuberkulose, sondern auch mit ihrem Leiden an Gott, an ihrer
Verlassenheit in den dunklen Nächten ihres Lebens.

Dass die Mission, mit der Jesus seine Jünger betraut, sie vor
Leiden nicht verschont, sondern sie ins Leiden hineinführt: auch
diesbezüglich spielt Jesus mit offenen Karten, wenn er zu seinen
Jüngern sagt: „Ich sende euch wie Schafe mitten unter die Wölfe."
(Mt 10,16) Damit wird der Ernstfall der christlichen Mission sichtbar. Denn auch den Wölfen hat der christliche Missionar nichts
anderes zu bringen als den Frieden Gottes: „Friede diesem Haus."
Er verfügt dabei über keine andere Macht als über das demütige
Wort vom Frieden Gottes. Mit rein menschlichen Augen betrachtet
ist dies ein hoffnungsloses Unterfangen, da in der Welt nicht die
Schafe, sondern immer nur die Wölfe siegen. Diese trostlose Wahrheit
der Weltgeschichte hat Papst Benedikt XVI. einmal schonungslos
mit den anschaulichen Worten ausgedrückt: „Kaiphas und Pilatus
waren stärker als Jesus, Nero stärker als Petrus und Paulus, Trajan
stärker als Ignatius von Antiochien, Marc Aurel stärker als Polykarp
und so die ganze Geschichte hindurch."[3]

---

3   JOSEPH RATZINGER, 14. *Woche im Jahreskreis. „Die Macht der Milde". Madrid, 9. Juli 1989,*
    in: DERS., *Gesammelte Schriften Bd. 14/2: Predigten. Homilien – Ansprachen – Meditati-*
    onen. Zweiter Teilband, hg. v. Gerhard Ludwig Müller, Freiburg i. Br. 2019, 792–797,
    hier: 794.

Dies ist die bittere Wahrheit der Weltgeschichte. Dass sie aber nicht das letzte Wort behält, darin besteht die tröstliche Wahrheit des christlichen Glaubens. Er stellt uns Christus gerade nicht als Wolf vor Augen. So freilich haben die Menschen Jesus damals erwartet, wie vor allem die Zeloten und Sikarier zeigen, die das Reich Gottes mit Gewalt herbeiführen wollten. Auch wir Menschen heute hoffen insgeheim immer wieder, dass Gott mit der Kraft eines Wolfes die Welt und ihre Strukturen aus den Angeln hebt. Doch Christus ist nicht als Wolf und auch nicht als Wölfin gekommen, mit dessen Bild sich das antike Rom zur Schau gestellt hat, um sich mit seiner Ordnungsmacht als Erlöserin der Menschen darzubieten. Jesus Christus ist vielmehr Lamm geworden und hat sich auf die Seite der geschundenen Lämmer gestellt, um mit ihnen mitzuleiden und sie zu erlösen. Christus ist selbst Schaf geworden, er ist unter die Wölfe gegangen und hat das Schicksal von Schafen erlitten. Der christliche Glaube aber verkündet die kraftvolle Wahrheit, dass die Erlösung nicht durch die großen und mächtigen Tiere kommt, sondern dadurch, dass Christus als Lamm und damit in der Kraft seiner wehrlosen Liebe zu uns Menschen gekommen ist.

Die Wahrheit des christlichen Glaubens heißt: Die Wölfe unserer Welt – sie kommen und gehen; Christus, das geschlachtete Lamm und das gestorbene Schaf ist gekommen und bleibt in Ewigkeit. Ihm gehört der Sieg, weil es nicht ein Sieg von Macht und Gewalt, sondern ein Sieg von Demut und Liebe, ein Sieg seiner „Macht der Milde"[4] ist. Von dieser Wahrheit zeugt auch das Martyrium des seligen Zisterzienserpaters Anasztáz János Brenner. Er wurde während des kommunistischen Regimes in Ungarn von einem gemeinen Wolf mit dem Allerheiligsten zu einem angeblichen Versehgang gelockt, um ihn auf dem Weg dorthin mit 32 Messerstichen zu ermorden. Heute steht der junge Zisterzienser, der mit 26 Jahren sein Leben für den Glauben hingegeben hat, als Märtyrer der Eucharistie, genauer als ungarischer Tarzisius vor uns, der die Wahrheit des Glaubens als Frage auf Leben und Tod bezeugt hat.

In diesem Ernstfall der Wahrheit uns zu vertiefen, um aus ihr zu leben und sie zu den Menschen zu tragen, ist der tiefe Sinn des theologischen Studiums. Bitten wir den Heiligen Geist, dass er uns

---

4   Ebd.

im kommenden Studienjahr durch die theologischen Lehrer immer tiefer in diese Wahrheit des Glaubens einführt. Und bitten wir ihn, dass er uns aufhilft, damit wir uns von dieser Wahrheit berühren lassen jetzt in der Feier der Eucharistie, in der wir dem geschlachteten Lamm als Sakrament der grenzenlosen Liebe Gottes begegnen und mit Ijob unsere Hoffnung bezeugen dürfen: „Ich weiß: Mein Erlöser lebt." (19,25).

Lesung: Ijob 19,21-27
Evangelium: Lk 10,1-12

Den Namen Gottes verehren und verkünden[1]

Kurt Cardinal Koch

Wozu ist Jesus Christus, der Sohn des ewigen Vaters, in die Welt gekommen? Und was hat er in die Welt gebracht? Auf diese für den christlichen Glauben entscheidende Frage kann es verschiedene Antworten geben: Jesus Christus hat das Reich Gottes und mit ihm Frieden in die Welt gebracht; er hat das Doppelgebot der Gottes- und Nächstenliebe endgültig zur Geltung gebracht; er ist in die Welt gekommen, um uns Menschen von unseren Sünden zu erlösen. Diese Antworten sind gewiss alle wahr. Im heutigen Evangelium schenkt uns Jesus selbst eine Antwort, die uns wahrscheinlich beim ersten Hinhören erstaunen wird, die in ihrer Tiefe aber nicht zu überbieten ist, wenn wir sie auf uns wirken lassen und wenn wir ihr nachdenken. Jesus gibt uns seine Antwort in einem Gebet, das er an seinen Vater richtet: „Ich habe deinen Namen den Menschen offenbart, die du mir aus der Welt gegeben hast. [...] Heiliger Vater, bewahre sie in deinem Namen, den du mir gegeben hast, damit sie eins sind wie wir" (Joh 17,6a und 11b)

Beim Namen anrufbar

In diesem Gebet bringt Jesus Christus die Kernmitte seiner göttlichen Sendung in unsere Welt zum Ausdruck. Die Bedeutung dieser Sendung vermögen wir freilich nur zu erahnen, wenn wir bedenken, dass auch im Leben von uns Menschen Namen eine große Rolle spielen. Bereits vor der Geburt eines Kindes machen sich die Eltern Gedanken über den Namen, den sie dem Neugeborenen dann geben wollen, und welche Lebensperspektiven sie damit für die Zukunft des Neugeborenen verbinden möchten – gemäß dem kurzen Wort, in dem die Bedeutung des Namens verdichtet ist: „Nomen est omen". Der einmal erhaltene Name begleitet uns Menschen

---

[1] Homilie im Pontifikalamt in der Stiftskirche Heiligenkreuz am 7. Sonntag der Osterzeit am 16. Mai 2021.

ja ein ganzes Leben lang. Bei unserem Namen werden wir gerufen, mit unserem Namen sind wir identifizierbar und ansprechbar, und mit unserem Namen müssen wir unsere persönliche Unterschrift geben, auf die man sich verlassen können muss. Wir alle möchten gewiss zu jener Gruppe von Menschen gehören, denen man attestiert, dass sie einen guten Namen haben.

Wenn wir uns diese grundlegende Bedeutung des Namens in unserem menschlichen Leben vor Augen führen, beginnen wir zu verstehen, dass auch Gott einen Namen hat, und sind wir Jesus Christus dankbar, dass er uns Menschen den Namen Gottes offenbart hat, wie Jesus seine Sendung in unsere Welt im heutigen Evangelium umschreibt. An anderer Stelle in der Heiligen Schrift formuliert Jesus seine Sendung ebenfalls mit einem Gebet: „Vater, verherrliche deinen Namen" (Joh 12,28). Oder denken wir vor allem an die zentrale Bitte Jesu in dem Gebet, das er seinen Jüngern anvertraut hat und mit dem er sie in seine intime Beziehung mit seinem himmlischen Vater hineinnehmen will: „Geheiligt werde dein Name" (Mt 6,9).

Mit dieser frohen Auskunft, dass Gott einen Namen hat und Jesus Christus uns diesen Namen mitgeteilt hat, berühren wir die innerste Mitte des christlichen Glaubens an Gott. Zugleich stellt sich uns die Frage, was diese Auskunft, dass Gott einen Namen hat, für unser christliches Leben bedeutet. Wie sich im Namen von uns Menschen das Wesen einer Person ausdrückt, so ist auch der Name Gottes Ausdruck der Erkenntnis seines Wesens. Damit aber ist das Entscheidende noch nicht ausgesagt. Denn wie wir Menschen bei unserem Namen gerufen werden, so dürfen wir als glaubende Menschen auch den Namen Gottes anrufen, und zwar im Wissen darum, dass Gott bei seinem Namen anrufbar ist. Diese Kernmitte der Offenbarung des Namens Gottes hat Papst Benedikt XVI. bereits in seiner Antrittsvorlesung an der Bonner Universität im Jahre 1959 mit diesen Worten zum Ausdruck gebracht: „Wenn Gott sich unter den Menschen einen Namen gibt, so drückt er damit nicht eigentlich sein Wesen aus als vielmehr: Er stellt die Anrufbarkeit her, er wird dem Menschen zugänglich, tritt in die Relation der Mitexistenz mit ihm ein bzw. lässt den Menschen zur Mitexistenz mit sich zu."[2]

---

2   Joseph Ratzinger, *Der Gott des Glaubens und der Gott der Philosophen. Ein Beitrag zum Problem der theologia naturalis*, München/Zürich 1960, Neuauflage Leutesdorf 2004, 18.

Gemäß der Überzeugung der Heiligen Schrift ist es allerdings nicht der Mensch, der Gott einen Namen zu geben vermöchte, um ihn für sich anrufbar zu machen. Gott ist vielmehr für uns Menschen nur deshalb anrufbar, weil er sich von uns anrufen lässt; und sein Name ist uns Menschen nur deshalb bekannt, weil Gott selbst ihn bekannt gemacht hat. Dieses großartige Geschenk verdanken wir seinem Sohn, Jesus Christus. Und dieses Geschenk besteht darin, dass Gott selbst uns seine Gemeinschaft schenkt, dass er jeden Menschen persönlich kennt und ihn liebt und dass er mit jedem Menschen in Beziehung steht, sodass wir ihn auch ganz persönlich anrufen können.

Beim Namen gerufen sein

Wenn Gott einen Namen hat und uns seinen Namen offenbart, dann erwartet er freilich auch von uns eine persönliche Antwort. Dann müssen wir auch für ihn anrufbar sein. Wir können den Namen Gottes nicht einfach zur Kenntnis nehmen und wieder zur Tagesordnung übergehen. Unsere Antwort muss vielmehr ein gläubiges Bekenntnis zu ihm sein. Denn den Namen Gottes kann man nicht aussprechen und ihn anrufen, ohne ein Glaubensbekenntnis abzulegen und es mit unserem Leben zu bewähren.

Darin besteht der Anspruch unserer Taufe an uns. Denn wir sind getauft auf den Namen des dreieinen Gottes. Diese Aussage erinnert an die uns bekannte banktechnische Wendung „auf das Konto von jemandem überweisen". Von daher wird die spezifische Sinnrichtung der christlichen Taufe sichtbar. In ihrem innersten Kern bedeutet sie unsere Übereignung an den lebendigen Gott als den neuen Herrn des Getauften, für den sie bedeutet, dass er fortan ganz auf die Seite Gottes gehört. Da wir auf den Namen des dreieinen Gottes getauft sind, tragen wir seinen Namen. Dies ist eine große Ehre, die uns verpflichtet. Denn nun sind auch wir beim Namen gerufen und verpflichtet, zu diesem Namen Sorge zu tragen. Vor allem Paulus fordert die Getauften auf, sich als Menschen zu begreifen, „die für die Sünde tot sind, aber für Gott leben in Christus" (Röm 6,11). Paulus kann es offensichtlich nicht genügen, dass wir getauft sind; für ihn ist noch viel wichtiger, dass wir in Jesus Christus sind und in einer persönlichen Gemeinschaft mit ihm leben.

Damit wird der tiefe Sinn sichtbar, dass mit unserer Taufe auf den Namen des Dreieinen Gottes auch unsere Namensgebung verbunden ist und dass der Name, den wir in der Taufe erhalten haben und den wir tragen, von der Taufe her seine wahre Tiefe erhält. Dass mit einer solchen Namensgebung eine wichtige Bedeutung verbunden ist, zeigt sich im Neuen Testament vor allem an den beiden Apostelgestalten Petrus und Paulus. Denn beide haben von Jesus einen neuen Namen erhalten: Jesus hat Simon Kephas genannt, was „Fels" bedeutet und in der griechischen Sprache zu Petros geworden ist. Und aus Saulus ist nach dem überwältigenden Ereignis bei Damaskus und seiner damit verbundenen Bekehrung Paulus geworden.

Das Verleihen eines neuen Namens ist das Zeichen einer besonderen Zuwendung und Zuneigung Jesu zu Petrus und Paulus und eine neue Beziehung der beiden Apostel zu Jesus Christus. Mit dem Namenswechsel ist aber auch die Übertragung einer neuen Sendung verbunden: Petrus hat einen neuen Auftrag und eine besondere Stellung innerhalb des Jüngerkreises erhalten. Und bei Paulus bedeutet der neue Name den großen Auftrag, das Evangelium zu den Heidenvölkern zu tragen, wie Paulus selbst bekennt: Gott hat „mir in seiner Güte seinen Sohn offenbart, damit ich ihn unter den Heiden verkünde" (Gal 1,16).

Den Namen Gottes bezeugen

In gleicher Weise ist mit dem Namen, den wir in unserer Taufe empfangen haben, auch bei uns eine Sendung verbunden. Wir sind aufgrund unserer Taufe in die Pflicht genommen, den Namen, den wir erhalten haben, treu zu bewahren, indem wir in unserem Leben Gott die Ehre erweisen und seinen Namen heiligen, wie wir im Vaterunser beten: „Geheiligt werde dein Name!" Christliches Leben zielt immer auf die Verherrlichung des Namens Gottes, und zwar zunächst im Gottesdienst der Kirche. Denn christliche Liturgie ist eine Feier, in der wir nicht uns selbst und unsere Namen feiern, in der wir vielmehr feiern, dass Gott uns in seinem Sohn seinen Namen offenbart hat und es auch heute tut. In der Liturgie verehren wir seinen Namen, und zwar um seiner selbst willen. Diese Grundhaltung bringen wir vor allem zum Ausdruck in der Heiligen Messe im Gloria, in dem der aufschlussreiche Satz steht: „Gratias agimus tibi propter magnam gloriam tuam" – „Wir rühmen dich und danken dir, denn groß ist deine Herrlichkeit". Im Gloria rufen wir uns singend in Erinnerung, dass wir Gott in erster Linie nicht dafür danken und ihn loben, was er für uns getan hat und auch heute für uns tut. Wir danken Gott vielmehr und loben ihn einfach dafür, dass Gott ist und dass sein Name schön ist. Wir loben ihn, weil er einen Namen hat und ihn uns offenbart hat. In dieser Grundhaltung spricht sich das tiefste Wesen der Liebe aus. Wie bereits zwischen Menschen Liebe erst dort ihr Ziel erreicht, wo sich Menschen nicht wegen irgendetwas, sondern um ihrer selbst willen lieben, so gilt dies erst recht von der Liebe zu Gott, dem wir alles verdanken, den wir gleichsam für alles eucharistieren.

Wenn wir im Gottesdienst den Namen Gottes so absichtslos loben, dann kommen wir zugleich auf die Welt, wie es uns bereits die ersten frühchristlichen Gemeinden vorgelebt haben. Sie haben den Namen Gottes nicht einfach im vertrauten Insiderkreis verehrt. Sie haben vielmehr den Namen jenes Gottes verehrt, dem es um die Welt und ihr Wohl und Heil geht. Die christliche Verehrung des Namens Gottes ist immer ein öffentliches Geschehen. Wie klein eine christliche Gemeinschaft an einem konkreten Ort auch sein mag, sie ist immer berufen und verpflichtet, Gott zu danken und zu loben, und zwar stellvertretend für die ganze Menschheit, ja selbst für die stumme Schöpfung. Ihr verleiht sie ihre Stimme zum Gotteslob und zur öffentlichen Anrufung des Namens Gottes.

Von daher kehren wir nochmals zu unserer Ausgangsfrage zurück, was Jesus in die Welt gebracht hat. Die Antwort des christlichen Glaubens ist ganz einfach: Er hat Gott gebracht. Auch die christliche Kirche kann deshalb den Menschen nichts Besseres und nichts mehr geben als Gott. Wenn sie Gott nicht gibt, gibt sie zu wenig, auch wenn sie sehr vieles gibt. Diese elementarste Botschaft in der heute schwierig gewordenen Situation unserer Kirche wieder neu zu erlernen, dazu lädt uns das heutige Evangelium ein.

Es ruft uns zugleich unsere Taufberufung in Erinnerung, die darin besteht, Gott die Ehre zu erweisen und den Namen Gottes in der Welt zu verkünden und zu heiligen. Wir haben deshalb allen Grund, wie Jesus und mit Jesus zu beten, dass wir im Namen Gottes bewahrt und geheiligt werden: „Heilige sie in der Wahrheit; dein Wort ist Wahrheit. Wie du mich in die Welt gesandt hast, so habe auch ich sie in die Welt gesandt. Und ich heilige mich für sie, damit auch sie in der Wahrheit geheiligt sind" (Joh 17,17-19).

Erste Lesung: Apg 1,15-17,20a.c-26
Zweite Lesung: 1 Joh 4,11-16
Evangelium: Joh 17,6a.11b-19

Im priesterlichen Dienst Gott großmachen[1]

Kurt Cardinal Koch

Dem marianischen Primat Gottes verpflichtet

„Meine Seele preist die Größe des Herrn, und mein Geist jubelt über Gott, meinen Retter" (Lk 1,46). Dieses Wort hat unser Weihekandidat für seine Priesterweihe gewählt. Er gibt damit, wie es sich für einen Priester im Zisterzienserorden geziemt, der Melodie seines künftigen priesterlichen Lebens und Dienstes einen marianischen Notenschlüssel. Er ist Marias großartigem Loblied des Magnificat entnommen: „Magnificat anima mea Dominum", was genau übersetzt heißt: „Meine Seele macht Gott groß". Denn Maria hat gewusst, dass dann, wenn Gott mit unserem Lob und unserem Leben großgemacht wird, der Mensch gerade nicht klein gemacht wird. Der Mensch wird vielmehr immer dann klein gemacht, wenn auch Gott klein gemacht, im Leben einfach auf die Ersatzbank versetzt oder gar abgeschafft wird, wie wir dies im vergangenen Jahrhundert in den neuheidnischen und antichristlichen Diktaturen des Nationalsozialismus und des Sowjetkommunismus in extremster Weise erfahren mussten. Dort aber, wo Gott durch uns Menschen großgemacht wird, erhält auch der Mensch Anteil an der Größe der Liebe Gottes.

„Magnificat anima mea Dominum": Mit diesem Wort Mariens ist deshalb auch am besten zum Ausdruck gebracht, worum es im priesterlichen Leben geht. Der Priester soll durch sein Wirken im Dienst an den Menschen Gott großmachen, und zwar im Wissen darum, dass die Kirche nur dann im Lot ist, wenn Gott in ihrem Mittelpunkt lebt. Wenn diese Mitte verloren geht, können die Menschen in der Kirche nicht mehr viel anderes wahrnehmen als bloß eine NGO oder gar als einen kuriosen Verein. Dem Primat Gottes

---

[1] Homilie in der Feier der Priesterweihe von P. Sebaldus Michael Mair OCist in der Stiftskirche Heiligenkreuz am 15. Mai 2021.

im Leben der Kirche verpflichtet zu sein: dies macht die Grundsendung des priesterlichen Dienstes aus, wenn er im marianischen
Geist gelebt wird. Diesen Dienst nimmt der Priester vor allem in
einer zweifachen Weise wahr, der wir in der Feier der Priesterweihe
von P. Sebaldus etwas nachdenken wollen.

Dienst am Wort Gottes

Der priesterliche Dienst ist zuerst Dienst am Wort Gottes, das den
ansprechenden Namen „Evangelium", gute und frohe Botschaft,
trägt. Der Priester ist in erster Linie Evangelist, Zeuge des Evangeliums. Dabei handelt es sich nicht um irgendein Wort, sondern um
das „Wort des ewigen Lebens". Und deshalb geht es nicht um das
eigene Wort des Priesters. Der Priester redet nicht in seinem eigenen Namen, sondern ist Treuhänder eines anderen, nämlich Jesu
Christi, der das lebendige Wort Gottes in Person ist. Der Priester
kann sich deshalb nie als „Chef", und schon gar nicht von eigenen
Gnaden, verstehen und gebärden, sondern er ist und bleibt Beauf-
tragter und damit Vikar Jesu Christi, der das Wort, das er selbst
empfangen hat, treu zu bewahren und an die Menschen weiterzuge-
ben hat. Der Priester ist berufen, für dieses Wort glaubwürdige und
überzeugende Stimme zu sein.

In dieser Sinnrichtung sieht der heilige Augustinus die Sendung des Priesters in der Gestalt des Johannes des Täufers vorge-
bildet. Er macht darauf aufmerksam, dass im Neuen Testament Johannes als „Stimme" bezeichnet wird, während Christus das „Wort"
genannt wird.[2] Mit diesem Verhältnis zwischen Wort und Stimme
verdeutlicht Augustinus das Zueinander von Christus und Priester
und zugleich den bleibenden Unterschied zwischen beiden: Wie
der sinnliche Klang, nämlich die Stimme, die das Wort von einem
Menschen zu einem anderen trägt, vorübergeht, während das Wort
bleibt, so hat auch in der Sendung des Priesters die menschliche
Stimme keinen anderen Sinn als den, das Wort Gottes zu vermitteln; danach kann und muss sie wieder zurücktreten, damit das
Wort im Mittelpunkt bleibt. Die Sendung des Priesters besteht von

---

2   Augustinus, *Sermo* 293, 1–3.

daher darin, sinnlich-lebendige Stimme für das vorgängige Wort
Gottes und damit – wie Johannes der Täufer – Diener des Wortes
und sein Vorläufer zu sein. In dieser Sendung zeigen sich Größe und Demut des Priesters
zugleich. Seine Größe besteht darin, dass er von Christus gewürdigt
wird, seine Stimme in dieser Welt zu sein; und seine Demut besteht
darin, dass er sich dessen bewusst ist, dass er nicht Wort, sondern
Stimme ist und dass er dies nur glaubwürdig sein kann, wenn er
Stimme für das Wort mit seiner ganzen Existenz wird. Denn der
Dienst am Wort Gottes verlangt einen persönlichen Zeugen; und
Zeugen sind daran zu erkennen, dass sie selbst am heiligen Feuer
des Wortes Gottes leben und nicht bloß davon erzählen, dass es ir-
gendwo ein solches Feuer geben soll.

Den Zeugendienst am Wort Gottes kann der Priester nur
wahrnehmen, wenn er sich selbst vom Wort Gottes immer wieder
persönlich berühren lässt und es im Gebet meditiert, vor allem in
der *lectio divina,* in der das Hören des Wortes Gottes zu einer lebendigen Begegnung mit Jesus Christus mitten im priesterlichen
Alltag werden soll. Nur so kann der Priester sich als Stimme des
Evangeliums zur Verfügung stellen, um so seinem Wort Raum zu
geben. Der Priester ist zunächst immer Hörer des Wortes, weil er
nur so Diener des Wortes sein kann, und zwar dadurch, dass er sich
dafür einsetzt, dass die Kirche im Gehorsam gegenüber Christus
und seinem Wort bleibt. Von daher verstehen wir, dass das Zweite
Vatikanische Konzil den Priester in erster Linie von seinem Dienst
am Wort her definiert und in seinem „Dekret über Dienst und Leben der Priester" betont: „Das Volk Gottes wird an erster Stelle ge-
eint durch das Wort des lebendigen Gottes, das man mit Recht vom
Priester abverlangt. Da niemand ohne Glaube gerettet werden kann,
ist die erste Aufgabe der Priester als Mitarbeiter der Bischöfe, allen
die frohe Botschaft Gottes zu verkünden."[3]

---

3   *Dekret Presbyterorum ordinis über Dienst und Leben der Priester,* Nr. 4.

Dienst an der Eucharistie

Das Wort Gottes, in dessen Dienst der Priester steht, ist ein sakramentales Wort. Wir Christen glauben an das Wort, das Fleisch geworden ist und das in den Sakramenten erfahren werden kann. Im sakramentalen Dienst ist dabei die Stimme des Priesters in besonderer Weise gefordert. Er ist berufen, mit der Stimme Christi, sogar mit dem Ich Christi zu sprechen. Die schönen und tiefen Worte „Ich taufe dich", „Ich spreche dich los von deinen Sünden", „Dies ist mein Leib" kann der Priester unmöglich in seinem eigenen Namen sprechen; er würde sich masslos übernehmen und damit als lächerliche Figur dastehen. So reden kann der Priester nur, wenn er von Christus selbst berufen und autorisiert ist, solche Worte in seinem Namen auszusprechen, mit dem Ich Christi zu sprechen und „in persona Christi" zu handeln, wie es die kirchliche Tradition ausgedrückt hat.

In dieser Weise redet und handelt der Priester vor allem in der Feier der Eucharistie, die Quelle, Mitte und Höhepunkt des kirchlichen Lebens ist. Von daher versteht es sich von selbst, dass sie auch im Leben und Wirken des Priesters einen zentralen Platz einnimmt. Denn die Kirche feiert nicht nur die Eucharistie, sondern sie lebt von ihr her und entsteht immer wieder neu um den Altar herum, auf dem uns die Gegenwart des auferstandenen Christus' geschenkt wird. Es ist deshalb Christus selbst, der in der Eucharistie an uns handelt, der aber in der sichtbaren Kirche durch irdische und endliche Menschen handeln will. Von daher leuchtet die Sendung des Priesters in der Eucharistie ein: Er stellt sich als bescheidenes Werkzeug für Christus zur Verfügung und macht den unsichtbar anwesenden und in seiner Gemeinde handelnden Herrn den Sinnen der Gläubigen sichtbar, damit Christus an uns Menschen sein Heil wirken kann. Gerade in der Eucharistie ist der priesterliche Dienst Verweis auf Christus hin und deshalb wesentlich Diakonat. Die Diakonatsweihe ist die erste und wichtigste Stufe des Weihesakraments, die auch beim Priester, Bischof, Kardinal und Papst als Fundament ihres Lebens und Wirkens bleibt.

In der Eucharistie ist der Priester berufen, mit dem Ich Christi zu sprechen. Er ist deshalb auch herausgefordert, auch im Leben immer deutlicher Christus ähnlich zu werden. All das, was der Priester in der Eucharistie amtlich an Christi statt tut, muss er in sein Leben und durch sein Leben übersetzen. Der Priester muss deshalb ein von der Eucharistie geprägter und damit ein eucharistischer Mensch sein, der in der Eucharistie den innersten Punkt in seinem pastoralen Wirken wie in seinem monastischen Leben wahrnimmt. Dies gilt in besonderer Weise für einen Priester, der in einer Mönchsgemeinschaft in der Tradition des heiligen Benedikt und des heiligen Bernhard lebt. Wie Papst Benedikt XVI. bei seinem Besuch in Heiligenkreuz im Jahre 2007 sehr tief gesagt hat, ist das Mönchsleben zum „Leben nach der Weise der Engel"[4] berufen. Damit ist natürlich nicht gemeint, die Mönche würden im siebten Himmel schweben und aufhören, Menschen und damit auch Sünder zu sein; die Mönche selbst wissen es gewiss besser. In der Zeit der Kirchenväter aber wurde das Leben der Mönche deshalb als „Leben nach der Weise der Engel" bezeichnet, weil man das Wesentliche der Engel darin erblickt hat, dass sie Anbetende sind und dass das Mönchtum Eintreten in die Weise der Engel ist, nämlich das ganze Leben als Anbetung gestalten.

Der zweckfreie Gottesdienst der Anbetung wird in der monastischen Tradition „Officium" genannt, „heiliger Dienst", den die Mönche in der Gegenwart Gottes verrichten. In der syrischen Mönchstradition werden die Mönche einfach „stantes", „die Stehenden", genannt, um damit zum Ausdruck zu bringen, dass ihre Hauptaufgabe in der Wachsamkeit besteht. Denn der Mönch ist ein Wachender. Er will Wache halten vor Gott und so die Welt für Gott offenhalten. Diese schöne Aufgabe vollzieht der Mönch, der zum Priester geweiht ist, vor allem auch in der Feier der Eucharistie, wenn er mit den Worten des zweiten eucharistischen Hochgebetes spricht: „Gratias agentes quia nos dignos habuisti astare coram te et tibi ministrare." – „Wir danken dir, dass du uns berufen hast, vor dir zu stehen und dir zu dienen."

---

4   Benedikt XVI., *Ansprache in der Abteikirche Heiligenkreuz am 9. September 2007*, in: Maximilian Heinrich Heim (Hg.), *Tu es pastor Ovium. Eine Nachlese zum Besuch von Papst Benedikt XVI. am 9. September 2007 im Stift Heiligenkreuz*, Heiligenkreuz 2009, 94–99, hier: 94.

Dienst und Weihe in der Kraft des Heiligen Geistes

Dieses „astare coram te" macht die Berufung des Priesters in der Kirche und im Kloster aus. In diesem Stehen vor Gott und im Anbeten Gottes ist er dem Primat Gottes verpflichtet und macht er wie Maria Gott groß. Nur in dieser Grundhaltung kann er seinen Dienst am Wort Gottes und an der Eucharistie vollziehen. Nach der Bereitschaft zu diesem Dienst wird er deshalb vor der Weihe befragt: „Bist du bereit, in der Verkündigung des Evangeliums und in der Darlegung des katholischen Glaubens den Dienst am Wort Gottes treu und gewissenhaft zu erfüllen?" Und: „Bist du bereit, die Mysterien Christi, besonders die Sakramente der Eucharistie und der Versöhnung gemäss der kirchlichen Überlieferung zum Lobe Gottes und zum Heil seines Volkes in gläubiger Ehrfrucht zu feiern?" Dies sind die ersten Fragen, die der Bischof in der Feier der Priesterweihe an den Weihekandidaten bei der Entgegennahme seiner Versprechen stellt und stellen muss, weil in ihnen die Grundsendung des Priesters angesprochen ist: der Dienst am Wort Gottes und der Dienst an der Eucharistie haben dabei eine besondere Priorität.

Diesen doppelten Dienst kann der Priester nur mit jener Leidenschaft wahrnehmen, von der wir in der Osterzeit in den Lesungen aus der Apostelgeschichte hören, die uns auf Pfingsten vorbereiten, das Fest der Herabkunft des Heiligen Geistes auf die Jünger, die mit Maria zum inständigen Gebet im Obergemach versammelt gewesen sind. Auch das Sakrament der Priesterweihe kann nur in der Kraft des Heiligen Geistes geschehen. Wir alle stehen nun vor Gott und sind in diesem Sinn „stantes". In dieser Grundhaltung bitten wir auf die Fürsprache der Gottesmutter Maria um das Kommen des Heiligen Geistes und begleiten unseren Weihekandidaten Sebaldus bei dieser heiligen Handlung mit unserem Gebet, damit auch in diesem Geschehen Gott großgemacht wird und unsere Seele im Lob Gottes mitschwingt: „Magnificat anima mea Dominum."

Lesung: Apg 18,23-28
Evangelium: Lk 1,39-56

Predigt beim Requiem von P. Norbert Stigler OCist in der Stiftskirche Heiligenkreuz am 13. August 2020

1 Kön 19,9ab.11b-13, Mt 17,1-9

Abt Maximilian Heim OCist

Liebe Trauernde!

Schwestern und Brüder in Christus, dem Auferstandenen!

„*Viele Wege führen zu Gott. Einer geht über die Berge.*" Reinhold Stecher, der *unvergessene Bischof von Innsbruck,* prägte dieses Wort als Wanderer und Bergsteiger. Es wurde auch zu einem Lebensmotto für unseren P. Norbert:

- geboren am 13. Mai 1942 in Baden bei Wien
- Zisterzienser mit 20; Priester, Kaplan im Neukloster
- Religionsprofessor und Studentenseelsorger in Baden
- Pfarrer in Alland; ab 1982 im Leitungsteam für *Marriage Encounter*
- Pfarrer in Sulz 1999–2020
- Professor für Pastoraltheologie und Dekan unserer Hochschule
- staatlicher Lehrer für alpinen Schilauf

Für ihn waren die Berge „*ein Fenster zur Transzendenz*", wo er die Nähe Gottes spürte. „*Viele Wege führen zu Gott. Einer geht über die Berge.*" Denn – wie es Bischof Reinhold Stecher formulierte –:

> „*Die Berge schweigen – über einer lauten Welt,*
> *die Berge ruhen – über einer hastenden Welt,*
> *die Berge fordern – in einer verweichlichten Welt,*
> *die Berge wärmen – in einer erkalteten Welt,*
> *die Berge strahlen – über einer dunklen Welt.*"

Heute führt uns das Evangelium von der Verklärung Jesu zusammen mit den drei Jüngern Petrus, Jakobus und Johannes auf einen hohen Berg. Wir erleben ein Geschehen, das uns erst im Licht der Auferstehung klar wird. Warum nimmt Jesus die drei beiseite? Jesus weiß, dass solche Glaubenserfahrungen einen diskreten Rahmen brauchen. Wie oft zog er sich selbst zurück in die Einsamkeit, auf einen Berg, um zu beten.

Am Berg der Verklärung begegnen sie zwei anderen großen „Bergsteigern" der Bibel: Mose und Elija. Sie hatten ihre intensivsten persönlichen Gottesbegegnungen auch in der Abgeschiedenheit des Gebirges. Mose am Gottesberg Horeb, als Gott ihn aus dem Dornbusch anrief: „Mose, Mose! Er antwortete: *Hier bin ich.*" (Ex 3,4) Und noch einmal, als er abseits vom großen Lager der Israeliten allein auf dem Sinai die 10 Gebote empfängt. (vgl. Ex 19)

Und auch Elija macht sich auf, um vom Karmelgebirge durch die Wüste bis zum Sinai, zum Gottesberg Horeb, zu gehen. Nach 40 Tagen erreicht Elija den Berg Horeb und verbringt die Nacht in einer Höhle: *„Ein starker, heftiger Sturm, der die Berge zerriss und die Felsen zerbrach, ging dem Herrn voraus. Doch der Herr war nicht im Sturm. Nach dem Sturm kam ein Erdbeben. Doch der Herr war nicht im Erdbeben. Nach dem Beben kam ein Feuer. Doch der Herr war nicht im Feuer.* (1 Kön 19,11f.)

Unser Gott ist nicht im lauten Donnern, nicht im Lärmen: „Nach dem Feuer kam ein sanftes, leises Säuseln. Als Elija es hörte, hüllte er sein Gesicht in den Mantel, trat hinaus und stellte sich an den Eingang der Höhle." Der jüdische Religionsphilosoph Martin Buber *übersetzte*: Es kam „die Stimme verschwebenden Schweigens". Es ist, wie wenn die Welt nach all dem Dröhnenden, Heftigen und Zerstörerischen den Atem anhielte. Plötzlich tritt Ruhe ein: „die Stimme verschwebenden Schweigens".

Zurück zum Evangelium von der Verklärung: Jesus nimmt die drei Jünger Petrus, Jakobus und Johannes mit in diese heilige Atmosphäre hinein. *„Und er wurde vor ihren Augen verwandelt; sein Gesicht leuchtete wie die Sonne und seine Kleider wurden weiß wie das Licht."* (Mt 17,2) – *„Herr, es ist gut, dass wir hier sind"*, stammelt Petrus mit dem unbeholfen wirkenden Vorschlag: *„Wenn du willst, werde ich hier drei Hütten bauen."* (Mt 17,4)

Was aber will Jesus den Jüngern offenlegen? Die Gegenwart seiner Liebe im Leiden. Denn genau darüber spricht Jesus mit Mose und Elija. Sie sprachen, heißt es bei Lk 9,31, über seinen Exodus, d. h. über sein Leiden, seine Passion. In seiner Passion ist das Zeichen der Liebe eingraviert, die Gott für seinen Sohn hat, für sein Volk, für jeden von uns. Wie oft sehen wir in unseren Kreuzen nur die Rückseite, nur das Schwere, während Jesus hier uns die Vorderseite, nämlich den Strahl seiner Liebe, aufleuchten lässt. Aus der Wolke erscholl die Stimme: *Dies ist mein geliebter Sohn, in den ich meine ganze Liebe hineingelegt habe. – Hört auf ihn! Hört, was er euch sagt, wie es auch Maria den Jüngern rät.*

P. Norbert wollte uns immer die Augen öffnen für diese Liebe, die in Gott ist, ja, die Gott ist: Gott, der unser Vater im Himmel ist, der uns seinen Sohn geschenkt hat und der in uns wohnt durch seinen Geist. Auch wir können nur stammeln: *„Herr, ich glaube! Aber hab Erbarmen mit dem wenigen Glauben, den ich habe, komm mir zu Hilfe."*

Wenn wir so beten, weicht der Nebel. Selbst wenn der Nebel unser Gesicht bedeckt, wenn wir in Zweifeln leben, wenn wir fliehen vor einer solchen Größe, wenn wir die Augen heben, dann sehen wir plötzlich nur noch Jesus allein, der uns einlädt, ihm zu folgen. Bergsteiger wie P. Norbert können vielleicht besser verstehen, was unsere Berufung ist, nämlich Zeichen Christi zu sein für unsere Zeit, Licht zu sein in der Dunkelheit. P. Norbert hatte das tiefe Gefühl, in seinem Dienst als Priester Zeuge der Liebe Gottes zu sein:

– Es ist der Glanz einer Liebe, die vergibt.

– Es ist die Schönheit eines Lebens, das sich verschenkt, obwohl der Tod zu triumphieren scheint.

– Es ist die Herrlichkeit der Wahrheit mitten in all den Lügen und unter den Masken unserer Gewohnheiten.

– Es ist die unsagbare Freude der Schöpfung, selbst in aller Traurigkeit: Denn „selig die Trauernden, denn sie werden getröstet werden" (Mt 5,4).

Danken wir Gott für P. Norbert, für diesen guten Hirten und Freund für viele. Er sagt uns *gleichsam* in dieser Stunde des Abschieds:

> *Schreitet voran mit Mut. Habt keine Angst.*
> *Christus hat euch gerufen.*
> *Christus fordert euch auf, Zeugen seiner Liebe zu sein,*
> *einer Liebe, die stärker ist als der Tod.*

Diese neue Menschlichkeit prägte sein Verhalten zu allen Menschen. Davon zeugen auch seine Worte auf dem Sterbebildchen – sie sind wie ein Vermächtnis:

> *„Wir sind umfangen und gehalten*
> *von einem unergründlichen Geheimnis!*
> *Aus der Kraft Seiner Auferstehung dürfen und können wir*
> *eine neue Menschlichkeit unter uns leben. Halleluja!"*

Denn

> *„Ich erhebe meine Augen zu den Bergen: Woher kommt mir Hilfe?*
> *Meine Hilfe kommt vom HERRN, der Himmel und Erde erschaffen hat."* (Ps 121,1f.)

Amen. Halleluja.

VIII.
ZUR UNTERSCHEIDUNG
DER GEISTER

Zwischen Widerstandshort und Vorurteil. Gedanken zur Rehabilitierung moralischer Intuition

Engelbert Recktenwald

Robert Spaemann schreibt in seiner Autobiografie,[1] dass es keiner besonderen Leistung bedurfte, sich von der Art abzuwenden, mit der die Nationalsozialisten die Juden behandelten. Spaemann war bei Kriegsausbruch zwölf Jahre alt. Es kam dem Jugendlichen nie die Versuchung, dieses Unrecht gutzuheißen.

Das bedeutet für die Philosophie: Es gibt so klare Fälle bösen Handelns, dass es keiner weiteren Reflexion mehr bedarf, um es als solches zu erkennen. Seine einfache Wahrnehmung und die Intuition seiner moralischen Qualität liefern eine solche Evidenz, dass die nachträgliche Reflexion dieser Evidenz weder etwas hinzufügen noch sie verdunkeln kann. Auch wenn es andere Fälle gibt: In diesem Fall ist es nicht die Reflexion, die die Evidenz erzeugt, sondern es ist die Evidenz, die die Reflexion trägt und in Gang bringt.

Allein die Treue zu seiner moralischen Intuition gibt dem Widerständler die Kraft, der Tyrannei und ihrem Unrecht nicht nur in der Tat, sondern auch in Gedanken zu widerstehen, will sagen: nicht nur dem Unrecht selber, sondern auch seinen Rechtfertigungsversuchen. Der Versuchung zum Mitmachen geht die Versuchung voraus, die eigene moralische Überzeugung der Herrschaftsideologie anzupassen, das eigene Gewissen zu verbiegen.

Nun gibt es philosophische Moralsysteme, die dem Widerständler in den Rücken fallen. Den Vertretern dieser Moralsysteme liegt es normalerweise völlig fern, irgendwelche Unrechtssysteme moralisch zu legitimieren. Dennoch fördern sie solche Legitimation, weil sie die Gültigkeit jener moralischen Intuition, aus der der Widerständler seine widerständige Überzeugung speist, infrage stellen. Eines dieser Moralsysteme ist das Zwei-Ebenen-Modell von Richard M. Hare, das im deutschsprachigen Raum Peter Schaber in

---

1   Robert Spaemann, *Über Gott und die Welt*, Stuttgart 2012, 34.

seinem Buch „Moralischer Realismus"² übernommen hat. Es nimmt
zwei Ebenen des moralischen Denkens an, die intuitive und die kritische. Die intuitive Ebene sei jene, auf der sich der Normalbürger im
Alltag bewege. Dessen Intuitionen reichten zur moralischen Orientierung aus, solange keine außergewöhnlichen Situationen aufträten.
Dem kann man bis zu einem gewissen Grad zustimmen. Tatsächlich kann in moralischen Grenz- und Konfliktfällen eine Reflexion
auf jene Prinzipien notwendig werden, mit deren Hilfe ich z. B. das
Gewicht miteinander konfligierender, mir intuitiv einleuchtender
Pflichten abwäge: Darf oder soll ich einen wichtigen, zugesagten Ter-
min platzen lassen, um Erste Hilfe bei einem Unfall zu leisten? Darf
ich eine Brücke mit Zivilisten sprengen, um einen verheerenden ter-
roristischen Anschlag zu verhindern? Das sind Fragen, bei denen
die einfache Berufung auf Intuitionen nicht weiterhilft.

   Bis zu diesem Punkt ist das Zwei-Ebenen-Modell plausibel.
Gefährlich wird es erst, wenn es dazu dient, die Intuitionen als letzte Quelle moralischer Erkenntnis auszuhebeln und an ihre Stelle
ein konsequentialistisches Nutzenkalkül zu setzen. Genau das tut
Schaber im Anschluss an Hare. Er streitet nicht ab, dass wir im Alltag von Intuitionen geleitet werden und dass eine Moraltheorie sie
berücksichtigen muss, zumindest jene Intuitionen, die „unter in-
formierten Beobachtern nicht umstritten sind"³. Auf der kritischen
Ebene dagegen bewegt sich der Konsequentialist. Er weiß besser,
was gut ist. Moralisch gut ist nämlich das, was den Interessen von
Personen dient. Und woher weiß Schaber, dass darin das Gute besteht? Ist das Gegenstand einer *Einsicht*? Nein, sondern es ist das
Ergebnis von Schabers *Definition* des Guten. Gegen den Einwand
der Existenz alternativer Definitionsmöglichkeiten hält er das Argument parat, dass seine Definition durch den Konsequentialismus
bestätigt werde. Dass sich hier die Katze in den Schwanz beißt und
diese Bestätigung so ähnlich überzeugend ist wie z. B. eine evolu-
tionstheoretisch argumentierende Bestätigung einer biologischen
Definition des Guten als Optimierungsprinzip der reproduktiven
Fitness, braucht uns hier nicht weiter zu beschäftigen. Für unser

---

2   RICHARD M. HARE, *Moralisches Denken: seine Ebenen, seine Methode, sein Witz*, Frank-
     furt a. M. 1992. PETER SCHABER, *Moralischer Realismus*, Freiburg i. Br./München 1997.
3   SCHABER, *Moralischer Realismus*, 315.

Thema ist entscheidend, dass für Schaber moralische Intuitionen,
selbst wenn sie für die Ausbildung einer Moraltheorie als Prüfstei-
ne dienen, dennoch nur vorläufige Geltung haben. Sie unterliegen
ihrerseits einer kritischen Überprüfung durch den Konsequentialisten, der weiß, dass das moralisch Gute in Wirklichkeit Gegenstand
empirischer Untersuchung ist. Moralische Fragen verwandeln sich
in empirische Fragen,[4] weil es darum geht, herauszufinden, welche
Handlungen am meisten den Interessen von Personen dienen.

Die Folge ist, dass alle unsere moralischen Intuitionen unter
konsequentialistischen Vorbehalt gestellt werden. Schaber bringt
das Beispiel der moralischen Freundschaftsregel „Verrate den
Freund nie". Mit aller nur wünschenswerten Deutlichkeit spricht
er aus, dass die Freundschaft „aus konsequentialistischer Sicht bloß
einen instrumentellen Wert" habe. „Der moralische Grund, solche
Beziehungen zu pflegen, liegt für den Konsequentialisten nicht in
der Freundschaft selbst, sondern in ihrem Beitrag zur Wertmaximierung."[5] Daraus ergibt sich: Wenn sie solcher Wertmaximierung
im Wege steht, kann der Verrat des Freundes eine erlaubte, ja sogar
gebotene Handlung werden.

Dasselbe gilt für die Tötung eines Unschuldigen. Schaber referiert das Beispiel Bernard Williams' in dessen Kritik des Utilitarismus:[6] Jim wird von Pedro, dem Hauptmann einer südamerika-
nischen Armee, vor die Wahl gestellt, entweder einen von zwanzig
gefangengenommenen Indianern zu töten oder nicht. Im ersten
Fall lässt Pedro die anderen neunzehn frei, im zweiten Fall tötet
Pedro alle zwanzig. Schaber plädiert für die konsequentialistische
Antwort, d. h. für die Empfehlung an Jim, „einen Indianer zu töten,
um neunzehn Menschen das Leben zu retten"[7]. Dabei macht er sich
die Meinung Hares zu eigen, dass die moralische Intuition betreffs
des Tötungsverbots Unschuldiger uns in solchen Ausnahmesituati-
onen in die Irre führe.

---

4   Ebd., 142f.
5   Ebd., 301. Schaber spricht auch von einem intrinsischen Wert der Freundschaft. Den
     hat sie aber nach Schabers Meinung nur für die Betroffenen aus deren persönlichen
     Perspektive, die als solche gerade nicht die moralische Perspektive ist. Mit anderen Wor-
     ten: Freundschaftstreue ist eine Sache von Eigeninteresse, nicht von Moral. Damit wird
     die Rede vom intrinsischen Wert der Freundschaft konterkariert.
6   BERNARD WILLIAMS, Kritik des Utilitarismus, Frankfurt a. M. 1979, 61–63.
7   SCHABER, Moralischer Realismus, 329.

Was Spaemann darüber denkt, erläutert er an einer wahren Begebenheit, die dem Beispiel Williams' exakt entspricht: „Die Nationalsozialisten stellten einen Polizisten vor die sadistische Alternative, eigenhändig ein zwölfjähriges jüdisches Mädchen zu erschießen oder in Kauf zu nehmen, dass zehn andere Juden erschossen würden. Der Polizist schoss. Er glaubte, die Verantwortung zu haben für den Tod der anderen, wenn er nicht geschossen hätte. Anschließend landete er in der Psychiatrie. Nein, er hätte diese Verantwortung nicht gehabt. Er hatte in diesem Augenblick nur die Verantwortung für das Kind."[8] Warum landete der Polizist in der Psychiatrie? Man darf annehmen: weil er gegen sein Gewissen gehandelt und damit seine moralische Integrität zerstört hatte. Aus konsequentialistischer Sicht kann nach Schaber dagegen diese Sorge um die eigene Integrität „als eine Form der Selbstgefälligkeit verstanden werden". Wenn Jim nicht schießt, drückt er sich „einfach um eine für ihn sehr unangenehme Handlung"[9]. Moralität, wie sie sich uns in der Intuition erschließt, wird in konsequentialistischer Perspektive auf die Ebene des Angenehmen/Unangenehmen herabgedrückt.

In diesem Zwei-Ebenen-Modell kann also das, was auf der intuitiven Ebene als Unrecht erscheint, plötzlich zu einer moralisch guten Handlung mutieren. Das gilt, um ein letztes Beispiel zu bringen, auch für die Folter. Thomas Nagel konstruiert den Fall, in dem der Moralakteur eine Dame zu der für eine Rettung mehrerer Personen notwendigen Hilfe nur bewegen kann, indem er ihrem Enkelkind erpresserischerweise den Arm umdreht.[10] Nagel beruft sich auf unsere moralischen Intuitionen, die solche Kindesmisshandlung verbieten. Schaber, der diesen Fall in seinem Buch diskutiert, widerspricht: „Die moralische Intuition kann deshalb in diesem Fall nicht herangezogen werden."[11] Er bezweifelt, dass es absolute Grenzen dessen gibt, was wir im Dienste des Guten tun dürfen.

Natürlich könnte man das Umdrehen eines Arms als eine relativ milde Form der Folter ansehen. Aber wenn es keine absolute Grenze gibt, ist es nur eine Frage des Ausmaßes der Verschärfung

---

8 SPAEMANN, *Über Gott und die Welt*, 260.
9 SCHABER, *Moralischer Realismus*, 331.
10 THOMAS NAGEL, *Der Blick von nirgendwo*, Frankfurt a. M. 1992, 303.
11 SCHABER, *Moralischer Realismus*, 361.

einer Situation, um eine Steigerung der Qual zu rechtfertigen. Je mehr auf dem Spiel steht, umso eher darf ich auf dieses letzte Mittel der Folter zurückgreifen. Die Anfälligkeit des Menschen für solche Rechtfertigung wurde auf erschreckende Weise durch das berühmte Milgram-Experiment erwiesen, das Spaemann oft in seiner Argumentation anführte: In einem fingierten wissenschaftlichen Experiment zur Erforschung des Zusammenhangs zwischen Bestrafung und Lernerfolg war die Mehrzahl der Probanden, die die fingierte Versuchsanordnung für echt hielten, bereit, dem angeblichen Schüler immer stärkere Stromschläge zu versetzen bis zur Evozierung von markerschütternden Schmerzensschreien und schließlich des vermeintlichen Todes. Aufkommende Gewissensbisse wurden vom Versuchsleiter erfolgreich mit dem Hinweis auf die alternativlose Notwendigkeit des Experiments für die Wissenschaft zum Schweigen gebracht.

Hier zeigt sich: Die Akzeptanz des konsequentialistischen Nutzenkalküls geht mit der Anfälligkeit für kriminelle Verführung Hand in Hand. Ebenfalls damit verbunden ist die Bereitschaft, das eigene Gewissen an die Autorität der im Versuchsleiter verkörperten Wissenschaft zu delegieren. Das Zwei-Ebenen-Modell bietet für solche Entmündigung die ideale Grundlage. Von einer Autonomie der praktischen Vernunft kann keine Rede mehr sein, moralische Erkenntnis wird zum Expertenwissen.

Hare scheint sich dieser Gefahr bewusst zu sein, wenn er den Konsequentialisten davor warnt, als gefallener Engel zu enden.[12] Um dieses Bild zu verstehen, muss man wissen, dass er die Metapher des Proleten und des Erzengels gebraucht, um in idealtypischer Weise den Denker der jeweiligen Ebene, der intuitiven einerseits und der kritischen andererseits, zu kennzeichnen. In der Realität sind wir immer eine Mischform: Oft ist unser moralisches Urteil intuitiv geleitet, manchmal kritisch konsequentialistisch. Den idealtypischen Denker der intuitiven Ebene nennt Hare im Anschluss an Orwells „1984" den Proleten, den der zweiten Ebene den Erzengel. Der Erzengel ist imstande, sich von allen persönlichen Rücksichten etwa auf Freunde und Verwandte freizumachen und dem unparteiischen Nutzenkalkül zu folgen. Der Prolet dagegen ist sozusa-

---

12   HARE, *Moralisches Denken*, 92.

gen stumpfsinnig in seinen Intuitionen gefangen. Intuitionen erscheinen hier bei Hare vor allem als Hindernis zur Einnahme eines
unparteiischen Standpunkts. Die positive Funktion, die er ihnen
zuspricht, besteht in einem Rationalisierungseffekt: Sie ersparen
durch die Anerkennung von Prima-facie-Pflichten die Mühe, das
Rad jeweils neu zu erfinden und vor jeder Handlungsentscheidung
mit der konsequentialistischen Nutzenberechnung ihrer Folgen
von Neuem zu beginnen. Zum Beispiel: Gegebene Versprechen zu
halten ist normalerweise nutzenmaximierend. Deshalb – und nur
deshalb – sind wir dazu verpflichtet. Die Intuition des Verpflich-
tungscharakters eines Versprechens als solchem erspart die Nutzenberechnung, ähnlich wie die erlernte Kunst des Autofahrens
den Ablauf der Wagensteuerung automatisiert und die kognitive
Aufmerksamkeitsleistung entlastet. Die moralische Intuition ist für
Hare keine Erkenntnis, sondern eine Handlungsdisposition als Resultat der Verinnerlichung von Entscheidungsprinzipien. Sie ist das
Ergebnis von Erziehung und Gewohnheit.[13]

Wenn Hare nun den Konsequentialisten davor warnt, ein gefallener Engel zu werden, dann warnt er vor einer möglichen Selbstüberschätzung in der Fähigkeit, den unparteiischen Standpunkt
einzunehmen. Dennoch kommt es immer wieder vor, dass die Einnahme dieses Standpunkts unvermeidlich ist. Der reine Erzengel
hätte ihn dagegen immer inne, er „hätte intuitives Denken nicht
nötig; alles würde im Nu von der Vernunft geleistet"[14]. Die von den
Intuitionen gelieferten Prima-facie-Pflichten sind gleichsam Abkürzungen im Berechnungsablauf der Handlungsfolgen. Der Engelver-
stand hätte diese Abkürzungen nicht nötig.

Ein Problem ergibt sich aber für jene Proleten, die, weil von einer Situation überfordert, nicht imstande sind, den Engelsstandpunkt
einzunehmen. Hare hat keine Scheu, quasi die Etablierung einer
ethischen Zweiklassengesellschaft zu suggerieren, wenn er schreibt:
„Die Prima-facie-Prinzipien selbst sind jedoch durch kritisches Denken auszuwählen; wenn nicht durch unser eigenes kritisches Denken, so eben durch das von denen, bei denen wir darauf bauen, dass

---

13   Ebd., 82. Noch ausführlicher hat Hare diesen Vergleich in seinem Frühwerk *Die Spra-*
      che der Moral, Frankfurt a. M. 1972, zur Erläuterung herangezogen: 88–92.
14   HARE, *Moralisches Denken*, 92.

sie dazu imstande sind."[15] Im Milgram-Experiment wird eine solche
Zweiklassengesellschaft exakt widergespiegelt. Da einerseits den Probanden das Expertenwissen zur Beurteilung des Experiments und
seiner Relevanz für das Allgemeinwohl fehlt, andererseits ihre moralischen Intuitionen ihres kognitiven Wertes beraubt sind, haben sie
kein Kriterium mehr zur Hand, um den Erzengel vom gefallenen Engel zu unterscheiden. Dürfen sie dem Versuchsleiter vertrauen oder
nicht? Sie sind dem Spruch der Wissenschaft hilflos ausgeliefert.

Bei Schaber ist es ähnlich. Einerseits warnt er davor, die intuitive Ebene leichtfertig zu verlassen. Im Alltag ist sie eben ein relativ
zuverlässiger moralischer Wegweiser. Auf der anderen Seite schildert
er sie als eine defizitäre Ebene. Die Anerkennung von Rechten etwa
hat auf der intuitiven Ebene ihren Sinn. Aber ein Konsequentialist,
der den Überblick über alle Handlungsfolgen hätte und seine Moti-
vationsstruktur dem konsequentialistischen Nutzenkalkül vollkommen angepasst hätte, könnte auf die Anerkennung von Rechten als
eigenständige moralische Größen verzichten. Denn die „Gründe,
Rechte auf der intuitiven Ebene moralischen Denkens einzuführen,
haben mit den kognitiven und motivationalen Beschränkungen zu
tun, denen wir unterworfen sind", schreibt Schaber.[16] Es braucht dem
Moralakteur der ersten Ebene also nur ein Mensch oder eine Partei
glaubhaft zu versichern, dass sie jenen Beschränkungen nicht unter-
liege, um ihn in prekärer Situation dahin zu bringen, seine eigene
moralische Einsicht zugunsten der Expertenmeinung oder der herrschenden Ideologie zurückzustellen. Aus der moralischen Intuition
als Widerstandshort wird im Zwei-Ebenen-Modell das Hilfsmittel
einer bloß provisorischen Alltagsmoral, die sich im Konfliktfall aus
kognitiver Bescheidenheit dem Expertenwissen unterwirft.

Die anfangs erwähnte Evidenz des Unrechts erlaubte es Spaemann, ohne weiteres Nachdenken solches Tun wie das der Nationalsozialisten kategorisch zurückzuweisen. Der Konsequentialist dagegen ist gezwungen, sich zunächst einmal auf eine Diskussion der
es rechtfertigenden Ideologie einzulassen, um von deren Ausgang
seine Entscheidung abhängig zu machen, ob er Widerständler, Mitläufer oder Komplize wird. Daraus ersehen wir: Es hängt alles an der

---

15   Ebd., 94.
16   SCHABER, *Moralischer Realismus*, 319.

Frage, ob es Intuitionen gibt, die moralische Standards markieren, an denen sich jede Theorie messen lassen muss, die aber ihrerseits von keiner Theorie infrage gestellt werden dürfen. Es kommt alles darauf an, ob die moralische Intuition über den Wert der Theorie oder die Theorie über den Wert der Intuition richtet.

Natürlich gibt es moralische Grenzfälle, wo die Grenzen dessen, was man noch tun darf oder nicht, diskutiert werden müssen. Man kann auch darüber diskutieren, ob ein bestimmtes wahrgenommenes Türkis noch als Blau zu bezeichnen ist oder eher schon als Grün. Das schließt aber nicht aus, dass es klare Fälle von Blau gibt, selbst dann, wenn sie ihren Platz in einem Spektrum haben, dessen Übergang ins Grün kontinuierlich ist. Es gibt eindeutige Fälle von Unrecht, die eine Überzeugung solcherart in uns begründen, dass sie sich durch das Zitieren moralischer Grenzfälle nicht verunsichern zu lassen braucht. Solche eindeutigen Fälle ziehen eine Grenze, deren Übertretung die Infragestellung von Moral überhaupt bedeutet. In diesem Sinne schreibt Bettina Stangneth in ihrem fulminanten Essay *Böses Denken* über die Weigerung, Grenzen anzuerkennen, zu Recht: „Was für die Entwicklung des Menschen und seine Kultur ein Geschenk ist, entpuppt sich aber bei Fragen der Ethik als größter anzunehmender Unglücksfall."[17] Wird eine solche Grenze überschritten und die ihr zugrundeliegende moralische Intuition negiert, bleiben keine Argumente mehr, um die Konstruktion der Rechtfertigung eines beliebigen Verbrechens a priori als illegitim zurückzuweisen. „Geht's noch?", kann man dann höchstens noch mit Stangneth zurückfragen[18] – oder mit Elizabeth Anscombe den Diskurs gleich ganz verweigern: Über jemand, der im Vorhinein denkt, „es sei fraglich, ob man nicht doch so eine Handlungsweise wie die gerichtliche Aburteilung und Hinrichtung eines Unschuldigen in Erwägung ziehen könnte", d. h. also über den Konsequentialisten, der die Evidenz der moralischen Verwerflichkeit eines ungerechten Gerichtsurteils nochmals einer konsequentialistischen Abwägung unterwirft, schreibt sie: „I do not want to argue with him: he shows a corrupt mind."[19] Eine Theorie, die ein-

---

17 Bettina Stangneth, *Böses Denken*, Hamburg 2016, 52.
18 Ebd., 11.
19 Gertrude Elizabeth Margaret Anscombe, *Modern Moral Philosophy*, in: Philosophy, Cambridge University Press 1958, Vol. 33 (Issue 124), 17.

deutige moralische Fälle ins Zwielicht möglicher Diskutierbarkeit
rückt, ist Ausdruck bösen Denkens oder – so würde ich vorsichts-
halber hinzufügen – besinnungsloser Reflexion, die nicht wirklich
weiß, was sie tut.

Die Reaktionen von Stangneth und Anscombe sollten aber
nicht suggerieren, dass der Verweis auf die Intuition das Ende des
Diskurses bedeuten müsse. Die moralische Intuition ist kein iso-
liertes, rätselhaftes Phänomen. Das ist sie nur in bestimmten Welt-
bildern, z. B. im naturalistischen. Vielmehr kann sie verstanden
werden als Knotenpunkt verschiedener Erkenntnislinien, vom dem
aus dieselben weiter- oder zurückverfolgt werden können. Insofern
muss ich an dieser Stelle meine Aussage von oben, die Reflexion
könne der Intuition nichts hinzufügen, modifizieren: Sie befreit sie
aus der Isolation und stellt sie in einen sie stützenden Kontext. Dies
hier weiter auszuführen, ist nicht der Platz. Ich möchte beispielhaft nur auf zwei solcher Projekte hinweisen. Das eine ist die „Metaphysik des Gewissens", die der zu Unrecht vergessene Philosoph
Helmut Kuhn in seinem Werk *Begegnung mit dem Sein*[20] vorgelegt
hat. Das andere ist Spaemanns Philosophie der Person. Einer Metaphysik, in der gilt: Weil Personen sind, verdienen ihre Interessen
Beachtung (ja haben sie unveräußerliche Rechte), korrespondiert
eine andere Ethik als einer, die behauptet, Personen seien zu achten,
weil sie Interessen hätten. Die eine Ethik wird eher deontologisch,
die andere eher konsequentialistisch sein. Durch das Weiterdenken
unserer intuitiven Erkenntnisse entsteht ein Netz von Intuitionen,
das in sich stimmig ist und ohne kognitive Gewaltakte, wie sie vielen Spielformen des Reduktionismus eigen sind, auskommt. Die Intuition in einen Begründungszusammenhang zu stellen bedeutet,
ihren Gegenstand in einen Sachzusammenhang zu stellen. Aber
das Sehen des Gegenstandes selber kann nie durch irgendetwas anderes ersetzt werden.

Ein Blick auf Thomas Nagel kann aus einer anderen Perspektive Erhellendes zu unserer Frage nach der Relevanz moralischer Intuitionen beitragen. Auch er kennt ein Zwei-Ebenen-Modell. Es ist
anderer Art als das von Hare und Schaber, aber in einem relevanten

---

20   HELMUT KUHN, *Begegnung mit dem Sein. Meditationen zur Metaphysik des Gewissens*, Tü-
     bingen 1954.

Punkt vergleichbar. Nagel unterscheidet die persönliche Innenperspektive, der allein phänomenale Gehalte aufgehen, und die objekti-
vierende Außenperspektive der wissenschaftlichen Einstellung bzw.
deren vorgebliche Perspektivenfreiheit. In seinem Werk *Das letzte
Wort*[21] widmet er sich diesem Problem in den verschiedenen Bereichen der Logik, der Wissenschaft, der Ethik usw. Wenn Außen- und
Innenperspektive in Konkurrenz zueinander geraten, stellt sich die
Frage, welche von ihnen das letzte Wort hat. Nagels Antwort ist klar:
Es können nur mathematische Gründe eine mathematische Überzeugung vernünftigerweise zu Fall bringen.[22] Das heißt: In Sachen
der Logik und Mathematik dominiert „die interne Perspektive des
Bewusstseins […] jeden Versuch, sie der externen Perspektive der
Physiologie und des Verhaltens unterzuordnen"[23]. Niemand, so darf
ich Nagels These erläutern, käme auf die Idee, z. B. die Überzeugung, dass a plus b gleich b plus a sei, aufzugeben aufgrund einer
wissenschaftlichen Erklärung und „Entlarvung" unseres mathematischen Denkens mithilfe psychologischer, physiologischer oder
neurologischer Kategorien. Die Geltung des mathematischen Kom-
mutativgesetzes der Addition kann nicht durch das Einnehmen einer Außenperspektive geknackt werden.

Dasselbe gilt nun, so Nagel, für die Ethik. Dominanz der Innenperspektive bedeutet hier: Die Beschreibung unseres Verhaltens
durch Wünsche, Interessen, Emotionen, Empfindungen, Gewohnheiten, Erziehung oder Kultur macht niemals die Frage „Was soll
ich tun?" überflüssig.[24] Das heißt: Die moralische Frage kann niemals in bloß psychologischen Fragestellungen aufgehen. Die Erfahrung des Sollens in der Innenperspektive kann niemals durch eine
bloß psychologische, behavioristische oder wie auch immer geartete
wertfreie Außenperspektive eingeholt werden. In dem Moment, in
dem man, wie Schaber es ausdrücklich tut, der Moralität nur instrumentellen Wert zumisst und moralisches Verhalten als interessegeleitet interpretiert, hat man die ethische Innenperspektive oder,
wie man auch sagen könnte, den moralischen Standpunkt bereits
verlassen und sich damit aus dem Lichtkegel aller moralischen In-

---

21   Thomas Nagel, *Das letzte Wort*, Stuttgart 1999.
22   Ebd., 154 f.
23   Ebd., 109.
24   Ebd., 155.

tuitionen herausgeben, die einem nur in dieser Innenperspektive begegnen können. Auf Hares Zwei-Ebenen-Modell angewandt, bedeutet dies: Die kritische Ebene besitzt mit ihrem konsequentialistischen Kalkül nicht das geeignete Rüstzeug, um die in der anderen Ebene angesiedelte Intuition ihrer Autorität zu berauben. Im Gegenteil: Das „Sollen", das der Konsequentialist für die Geltung seines Maximierungsprinzips beansprucht, ist im Grunde der Art nach dasselbe Sollen, das mir weitaus ursprünglicher und deutlicher in der Intuition der konkreten sittlichen Erfahrung aufleuchtet. Noch bevor ich weiß, dass ich das Wohl der Menschheit befördern soll, weiß ich, dass ich diesem verunglückten Kind, dem ich begegne und das hier und jetzt meiner Hilfe bedarf, beistehen soll. Und dass ich ein Kind aus welchem Grund auch immer nicht missbrauchen darf, weiß ich, bevor ich überhaupt auf die Idee komme, mir über allgemeine Regeln der Nutzenmaximierung Gedanken zu machen. Die Plausibilität des Konsequentialismus lebt von der Erinnerung an das Sollen, das mir in der konkreten Intuition aufgeleuchtet ist und dessen Autorität er jetzt negiert. Sein Anspruch, die Innenperspektive der moralischen Einstellung zu dominieren, hat keine andere Grundlage als jene, die ihm erst von der Innenperspektive geliefert wird. Dieser Dominanzanspruch ist ähnlich verfehlt wie im Bereich der Logik der Versuch des Psychologismus, die logische Innenperspektive zu dominieren, ein Versuch, der seit Frege und Husserl zu Recht kaum noch Anhänger hat.

Es ist nicht verwunderlich, dass die Berufung auf moralische Intuitionen nicht überzeugt, wenn man einen Standpunkt einnimmt, der von jeder konkreten Intuition abstrahiert. Umgekehrt ist die Einnahme des moralischen Standpunkts oder – in Spaemannscher Diktion – die Anerkennung von Personen als Personen immer ein freier Akt, der durch keine rationalen Gründe erzwungen werden kann, der aber seinerseits die rationale Dimension unserer Praxis überhaupt erst freisetzt.[25]

Das Misstrauen gegenüber jeder Berufung auf moralische Intuition wird meistens begründet mit der Unmöglichkeit ihrer

---

25   Den Begriff „rational" meine ich hier im starken Kantischen Sinne, der den Begriff der
        reinen Zweckrationalität (Max Weber) und einer rein instrumentellen Vernunft (Max
        Horkheimer) übersteigt.

intersubjektiven Überprüfbarkeit und der Möglichkeit ihres Miss-
brauchs. Doch streng genommen sind die moralischen Intuitionen nicht privater als die je individuellen Sinneswahrnehmungen.
Wilfrid Sellars und Richard Rorty ziehen daraus den umgekehrten
Schluss und schließen die Sinneswahrnehmung als Rechtferti-
gungsinstanz von Behauptungen aus. Rechtfertigung wird ausschließlich zu einer Angelegenheit sozialer Praxis: „Für Sellars ist
die Gewissheit von ‚Ich habe Schmerzen' Resultat des Umstands,
dass niemand sich die Mühe macht, diese Aussage infrage zu stellen, nicht etwa umgekehrt", referiert Rorty Sellars zustimmend.[26]

Nun, für den, der Schmerzen hat, ist das Urteil „Ich habe
Schmerzen" wahr, gewiss und gerechtfertigt noch vor jeder sozialen Praxis, die er initiiert, indem er dieses Urteil in einen Sprech-
akt überführt. Und das Urteil bleibt es auch, unabhängig davon,
ob seine Behauptung von anderen infrage gestellt wird oder nicht.
Die Rechtfertigung des Urteils besteht gerade nicht in seiner sozialen Akzeptanz. Und so geht es auch bei der moralischen Intuition erst nachträglich und in zweiter Linie um eine Argumentation
im Kontext sprachlicher Verständigung, sondern zunächst einmal
und hauptsächlich darum, dass ich für mich selber Klarheit gewinne und vor mir selber mein Urteilen, mein Entscheiden und mein
Handeln rechtfertigen kann. Die Intuition, ausgelöst durch die
Konfrontation mit einer Situation in der Außenwelt, lässt mich das
moralische Gesetz in mir selber entdecken und erfüllt mich nicht
weniger als der gestirnte Himmel „mit immer neuer und zuneh-
mender Bewunderung und Ehrfurcht, je öfter und anhaltender sich
das Nachdenken damit beschäftigt"[27]. Und selbst das Prüfungsver-
fahren, das Kant uns in der Form des kategorischen Imperativs an
die Hand gibt, kann ich noch vor jeder Umsetzung in soziale Praxis
für mich selber anwenden. Letztere kommt erst danach als Hilfe
fürs anhaltende Nachdenken in Form von Rat und freundschaftli-
cher Besprechung ins Spiel. Hier brauche ich einen Sokrates, der
mit mir in dieselbe Richtung schaut, mich auf dem Weg, den mir
die Intuitionen weisen, begleitet, der mir durch seine Fragen zu ei-

26   RICHARD RORTY, Der Spiegel der Natur. Eine Kritik der Philosophie, Frankfurt a. M. 1987,
      [8]2017, 194.
27   IMMANUEL KANT, Kritik der praktischen Vernunft, Beschluss.

ner tieferen Einsicht verhilft, der meine Aufmerksamkeit lenkt, damit ich nichts übersehe usw. Und erst dann und danach mag auf
meine Intuition auch noch die Aufgabe zukommen, in kontroversen Debatten als Argument zu dienen mit dem Ziel, mein Gegenüber zu überzeugen.

Und was die Möglichkeit einer missbräuchlichen Berufung
auf die Intuition angeht, so ist auch das Umgekehrte möglich: ihre
missbräuchliche Leugnung, sodass das vorgeblich schweigende
Gewissen zu einem Alibi wird: „Wo warst du, Adam? ‚Ich war in
meinem Gewissen – gehört das nicht mir?!'"[28] Wenn sich jemand
auf seine ignorantia facti beruft – „Ich ahnte nichts von der Judenvernichtung" –, dann können wir ihm höchstens erwidern: „Dir das
zu glauben fällt mir schwer." Es ist unwahrscheinlich, aber möglich. Wenn sich aber jemand auf die ignorantia iuris berufen wollte –
„Ich wusste nicht, dass die Judenvernichtung ein böses Verbrechen
war" –, dann können wir ihm antworten: „Das hättest du wissen
können und hättest du wissen *müssen.*"

Dennoch bleibt wahr, dass die intersubjektive Verständigung über das sinnlich Wahrgenommene ein so müheloser Weg
zur Konsensherstellung ist, dass normalerweise Kontroversen gar
nicht erst entstehen, während dem Intuitionisten von seinen Gegnern mitunter sogar entgegengehalten wird, sie wüssten gar nicht,
wovon er rede.[29] Der Grund für diesen paradoxen Sachverhalt, dass
ausgerechnet die Intuition als jener Akt, der uns Evidenz liefern
soll, sich unserer Introspektion als etwas eher Opakes darbietet, soll
hier unerörtert bleiben, weil es zu weit von unserem Thema weg-
führen würde. Mir scheint Platons Höhlengleichnis wie auch die
Lichtmetaphorik einiges Erklärungspotenzial für dieses Paradox
bereitzuhalten: Die Beweisschwierigkeiten, in die uns jemand bringen würde, der sich auf den Standpunkt stellte, er sehe nur Farben
und wüsste nicht, was mit dem Wort „Licht" gemeint sei, scheinen
mir strukturell ähnlicher Art zu sein wie jene, mit denen der Intui-
tionist zu kämpfen hat.

28   THEODOR HAECKER, *Tag- und Nachtbücher*, München 1947, 52.
29   Vgl. z. B. PETER F. STRAWSON, *Der ethische Intuitionismus*, in: GÜNTHER GREWENDORF,
      GEORG MEGGLE (Hg.), *Seminar: Sprache und Ethik. Zur Entwicklung der Metaethik*,
      Frankfurt a. M. 1974, 100–115, hier besonders 103.

Wichtiger ist mir in diesem Zusammenhang ein Umstand, auf
den Alfred Cyril Ewing aufmerksam macht: Er versucht durch das
Auffinden von immer extremeren Beispielen zu zeigen, dass es moralische Sachverhalte gibt, über die kein geringerer Konsens als der
über Dinge der Außenwelt herrscht. „Man soll nicht seine Mutter
verspeisen, um mit einer neuen Art von Fleisch zu experimentieren"
ist eines dieser Beispiele.[30] Es hat über den Erweis eines solchen Kon-
senses hinaus noch den Vorteil, dass es uns mit einer existenziellen
Gewissheit konfrontiert. Für viele wird wohl gelten, dass sie im gelebten Ernst eher bereit sind, an der Existenz des Baumes zu zweifeln, den sie vor ihrem Haus sehen, als an der moralischen Wahrheit,
dass sie ihre Mutter nicht verspeisen dürfen. Julian Nida-Rümelin
stellt deshalb solche Fälle ethischer Wahrheitserkenntnis auf dieselbe Stufe wie die Sinneswahrnehmung: „Der Völkermord an den
Juden war ein Unrecht, dies ist ähnlich einfach festzustellen wie die
Tatsache, dass dort ein Baum steht."[31] Reinhard Lauth geht noch einen Schritt weiter und etabliert die Erkenntnis des Guten als die (einzige) Verwirklichung dessen, was er mit Fichte „genetische Evidenz"
nennt und die allein legitimer Ausgangspunkt allen Philosophierens
sein kann, da nur in ihr Erscheinendes und Erscheinung erkennbar in eins fallen.[32] Tatsächlich ist die Frage sinnlos, ob das Gute als
solches, wie es sich im Einzelfall eines Gewissensspruchs offenbart
und um dessentwillen Widerständler wie die Mitglieder der Weißen
Rose ihr Leben aufs Spiel gesetzt haben, in Wirklichkeit etwas anderes sei als das, als was ich es in meinem Gewissen erfahre. Denn
jede solche Negation kann nur geschehen in Form einer Abgrenzung gegenüber dem wahren Guten, das ich dann doch wieder als
ein mir Gegebenes voraussetze. Die Unausweichlichkeit des Sollens,
von der Nagel an der oben erwähnten Stelle spricht, ist nichts anderes als die ins Normative gewendete Unvermeidlichkeit des Guten,
die Moore in seinem Argument der offenen Frage voraussetzt. Und
wenn dieses Gute legitimerweise so ins eigene *Leben* aufgenommen

---

30   ALFRED CYRILL EWING, *Value and Reality. The Philosophical Case for Theism*, London
      1974, zitiert in Bernd Goebels Einleitung zu ALFRED CYRIL EWING, *Ethik. Eine Einfüh-
      rung*, Hamburg 2014, LXI.
31   JULIAN NIDA-RÜMELIN, *Unaufgeregter Realismus. Eine philosophische Streitschrift*, Pader-
      born 2018, 82.
32   REINHARD LAUTH, *Begriff, Begründung und Rechtfertigung der Philosophie*, München
      1967, 78 und 95f.

werden darf, dass es das Leben kostet, dann sollte es legitimerweise auch so ins *Denken* aufgenommen werden dürfen, dass es alleine jene Instanz ist, um deretwillen das Denken notfalls jedes andere Urteil preiszugeben bereit wäre. Mit anderen Worten: Es läuft auf einen performativen Selbstwiderspruch hinaus, in der gelebten Praxis dem Guten den obersten Rang einzuräumen, seiner Erkenntnis aber die epistemische Respektabilität abzuerkennen. Dass deren Anerkennung nicht durch logisches Denken erzwungen werden kann, spricht nicht gegen sie. Das Gegenteil ist der Fall: Genetische Evidenz bedeutet hier auch ein Übersteigen der apodiktischen Evidenz im Sinne des Ausschlusses eines jeden möglichen Verdachts, sie könnte das Ergebnis eines nicht durchschauten Denkzwangs sein. Die Anerkennung des Guten kann sich sowohl im Handeln wie im Denken immer nur in Freiheit vollziehen. Mit anderen Worten: Die Suche nach einer Gewissheit, die mir die freie Entscheidung für das Gute – und zwar nicht nur im Handeln, sondern schon zuvor im Erkenntnisvollzug – abnimmt, ist aussichtslos. Erkenntnis des Guten ist ohne freiwillige *Anerkennung* seines Charakters *als des Guten* und damit als Quelle einer normativen Inanspruchnahme meines Willens nicht zu haben. Gerade weil sowohl die existenzielle als auch die epistemische Konformität mit dem Guten sich nur in Freiheit vollziehen kann, bringt sich das Gute seinerseits der Intuition nicht nötigend zur Selbstgegebenheit, sondern rechtfertigend, nämlich sich selbst und in eins damit die ihm sich öffnende Freiheit rechtfertigend. „Evidenz des Guten" ist gleichbedeutend mit dem, was Stangneth über die Moral schreibt: „Kein Licht, das dem Menschen aufgegangen ist, strahlte je heller."[33]

Bei Schaber ist von diesem Licht nicht viel zu merken. Im Gegenteil, bei ihm wird es zu einer Illusion. Als Externalist bestreitet er die motivierende Kraft moralischer Überzeugungen, obwohl wir im Alltag uns manchmal einbilden, deshalb moralisch zu handeln, weil wir es für richtig halten. In Wirklichkeit sind wir nach ihm in unserem moralischen Handeln und Urteilen interessegeleitet. Der Internalist „fällt einer Illusion zum Opfer, die im gesellschaftlichen Interesse an moralischem Handeln begründet ist"[34]. Wir haben, so

---

33 STANGNETH, *Böses Denken*, 9.
34 SCHABER, *Moralischer Realismus*, 216.

Schaber, ein Interesse daran, dass sich Menschen moralisch verhalten, „da wir moralisches Handeln brauchen, um unser Zusammenleben erträglicher" zu machen. Wenn dem aber so ist, dann, so müssen wir Schaber entgegenhalten, ist das Interesse am erträglichen Zusammenleben dasselbe Interesse, das unter einem Unrechtsregime Menschen dazu verführt, Mitläufer zu werden. Denn das Leben eines Widerständlers kann ja ziemlich unerträglich werden. Die Identifizierung des moralischen Standpunkts mit dem Interessenstandpunkt bedeutet seine Leugnung, ähnlich wie in der Philosophie des Geistes die Identifizierung desselben mit dem Gehirn auf dasselbe hinausläuft wie seine explizite Leugnung. Ich halte deshalb die übliche Subsumtion des moralischen Naturalismus unter den Begriff des moralischen Realismus für irreführend.[35]

Schaber nennt seinen Naturalismus einen schwachen Naturalismus, weil die Interessendienlichkeit des Handelns, mit der er das Gute identifiziert, eine soziale Tatsache ist und nicht eine natürliche im Sinne der Naturwissenschaften. Das ändert nichts daran, dass die Identifizierung des Guten mit dieser Tatsache das Gute zum Verschwinden bringt. Warum soll ich ein interessendienliches Handeln noch „gut" oder „moralisch" nennen, wenn diese Ausdrücke per definitionem nichts anderes bedeuten als „interessendienlich"? Das Verhalten des Widerständlers in einer Gesellschaft von Mitläufern kann in dieser Definition nicht mehr untergebracht werden, denn er handelt weder im eigenen Interesse noch in dem der gesellschaftlichen Mehrheit. Wenn wir Schabers naturalistischen Maßstab ernst nehmen, dann ist lebensgefährliche Zivilcourage nicht moralisch, sondern töricht. Da sind Naturalisten wie der Soziobiologe Edward O. Wilson konsequenter, wenn sie jede Form des Altruismus, die nicht auf egoistischen Interessen beruht, als irrational ansehen.[36]

---

35 Das ist auch der Grund, warum im Zwei-Ebenen-Modell der moralische Realismus von Schaber so gut mit dem Antirealismus von Hare zusammenpasst. In Wirklichkeit eliminieren beide das Gute und machen damit seine Intuition überflüssig: der eine durch die Identifizierung des Guten mit der objektiven Interessendienlichkeit von Handlungen, der andere durch seine Identifizierung mit subjektiven Akten der Billigung, oder kürzer: der eine durch den naturalistischen Fehlschluss, der andere durch den Präskriptivismus. An die Stelle der Intuition tritt bei Schaber die Empirie, bei Hare ein nonkognitivistischer Dezisionismus.

36 EDWARD O. WILSON, Altruismus, in: KURT BAYERTZ (Hg.), Evolution und Ethik, Stuttgart 1993, 133–152, hier: 138–140.

Solche Konsequenz scheut Schabers. Im Gegenteil: Er führt
die Moralität jenseits seiner eigenen Definition wieder ein, um moralische Interessen von egoistischen Interessen zu unterscheiden.
Egoistische Interessendienlichkeit als moralisch gut zu bezeichnen,
entspreche „nicht unseren Intuitionen"[37]. Hier erscheint die Intuition als Ausschlusskriterium egoistischer Interessen und damit
als Präzisierungswerkzeug für seine Definition des Guten, die nun
um die Bestimmung ergänzt wird, dass unmoralische Interessen
nicht berücksichtigt werden dürfen. Mit anderen Worten: Schaber
definiert „moralisch gut" als die Befriedigung von Interessen, die
moralisch gut sind. Es gibt in seinem Buch weder einen Versuch,
diesen Zirkelschluss aufzuheben, noch ein Bemühen, den Intui-
tionsbegriff zu klären. Was ist der Gegenstand der Intuition? Wie
kann sein Gegenstand das Moralische sein, wenn das Moralische,
wie Schaber an mehreren Stellen ganz in Einklang mit seiner naturalistischen Definition betont, Gegenstand empirischer Untersuchung ist? Aber es kommt noch schlimmer: Seine Einschränkung
der naturalistischen Definition des Guten auf *moralische* Interessen
macht er wieder rückgängig, wenn er betont, dass sie nur auf der intuitiven Ebene gelte, nicht auf der kritischen.[38] Auf dieser Ebene sei-
en *alle* Interessen als relevant anzusehen. Damit wird die mögliche
Korrekturfunktion der moralischen Intuition gegenüber dem konsequentialistischen Kalkül ausgehebelt. Konsequenterweise müssten nach diesem Kalkül die Taten von Widerständlern wie etwa den
Mitgliedern der Weißen Rose nicht nur als töricht, sondern als moralisch verwerflich beurteilt werden, weil und insofern sie den egoistischen Interessen der nationalsozialistisch eingestellten Bevölke-
rungsmehrheit zuwiderliefen. Wenn es nicht mehr auf die Qualität,
sondern nur noch auf die Quantität der Interessen ankommt, die
bei der moralischen Qualifizierung einer Handlung eine Rolle spielen, dann kann jedes Engagement zugunsten der Rechten einer
Minderheit als Verrat am Gemeinwohl verurteilt werden.

Selbstverständlich zieht Schaber diese Folgerung nicht. Er
changiert je nach Bedarf zwischen der intuitiven und der kritischen
Ebene hin und her. Er lebt von der moralischen Intuition wie vom

---

37   Schaber, *Moralischer Realismus*, 122.
38   Ebd., 125.

Geruch einer Flasche, die er mithilfe des konsequentialistischen Kalküls geleert hat. Das wird besonders an den Stellen deutlich, an denen Schaber für die Abwägung der Handlungsfolgen die Einnahme eines unparteiischen Standpunktes anmahnt. Auf der einen Seite kann er nur im Eigeninteresse die praktische Kraft moralischer Urteile verorten, auf der anderen Seite nimmt er in der Handhabung des konsequentialistischen Kalküls wie selbstverständlich stets den unparteiischen Standpunkt ein. Wie ich den Sprung vom egoistischen zum unparteiischen Standpunkt vollziehen *kann* und warum ich das *soll*, diskutiert Schaber an keiner Stelle seines Buches.

Ich habe oben erwähnt, dass Schaber für eine Berücksichtigung der Intuitionen in der Ausarbeitung einer Moraltheorie plädiert. Schaut man sich genauer an, wie er selber die Berücksichtigung praktiziert, dann wird klar, dass er die Intuitionen nicht als Quelle moralischer Einsicht, sondern bloß als psychologische Fakten berücksichtigt. Wir sind z. B. so konditioniert, dass wir Rechten ein eigenes moralisches Gewicht beilegen, Eltern ein Vorzugsinteresse ihren eigenen Kindern gegenüber im Vergleich zu fremden einräumen usw. Wenn Intuitionen keine eigene moralische Autorität besitzen, sondern nur Konditionierungsfaktoren unseres Verhaltens sind, könnte man auch die umgekehrte Folgerung ziehen, nämlich dass der Konsequentialist sie nicht als etwas Unabänderliches akzeptiert und in seinem Kalkül berücksichtigt, sondern die Konditionierung zu ändern sucht. Schaber ist nicht so konsequent wie C. S. Lewis, der diese Konsequenz in seinem Buch „Die Abschaffung des Menschen" zieht – in kritischer Absicht: nämlich um zu zeigen, wie schnell die Gesellschaft in die zwei Klassen der Konditionierer und der Konditionierten zerfallen kann.[39] Eine solche Zweiklassengesellschaft wäre nichts anderes als die konsequente soziale Umsetzung des Zwei-Ebenen-Modells. Sie wird möglich, sobald es Menschen mit genügender Macht dazu gibt und mit einer Ideologie, die das konsequentialistische Kalkül benutzt, um ihre Praktiken zu rechtfertigen. Das Ziel, in deren Dienst diese Praktiken stehen, muss nur hehr genug sein, um sie zu rechtfertigen, so unmoralisch sie unseren Intuitionen auch erscheinen mögen. Die moralischen Intuitionen, die gegen sie ins Feld geführt werden, erscheinen dann als

---

39 Clive Staples Lewis, *Die Abschaffung des Menschen*, Einsiedeln ⁴1993, 62ff.

Vorurteile unaufgeklärter Proleten, Prima-facie-Pflichten als bloße
Gewohnheiten, die einst ihren Sinn hatten, jetzt aber nur Störfakto-
ren des moralischen Fortschritts sind. Für Hannah Arendt besteht
das Unheimliche und Erschreckende der Nazizeit auf ideologischer
Ebene gerade darin, dass die seit 2.500 Jahren geltende Moral plötzlich nur noch als eine Sammlung von mores, von Sitten und Ma-
nieren, von Gebräuchen und Gewohnheiten angesehen wurde. Die
„Existenz eines Gewissens, das mit gleicher Stimme zu allen Menschen spricht"[40], wurde in Abrede gestellt.

Wenn Moral auf elementarer und grundlegender Ebene nicht
mehr Sache moralischer, jedem Menschen zugänglicher Intuition
ist, dann hat der Widerständler keine Rechtsgrundlage mehr. Aus
dem Kämpfer gegen das Unrecht wird ein Bremser des Fortschritts
und ein Verräter am Gemeinwohl. Man kann nicht beides haben:
Spaemann zu seinem Verhalten gratulieren und gleichzeitig die
moralische Einsicht in Misskredit bringen; dem Otto Normalbürger
die Verantwortung zum Widerstand aufbürden, gleichzeitig aber
seine moralischen Intuitionen sabotieren – egal, ob in guter oder
schlechter Absicht.

---

40   Hannah Arendt, *Über das Böse. Eine Vorlesung zu Fragen der Ethik.* Aus dem Nachlass
     herausgegeben von Jerome Kohn, München [12]2017, 11.

IX.
LECTIO SPIRITUALIS

IESV DVLCIS MEMORIA

Leo Bazant-Hegemark

Hymnus des Aelred von Rievaulx (auch zugeschrieben dem Bernhard von Clairvaux; vgl. u. a. WOLFGANG BUCHMÜLLER, *Aelred von Rievaulx und die Grundlinien seiner Spiritualität*, 139ff.)

Form: Hymnus, Jambischer Dimeter:

$$\cup \; \acute{-} - \acute{-} \; | \; \cup \; \acute{-} - -$$

Reimfolge: Vorgelegte 42 Strophen jeweils (aaaa), 43. Strophe aa bb.

Gelesen wird nachklassisch, daher (fast) immer ohne Elisionen etc. (vgl. Str. 4 lin. 3), manchmal aber mit Elision (vgl. Str. 6 lin. 1)

In den Handschriften gibt es Liedversionen mit bis zu 53 Strophen. Die gefundenen, oft viel freieren Übertragungen aus früheren Zeiten sind, soweit wir sie einsehen konnten, allesamt keine Übersetzungen mehr. Sie sind allerdings zum Teil gewiss ansprechende Dichtungen. Ebenso ist die sogenannte Übersetzung von Friedrich Dörr (GL 368), auch sie ist eine Übertragung, eine Nachdichtung, und daher nicht so genau. Sie ist allerdings stilistisch viel schöner.

Diese Übersetzung möchte annehmen, nahe dem Original zu sein. Die Verse sind gleichartig wie das Original geformt und gereimt. Der Inhalt ist an den genauen Reim angepasst; das macht die Konstruktionen im Deutschen ebenso wie im Lateinischen manchmal schwerfällig oder auch kindlich-kindisch, würden die antiken Römer sagen, die bekanntlich den Reim aus gleichem Grund gar nicht mochten. Aber ebenso empfanden es die Gebildeten im Mittelalter und noch lange danach, kommt uns vor: Die künstliche Formung von Worten in ihrer Grammatik mitsamt dem Reim schien ihnen erstrebenswert. Man kann im Übrigen über das Fachwissen der lateinisch schreibenden Dichter in Wortkunde und Grammatik nur staunen. Sie hatten vermutlich kein Online-Lexikon für Synonyme, für Reimformen und Ähnliches bei sich, was heißen will, dass man sich langwieriges Grübeln bei der Erstellung eines vierfachen Reimes schon bisweilen vorstellen kann. Was die Übersetzung selber angeht, so hält sie sicher allzu oft einer genauen Prüfung moderner Theologie nicht stand. Das tut aber das Original ebenso wenig, vor allem, weil die Übersetzungsvarianten vielfach sind. Man denke etwa alleine an die objektive oder subjektive Übersetzung eines Genetivs (was das genaue Gegenteil bedeuten kann) oder viele andere Details. Die Reime danken jedoch dafür.

Die letzte Strophe wurde hier im Übrigen zugefügt, weil sie als Schlussstrophe (aus der bekannten Version von „Wikipedia") auch hier gut passen mag; als Quelle ist dort ungenau „Oxford" angegeben.

Textvs	Versio
1. Dulcis Iesu memoria, dans vera cordis gaudia, sed super mel et omnia, eius dulcis praesentia.	1. Erinn'rung Jesu, süße, du, des Herzens wahre Freud' gibst du, doch Honig, alle Welt dazu, besiegt sein lieblich Sein im Nu.
2. Nil canitur suavius, nil auditur iocundius, nil cogitatur dulcius, quam Jesus Dei filius.	2. Nicht singt man angenehm'ren Ton, nicht hört man feinere Aktion, nicht denkt man über süß'ren Lohn, als Jesus, an den Gottessohn.
3. Iesu spes paenitentibus, quam pius es petentibus, quam bonus te quaerentibus! Sed quid invenientibus!	3. O Jesus, Schutz den Reuigen, wie lieb bist du den Bittenden, wie gut für die dich Suchenden! Doch was den dich dann Findenden!
4. Iesus, dulcedo cordium, fons veri, lumen mentium, excedit omne gaudium et omne desiderium.	4. Jesus, der Herzen Lieblichkeit, Lichtquell' geist'ger Wahrhaftigkeit, geht über aller Sinne Freud und jeglich Sehnsucht allezeit.
5. Nec lingua potest dicere, nec littera exprimere, expertus novit tenere, quid sit Iesum diligere.	5. Die Zunge könnt' es sagen nicht, kein Buchstab', der den Sinn ausspricht, nur wer's erfuhr, erhält die Sicht, was Jesu Liebe denn entspricht.

Textvs	Versio

6. Iesum quaeram in lectulo,
clauso cordis cubiculo,
privatim et in populo,
quaeram amore sedulo.

7. Cum Maria diluculo
Iesum quaeram in tumulo;
cordis clamore querulo,
mente quaeram, non oculo.

8. Tumbam perfundam fletibus,
locum replens gemitibus,
Iesu provolvar pedibus,
strictis haerens amplexibus.

9. Iesu, rex admirabilis
et triumphator nobilis,
dulcedo ineffabilis,
totus desiderabilis.

10. Mane nobiscum, Domine,
mane novum cum lumine,
pulsa noctis caligine,
mundum replens dulcedine.

11. Amor Iesu dulcissimus
et vere suavissimus,
plus milies gratissimus,
quam dicere sufficimus.

12. Experti recognoscite,
amorem pium pascite,
Iesum ardentes quaerite,
quaerendo inardescite.

13. Iesu, auctor clementiae,
totius spes laetitiae,
dulcoris fons et gratiae,
verae cordis deliciae.

6. Such Jesus mir im Bette klein,
versperrt in Herzens Kämmerlein,
bei mir und auch ganz allgemein,
will emsig lieb im Suchen sein.

7. Such' mit Marie im Dämmerschein
nach Jesus in das Grab hinein;
such' mit des Herzens Klage fein,
im Sinn, nicht mit dem Auge mein.

8. Zum Grabe bring' ich Tränen bei,
erfüll den Platz mit Wehgeschrei,
wälz' mich vor Jesu Füß' herbei,
dass ich umschlungen an ihm sei.

9. Jesus, du König, Wunders weit
und Sieger voller Vornehmheit,
nicht aussprechbare Lieblichkeit,
ganz unsere Begehrlichkeit.

10. O bleibe, Herr, verlass uns nicht,
du neuer Morgen mit dem Licht,
fort Nacht und Nebel, die so dicht,
mach süß die Welt, verlass uns nicht.

11. O Jesu Lieb, du süßeste
und wahrhaft allerlieblichste,
mehrtausendfach willkommenste,
im Wort uns das Gewagteste.

12. Wenn ihr erfahren habt, erkennt,
bewahrt die Lieb', die fromm man nennt,
und suchet Jesus, wenn ihr brennt,
im Suchen ist's, dass ihr erbrennt.

13. Schöpfer der Milde, Jesus du,
von aller Freud' bist Hoffnung du,
Quell bist der süßen Gnade du,
des Herzens echt Genuss dazu.

14. Cum digne loqui nequeam,
    de te tamen non sileam;
    amor facit ut audeam,
    cum solum de te gaudeam.

15. Tua, Iesu, dilectio,
    grata mentis refectio,
    replet sine fastidio,
    dans famem desiderio.

16. Qui te gustant esuriunt,
    qui bibunt adhuc sitiunt;
    desiderare nesciunt,
    nisi Iesum quem sentiunt.

17. Quem tuus amor debriat,
    novit quid Iesus sapiat;
    felix gustus quem satiat,
    non est quod ultra cupiat.

18. Iesus decus angelicum,
    in aure dulce canticum,
    in ore mel mirificum,
    cordi pigmentum caelicum.

19. Desiderate milies,
    mi Iesu, quando venies,
    quando me laetum facies,
    me de te quando saties?

20. Amor tuus continuus,
    mihi languor assiduus,
    mihi Iesus mellifluus,
    fructus vitae perpetuus.

21. Iesu, summa benignitas,
    mira cordis iocunditas,
    incomprehensa bonitas,
    tua me stringit caritas.

14. Wenn recht ich nicht mehr sprechen kann,
    fang, dich verschweigen, ich nicht an;
    Lieb macht, dass ich es wage dann,
    wenn nur ob dir ich freu'n mich kann.

15. Die Liebe, o Jesus, zu dir
    ist liebe Herzerfrischung mir,
    erfüllt ohn' jeden Ekel hier
    und gibt der Sehnsucht die Begier.

16. Es hungern, die verkosten dich,
    die trinken, fühl'n noch Durst in sich;
    verspüren Sehnsucht nicht für sich,
    nur Jesus fühl'n sie inniglich.

17. Wer trunken deiner Lieb' erlag,
    der weiß, wie Jesus schmecken mag;
    wen sättigt solcher Glücksgeschmack,
    begehrt nichts mehr den weit'ren Tag.

18. Jesus, Schmuck wie ein Engelschor,
    kommst wie ein lieblich Lied im Ohr,
    im Mund als Wunderhonig vor,
    Balsam dem Herz vom Himmelstor.

19. O du Ersehnter tausendmal,
    mein Jesus, wann kommst du einmal,
    wann machst du mich emotional,
    machst mich erfüllt von dir total?

20. Dein' Lieb' ist unveränderlich,
    ist Müdsein mir beständiglich,
    wie Honig fließt Jesus für mich,
    als Frucht des Lebens ewiglich.

21. Jesus, du allerhöchstes Gut,
    im Herz ein heit'res Staunen ruht,
    verständlich nicht solch großer Mut –
    mich deine Lieb fesseln tut.

22. Bonum mihi diligere
    Iesum, nil ultra quaerere,
    mihi prorsus deficere,
    ut illi queam vivere.

23. Iesu, mi dilectissime,
    spes suspirantis animae,
    Te quaerunt piae lacrimae
    et clamor mentis intimae.

24. Quocumque loco fuero,
    meum Iesum desidero;
    quam laetus cum invenero,
    quam felix cum tenuero.

25. Tunc amplexus, tunc oscula
    quae vincunt mellis pocula;
    tunc felix Christi copula,
    sed in his parva morula.

26. Iam quod quaesivi video,
    quod concupivi teneo;
    amore Iesu langueo
    et corde totus ardeo.

27. Hic amor ardet dulciter,
    dulcescit mirabiliter,
    sapit delectabiliter,
    delectat et feliciter.

28. Hic amor missus caelitus
    haeret mihi medullitus,
    mentem incendit penitus;
    hoc delectatur spiritus.

29. O beatum incendium,
    o ardens desiderium,
    o dulce refrigerium:
    amare Dei Filium.

22. Gut ist's mir, lieben ganz allein
    Jesus, und nichts mehr fordern ein,
    mich für mich ganz versagend sein,
    dass ich ihm leben kann allein.

23. Mein allerliebster Jesus du,
    der schmachtend Seele Hoffnungsruh,
    dir fließen fromme Tränen zu,
    das Herz aus Tiefstem ruft dazu.

24. Wo ich auch sein mag irgendwann,
    ersehn' ich meinen Jesus dann;
    wie froh, wenn ich ihn find' sodann,
    wie glücklich, wenn ich halten kann.

25. Dann folgt Umarmung, Küsse dann,
    was mehr als Honigtrank sein kann;
    ein glücklich Band zu Christ begann,
    doch kurze Zeit dafür braucht man.

26. Das, was ich suchte, sehe ich,
    was ich begehrt, schon hab' es ich;
    in Jesu Lieb' ermatte ich,
    mit ganzem Herzen brenne ich.

27. Solch Liebe glüht auf süße Weis',
    wird süß auf wunderbare Weis',
    ist weise auf erfreulich' Weis',
    tut auch erfreu'n auf glücklich' Weis'.

28. Gesandt solch Lieb' vom Himmel kam
    und haftet mir im Mark sodann,
    zutiefst zündet den Sinn sie an;
    der Geist erfreuet sich daran.

29. O Feuer, das du selig bist,
    o Sehnsucht, die du hier erglühst,
    o Frische, die so lieblich ist:
    zu lieben Gottes Sohn und Christ.

30. Iesus cum sic diligitur,
    hic amor non extinguitur,
    nec tepescit nec moritur,
    plus crescit et accenditur.

30. Ist man auf Jesu Lieb' erpicht,
    so endet diese Liebe nicht,
    erschlafft nicht und erstirbt auch nicht,
    wächst immer mehr und wird zum Licht.

31. Iesu, flos matris virginis,
    amor nostrae dulcedinis,
    Tibi laus, honor numinis,
    regnum beatitudinis.

31. Jesus, der keuschen Mutter Spross,
    du Liebe, die süß für uns floss,
    Lob dir und Ehr' der Gottheit groß,
    von Seligkeit ein Königsschloss.

32. Iesu, sole serenior,
    et balsamo suavior,
    omni dulcore dulcior,
    prae cunctis amabilior.

32. O Jesus, heit'rer als die Sonn',
    und süßer als Balsamikon,
    gehst süßer allem Süß davon,
    bist lieblicher vor allem schon.

33. Cuius amor sic afficit,
    cuius odor me reficit,
    Iesus in quem mens deficit,
    solus amanti sufficit.

33. Sein' Lieb' berühret mich so sehr,
    sein Duft erquickt mich umso mehr,
    Jesus, für den der Sinn bleibt leer,
    allein dem Liebenden reicht er.

34. Tu mentis delectatio,
    amoris consummatio;
    tu mea gloriatio,
    Iesu, mundi salvatio.

34. Voll Freud' hast du den Sinn erhellt,
    an Lieb' vollendet dargestellt;
    dein Ruhm ist's, der mir beigesellt,
    o Jesus, Heiland dieser Welt.

35. Mi dilecte, revertere,
    consors paternae dexterae,
    hostem vicisti prospere,
    iam caeli regno fruere.

35. Kehr um, o mein geliebter Held,
    zur Vaters Rechten auserwählt,
    den Feind hast glücklich du gestellt,
    genießt das Reich im Himmelszelt.

36. Sequar quocumque ieris;
    mihi tolli non poteris,
    cum meum cor abstuleris,
    Iesu, laus nostri generis.

36. Wohin du gehst, folg' ich als Knecht;
    wer dich mir nimmt, ist nicht im Recht,
    wenn mein Herz deines werden möcht',
    Lob, Christ, von unserem Geschlecht.

37. Portas vestras attollite,
    Caeli cives occurrite,
    Triumphatori dicite:
    „Salve, Iesu, rex inclite!"

37. So hebet eure Tore an,
    ihr Himmelsbürger, eilt heran,
    und sagt dem Triumphator dann:
    „Heil, Jesus, König, ruhmreich Mann!"

Textvs	Versio

38. Rex virtutum, rex gloriae,
rex insignis victoriae,
Iesu, largitor gratiae,
honor caelestis curiae.

38. Der Tugend König, und der Ehr,
des Sieg's auch, und gerühmt gar sehr,
schenkst, Jesus, uns das Gnadenmeer
und hast im Himmelsrat die Ehr'!

39. Te caeli chorus praedicat,
et tuas laudes replicat;
Iesus orbem laetificat,
et nos Deo pacificat.

39. Es preiset dich des Himmels Chor,
bringt wiederholt dir Lob empor;
Jesus bringt Freud' der Welt hervor,
macht friedlich uns vor Gottes Ohr.

40. Iesus in pace imperat,
quae omnem sensum superat,
hanc semper meus desiderat
et illo frui properat.

40. In Frieden Jesus herrscht allzeit,
was jeden Sinn schlägt, nah und weit,
das wär' auch meine Seligkeit,
bin, ihn zu haben, rasch bereit.

41. Iesus ad Patrem rediit,
regnum caeleste subiit;
cor meum a me transiit,
post Iesum simul abiit.

41. Jesus, zum Vater rückgekehrt,
ins Himmelreich ist eingekehrt;
mein Herz hat sich von mir gekehrt,
ging Jesus nach, der so verehrt.

42. Iam prosequamur laudibus
Iesum, hymnis et precibus,
ut nos donet caelestibus,
cum ipso frui sedibus.

42. Schon woll'n wir folgen mit Gesang
Jesus, mit Beten, Liederklang,
dass er im Himmel schenkt, ohn' Zwang,
mit ihm zu freu'n sich ewig lang.

43. Sis Jesu nostrum gaudium,
qui es futurus praemium:
Sit nostra in te gloria,
per cuncta semper saecula.
Amen.

43. O Jesus, sei du uns're Wonn,
der du einst sein wirst unser Lohn:
In dir sei uns're Herrlichkeit
allzeit in alle Ewigkeit.
Amen.

Dulcis Iesu memoria –
Der Christusjubilus bei Aelred
von Rievaulx

Wolfgang Buchmüller OCist

„Beseligendes Gedächtnis Jesu, du schenkst wahre Herzensfreuden,
doch beseligender als Honig und alles ist seine Gegenwart" – *Dulcis
Iesu memoria, dans vera cordis gaudia, sed super mel et omnia, eius dulcis presentia* (Str. 1).[1] Ein Lied der Liebe aus dem „goldenen Zeitalter"
der Theologie der Liebe, dem 12. Jh., und ein *Iubilus*, ein Jubellied,
wie ein nicht enden wollendes Osterhalleluja, eine nahezu endlose
Kette von 42 aneinandergereihten Strophen, von denen jede eine anbetende Verehrung des Namens Jesu enthält. Die Mystik dieses mittelalterlichen Hymnus ist eine Konfrontation mit dem, wonach unsere Zeit geradezu zu dürsten scheint: Vermittlung der mystischen
Erfahrung eines geistlichen Menschen, der seine eigene Sinnsuche
in das Gesamt der Enthüllung des göttlichen Geheimnisses einber-
gen kann. Trotz all seiner Archaik berührt das Lied durch die Un-
mittelbarkeit seiner Sprachkraft und Symbolik, fasziniert in seiner
Mischung von geistlicher Freude und visionärer Schau.

Der Jubilus

Die Nachwelt gab diesem lange Zeit Bernhard von Clairvaux zuge-
schriebenen Hymnus an den Namen Jesu, der aber wahrscheinlich
von Aelred von Rievaulx stammt, den Ehrentitel *Iubilus*, eine Umschreibung, die auf den ersten Blick alles andere als korrekt ist. War
die *iubilatio* in den Zeiten der Urkirche eine Art charismatischer
chant en langues, ein „Gesang in Zungen", bei dem jeder frei impro-
visierte, aber doch einmütig und harmonisch in die Gesamtheit des

---

[1]   André Wilmart, *Le „Jubilus" sur le nom de Jesus dit de Saint Bernard*, in: Ephemerides
     Liturgicae 57 (1943) 3–285, Text: 146–156; s. auch die dt. Übertragung von Friedrich
     Dörr (1969), *O lieber Jesu, denk ich dein*, in: Gotteslob. Katholisches Gebet- und Gesang-
     buch, Köln 1975, Nr. 550.

Gemeindegesangs einstimmte,[2] wie noch Origenes bezeugt,[3] so ist er für Augustinus vor allem eine Möglichkeit der Affektbekundung: „Wer jubelt, spricht keine Worte, sondern es ist ein Freudenlaut ohne Worte; die Stimme ist Ausdruck eines von Freude überströmten Geistes, der, soweit er kann, sein Empfinden ausdrückt, nicht einen Gedanken in Worte fasst."[4] Freude bricht aus dem Sänger hervor. In der Überfülle des Jubels kann er selbst weder erklären noch aussprechen, was er empfindet: Er ist zu einem Gefäß des Lobpreises des unaussprechlichen Gottes geworden.

Wenn wir auch noch im frühen Mittelalter bei Rhabanus Maurus und Amalarus von Metz dieselbe Umschreibung finden und selbst noch in der Vita des heiligen Franziskus Spuren desselben Verständnisses feststellen können, so ist der inzwischen in festere Formen gegossene Jubilus zu einem Teil des gregorianischen Chorals geworden, wo der Sänger in freier Folge den Melodiebogen des Hallelujas weiterführt, indem er auf einer Silbe ein Klanggebilde improvisiert, das einem inneren Jubel Ausdruck verleihen soll.[5]

Dass nun ein Hymnus allein aus der ganzen Fülle der mittelalterlichen Hymnendichtung, die in den „Analecta Hymnica" viele Bände füllt,[6] mit diesem Ehrentitel belehnt wird, bedeutet, dass man ihn für eine adäquate Umsetzung des Unsagbaren in Worte ansieht, für eine inspirierte Dichtung, die den Jubel des Osterfestes

2 Vgl. hierzu REINHOLD HAMMERSTEIN, Die Musik der Engel. Untersuchungen zur Musikanschauung des Mittelalters, Bern ²1990, 39f.

3 Vgl. ORIGENES, Homiliae in librum Iesu Nave 7: „mihi videtur iubilatio ista indicare quemdam concordiae et unanimitatis affectum [...]. Si vero tanta fuerit beatitudo, ut universus populus concors et unanimis maneat, ut eadem dicant omnes in eodem sensu atque in eadem sententia permanentes, isto tali populo vocem unanimiter elevante, fiet [...], quia terrae motus factus est magnus, ubi tunc unanimes orabant apostoli cum mulieribus, et Maria matre Jesu." (PG 12, 858A/B). Für Origenes ist das wunderbare harmonische Zusammensingen beim Jubilieren ein Zeichen für die Einheit des Gebetes, das die Erde erschüttert und die Mauern des Bösen einstürzen lässt.

4 AUGUSTINUS, Enarrationes in Psalmos 99,4: „Qui iubilat, non verba dicit, sed sonus quidam est laetitiae sine verbis; vox est enim animi diffusi laetitia, quantum potest, exprimentis affectum, non sensum comprehendentis." (CCL 39, 1394).

5 Vgl. GABRIELE ZIEGLER, Der Jubilus. Seine Beschreibung und Deutung bei Origenes, Augustinus und im frühen Mittelalter, in: WILHELM GEERLINGS/HILDEGARD KÖNIG (Hg.), Origenes. Vir ecclesiasticus. Symposion zu Ehren von Herrn Prof. Dr. H.-J. Vogt, Bonn 1995, 95–101; s. auch AIMÉ SOLIGNAC, Art. Jubilation, in: Dictionnaire de Spiritualite 8 (1974) 1471–1478.

6 Vgl. Analecta hymnica medii aevi, hg. v. Guida Maria Dreves, Clemens Blume u. Henry Marriott Bannister, 55 Bde., Leipzig/Bern/München 1886–1926.

wie eine Quelle fasst: „Keine Zunge kann sagen, keine Schrift ausdrücken, der es erfahren hat, weiß zu wahren, was es heißt, Jesus zu lieben" – *Nec lingua potest dicere, nec littera exprimere, expertus novit tenere, quid sit Iesum diligere* (5).

Der Jubilus ist eine der wenigen Hymnen des Mittelalters, die zu einem geradezu klassischen Lied geworden ist, vielleicht gerade weil er eine neue Art von Frömmigkeit zu Gehör brachte, die mit der Brautmystik Bernhards, des „Lehrers" Aelreds, ihren Anfang genommen hatte. Bis hin zu den kunstvollen liturgischen Dichtungen des hohen Mittelalters ist ein gewisser *anti-arianischer Affekt* bemerkbar, der dazu führte, dass man die Gottheit Jesu Christi einseitig betonte und dabei seine Bedeutung als Mittler und noch mehr seine gott-menschliche Liebe zu seinen Freunden kaum zum Ausdruck brachte. Nun aber ist die scheinbar unüberbrückbare Distanz zu Christus, dem Pantokrator, wie sie etwa in den Gebeten Anselms von Canterbury noch spürbar ist, überschritten.[7] Der Beter wendet sich unmittelbar an Jesus, den Bräutigam der Seele: „Wo auch immer ich sein mag, sehne ich mich nach meinem Jesus" – *Quocumque loco fuero, meum Iesum desidero* (24), heißt es kühn formuliert.

Tatsächlich haben sich eine Reihe von Dichtern und Mystikern durch unseren Jubilus inspirieren lassen, einzelne Strophen in ihre Werke aufgenommen, den Hymnus adaptiert, modifiziert, übertragen oder auch um neue Strophen erweitert. Wie der Liturgiewissenschaftler André Wilmart in seiner großen Monografie über unseren Hymnus nachweisen konnte,[8] ist die Reihe der Rezipienten beeindruckend lang. Stellvertretend sei nur auf vier verwiesen: Wirkungsgeschichte Der englische Mystiker und Dichter John of Hoveden († um 1272) übernahm ganze Strophen in seine *Philomena* („Nachtigall"), sein Gedicht über die Gottesliebe.[9] Desgleichen der englische Eremit und Mystiker Richard Rolle († 1349), der einige direkte Zitate in seine Schriftkommentare und Traktate einflocht.[10]

---

7   Vgl. hierzu Josef Andreas Jungmann, *Christliches Beten in Wandel und Bestand*, München 1969, 77–80, 110 u. 112.
8   Vgl. Wilmart, *Le „Jubilus"*, 89–139.
9   Vgl. ebd., 90–93; s. auch Leopold Lentner, *Studien zum Hymnus „Jubilus Jesus dulcis memoria"*, Wien 1985, 23–29 (als Manuskript vervielfältigt).
10   Vgl. Wilmart, *Le „Jubilus"*, 93–95; s. auch Lentner, *Studien zum Hymnus*, 30–41.

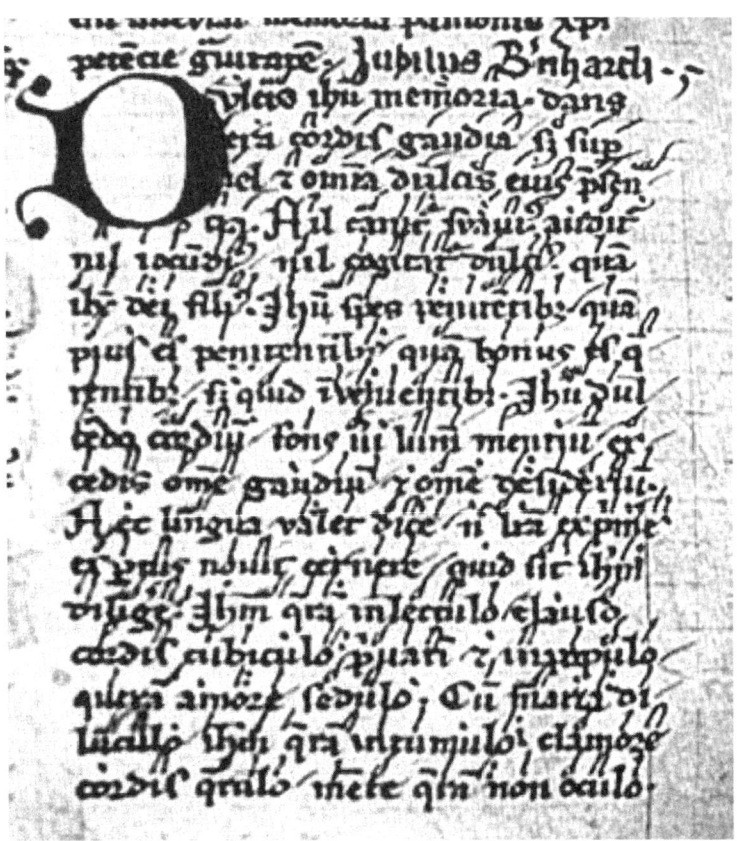

Heiligenkreuz, Stiftsbibliothek, Cod. 263 (14. Jh.), f. 40.

Schließlich scheinen auch die Lande der oberdeutschen und rheinischen Mystik von der Liebe zu unserem Hymnus mit offenkundig englischer Herkunft erfasst worden zu sein: ein wichtiger Zeuge hierfür ist der Dominikaner Heinrich Seuse († 1366), der unser bewegendes Canticum offensichtlich bewunderte und daher in sein *Offizium zur ‚Ewigen Weisheit'* aufnahm. Hierzu verteilte er ihn auf acht Horen und erweiterte ihn geringfügig um eine adventliche Strophe und eine Schlussdoxologie (1336–1341).[11]

---

11   Vgl. WILMART, Le „Jubilus", 100–102; 187 u. 194: „Iesu mi bone, sentiam dulcoris tui copiam; tuam infunde gratiam et da videre gloriam" (21,4); „Aeterna sapientia, tibi patrique
      gloria cum spiritu paraclito, in sempiterna saecula" (61); s. auch PAUL SINZ, Dem seligen
      Heinrich Seuse 1366–1966, in: Cistercienser Chronik 74 (1967) 164–169, bes. 166f.

Der in Straßburg lebende Kartäuser Ludolph von Sachsen († 1378) wählte unseren Hymnus aus, um damit seiner monumentalen *Vita Christi* einen krönenden Abschluss zu geben. Seine Fassung weist fünf zusätzliche Strophen auf, die ebenfalls adventlichen Charakter tragen.[12] In dieser Version dürfte ihn auch Ignatius von Loyola in der entscheidenden Phase seiner Bekehrung 1521 kennengelernt haben, als er Ludolphs Werk eigenhändig exzerpierte. Vielleicht hat unser Hymnus ihn dazu inspiriert, den Namen Jesu in emblematischer Form ins Wappen seines neu entstehenden Ordens aufzunehmen.

Auf jeden Fall scheint unserem Jubilus sogar noch ein gewisses Nachleben innerhalb der von den Jesuiten geförderten Kunst und Frömmigkeit des 16. und 17. Jahrhunderts beschieden gewesen zu sein. In Polyphonie umgesetzt erscheint er als Teil der festlichen *Musica Sacra* an Jesuitenkollegien.[13] Um den Gang durch die Jahrhunderte abzuschließen, könnte man als einen Beleg für die Wertschätzung unseres Hymnus in der Gegenwart noch die Zitation im *päpstlichen Rundschreiben ,Novo Millennio Ineunte'* von 2001 anführen.[14]

Die Autorenfrage

Bereits Jean B. Haureau und Guido M. Drewes stellten 1890 bzw. 1909 fest, dass Bernhard von Clairvaux nicht als Verfasser unseres Jubilus infrage komme, schon allein weil seine zwei originalen Hymnenversuche als nüchtern, unbeholfen und enttäuschend eingestuft werden müssen.[15] Wenn auch *Dulcis Iesu memoria* als Dichtung nicht an die

12   Vgl. Wilmart, Le „Jubilus", 97f.
13   Der Augsburger Musikdirektor Bernhard Klingenstein nahm in seine für die Jesuitenuniversität Dillingen zusammengestellte Sammlung *Triodia sacra* (1602) eine dreistimmige Version von Jacobo Peetrino auf aus dessen *Il primo Libro del Iubilo di San Bernardo con alcune canzonette spirituali* (Rom 1588); vgl. Christian Thomas Leitmeir, *Catholic music in the diocese of Augsburg c. 1600: A reconstructed Tricinium anthology and its confessional implications*, in: Early Music History 21 (2002) 117–174.
14   Vgl. Johannes Paul II., *Apostolisches Schreiben NOVO MILLENNIO INEUNTE seiner Heiligkeit Papst Johannes Paul II. an die Bischöfe, den Klerus, die Ordensleute und an die Gläubigen zum Abschluss des Großen Jubiläums des Jahres 2000*, Nr. 28, in: Verlautbarungen des Apostolischen Stuhls (Nr. 150), hg. vom Sekretariat der Deutschen Bischofskonferenz, Bonn 2001, 26f.: „Im Angesicht Christi betrachtet sie [die Kirche], die Braut, ihren Schatz, ihre Freude. ,Dulcis Iesu memoria, dans vera cordis gaudia': Wie süß ist ihre Erinnerung an Jesus, die Quelle echter Herzensfreude!"
15   Vgl. Josef Szövérffy, *Die Annalen der lateinischen Hymnendichtung*, Bd. 2: *Die lateinischen Hymnen vom Ende des 11. Jahrhunderts bis zum Ausgang des Mittelalters*, Berlin 1965, 77–82.

geniale Versekunst eines Petrus Abaelardus, des großen Gegenspie-
lers Bernhards, heranreicht, so hat sie trotz einiger Schwächen, wie
einer gewissen Monotonie und einiger Wiederholungen, mit ihrer
lebendigen Leidenschaftlichkeit den Charakter eines genialen Wurfs.
Bei seinen Nachforschungen zur Textgeschichte kam André
Wilmart, der über neunzig Handschriften konsultierte, zu dem
Schluss, dass unser Hymnus aus dem England des 12. Jahrhunderts
stammen müsse und schlug wegen der offensichtlichen Nähe zur
Spiritualität der frühen Zisterzienserväter und insbesondere zur
Mystik Bernhards Aelred von Rievaulx als Verfasser vor. Diese Zu-
schreibung ist inzwischen von den profundesten Kennern des Wer-
kes dieses nordenglischen Zisterziensers, von Gaetano Raciti und
Charles Dumont, bestätigt und bekräftigt worden.[16]

Wie dem auch sei, von Aelred von Rievaulx ist bekannt, dass er
ein leidenschaftlicher Hymnendichter gewesen sein muss, denn es
ist von ihm die Anekdote überliefert, dass er sich über die zweiwöchi-
ge Verzögerung einer Kanalüberfahrt gefreut habe, weil er nun seinen zu Ehren des heiligen Cuthbert begonnenen Hymnus vollenden
konnte: „Der Name des heiligen Cuthbert ging ihm nicht aus dem
Sinn; wenn er unterwegs war oder während Mußestunden, wiederholte er ihn still bei sich immer wieder. Und als ihn immer stärkerer
Eifer packte, beschloss er, zu Ehren des heiligen Cuthbert eine rhythmische Prosa zu verfassen; wenn er reiste und wenn er meditierte,
beschäftigte er sich, soweit es ging, immer wieder eifrig damit."[17]

---

16 Aelred von Rievaulx (1109–1167), 1191 heiliggesprochen, gilt als „Bernhard des Nordens"
    und Begründer einer eigenen englischen Schule der Zisterziensermystik, die bis
    ins 13. Jahrhundert reicht. Als Abt von Rievaulx stand er einer 640 Brüder zählenden
    Gemeinschaft vor, deren Zahl sich unter seiner Vorsteherschaft verdoppelte. Über sein
    Kloster hinaus erlangte er eine in der Kirche von England bedeutende Stellung. Als
    seine Hauptwerke gelten der auf Bitten Bernhards geschriebene „Spiegel der Liebe" –
    Liber de speculo caritatis (CCM 1, 3-161), „Über die geistliche Freundschaft" – De spiritali
    amicitia (ebd., 281–350), „Über den zwölfjährigen Jesus" – De Iesu puero duodenni (ebd.,
    247–278), „Die Reklusenregel" – De institutione inclusarum (ebd., 636–682), „Dialog
    über die Seele" – Dialogus de anima (ebd., 684–754) und seine zahlreichen Predigten
    (CCM 2 A/B). Zu Aelred: GERD FÖSGES, Das Menschenbild bei Aelred von Rievaulx, Alten-
    berge 1994; JENS RÜFFER, Orbis Cisterciensis. Zur Geschichte der monastischen ästheti-
    schen Kultur im 12. Jahrhundert, Berlin 1999, und WOLFGANG BUCHMÜLLER, Die Askese
    der Liebe. Aelred von Rievaulx und die Grundlinien seiner Spiritualität, Langwaden 2001.
17 REGINALD VON DURHAM, Libellus de admirandis beati Cuthberti virtutibus, hg. v. James
    Raine, in: The Publications of the Surtees Society 1 (1835) 175: „Beati Cuthberti nomen
    de eius mente non excideret; sed itinerando et vacando, quamvis etiam tacendo eum cre-

Memoria – Praesentia

Eine Brücke zwischen *Dulcis Iesu memoria* und dem Werk Aelreds
bilden die Begriffe *memoria* und *praesentia,* die bedeutsam für seine
Lehre von den Affekten sind. Aelred verstand es, in seinem schriftstellerischen Wirken ganz verschiedene Modi zu gebrauchen: Wie
er im Osterjubel den Sieg des Lebens feiert, so belässt er die Reue
über seine Jugendsünden in einem derart dramatischen Zwielicht,
dass man ihn noch heute in die erste Reihe der sündigen Heiligen
stellt. Mit derselben Radikalität gab sich Aelred auch der Trauer über
den Verlust seines geistlichen Freundes Simon hin, wobei er sich
derselben Begriffe wie in unserem Hymnus bedient: „Verbiete mir
die Tränen nicht, die dein beseligendes Gedächtnis *(dulcis memoria)*
[...] mich vergießen lässt." Wenig später heißt es: „Meine Zuneigung
lässt mich seine selige Gegenwart *(dulcem praesentiam)* suchen."[18]

„Dramaturgische" Betrachtungsmethode

Memoria und *praesentia,* „Gedächtnis" und „Gegenwart", kann man
als zwei Schlüsselbegriffe der Spiritualität Aelreds ansehen, der mit
offenkundiger Freude biblische Szenen genau betrachtet, um aus
ihnen ein Maximum an innerer Bewegung für die eigene Meditation zu gewinnen.[19] Durch seine geistlichen Freunde Simon und
später Ivo von Wardon war Aelred nach eigener Darstellung in die
Kunst der Betrachtung der Bibel und insbesondere des Evangeliums eingeführt worden. Hierbei wird der Literalsinn der Schrift
zum Anfangspunkt für eine innerliche Durchdringung und Vergegenwärtigung der biblischen Handlung genommen, die die Liebe
des sich offenbarenden Gottes erwidern will, die gerade in der Meditation als gegenwärtig erfahren wird. Der erschlossene historische
Gehalt der Schrift bildet somit das Fundament der anschließenden
geistlich-allegorischen Schriftauslegung. Aelred demonstriert die-

---

brius ruminaret. Et ut saepius ab huius modi studio non quiesceret, prosam rithmico
modulamine in beati Cuthberti honore componendam instituit: et in viando et medi-
tando, quantum licuit, studiosus aliquotiens exsistit."
18   *De speculo caritatis* III,99 u. 106 (CCM 1, 57 u. 60).
19   Vgl. Buchmüller, *Askese,* 141.

se Vorgangsweise am Beispiel der Perikope des zwölfjährigen Jesus.
An seinen Freund Ivo gerichtet, schreibt er in der Einleitung seines
Werkes über die Schriftmeditation:

> „Ich spüre, mein Sohn, ich spüre, wie innig, wie leidenschaft-
> lich, mit wie viel Tränen du das in deinen Gebeten von Jesus
> erfragst, wenn das beseligende Bild des beseligenden Jesus
> vor den Augen deines Herzens steht, wenn du dir sein wun-
> derschönes Antlitz vorstellst, wenn du seine liebevollen und
> milden Augen freundlich strahlend auf dich blicken fühlst.
> Dann, wie mir scheint, rufst du aus tiefstem Herzen: Oh be-
> seligender Jesus, wo warst du? Wo hieltest du dich verborgen?
> Wo fandest du Aufnahme?"[20]

Aelred lässt uns gewissermaßen in die Szenerie hineinsteigen,
was unwillkürlich an die *dispositio* erinnert, die „Zurichtung" des
Schauplatzes der Betrachtung, wie wir sie aus den *Geistlichen Übungen* des Ignatius kennen.[21] Tatsächlich spricht Aelred von einem „er-
greifenden Schauspiel" *(dulce spectaculum)*.[22] Demgemäß kennt er
keine Scheu, sich mit den biblischen Personen zu identifizieren und
sich auf eine Art heiliges Schauspiel einzulassen: „Wie Maria will
ich Jesus früh am Morgen im Grab suchen, mit klagendem Ruf des
Herzens will ich ihn suchen im Geiste, nicht mit dem Auge" – *Cum
Maria diluculo Iesum queram in tumulo; cordis clamore querulo, mente
queram, non oculo* (7).

Fiktiver Dialog und innere Bewegung

Der theatralisch entfaltete buchstäbliche Sinn der Schrift steht als
Ausgangspunkt für eine innere Bewegung des Herzens des Beters,
der in einzelnen Schritten die Dramatik des Ostergeschehens mit-

---

20   *De Iesu puero duodenni*, c. 1 (CCM 1, 250).
21   Vgl. IGNATIUS VON LOYOLA, *Geistliche Übungen*. Übers. und erkl. von Peter Knauer,
      Graz/Wien/Köln ³1988, n. 112–114 (57f.) Eine Verbindung zu den Exerzitien des Igna-
      tius von Loyola ist bereits des Öfteren festgestellt worden. Alle bisherigen Versuche,
      einen anderen Urheber als Aelred für diese von pulsierendem Leben durchdrungene
      Betrachtungsmethode, die eine weit reichende Nachfolge finden sollte, zu bestimmen,
      sind soweit fehlgeschlagen.
22   Vgl. *De speculo caritatis* III,13 (CCM 1, 111).

erlebt. Die Sehnsucht der Jüngerin Jesu entzündet die geistliche Sehnsucht des Jüngers, die Nähe des Herrn zu verspüren, der es in Wirklichkeit ist, der den Beter an sich zieht. Nachdem Aelred geistigerweise wie Maria Magdalena am Grabe trauernd dem Auferstandenen begegnet ist, ruft er mit den Jüngern von Emmaus aus: „Bleibe bei uns, Herr, bleibe und erfülle die neue Erde nach der Finsternis der Nacht durch deine Seligkeit mit Licht" – *Mane nobiscum, Domine, mane novum cum lumine, pulsa noctis caligine, mundum replens dulcedine* (10).

Dies nimmt Aelred als Anlass, in vielen darauffolgenden Strophen den „Triumphator" in der beglückenden Erfahrung der Gottesliebe zu besingen. Aus der Überfülle der Emotionen ist es auch erklärbar, dass sich der Dichter – sich in Maria Magdalena hineinbildend – zu einem Zuruf versteigt, der den Überwinder des Todes zurück ins Irdische holen will. Zugleich impliziert der Gefühlsüberschwang auch die Entscheidung für eine wahrhaftige Nachfolge: „Komm zurück, mein Geliebter, der du zur Rechten des Vaters thronst: [...]. Ich will dir folgen, wohin du gehst; du kannst mir nicht genommen werden" – *Mi dilecte, revertere, consors paternae dexterae: [...]. Sequar quocumque ieris; michi tolli non poteris* (35f.).

Diese ungezwungene Art, mit Heiligen in einen fiktiven Dialog einzutreten, ist übrigens auch in dem Traktat „Der zwölfjährige Jesus" zu finden, in dem Aelred es sogar wagt, der Gottesmutter direkte Vorwürfe zu machen, weil sie ihren Sohn in Jerusalem verloren habe.[23]

Den Bogen schließt Aelred gleichsam mit dem Einzug Christi als siegreicher König in das himmlische Jerusalem: „Hebt eure Pforten, Bewohner des Himmels, lauft ihm entgegen, sagt dem Sieger: Sei gegrüßt, Jesus, ruhmreicher König!" – *Portas vestras attollite, celi cives occurrite, triumphatori dicite: Salve, Iesu, rex inclite* (37).

Der anagogische Ausblick auf die Eschata, auf die erwartete Herrlichkeit, steht somit am Ende der Dichtung, die man durchaus auch als eine durchgeführte Auslegung gemäß des vierfachen Schriftsinns sehen könnte: historisch, allegorisch, moralisch und

---

23   Vgl. *De Iesu puero duodenni*, c. 2 (CCM 1, 250): „Quin potius, domina mea, pace tua dico, dulcissimum filium tuum cur tam facile amisisti, tam incuriose custodisti, tam sero quod deerat animadvertisti?"

anagogisch. Das Schauspiel des triumphalen Empfangs des Auferstandenen ist dabei aber nicht allein als Vorausblick auf die Freude der Schau Gottes im himmlischen Jerusalem zu werten, sondern auch als präsentische Erfahrung der kommenden Herrlichkeit in der Gnade der Kontemplation, die Aelred mit Vorliebe als Kontemplation des Himmlischen charakterisiert.[24]

Dulcis Jesu

Die affektgeladene, gleichsam sinnliche Betrachtung des Menschseins Christi, die als solche eine besondere Errungenschaft des 12. Jahrhunderts im Gefolge des heiligen Bernhard ist, dient als Rahmen, in den eine persönliche Erfahrung eingefügt wird, die des *dulcis Iesus*, des beseligenden Jesus.[25] Die affektive Aneignung des biblischen Geschehens dient als Medium für die Erfahrung der unmittelbaren Gegenwart Gottes im inneren Gebet, der *praesentia*.

Ohne feine Zurückhaltung, die der monastischen Demutshaltung entsprochen hätte, preist Aelred sein eigenes Glück, um viele Nachahmer für seinen Weg der Meditation zu gewinnen: „Ihr, die sie erfahren habt, erkennt sie wieder, nährt die fromme Liebe; sucht brennend Jesus, entbrennt suchend. Jesus, Quell der Barmherzigkeit, Hoffnung aller Freude, Ursprung der Seligkeit und Gnade, wahre Köstlichkeit des Herzens" – *Experti recognoscite, amorem pium pascite; Iesum ardentes querite, querendo inardescite. Iesu, auctor clementiae, totius spes letitiae, dulcoris fons et gratiae, verae cordis deliciae* (12f.).

Ohne Zweifel geht es hier um eine sinnliche Erfahrung, ein affektives Erleben einer Begegnung mit dem barmherzigen Gott, der in Jesus seine menschliche Nähe gezeigt hat. Der Beter ist gleichsam wie berauscht von der Freude in der nüchternen Trunkenheit, die sein Herz verwandelt, gemäß dem Psalmvers: „Kostet und seht, wie beseligend der Herr ist" – *Gustate et videte, quoniam suavis est dominus* (Ps 33,9).

---

24   Vgl. Buchmüller, *Askese*, 261f.
25   Vgl. Franz Posset, *Christi Dulcedo: The „Sweetness of Christ" in Western Christian Spirituality*, in: Cistercian Studies 30 (1995) 245–265: Aelred geht über Bernhard hinaus, indem er von der *dulcedo Christi* spricht; Bernhard bleibt bei der biblischen *dulcedo Domini*; s. Jean Châtillon, Art. *Dulcedo, Dulcedo Dei*, in: Dictionnaire de Spiritualité 3 (1957) 1777–1795.

Gott im Nächsten verspüren

Diese Einladung, sich auf das Experiment des Glaubens mit allen Tiefenschichten unserer Existenz einzulassen, dürfte Aelred nicht ganz absichtslos in Verse gefasst haben, lebte er doch im Zeitalter der Theologie der Liebe, zu der er selbst ein bedeutendes Werk beigesteuert hat, den „Spiegel der Liebe", das *Speculum Caritatis.* Dort hatte er eigens in der Nachfolge des Augustinus die Frage behandelt, was wir zum Genuss erwählen sollen. Nach Augustinus kommt ja das Unglück des Menschen daher, dass er an Dinge sein Leben hängt, die enttäuschen müssen, hingegen den, der das wahre Glück ist, wie eine leblose Sache behandelt.[26] So leidet nach Aelred das verdorbene Herz an innerer Leere und wird von den Gütern, die es sich zu eigen gemacht hat, nicht wirklich getröstet. Umgekehrt wird die Liebe zum vollkommenen Gut, zu Gott, der das vollkommene Glück ist, auch vollkommen glücklich machen.[27]

Der Mensch bleibt hingegen in seiner Ambivalenz an der Schnittstelle der beiden Wege: Er kann den anderen lediglich benutzen oder aber Gott im Mitmenschen finden. So sagt Aelred, dass der Mensch auf zweifache Weise lieben soll: „Gott, um ihn in sich selbst zu genießen und um seinetwillen, den Nächsten aber, um ihn in Gott zu genießen; ja mehr noch: Gott in ihm."[28]

Irdische und göttliche Liebe

Auch wenn Aelred einen gewagten Bruch mit der augustinischen Tradition vollzieht, wenn er für die Liebe zum Nächsten das der Liebe zu Gott vorbehaltene Wort *frui* verwendet, bleibt dennoch eines eindeutig: Das höchste Glück ist nur in Gott selbst zu finden, wie es

---

26   Vgl. AUGUSTINUS, *De doctrina christiana* I,4: „Frui est enim amore inhaerere alicui propter se ipsam. Uti autem, quod in usum venerit, ad id, quod amas obtinendum referre, si tamen amandum est." (CCL 32, 8).

27   Vgl. auch EDITH SCHOLL, *If you find your delight in the Lord: Fruitio Dei*, in: Cistercian Studies 33 (1998) 315–327: Aelred öffnet sich gegenüber Augustinus vorsichtig einer Haltung, die auch die *fruitio Dei* im anderen miteinbeziehet. Er ist daher ein Pionier auf dem Gebiet der geistlichen Freundschaft.

28   *De speculo caritatis* III,28: „Patet igitur duo nobis eligenda [...]. Nam Deum, ut eo fruamur in seipso, et propter seipsum; proximum, ut ipso fruamur in Deo, imo et Deo fruamur in illo." (CCM 1, 118).

im Hymnus heißt: „Diese vom Himmel gesandte Liebe dringt mir bis ins Mark, entflammt das Herz durch und durch, des freut sich mein Geist. O seliges Flammenmeer, o brennendes Verlangen, o beseligende Erquickung, Gottes Sohn zu lieben" – *Hic amor missus celitus heret michi medullitus, mentem incendit penitus; hoc delectatur spiritus. O beatum incendium, o ardens desiderium, o dulce refrigerium: amare Dei filium* (28f.).

Wie der Zisterzienservater Wilhelm von Saint-Thierry als Antwort auf die „Ars amatoria" des Ovid einen „Anti-Naso" verfasste,[29] um zu zeigen, dass der Glanz der Gottesliebe größer sei als der der sogenannten Verliebtheit, will Aelred etwas von dem Feuer mitteilen, das ihn ergriffen hat.

Die Erfahrung der Gottesliebe übertrifft auch nach Aelred die Erfahrung der irdischen Liebe, weil sie den Zugang zu einer wahren Mystik darstellt. Kennzeichen einer von Gott berührten Seele ist der übernatürliche Frieden, der Sabbat der Gottesliebe, der den Menschen erfüllt, oder wie es der Hymnus ausdrückt: „Jesus herrscht in einem Frieden, der alles Verstehen übersteigt" – *Iesus in pace imperat, quae omnem sensum superat* (40).

Aber die Wirkung der Gottesliebe ist nicht nur sichtbar am Trost des Heiligen Geistes, der den menschlichen Geist stärkt und ihn für weitere Taten rüstet. Die Gottesliebe führt zu einer Art heiliger Torheit, die das Eigene vergessen lässt: „Es ist gut für mich, Jesus zu lieben, nichts weiter zu suchen, mich ganz zu verlieren, dass ich ihm leben kann" – *Bonum mihi diligere Iesum, nil ultra querere, michi prorsus deficere, ut illi queam vivere* (22).

---

29   Vgl. WILHELM VON ST-THIERRY, *De natura et dignitate amoris* (PL 180, 249–282), dt. Übersetzung: HANS URS VON BALTHASAR, WINFRIDA DITTRICH (Hg.), *Der Spiegel des Glaubens. Mit den Traktaten „Über die Gottesschau" und „Über die Natur und Würde der Liebe"*, Einsiedeln 1981, 125–183. Der Name „Anti-Naso" (bzw. „Anti-Ovid") geht auf den anonymen Biografen Wilhelms von St-Thierry zurück: ALBERT PONCELET (Hg.), *Vie ancienne de Guillaume de Saint-Thierry*, in: Mélanges Godefroid Kurth, Bd. 1, Lüttich 1908, 85–96.

Mystisches Innewerden

Hiermit führt uns Aelred hin zu einer Mystik, wo der „Sinn in Jesus dahinschwindet" – *Jesus in quem mens deficit* (33), die Verstandestätigkeit in einer positiven Selbstvergessenheit in den Hintergrund tritt und der Mensch eingenommen ist vom Erleben einer großen Nähe Gottes. Zwar ist auch Aelred wie Bernhard äußerst zurückhaltend, was eigene mystische Erlebnisse betrifft, doch gibt er zuweilen diese Diskretion unbefangen auf, wenn er in hagiografischer Manier über die tiefen mystischen Erfahrungen seiner eigenen Schwester, einer Reklusin, erzählt: „Wie oft erleuchtete er dich, während du Psalmen sangst oder dich der Lesung widmetest, mit dem Licht geistlicher Erfahrungen, wie oft entrückte er dich, während du betetest, in eine unaussprechliche Sehnsucht nach ihm, wie oft entzog er deinen Geist dem Irdischen und führte ihn hinüber zu himmlischen Freuden und den Schönheiten des Paradieses?"[30]

In der Erfahrung der Gottesgegenwart in gnadenhafter Kontemplation und schließlich sogar in der Einung mit dem göttlichen Geist wird der menschliche Geist immer mehr durchformt, sodass er in seinem tiefsten Grund von begrenzten Gedanken befreit wird und sich dem Göttlichen gegenüber öffnen kann. Dies hat zur Folge, dass der menschliche Verstand vom Hochmut, der eigentlich eine Verkehrung auf gottfremde Bilder hin darstellt, mehr und mehr gereinigt, transparent wird für Gottes überhelle Gegenwart in seinem Seelengrund. Wie dies aber im Einzelnen vor sich geht, wird nicht näher ausgeführt; stattdessen findet man eine Rückführung ins Geheimnis, die sich der Metaphorik poetischer Bilder bedient.

In dieser Weise wird in Anlehnung an das Hohelied die Zulassung der Seele zur geheimnisvollen Gnade der Einung mit dem göttlichen Bräutigam beschrieben: „Umarmungen, Küsse, die Honigwein übertreffen, glückliche Vereinigung mit Christus, aber nur für eine kleine Weile" – *Tunc amplexus, tunc oscula, quae vincunt mellis pocula; tunc felix Christi copula, sed in his parva morula* (25).

---

30 *De institutione inclusarum*, c. 32: „Quotiens psallantem vel legentem spiritualium sensuum lumine illustrabat, quotiens orantem in quoddam ineffabile desiderium sui rapiebat, quotiens mentem tuam a terrenis subtractam ad caelestes delicias et paradisiacas amoenitates transportabat." (CCM 1, 676).

Den Begriff „Mystik", der im strengeren Sinne nur für die Erfahrung der Einung mit Gott verwendet wird,[31] könnte man hier mit vollem Recht anwenden: Alle Begriffe der *zisterziensischen Brautmystik* sind vertreten: *amplexus, osculum* und *copula* – Begriffe, die bei Bernhard von Clairvaux und Wilhelm von Saint-Thierry eine reiche Bedeutung haben, ohne dass sie im Einzelnen mit spezifischen mystischen Gnaden gleichgesetzt werden können.

Deutlich geworden ist hierbei aber sicherlich, dass es um eine Erfahrung der Begegnung mit dem in Jesus Mensch gewordenen Gott geht, die mit allen Sinnen erfasst wird. Der sonst so ferne Herr des Himmels ist der ganz Nahe geworden, der es nicht verschmäht, in eine greifbare Liebesbeziehung mit dem durch ihn erlösten Menschen zu treten.

Ausblick auf die heutige Situation

Wenn man im Sinne einer Hermeneutik davon ausgeht, dass ein klassisch gewordener Text etwas Überzeitliches, allgemein menschlich Bedeutsames aussagen kann, wenn man ihn auf seine Grundaussage hin befragt, so will uns die Konfrontation mit der unmittelbar die Gefühle ansprechenden Brautmystik der Zisterzienserschule vielleicht einladen, die Gefühlsdimension des inneren Menschen für die Meditation zu entdecken. Dies eröffnet den Zugang zur Personmitte, die durch die affektive Begeisterung der geistlichen Liebe zuinnerst ansprechbar ist. Der Selbstentfremdung einer auf Äußerlichkeiten konzentrierten Welt wird hier ein Raum gegenübergestellt, in dem sich die Spontaneität des Geistes entfalten kann. So kann uns die Schule des affektiven meditativen Betens in der Tradition der Zisterziensermystik erneut hinführen zu einer Erfahrung der Nähe Gottes im Innersten der Seele.

Nach Zeiten, in denen die Rede vom *Deus absconditus* en vogue war und die Parole von der *Gott-ist-tot-Theologie* ausgegeben wurde, würde das Sprechen vom nahen und erfahrbaren Gott der Kirche von heute sicherlich neue Fruchtbarkeit aufschließen; eine geistli-

---

31 Vgl. die Diskussion zum Begriff „Mystik" in: KURT RUH, *Geschichte der Abendländischen Mystik*, Bd. 1: *Die Grundlegungen durch die Kirchenväter und die Mönchstheologie des 12. Jahrhunderts*, München 2001, 13–27.

che Fruchtbarkeit, die die Freude und das Glück in unsere Herzen einströmen lässt, wie sie unser Hymnus besingt: Der Mensch ist nicht zu einer nicht endenden Sinn- und Gottsuche verurteilt, bei der der Weg das Ziel ist; nein, er ist schon im Voraus der von Gott in Jesus Geliebte und Erlöste.

1. Dulcis Iesu memoria[32],
   Dans vera cordis gaudia,
   Sed super mel et omnia
   Eius dulcis presentia.

1. Beseligendes Gedächtnis Jesu,
   du schenkst wahre Herzensfreuden,
   doch beseligender als Honig und alles
   ist seine Gegenwart.

2. Nil canitur suavius,
   Auditur nil iocundius,
   Nil cogitatur dulcius
   Quam Iesus Dei filius.

2. Nichts Lieblicheres wird gesungen,
   nichts Erfreulicheres gehört,
   nichts Beseligenderes gedacht
   als Jesus, Gottes Sohn.

3. Iesu, spes penitentibus,
   Quam pius es petentibus,
   Quam bonus te querentibus
   sed quid invenientibus?

3. Jesus, Hoffnung den Büßenden,
   wie mild bist du den Bittenden,
   wie gut denen, die dich suchen,
   aber was erst denen, die dich finden!

4. Iesus, dulcedo cordium,
   Fons veri, lumen mentium,
   Excedit omne gaudium
   Et omne desiderium.

4. Jesus, Seligkeit der Herzen,
   Quell der Wahrheit, Licht der Seelen,
   übertrifft alle Freude
   und alles Sehnen.

5. Nec lingua potest dicere
   Nec littera exprimere,
   Expertus novit tenere,
   Quid sit Iesum diligere.

5. Keine Zunge kann sagen,
   keine Schrift ausdrücken,
   der es erfahren hat, weiß zu wahren,
   was es heißt, Jesus zu lieben.

6. Iesum queram in lectulo,
   Clauso cordis cubiculo;
   Privatim et in populo
   Queram amore sedulo.

6. Jesus will ich suchen auf meinem Lager,
   in der verschlossenen Kammer meines Herzens;
   allein und unter Menschen
   will ich ihn suchen mit eifriger Liebe.

---

32   Übersetzung: Abt Gerhard Hradil OCist und P. Wolfgang Buchmüller OCist.

7. Cum Maria diluculo
Iesum queram in tumulo;
Cordis clamore querolo
Mente queram, non oculo.

7. Wie Maria will ich Jesus
früh am Morgen im Grab suchen,
mit klagendem Ruf des Herzens will ich ihn suchen
im Geiste, nicht mit dem Auge.

8. Tumbam perfundam fletibus,
Locum replens gemitibus;
Iesu provolvar pedibus,
Strictis herens amplexibus.

8. Sein Grab will ich mit Tränen netzen,
die Stätte mit Seufzen erfüllen;
Jesus will ich mich zu Füßen werfen,
ihn innig umarmen.

9. Iesu, rex admirabilis
Et triumphator nobilis,
Dulcedo ineffabilis,
Totus desiderabilis.

9. Jesus, wunderbarer König
und erhabener Sieger,
unaussprechliche Seligkeit,
ganz und gar ersehnenswert.

10. Mane nobiscum, Domine,
Mane novum cum lumine
Pulsa noctis caligine
Mundum replens dulcedine.

10. Bleibe bei uns, Herr,
bleibe und erfülle die neue Erde
nach der Finsternis der Nacht
durch deine Seligkeit mit Licht.

11. Amor Iesu dulcissimus
Et vere suavissimus,
Plus milies gratissimus
Quam dicere sufficimus.

11. Die Liebe zu Jesus ist beseligend
und wahrhaft lieblich,
tausendmal kostbarer,
als wir sagen können.

12. Experti recognoscite,
Amorem pium pascite;
Iesum ardentes querite,
Querendo inardescite.

12. Ihr, die sie erfahren habt, erkennt sie wieder,
nährt die fromme Liebe;
sucht brennend Jesus,
entbrennt suchend.

13. Iesu, auctor clementiae,
Totius spes letitiae,
Dulcoris fons et gratiae,
Verae cordis deliciae.

13. Jesus, Quell der Barmherzigkeit,
Hoffnung aller Freude,
Ursprung der Seligkeit und Gnade,
wahre Köstlichkeit des Herzens.

14. Cum digne loqui nequeam,
De te tamen non sileam;
Amor facit ut audeam,
Cum solum de te gaudeam.

14. Obwohl ich nicht würdig sprechen kann,
kann ich doch nicht von dir schweigen,
die Liebe macht's, dass ich es wage,
weil an dir allein ich mich freue.

15. Tua, Iesu, dilectio,
    Grata mentis refectio,
    Replet sine fastidio,
    Dans famem desiderio.

15. Deine Liebe, Jesus,
    ist kostbare Nahrung für die Seele,
    sie sättigt ohne Überdruss,
    weckt Hunger aus Sehnsucht.

16. Qui te gustant, esuriunt,
    Qui bibunt, adhuc sitiunt;
    Desiderare nesciunt,
    Nisi Iesum quem sentiunt.

16. Die dich kosten, hungert,
    die dich trinken, dürstet noch;
    sie wissen nichts zu ersehnen,
    außer Jesus, den sie im Sinn haben.

17. Quem tuus amor debriat,
    Novit quid Iesus sapiat;
    Felix gustus quem satiat,
    Non est quod ultra cupiat.

17. Wen deine Liebe berauscht,
    der weiß, wie Jesus schmeckt,
    beglückender Genuss, wen er sättigt,
    der verlangt nichts anderes mehr.

18. Iesus decus angelicum,
    In aure dulce canticum,
    In ore mel mirificum,
    Cordi pigmentum celicum.

18. Jesus, Zier der Engel,
    im Ohr ein seliger Gesang,
    im Munde Honig wunderbar,
    dem Herzen himmlische Spezerei.

19. Desiderate milies,
    Mi Iesu, quando venies,
    Quando me letum facies,
    Me de te quando saties?

19. Tausendmal Ersehnter,
    mein Jesus, wann wirst du kommen,
    wann wirst du mich froh machen,
    wann mich mit dir sättigen?

20. Amor tuus continuus,
    Michi languor assiduus,
    Michi Iesus mellifluus,
    Fructus vitae perpetuus.

20. Deine Liebe ist immer da,
    für mich ein fortwährendes Schmachten,
    für mich ist Jesus honigfließend,
    Frucht des ewigen Lebens.

21. Iesu, summa benignitas,
    Mira cordis iocunditas,
    Incomprehensa bonitas,
    Tua me stringit caritas.

21. Jesus, höchstes Wohlwollen,
    wunderbares Herzensergötzen,
    unbegreifliche Güte,
    mich bindet deine Liebe.

22. Bonum michi diligere
    Iesum, nil ultra querere,
    Michi prorsus deficere
    Ut illi queam vivere.

22. Es ist gut für mich, Jesus zu lieben,
    nichts weiter zu suchen,
    mich ganz zu verlieren,
    dass ich ihm leben kann.

23. Iesu, mi dilectissime,
    Spes suspirantis animae,
    Te querunt piae lacrimae
    Et clamor mentis intimae.

24. Quocumque loco fuero,
    meum Iesum desidero,
    Quam letus cum invenero,
    Quam felix cum tenuero.

25. Tunc amplexus, tunc oscula
    Quae vincunt mellis pocula;
    Tunc felix Christi copula,
    Sed in his parva morula.

26. Iam quod quesivi video,
    Quod concupivi teneo;
    Amore Iesu langueo
    Et corde totus ardeo.

27. Hic amor ardet dulciter,
    dulcescit mirabiliter,
    Sapit delectabiliter,
    Delectat et feliciter.

28. Hic amor missus celitus
    Heret michi medullitus,
    Mentem incendit penitus;
    Hoc delectatur spiritus.

29. O beatum incendium,
    O ardens desiderium,
    O dulce refrigerium:
    Amare Dei Filium.

30. Iesus cum sic diligitur,
    Hic amor non extinguitur,
    Nec tepescit nec moritur,
    Plus crescit et accenditur.

23. Jesus, mein Geliebtester,
    Hoffnung meiner seufzenden Seele,
    dich suchen meine frommen Tränen
    und der Aufschrei meines innersten Gemüts.

24. Wo auch immer ich sein mag,
    sehne ich mich nach meinem Jesus,
    wie froh bin ich, wenn ich ihn gefunden,
    wie glücklich, wenn ich ihn umfasst habe:

25. Umarmungen, Küsse,
    die Honigwein übertreffen,
    glückliche Vereinigung mit Christus,
    aber nur für eine kleine Weile.

26. Schon sehe ich, was ich gesucht,
    was ich ersehnt, das halte ich,
    nach der Liebe Jesu verlange ich
    und im Herzen brenne ich ganz.

27. Diese Liebe brennt selig,
    beseligt wunderbar,
    schmeckt ergötzlich,
    ergötzt beglückend.

28. Diese vom Himmel gesandte Liebe
    dringt mir bis ins Mark,
    entflammt das Herz durch und durch;
    des freut sich mein Geist.

29. O seliges Flammenmeer,
    o brennendes Verlangen,
    o beseligende Erquickung,
    Gottes Sohn zu lieben.

30. Wird Jesus so geliebt,
    erlischt die Liebe nicht,
    erkaltet nicht, noch stirbt sie,
    sondern wächst und entbrennt noch mehr.

31. Iesu, flos matris virginis,
Amor nostrae dulcedinis,
Tibi laus, honor numinis,
Regnum beatitudinis.

31. Jesus, Blume der Jungfrau-Mutter,
Liebe unsrer Seligkeit,
Dir sei Lob, göttliche Ehre,
Herrschaft in Herrlichkeit.

32. Iesu, sole serenior
Et balsamo suavior,
Omni dulcore dulcior,
Prae cunctis amabilior.

32. Jesus, heller als die Sonne,
lieblicher als Balsam,
beseligender als alle Seligkeit,
liebenswerter als alles.

33. Cuius amor sic afficit,
Cuius odor me reficit,
Iesus in quem mens deficit,
Solus amanti sufficit.

33. Seine Liebe bewegt mich so,
sein Duft erfrischt mich,
in ihm schwindet mein Sinn dahin,
Jesus allein genügt dem Liebenden.

34. Tu mentis delectatio,
Amoris consummatio;
Tu mea gloriatio,
Iesu, mundi salvatio.

34. Du bist meine Seelenfreude,
der Liebe Vollendung,
Du bist meine Verherrlichung,
Jesus, Rettung der Welt.

35. Mi dilecte, revertere,
Consors paternae dexterae,
Hostem vicisti prospere,
Iam celi regno fruere.

35. Komm zurück, mein Geliebter,
der du zur Rechten des Vaters thronst,
den Feind hast du glücklich besiegt,
jetzt walte über das Himmelreich.

36. Sequar quocumque ieris;
Michi tolli non poteris,
Cum meum cor abstuleris,
Iesu, laus nostri generis.

36. Ich will dir folgen, wohin du gehst,
du kannst mir nicht genommen werden,
hast du mir auch mein Herz genommen,
Jesus, Verherrlichung unseres Menschengeschlechts.

37. Portas vestras attollite,
Celi cives occurite,
Triumphatori dicite:
Salve, Iesu, rex inclite.

37. Hebt eure Pforten,
Bewohner des Himmels, lauft ihm entgegen,
sagt dem Sieger:
Sei gegrüßt, Jesus, ruhmreicher König!

38. Rex virtutum, rex gloriae,
Rex insignis victoriae,
Iesu, largitor gratiae,
Honor celestis curiae.

38. König der Tugenden, König der Herrlichkeit,
König des erhabenen Sieges,
Jesus, Spender der Gnade,
Ehre des himmlischen Palastes.

39. Te celi chorus predicat
    et tuas laudes replicat;
    Iesus orbem letificat
    Et nos deo pacificat.

40. Iesus in pace imperat,
    Quae omnem sensum superat;
    Hanc semper meus desiderat
    Et illo frui properat.

41. Iesus ad patrum rediit,
    Regnum celeste subiit.
    Cor meum a me transiit,
    Post Iesum simul abiit.

42. Iam prosequamur laudibus
    Iesum hymnis et precibus,
    Ut nos donet celestibus
    Cum ipso frui sedibus.

39. Der Chor des Himmels preist dich
    und lässt dein Lob erschallen,
    Jesus beseligt den Erdkreis
    und versöhnt uns mit Gott.

40. Jesus herrscht in einem Frieden,
    der alles Verstehen übersteigt,
    nach dem es unablässig verlangt
    und ihn zu verkosten eilt.

41. Jesus kehrte zum Vater zurück,
    fuhr auf ins himmlische Reich,
    mein Herz hat mich verlassen,
    mit Jesus ist es fortgegangen.

42. Nun lasst uns Jesus folgen mit Lobgesängen,
    mit Hymnen und Gebeten,
    dass er uns gewähre, gleich ihm die himmlischen
    Throne innezuhaben.

X.
WÜRDIGUNG

Kurze Begrüßungsrede

anlässlich der Verleihung des Augustin-Bea-
Preises der Internationalen Stiftung Humanum
(Lugano/Schweiz) an Univ.-Prof. em. Dr.
Hanna-Barbara Gerl-Falkovitz in Bamberg
am 25. Juni 2021

Wolfgang Hariolf Spindler OP

1945 im Dörflein Oberwappenöst im Fichtelgebirge geboren, wuchs
Hanna-Barbara Gerl- Falkovitz als zweites Kind eines Volksschul-
lehrers und einer früheren Sekretärin und Erzieherin auf. Beide
Elternteile entstammten der katholischen Jugendbewegung. Von
daher wohl die spätere Affinität zu Romano Guardini (1885–1968)
und zur Burg Rothenfels. Der Vater war Organist und arbeitete ein
Leben lang mit Holz. Puppenspiel mit selbstgemachten Marionet-
ten, Eigenbau von Fideln für den Musikunterricht, selbstgemachtes
Spielzeug prägten den Haushalt. Streichinstrumente und Klavier
waren selbstverständlicher Bestandteil des Familienlebens.

Um den drei heranwachsenden Kindern eine optimale Schul-
bildung zu ermöglichen, wechselte die Familie 1952 ins bayerische Schwaben bei Augsburg, wo „Fräulein Gerl" 1965 bei den
„Englischen Fräulein", der heutigen Congregatio Jesu, das Abitur
ablegte. Das folgende Studium der Philosophie, der Neueren Germanistik und der Politischen Wissenschaften an der Ludwig-Maximilians-Universität München (LMU) und im bereits revolutionären
Sommersemester 1967 in Heidelberg führte 1970 zur Promotion
s. c. l. bei Ernesto Grassi, damals ohne Umweg über den Magister.
Die Habilitation in Philosophie 1979 (als zweite Frau nach Annema-
rie Pieper) erforderte zunächst ein Stipendium bei der DFG, dann
aber Eigenverdienst durch eine Halbjahresstelle als Studienleiterin
auf Burg Rothenfels am Main. Als Privatdozentin der LMU nahm
sie zugleich verschiedene Lehraufträge an den Universitäten Tübingen, Eichstätt und Bayreuth an.

1985 erschien zum 100. Geburtstag Romano Guardinis ihre große Biografie[1] über ihn (mittlerweile auch auf Italienisch und Französisch erschienen) und katapultierte sie in die öffentliche Aufmerksamkeit. 1986 heiratete Dr. Gerl den russisch-jüdischen Ingenieur Yury Falkovitz, der allerdings schon 1992 starb. 1987 bis 1989 war sie Assistentin am Guardini-Lehrstuhl von Prof. Hans Maier, dem früheren bayerischen Kultusminister, den sie 1992 auch vertrat. 1989 erhielt Gerl-Falkovitz ihre erste Professur für Philosophie an der PH Weingarten; sie selbst spricht in diesem Zusammenhang von „Gesellenjahren". 1993 erhielt sie den Ruf auf den neu gegründeten Lehrstuhl für Religionsphilosophie und vergleichende Religionswissenschaften an der Technischen Universität Dresden. Das brachte eine große und großartige Aufbauarbeit nach der Wende mit sich. Jemand sagte mir anlässlich der Bekanntgabe der Preisverleihung, man habe Gerl-Falkovitz zugetraut, die ganze ehemalige DDR zu rechristianisieren oder wenigstens Sachsen wieder katholisch zu machen. In Dresden betreute sie zahlreiche Magister- und Doktorarbeiten, auch zwei Habilitationen und war mehrfach Institutsdirektorin. Seit 2011 führt sie ihre Arbeit an der Philosophisch-Theologischen Hochschule in Heiligenkreuz im Wienerwald fort. Deren Großkanzler, Abt Dr. Maximilian Heim, und deren Rektor, Prof. Dr. Wolfgang Buchmüller, die unter uns weilen, sind enge Mitarbeiter des von Gerl-Falkovitz geleiteten Europäischen Instituts für Philosophie und Religion (EUPHRat).

Durch ihre 1995 erfolgte zweite Heirat mit dem berühmten, vor zwei Jahren verstorbenen Erlanger Rechtsmediziner Prof. Dr. Hans-Bernhard Wuermeling wurde sie ganz nebenbei Stiefmutter von 7 Kindern und mittlerweile 26 Enkeln und 6 Urenkeln.

Von den Ehrenämtern seien erwähnt: Vorsitz im Freundeskreis Mooshausen; Kuratorin der Bosch-Stiftung; Mitgründerin und Vizepräsidentin der Edith-Stein-Gesellschaft Deutschland; Vizepräsidentin der Gertrud-von-le Fort-Gesellschaft; Vorstandsmitglied der WBG Darmstadt. Auszeichnungen: 2018 Premio internazionale Cultura Cattolica (Bassano/Italien); 2019 Edith-Stein-Award

---

1   Hanna-Barbara Gerl-Falkovitz, *Romano Guardini 1885–1968. Leben und Werk*, Mainz ²1985.

in Köln; 2019 Josef-Pieper-Preis in Münster; 2020 Edith-Stein-Preis in Breslau. 2021 der Augustin-Bea-Preis der Stiftung Humanum. Liebe Frau Gerl-Falkovitz, ich habe letzten Sonntag in alten Tagebuchaufzeichnungen geblättert. Meine erste Begegnung mit Ihnen – ich erwähnte es, als Sie mich neulich in München besuchten – war vor genau 25 Jahren, am 11. Juni 1996. Sie sprachen im Herzoglichen Georgianum, dem weltweit zweitältesten Priesterseminar, in München um 19 Uhr c. t. über Edith Stein. Ich selbst war damals Postulant im dortigen Dominikanerkonvent an der Theatinerkirche. Ich zitiere ausnahmsweise mich selbst: „Sie referierte frei und souverän über ihr [= Steins] Leben und speziell ihre ‚Kreuzeswissenschaft‘, die sie dann gewissermaßen in die ‚Praxis‘ des eigenen Leidens und Sterbens umsetzte. ‚Tötend verwandelt Gott den Tod in das Leben‘ – so [in] etwa habe ich eine Kernstelle in Erinnerung. Gerl hat mich sehr inspiriert, mich beizeiten mit Edith Stein zu beschäftigen, nicht zuletzt mit ihrer Thomas-Transposition in das Husserlsche ‚System‘." Sicherlich habe ich Sie damals verkürzt und womöglich sinnverzerrend zitiert. Entscheidend ist aber etwas anderes. Wie mich vor einem Vierteljahrhundert, so vermögen Sie bis heute viele Menschen geistig anzuregen, den Dingen näher auf den Grund zu gehen. Es ist die von Sokrates begründete Maieutik, die Hebammenkunst, die Sie anwenden. Durch geeignetes Fragen bringen Sie Menschen dazu, dass sie selbst Gedanken entwickeln, aus sich eine Erkenntnis gebären.

Ob Ihnen das auch beim sog. synodalen Prozess gelingt, auf den Sie sich, vereint mit dem heute unter uns weilenden Bischof Voderholzer, so tapfer eingelassen haben, das mag man angesichts des dortigen Niveaus und der immer gleichen Themen bezweifeln. Ihre Rolle bei diesem Prozess oder Weg haben Sie mir gegenüber in ein sprechendes Bild gefasst. Sie fühlten sich dort als „Brennnessel im Rosengarten". Das beweist Ihre Bescheidenheit. In Wirklichkeit verhält es sich genau umgekehrt: Sie sind die duftende Rose im muffigen Brennnesselstrauch!

XI.
REZENSIONEN

Erkenntnistheorie und philosophische Prinzipienlehre

Jörg Schulte-Altedorneburg, Rezension zu: ARBOGAST SCHMITT, *Gibt es ein Wissen von Gott? Plädoyer für einen rationalen Gottesbegriff* (Reihe: Studien zu Literatur und Erkenntnis, Band 17), Heidelberg 2019, Universitätsverlag Winter, 251 S., ISBN 978-3-8253-4612-6, 26 €.

In seinem neuen Buch widmet sich der renommierte Marburger Altphilologe Arbogast Schmitt in einem komprimierten geistes- und philosophiegeschichtlichen Rekurs der Frage, ob und wie es eine Erkenntnis Gottes geben kann. Im Mittelpunkt steht dabei nicht die Auseinandersetzung mit theologisch-philosophischen Gottesbeweisen, sondern die Analyse konkurrierender Rationalitätsverständnisse, die den erkenntnistheoretischen Paradigmenwechsel vom späten Mittelalter zur frühen Neuzeit ausmachen, und ihrer jeweiligen Konsequenzen für die Bestimmung von Möglichkeit, Art und Ausmaß eines Wissens von Gott. Der Verfasser greift dabei auf seine vielfältigen disziplinübergreifenden und einander komplementierenden Forschungen zurück, wie er sie nicht zuletzt vor einigen Jahren in seinem *opus magnum* „Die Moderne und Platon" (1. Auflage 2003, 2. Auflage 2008; englischsprachige Ausgabe 2012) dargelegt hat.

Wie Arbogast Schmitt gleich zu Beginn des Vorworts ausführt, bildet eine geistes- bzw. philosophiegeschichtlich vermeintlich hinreichend begründete These den Ausgangspunkt seiner Überlegungen: Im Gefolge der nachhaltigen Prägung des europäischen Denkens durch die Philosophie der Aufklärung und den Siegeszug der naturwissenschaftlich-empirischen Erkenntnismethoden habe sich die Überzeugung durchgesetzt, an Gott könne man glauben, Gott sei aber „kein Gegenstand eines möglichen Wissens" (11). Die damit notwendig verknüpften Fragen, was denn ein Wissen ausmacht und wie es gebildet wird, führt Schmitt zu der Feststellung eines offenbar erheblichen Unterschieds in der Beantwortung aus der Perspektive eines „repräsentierenden" oder eines „präsentischen" Verständnisses von Wissen und Wissenserwerb (22) – d. h. zwischen einem Verständnis des Denkens, „das [...] mit der Vergegenwärtigung und Verdeutlichung ihm bereits gegebener Gegenstände" beginnt, und einem Denken, das „mit sich selbst beginnt" (ebd.). Der hier angedeutete fundamentale Unterschied einer neuzeitlich-modernen und einer aristotelisch geprägten Theorie der Erkenntnis und der Leistung bzw. der Grenzen der Vernunft bildet den Ausgangs- und Zielpunkt der Abhandlung: Während die am meisten verbreitete Deutung, die man heute finde, a) die Begrenztheit eines rational begründbaren Wissens betone, daraus b) ferner ableite, „Gott als Gegenstand einer unmittelbaren, vom Verstand noch nicht zergliederten Ganzheits- oder Sinnerfahrung zu erschließen", und c) ein Wissen von Gott damit faktisch ausschlösse, stehe die platonisch-aristotelische Tradition, „die Gotteserkenntnis für die sicherste Erkenntnis und zugleich für die Grundlage allen rationalen Erkennens" zu halten, in einem deutlichen Gegensatz dazu (167). Die Erklärung dieses Unterschieds und die Erläuterung der spezifischen Rationalitätsvorstellung des Aristotelismus im Blick auf die Gotteserkenntnis – auch als ein Angebot an die Theologie – bilden den Kern der Untersuchung.

Schmitt gliedert seine Argumentation in vier Schritte: Er beginnt mit einer konzisen Gegenüberstellung der zwei grundlegenden wie auch grundlegend verschiedenen Erkenntnistheorien, die in der europäischen Geistesgeschichte die Basis für das Bestreiten oder die Möglichkeit der Gotteserkenntnis bilden (Kap. I). Im nächsten Schritt wendet Schmitt sich ausführlicher dem Aristotelischen Erkenntnis- und Rationalitätskonzept zu, um zuerst die aristotelische Lehre von den Erkenntnisvermögen und ihrer je spezifischen Rationalität von der Theorie der frühen Neuzeit abzugrenzen (Kap. II). Darauf aufbauend blickt er auf die Rezeptionsgeschichte des aristotelischen Vernunftbegriffs und die dabei wirkmächtigen Missverständnisse dieses Konzepts, um es in seiner Relevanz auch für die Gegenwart zu positionieren (Kap. III und IV). Auf der Grundlage dieser Rekurse auf das neuzeitlich-moderne und das aristotelische Rationalitätsverständnis begründet Schmitt abschließend noch einmal, aus welchen Gründen im ersteren eine rationale Gotteserkenntnis ausgeschlossen sei und im letzteren – über die Hinwendung des Denkens auf seine Voraussetzungen – auf die Erkenntnis einer göttlichen Vernunft hinauslaufe, und zieht dann einige theologisch bemerkenswerte Konsequenzen (Kap. V und VI). Ein Appendix, in dem Schmitt die Relevanz des aristotelischen Rationalitätsverständnisses auch für die Evolutionsforschung und zugleich dessen Widerspruchspotential gegenüber der Evolutionstheorie darlegt, beschließt das Buch.

Zum Gang der Argumentation: Wie schon angedeutet, widmet sich der Autor zum einen einer hermeneutisch gründlich fundierten Betrachtung ei-

nes entscheidenden Paradigmenwechsels im europäischen Denken über Erkenntnis und Vernunft, wie er an der Wende vom späten Mittelalter zur frühen Neuzeit vollzogen wurde und in vielfältigen Modifikationen und Anpassungen bis in die Gegenwart wirksam ist: Es ist, so Schmitt, die Abkehr von einem wissenschaftlich und praktisch als nicht mehr angemessen empfundenen metaphysischen Denken der Antike und des Mittelalters zugunsten einer „Wende zu den Dingen selbst" (12). Diese Fokussierung auf das empirisch zugängliche Einzelding und dessen Erkennbarkeit ist eine wegweisende erkenntnistheoretische Konsequenz nicht zuletzt aus dem Universalienstreit bzw. aus den Positionen des Nominalismus. Die Frage, ob das Wesen einer Sache nur und immer in dieser als einem wahrnehmbaren Einzelding und der Abstraktion von vielen wahrgenommenen Instanzen dieses Einzeldings, oder ob es durch die mit der Wahrnehmung des Einzeldings verbundene Bezugnahme auf eine ihm vorausliegende Idee, an der es Anteil hat (wie es Platon und Aristoteles begründen), erkannt werden kann, ist im Gefolge dieses Streits letztlich zugunsten der ersten Antwort entschieden worden. Die darauf fußende und bis heute wirksame Grundthese, dass „die ‚Dinge selbst' als das gelten, was ‚wahrhaft' [...] etwas Bestimmtes ist" (13), impliziert zugleich, dass bereits die Wahrnehmung das bestimmte Einzelding in seiner Ganzheit aufzunehmen vermag, die eigentliche Erkenntnis aber im nächsten Schritt durch die Vernunft erfolge, wie Schmitt anhand der ideengeschichtlichen Entwicklung insbesondere von Descartes über Kant bis in die moderne Philosophie hinein belegt. Diese faktische

„Zweiteilung der Erkenntnisvermögen
in eine rezeptive Sinnlichkeit und einen
spontanen Verstand" (S. 20) verdankt
sich einer Rationalitätskonzeption, die
nachweislich einer wirkmächtigen Wiederentdeckung stoischer Philosophie
und ihres Vernunftbegriffs entspringt.
Massiv vorangetrieben durch René
Descartes' Erkenntniszweifel und seine
Lösung im „cogito ergo sum", setzt sich
die Vorstellung durch, die noch nicht
rational überformte Wahrnehmung
eines Einzeldings in seiner Gänze als
ein damit unbewusster Vorgang werde
komplettiert durch die bewusste ‚Bear-
beitung' des gegebenen Gegenstandes
durch das Denken. Ohne auf weitere
Details in Arbogast Schmitts ebenso
dichter wie stringenter Argumentation
eingehen zu können, sei doch auf die
für das Kernthema der Abhandlung
entscheidende Folgerung hingewiesen,
dass diesem Vernunftbegriff zufolge
eine Gotteserfahrung „nur im Bereich
unmittelbarer Erfahrungen, im Gefühl,
durch Intuition, Erlebnis usw." denkbar
sei, und Gott, da er zugleich „niemals
ein Gegenstand eines endlichen Denkens" sein könne, letztlich unerkennbar
bleibe (22).

Im Hauptteil der Abhandlung
kontrastiert Schmitt „die erkenntnis-
kritische Wende der Neuzeit" und ihren Akzent auf der Möglichkeit einer
„unmittelbaren, vorreflexiven Bekannt-
schaft mit den Dingen selbst" (51) mit
der als überwunden geltenden Erkennt-
nis- und Vernunfttheorie von Platon
und Aristoteles: In dieser Tradition ist,
ebenso wie nach der beschriebenen
Wende, das sinnlich Wahrnehmbare der
Ausgangspunkt der Erkenntnis, aber in
fundamental unterschiedlicher Weise.
Für Aristoteles führt der Weg der Erkenntnis schrittweise und methodisch

kontrolliert von der Wahrnehmung
über weitere Erkenntnisvermögen, wie
Vorstellung und Meinung, bis zur gesicherten Verstandeserkenntnis eines
Gegenstands. Entscheidend ist dabei
die Voraussetzung, dass jedes beteiligte
Erkenntnisvermögen, von der unmittelbaren Wahrnehmung angefangen, eine
jeweils spezifische Unterscheidungsleistung erbringt: Das Herauslösen von
Farbe und Form bzw. Ausdehnung als
spezifische Leistung der unmittelbaren
visuellen Sinneswahrnehmung ist also
ein bereits rationaler Vorgang, in dem
ein Vermögen nach seinen spezifischen
Kriterien Bestimmtes aus einem der
Wahrnehmung Gegebenen herauslöst.
Das so sinnlich Wahrgenommene als
eine bestimmte Farbe, einen bestimmten Ton oder einen bestimmten Duft zu
erkennen und auf der nächsten ‚Stufe'
einer Gestalt, einer Melodie oder einem
Parfum zuzuordnen, ist ein hochrati-
onaler, wenngleich unbewusster Vorgang, dessen Unterscheidungsleistung
eine unerlässliche Voraussetzung hat:
Um Bestimmtheit zu erkennen, orientiert sich bereits die Wahrnehmung in
ihrer diskursiven Tätigkeit an den für
jeden Denk-, also Unterscheidungsakt
konstitutiven Prinzipien: Ohne Kriterien – wie Einheit, Vielheit, Identität,
Verschiedenheit, Gleichheit und andere
(92) –, die Implikationen des Wider-
spruchsprinzips sind, kann Aristoteles
zufolge weder die unmittelbare Wahrnehmung noch die komplexere, auf ihr
fußende Gegenstandswahrnehmung
zu sicheren Schlüssen kommen. In
seiner eingehenden Betrachtung der
in der Neuzeit vielfach formallogisch
verstandenen und teils desavouierten
Bedeutung des Widerspruchsaxioms
für die Erkenntnistheorie ‚rehabili-
tiert' Schmitt das Widerspruchsaxiom

überzeugend nicht nur als ein zentrales „Urteilsprinzip des Denkens", sondern unterstreicht dessen „kreative und innovative Potenz" und „das Wissen erweiternde und neue Dimensionen erschließende Funktion" (55ff.), die bis ins späte Mittelalter unumstritten war, nach der Wende zur Neuzeit aber keine Zustimmung mehr fand.

An dem sinnlich Wahrgenommenen eine diesen Prinzipien entsprechende ‚Bestimmtheit' zu erkennen, setzt zudem voraus, dass der Wahrnehmende nicht nur durch den ihm qua Mensch-Sein eigenen Verstand, sondern auch durch die wiederholte Erfahrung gleicher Wahrnehmungen, die damit verfügbaren Kenntnisse und deren Kombination mit aktuellen Sinneserfahrungen in der Lage ist, das als Bestimmt Erkannte mit einer nicht mehr sinnlich, sondern rein verstandesmäßig erfassbaren Bestimmtheit zu identifizieren: Aus Schallwellen z. B., also aus einer Schwingung der Luft mit dem Hörvermögen eine bestimmte Struktur herauszulösen, ist die Grundlage, durch die der Wahrnehmende die ermittelte bestimmte Ordnung als den Beginn einer bestimmten Sonate ‚hört', also durch die (rationale) Verbindung der Einzelwahrnehmung mit bereits Erkanntem und rein Intelligiblem erkennt. Einen Tisch oder ein Dreieck, wie Arbogast Schmitt anschaulich erklärt, erkennt man nach Platon und Aristoteles letztlich nicht anhand der Art ihrer ‚Verwirklichung' in einer bestimmten Materie und anhand der Abstraktion von einer großen Zahl gleicher oder ähnlicher ‚Verwirklichungen', sondern an ihren Spezifika, d. h. ihrer begrifflichen und rein intelligiblen Bestimmtheit. Im weiteren Durchgang durch die Spezifika dieser wirkmächti-gen Unterscheidungsphilosophie zeigt Arbogast Schmitt in beeindruckender Klarheit, dass das dahinterliegenden Rationalitätskonzept nicht nur eine alternative Erkenntnistheorie, Psychologie und Pädagogik grundlegt, sondern auch und nicht zuletzt auf die Möglichkeit einer rationalen Gotteserkenntnis hinausläuft, wie es für die Wirkungsgeschichte bis ins 13. Jahrhundert hinein selbstverständlich war: Die menschliche Vernunft erweist sich in den diskursiven Akten der unmittelbaren Wahrnehmung an als *conditio sine qua non* menschlicher Erkenntnis; sie ist letztlich das Vermögen, mit dem das bestimmte Sein einer Sache selbst, also ein rein intelligibles Erkennbares, erfasst wird. Es ist dieses Verständnis menschlicher Vernunft und des ihr eigenen Vermögens, das auf die Vernunft selbst verweist, „an der sich die menschliche orientiert, [...] als ‚wirklicher Ort aller Seinsmöglichkeiten'" (111). Im Blick auf den Glauben an Gott und die Gotteserkenntnis im Licht dieses Rationalitätskonzeptes folgt Schmitt: „Wenn der Glaube aber auf der Grundlage der Rationalität selbst gebaut ist, gewinnt er einen anderen Sinn. Er besteht dann in einem auf Erkenntnis und Überzeugtheit beruhenden Vertrauen darauf, dass das, was man aufgrund der Teilhabe an der göttlichen Vernunft von Gott wissen kann, hinreichender Grund dafür ist, auch von dem unermesslichen Sein und Wirken Gottes, das von uns noch nicht verstanden ist und oft auch gar nicht verstanden werden kann, zu ‚glauben', dass wir uns auf es verlassen können" (149).

In seiner philosophischen Dichte wie in der Anschaulichkeit und Stringenz der Argumentation sei dieses Buch Philosophen, philosophisch Interessierten und ganz besonders einem theologischen Leserkreis ans Herz gelegt: Arbogast Schmitt macht mit der vorliegenden Untersuchung ein Rationalitätskonzept wieder zugänglich(er) und verständlich, das als eine auch heute plausible Alternative zu herrschenden Auffassungen von der spezifischen Leistung und den Grenzen der Vernunft in Betracht gezogen werden kann. Für die Theologie in ihrem Spannungsverhältnis zwischen Glaube *(fides)* und Vernunft *(ratio)* dürfte dieser Ansatz, den auch Thomas von Aquin verfolgte, auch eine Rückbesinnung auf ihr Selbstverständnis als Wissenschaft, wenn auch in einem vom modernen Verständnis grundlegend abweichenden Sinn, ermöglichen. Schmitt illustriert diesen Anspruch des Glaubens und der Theologie durch den Hinweis auf den Wortlaut eines Gebetes aus dem *Missale Romanum* zum Fest der Epiphanie des Herrn: „Gott, gewähre uns gnädig, dass wir, die wir dich schon durch den Glauben kennen, bis zur geistigen Erkenntnis des Anblicks deiner Hoheit gelangen" (147). Der Weg zu Gott, so schreibt Schmitt bereits im Vorwort, sei „in diesem Sinn ein Weg zu der einen Vernunft, an der jedes Denken teilhaben muss, wenn es sachgemäß und kommunizierbar sein soll" (18).

Nach der Lektüre dieser anspruchsvollen und ideengeschichtlich wie philosophisch ebenso überzeugenden wie provozierenden Untersuchung wird man nicht nur den Prolog des Johannesevangeliums, insbesondere die ersten vier Verse mit ihrem Akzent auf dem Logos, also der Vernunft, als dem mit Gott identifizierten Ursprung von allem, mit anderen Augen lesen. Dass das Rationalitäts- und Wissenschaftskonzept des Aristoteles darüber hinaus auch einige fundamentale Anfragen

an das moderne Verständnis von Wissenschaft etwa im Blick auf implizite normative Voraussetzungen und deren hermeneutische Folgen – von der Problemfindung und -definition bis zum Design experimenteller Beweisverfahren – stellt, blitzt in der Untersuchung immer wieder auf und lädt zu einem disziplinenübergreifenden Weiterdenken ein.

Harald Seubert, Rezension zu: CHRISTOPH BÖHR, WOLFGANG BUCHMÜLLER (Hg.), *Ambo 2020. Das Gute, Wahre und Schöne. Zur Aktualität der Lehre von den Transzendentalien. Jahrbuch der Hochschule Heiligenkreuz 2020 (5. Jahrgang)*, Heiligenkreuz 2020, Be&Be-Verlag, 644 S., ISBN 978-3-903602-11-3, 24,90 €.

Die Frage nach der Zukunft und den Potentialen von M'etaphysik ist in den letzten Jahren erfreulicherweise wieder verstärkt und offen in den Blick genommen worden. Dazu trägt die systematisch vielfach wieder wachgerufene Gottesfrage ebenso bei wie die Suche nach einer nicht-reduktiven Rationalität.

Nicht nur im Allgemeinen wird in diesem eindrucksvollen Sammelband über die Zukunft der Metaphysik nachgedacht; vielmehr wird auf einen zentralen Kern von Ontologie und philosophischer Theologie hingewiesen: auf die Lehre von den Transzendentalien – bonum, pulchrum, verum –, die von Thomas von Aquin in ihrem gegenseitigen Bedingungs- und Konvertibilitätszusammenhang bestimmt worden sind. Secundum rem, der Sache nach sind die Transzendentalien Thomas zufolge austauschbar. Wolfgang Buchmüller weist in seinem kenntnisreichen Vorwort darauf hin (11–21). Zugleich zeigt er, dass die scholastische Transzendentalienlehre bei Kant nachklingt, wenn er eine

„transzendentale Theologie" entwickelt, „die sich das Ideal der höchsten ontologischen Vollkommenheit zu einem Prinzip der systematischen Einheit nimmt" (IMMANUEL KANT, *Kritik der reinen Vernunft*, B 844). Der transzendentalphilosophische Resonanzraum spielt in dem Band durchgehend eine wichtige Rolle und bildet gleichsam den Brückenschlag zwischen der klassisch metaphysischen Transzendentalienlehre und ihrer Infragestellung in den leitenden philosophischen Paradigmen der Moderne.

I

Bereits das Präludium bildet eine subtile Infragestellung: Der abgedruckte Inauguralvortrag von *Franz Lackner*, heute Erzbischof in Salzburg und langjähriger Professor für Philosophie in Heiligenkreuz, setzt nicht bei Thomas, sondern bei dem univoken Seinsbegriff von Johannes Duns Scoctus an (59–69). Die Offenheit von Duns Scotus' Seinsbegriff, der vom endlichen Einzelding bis in die universelle Unendlichkeit reicht, ermöglicht nach Lackner eine Haltung des Seinlassens, gleichsam als Grundstimmung einer „Theologie der Vorläufigkeit", die formal anzeigend und bei aller Fragilität auf die potentielle Geborgenheit in einer möglichen Gottesbegegnung hinweisen kann.

Nicht Lackner liefert indes das eigentliche Präludium des hervorragend komponierten Bandes, sondern der Abdruck der Quaestio Prima aus Thomas' ,Quaestiones disputatae de veritate': Zu Recht verweist der Herausgeber Christoph Böhr darauf, dass alle nachfolgenden Beiträge als Auslegungsperspektiven auf Thomas' Frühschrift verstanden werden können (24).

Rémi Brague eröffnet diesen hermeneutischen Reigen. Er fragt in sei-

nem ins Zentrum zielenden Beitrag *Sein als Gut* (81–103) nach der Bedeutung der Konvertibilitätsaussage, der zufolge Sein transzendental, mithin ungegenständlich als das Gute identifiziert werden kann. In einem mit Rückgängen auf Kant, G. E. Moore und den Neuplatonismus instrumentierten konzisen systematischen Argumentationsgang legt Brague dar, dass „gut" im transzendentalen Kontext von der Fixierung auf das menschliche Handeln gelöst werde, was mit einer Umorientierung des Willens einhergeht. Der Wille richtet sich dann nicht auf einzelnes intentionales Seiendes, um daran seine Bedürfnisse zu befriedigen. Wille zum Guten ist vielmehr urbildlich und zentral der ungeschaffene, göttliche Wille in seinem Wohlwollen, das Anderes, das kontingente Seiende, bejaht und zu sich zieht. Dieser Wille teilt sich in der Signatur erscheinender Schönheit mit (Schönheit der Gnade: grâce). Es ist das Schöne, das den Menschen „begnadigt" und so erst zu seinen humanen Welt- und Selbstgestaltungsmöglichkeiten finden lässt.

Dass Bragues Beitrag einen Anfang markiert, der Desiderat künftiger Wiederaneignung eines großen, doch verschütteten Gedankenerbes sein könnte, ist festzuhalten. Diesen Faden nimmt der Herausgeber *Christoph Böhr* auf (103–130), indem er in großen Linien zeigt, wie die Transzendentalienlehre eine umfassende, gerade nicht auf die raum-zeitliche Objektwelt oder gar eine physikalistisch eingeschränkte Weltsicht begrenzte Erkenntnislehre eröffnen kann. Dieser weite Horizont sei freilich in der Reduktion des Seins auf Existenz (oder Funktionen) in der Philosophie des 20. Jahrhunderts zunehmend verloren gegangen. Im Zeitalter des Nihilismus sei der Blick auf die

Transzendentalien endgültig und weitgehend unbefragt aufgelöst worden: Ein
Verlust, dessen sich die „nachneuzeitli-
che" Metaphysik zunehmend bewusst
werde, was auch mit einer verstärkten
Wiederanknüpfung der Subjektivitäts-
und Freiheitsfrage an die spätantike
und mittelalterliche Metaphysik, etwa
bei Werner Beierwaltes oder Theo
Kobusch, einhergeht.

Völlig zu Recht
weist Böhr auf die künftige Perspektive des Transzendentalienproblems hin:
Die Transzendentalien sollten demnach
nicht statisch, sondern gleichsam kritisch und deiktisch verstanden werden:
„als die Bedingung der Möglichkeit
einer Vergewisserung des – in Gänze
für uns unerkennbaren – Seins in seiner – jeweilig erkennbaren – Erschei-
nungsform des Seienden" (129), womit
in Verbindung kritischer Transzendentalphilosophie und der Transzendentalienlehre darauf hingewiesen ist, dass
der von Heidegger nahegelegte Hiat der
ontologischen Differenz zwischen Sein
und Seiendem nicht unausweichlich
ist. Eine faszinierende Perspektive, der
systematisch weiter nachzugehen wäre.

Rocco Buttiglione verknüpft den
Status der Transzendentalien als „reine Vollkommenheiten" mit leitenden
Gedankenfigurationen der Postmoder-
ne (130–143). Die Vollkommenheiten
realisieren sich, wie auch Buttiglione
einräumt, zunächst an der Korrelation
von konkreten Entitäten, wenn diese in
harmonische Grundverhältnisse führt.
Thomas von Aquin gibt wieder den
entscheidenden Hinweis, dass „reine
Vollkommenheiten" zwar dem denken-
den Intellekt zugänglich sind, jedoch
die göttliche Offenbarung voraussetzen.
Die Aporie besteht darin, dass modernes Denken häufig solche Vollkommenheiten als immanente Setzungen

festhalten wollte, den Gottesbegriff aber
tilgte. Reflexiv wird dieser Sinn- und
Horizontverlust bei Nietzsche und bei
ihm verpflichteten Postmodernetheore-
tikern, die zugleich die Tendenz zur Annahme der Machbarkeit neuer Paradiese
des Menschen namhaft machen.

II
Im Licht dieses Befundes beginnt der
Rückgang in den Brunnen der Vergangenheit, die klassische Transzendentalienlehre. *Dominicus Trojahn* eröffnet ihn
mit einer umsichtigen Rekonstruktion
der „aristotelischen Grundlegung der
Metaphysik" (144–165). Die Frage nach
dem Sein des Seienden ist, wie er deutlich macht, schon bei Aristoteles die
höchste und umfassendste Frage der
Philosophie, sodass bereits in der aristotelischen Metaphysik hintergründig
Leibniz' und Schellings Grundfrage der
Metaphysik aufscheint: „Warum ist Seiendes und nicht vielmehr nichts?" Das
Sein des Seienden wird bei Aristoteles
bekanntlich als „ousia" verstanden, nicht
im Sinn eines überindividuellen Allgemeinen, das nicht neben oder über dem
einzelnen Seienden, sondern in und
durch dieses sich manifestiert. Daher sei
das Seiende als Thema der Ersten Philosophie Einheitsgrund des Wirklichen,
von Sprechen und Sein.

In vier gut aufeinander abge-
stimmten Aufsätzen wird sodann die
Transzendentalienlehre der mittelalterlichen Scholastik selbst in verschiedenen Perspektiven rekonstruiert.
Andreas Speer zeigt, wie Bonaventura
zwei primäre Gottesnamen unterscheidet (166–198): Einerseits sei Gott das
Sein selbst (mit eher alttestamentli-
chem Verweis auf Mose), andererseits
(in neutestamentlicher, auf Christus be-
zogener Resonanz) das Gute als Grund-

prinzip. Das „ipsum esse" hat dabei den gnoseologischen Vorrang, doch durch das Hinzutreten des konvertiblen Guten werde erst die schöpferische Ursächlichkeit des göttlichen Seins erkennbar. *Berthold Wald* (198–228) widmet sich sodann der transzendentalen Begründung des sittlich Guten bei Thomas von Aquin. Er zeigt eindringlich, dass und wie Thomas auf die Identität zwischen dem Sein und dem Guten verweist. Sein ist das zuerst Gegebene; in seiner Ziel gebenden Vollkommenheit erscheint es aber im Modus des Gutseins. Dieser prägt das Sein noch ungleich stärker als jener des Wahrseins. Denn alles Handeln orientiert sich auf das Gutsein, sowohl in der letzten Zielbestimmung als auch in der Wahl der Mittel. Dies führt allerdings, wie Wald überzeugend darlegt, keineswegs zu einer Heteronomie der Sittlichkeit. Denn obwohl das Gute aus sich selbst einsichtig ist und der grundlegende Imperativ lautet, dass das Gute zu tun, das Böse zu unterlassen sei, ist die menschliche Natur durch ihre Ambivalenz, transzendent und endlich zu sein, frei, das Gute zu wählen bzw. ihr eigenes Telos zu finden oder zu verfehlen. Die Lektüre von Walds Aufsatz demonstriert, wie durch die gedankenlose Reproduktion des vermeintlichen Sein-Sollen-Fehlschlusses für die Bestimmung der Sittlichkeit Essentielles verlorengeht.

An eben diesen Fragen einer Querelle zwischen der klassischen Metaphysik und der Moderne arbeitet sich auch *Rudi te Velde* ab, wenn er explizit Willensfreiheit und Transzendentalität des Guten zum Thema macht (228–250). Willensfreiheit kann nicht Indifferenzfreiheit sein, die einen freischwebenden Willen annimmt. Vielmehr kann im Sinn der Konvertibilität

der Transzendentalien etwas nur gewählt werden, weil ihm der Charakter des Gutseins innewohnt. Damit kommt die Seele ins Spiel, die eine grundsätzliche und grundlegende Offenheit für das „bonum universale" habe, wobei sie vor dieser grundlegenden Disposition zu unendlich vielen Weltzugängen und Weltdispositionen prädestiniert ist.

Rolf Darge (250–283) thematisiert hochinteressant das Verhältnis von Seins- und Erkenntniswahrheit bei Thomas von Aquin selbst und den wirkmächtigen Thomaskommentatoren Súarez und Cajetan. Für Thomas zeigt sich Wahrheit stets in einer Ursache-Wirkungs-Beziehung zwischen dem jeweiligen Ding und dem menschlichen Verstand. Wahr ist also das Ding dann und nur dann, wenn es eine wahre Erkenntnis seiner selbst verursacht. Darauf beruht die adaequatio intellectus ad rem als im Seinsakt hervorzubringende proportionale Analogie zwischen „res" und „intellectus". Darge zeigt, dass bei Thomas (und noch bei Cajetan) Wahrheit vom Seinsakt her expliziert wird, während bei Súarez die Wesenheit an den Dingen vorgefunden wird, die dann propositional als „wahr" bezeichnet werden. Bei Súarez fällt schließlich auch die Bezugnahme der Analogata auf den Einheitshorizont (pros hen) des göttlichen Primum analogatum aus.

III
In zwei auf Kant konzentrierten Aufsätzen wird vor diesem Horizont die „neuzeitliche Wende im Verständnis der Transzendentalien" deutlich gemacht. Die Wende ist indes nicht einfach ein Abbruch, sondern Transformation. *Francesco Valerio Tommasi* (284–302) zeigt mit guten philologischen und philosophischen Argumenten die „lon-

gue durée des akademischen Aristotelismus" in Kants Konzipierung der
Transzendentalphilosophie an. Die phi-
losophia transcendentalis ist wesentlich
für den Rang der Metaphysik als Wissenschaft. Indem Kant seit seinen An-
fängen durchgehend dem Sein den Charakter des realen Prädikates abspricht,
den Seinsbegriff also auf einen Funkti-
onsbegriff reduziert, wird Ontologie als
Wissenschaft prima facie unmöglich.
Unerreichbar wird damit der vorprädi-
kative, synkategorematische Horizont
des Seinsbegriffs. Die Struktur des
Urteils gewinnt ihre fundamentale und
unhintergehbare Bedeutung, die aber
von der vorgängigen vorprädikativen
Ebene abhängig ist.

In einem vermächtnishaften,
kurz vor seinem Tod verfassten Beitrag
(302–313) zeigt *Richard Schaeffler,* dass
es Kant ebenso wie der mittelalterlichen Transzendentalphilosophie um
den Überschritt vom Erkennen zum
Sein geht. Die Problematik verlagert
sich auf die Vollzüge von Anschauen
und Denken, die aber durch die allgemeinen, auf jedweden Gegenstand an-
zuwenden Grundformen und -gesetze
orientiert werden müssen: In jenen
allgemeinsten Gesetzen wird bei Kant,
gerade in seiner Theorie der Erfahrung,
der metaphysische Bestand bewahrt.
Als seiend erweist sich, so Schaeffler,
„was uns in ‚widerständigem Eigenstand'
begegnet" (309). In eigenständiger Ak-
zentuierung des Impulses von Brague
und Böhr macht sich auch Schaeffler
das Motiv einer kritischen Erneuerung
der Transzendentalienlehre zu eigen.
Er versuche, so formuliert er seinen
Ansatz, „nicht nur gegenüber der klassischen Transzendentalienlehre, sondern auch gegenüber deren Neufassung
durch Kant die bleibende Aktualität der

Aufgabe gerade durch die Kritik der
bisher vorliegenden Lösungsversuche
nachzuweisen" (312).

IV

Konsequent schließen sich fünf Beiträge an, die die erneute Präsenz der
Transzendentalphilosophie im Denken
der Gegenwart punktieren.

Anna Varga-Jani überschreibt
ihren Aufsatz stimmig ‚Vom Sein zum
Bewusstsein – zum Sein' (313–328). Sie
widmet sich der für Edith Stein zentralen Bestimmung des Verhältnisses
von Thomas und Husserl, klassischer
Metaphysik und Phänomenologie, end-
lichem und ewigem Sein. Die Frage
nach der Wahrheit war für Stein auf
diesem Weg entscheidend. Stein wurde
von der Frage in Atem gehalten, ob die
phänomenologische und die durch die
Transzendentalien-Metaphysik eröffnete Wahrheit miteinander identisch sind.

Hanns-Georg Nissing geht der
eigenständigen Thomas-Deutung von
Josef Pieper vor dem aristotelischen
Grundsatz nach: „Die Seele ist in gewisser Weise alles" (328–354). Dem „verum"
und „bonum" kommt bei Pieper, der die
Transzendentalien sehr schön als „Ur-
worte des Seins" verstanden hat, eine
Schlüsselbedeutung zu, weil sie nur
durch den Geist erfassbar sind. „Verum"
und „bonum" bilden insofern eine Brücke zwischen theologischem, metaphy-
sischem und anthropologischem Sinn
der Transzendentalien, eine Trias, auf
die Pieper besonderen Wert legte. Zugleich griff er die Differenz zwischen
dem hinnehmend betrachtenden Intellectus speculativus und dem schöpferischen Intellectus practicus auf. Und,
was Piepers Thomas-Aneignungen
nach wie vor hochinteressant macht:
Er sah gegenüber neuthomistischen

Überrationalisierungen, dass Thomas eindrücklich auf die Unvollständigkeit menschlicher Erkenntnis verweist. Das Wesen der Dinge sei also gleichermaßen erkennbar und unergründlich.

Marian C. Gruber wendet sich Johann Baptist Lotz und seinem Spätwerk ,Die Grundbestimmungen des Seins (1988)' zu (354–362), der die Transzendentalie des verum mit dem Heiligen und Heilenden in Verbindung bringt. Sakralität wird also von Lotz gleichsam als Entbergung des Wahren aufgefasst, was eine grundsätzliche Achtung vor dem Seienden und seiner Gegebenheit nach sich zieht. Vor allem im personalen Sein liegt also ein Zug der Heiligkeit. Einem anderen, noch prominenteren Theologen des 20. Jahrhunderts, Hans Urs von Balthasar, wendet sich *Karl Wallner* zu (362–387). Er zeigt, wie die Transzendentalien Balthasars theodramatischer Trinitätstheologie Gestalt geben. „Pulchrum" nimmt bei Balthasar eine besondere Rolle ein. Es ist der „Herrlichkeit" Gottes zugewiesen, „bonum" dagegen der Theodramatik und „verum" der Theologik. Allerdings wird die Drei-Einheit der göttlichen Personen in allen drei Darstellungsmodi sichtbar, sodass Wallners Kernsatz stimmig ist: „Trinitas et transcendentalia convertuntur." Klassische Ontologie und die Phänomenologie des geschichtlich in den Weltzusammenhang eintretenden Gottes durchdringen sich in Balthasars trinitarischer Metaphysik.

V

William J. Hoyes Beitrag (387–405) schlägt bereits die Brücke zur anthropologischen Fragestellung: Nicht ideengeschichtlich, sondern allgemeinmenschlich legt sich ein Zweifel an der Konvertibilität der Transzendentalien

nahe. Ist denn wirklich alles Seiende zugleich gut? Wie verhalten sich die menschlich immer nur als Horizont zu fassende Perspektive Gottes und die menschliche Perspektive zueinander? Für Hoye werden die Transzendentalien zu einem „Je ne sais quoi", das letztlich nur proleptisch in einem eschatologischen Horizont zugänglich ist. Vor einem anthropologischen Panorama zwischen Bergson und Plessner greift er auf die Darstellbarkeit jenes Eschaton im Lachen zurück, das nicht verneint, sondern, wie eindrückliche Interpretationen zum seligen Lachen in Dantes ,Divina Commedia' zeigen, die versöhnende Überschau Gottes vorwegnimmt und ähnlich wie in Jean Pauls ,Vorschule der Ästhetik' versöhnend und verbindend wirkt.

Richard Schenk geht menschlichem Personsein in seinem auszeichnend singulären Charakter nach (406–432), der in funktionalistischen und relativierenden Ansätzen vor die Notwendigkeit geführt wird, seine Selbstzwecklichkeit erst nachzuweisen. Schenk gräbt tief in den Bestimmungen der Persona vor allem im 13. und 14. Jahrhundert, um einen Kontrapunkt zu gewinnen, und zeigt, wie Personalität zwar nicht kriteriologisch an einzelne Eigenschaften zu knüpfen ist, aber dennoch der Personbegriff in seiner ganzen Komplexität die Würde des Humanum gesamthaft verstehen lässt. Personsein ist für Schenk eine Hoffnung, die niemals vollständig demonstrierbar ist, deren Verunmöglichung aber, wie die jüngere Vergangenheit und Gegenwart zeigen, notwendigerweise Empörung, Kritik und Anklage nach sich ziehen wird.

Der Band mündet in spirituelle Darstellungen des großen Themas:

Dies ist für das Jahrbuch einer Theologisch-philosophischen Hochschule nur angemessen. Es bringt den Lebens- und Glaubensgrund der Metaphysik eindrücklich zur Darstellung und kann insofern auch für den viel berufenen „religiös Unmusikalischen" instruktiv sein. Rechnung getragen wird dem mit einem Aufsatz von *Johannes Paul Chavanne* (432–445) über die Freude als Grundimpuls der Kirche und vor allem mit dem von *Wolfgang Buchmüller* (449–471) kommentierten Hymnus „Deus, qui caeli lumen es". Im Neuplatonismus gab es das philosophische Gebet. Anselms Bewegung der Fides quaerens intellectum achtete Hegel besonders hoch, weil sie sich zum Göttlichen erhebe. Der spirituelle Glutkern zeigt eindrücklich, wie Argument und Gedanke einander ergänzen können.

Abgeschlossen wird der Band durch Würdigungen und Nachrufe auf Werner Beierwaltes, Klaus Berger und Richard Schaeffler, die alle und je auf ihre Weise in ihrem Leben und Denken eine Kongenialität von Glaube und Vernunft eindrücklich unter Beweis stellten.

Man legt dieses Manuale der Metaphysik der Transzendentalien beeindruckt aus der Hand, nicht nur vielfach belehrt über die Differenziertheit eines Denkens des Schönen, Wahren und Guten, das über Kant vermittelt Zukunftspotentiale erweist und dem Vergessen entrissen werden sollte. Herausragend ins Auge stechen Herausgabe und Komposition des Bandes, der durchaus eine janusköpfige Ausrichtung hat. Er zeigt nicht nur die Bedeutung einer zentralen metaphysischen Denkkonzeption, die zu erinnern bleibt, sondern auch ihr Anregungs- und Produktivitätspotential für ein künftiges Denken: Anders kann es nicht sein, bei Gedanken, die

einen Besitz für allezeit, ein „Ktema eis aei", ausmachen.

Christoph Böhr, Rezension zu: MERIO SCATTOLA, *Prinzip und Prinzipienfrage in der Entwicklung des modernen Naturrechts. The Question of Principles and the Development of Modern Natural Law*, hg. u. eingel. v. Andreas Wagner, Stuttgart-Bad Cannstatt 2017, frommann-holzboog Verlag [Politische Philosophie und Rechtstheorie des Mittelalters und der Neuzeit, Reihe II: Untersuchungen, Bd. 8.], 283 S., ISBN 978-3-7728-2699-3, 168 €.

Wer sich in die Forschungen von Merio Scattola vertieft, fühlt sich mitunter wie ein Schatzsucher, der ganz unverhofft eine Truhe mit alten wertvollen Goldmünzen findet. Scattola ist ein Ausnahmewissenschaftler – stupend in seinem Wissen und profund in seinen Kenntnissen, zuletzt Professor für Politische Ideengeschichte an der Universität Padua, an Gelehrsamkeit und Belesenheit kaum zu übertreffen –, der 2015 allzu früh im Alter von 53 Jahren verstarb und dessen Rezeption in Deutschland endlich Fahrt aufnehmen muss – und dies umso mehr, als zahlreiche seiner Arbeiten, die noch lange maßgeblich bleiben werden, in deutscher Sprache vorliegen. Scattola hat wie wohl kein Zweiter die Entwicklung des vorneuzeitlichen wie des neuzeitlichen Naturrechtsdenkens in seinen zahlreichen Facetten erforscht.

Im Mittelpunkt der Sammlung von sieben, meist bisher unveröffentlichten und thematisch eng zusammenhängenden Beiträgen steht Scattolas wegweisende Forschung zu der Frage: *Principium oder principia?"* Es geht um eine „epistemologische Perspektive auf den Rechtsgrundsatz zwischen Vormoderne und Moderne". (63–90) An den Anfang seiner Überlegungen stellt er ein epistemologisches Modell, nämlich das „erkenntnistheoretische Dreieck des Naturrechts": Prinzip, System und Methode heißen die drei Schlüsselbegriffe: Ein Prinzip, entfaltet zu seiner Fülle, wird zum System: „Das Prinzip ist ein System in seiner implizitesten Form, das System ist ein vollkommen expliziertes Prinzip [...], beide die äußersten Punkte eines logischen Kontinuums". (63) Die Methode „schließlich ist diejenige Regel oder Verfahrensweise, welche beschreibt, wie man das eine in das andere verwandeln kann, wie man aus einem Prinzip ein System herleitet, aber auch, wie man ein System auf einen einzigen Grundsatz zurückführt". (63) Alles, was naturrechtlich ausgesagt werden kann, hängt an einem einzigen, letzten Prinzip.

Scattola sieht in diesem Modell eine Grundvoraussetzung des frühneuzeitlichen Naturrechts – und belegt dies mit einer Fülle von Beispielen. Pietro Antonio Ghio etwa stützte sich in der zweiten Hälfte des 18. Jahrhunderts auf die Annahme, dass „ein Prinzip des Gerechten in allen Menschen natürlich vorhanden sein muss". (69) Woher stammt dieses Prinzip? Ghios Antwort: „Nur Gott kann dem Menschen die ursprüngliche Idee der Gerechtigkeit gegeben haben, die sich in unserer Seele als eine innere intellektuelle Erscheinung kundtut." (71)

In dieser Betonung eines einzigen Prinzips, auf dem das ganze Naturrecht aufbaut, zeigt sich eine große Übereinstimmung von protestantischen, philosophischen und katholischen Naturrechtslehren, mithin „in allen Strömungen der gelehrten Kultur des achtzehnten Jahrhunderts". (72)

Eben diese Beschränkung auf ein zum System ausgefaltetes einziges Prinzip gab es in den vorangegangenen Jahrhunderten nicht: Dort ist das Prinzip „immer ein mehrfaches, es sind mehrere Prinzipien – das Naturrecht beruht auf mehreren Grundsätzen gleichzeitig". (72) Allerdings spielten auch hier konfessionelle Grenzen keine Rolle.

Scattola erläutert dieses ältere, auf mehrere Prinzipien gegründete Naturrechtsdenken am Beispiel Philipp Melanchthons: Es sind ,principia communia', angeborene Ideen, die das ethische Handeln steuern, und sie sind „in ihrem Kern mit dem ursprünglichen Gesetz identisch, das Gott den Menschen gab und das er in Adams Herz einschrieb, als er ihn schuf. Insofern sind sie die ersten und wichtigsten Regeln der menschlichen Natur, die man also als Naturrecht im eigentlichen Sinne bezeichnen sollte". (73) Wiederholt und zum Ausdruck gebracht wurden die dem Menschen bei seiner Erschaffung ins Herz geschriebenen Regeln im Dekalog. Für Melanchthon sind folglich die „Prinzipien des Naturrechts nichts anderes als die Gebote des Dekalogs und somit zehn an der Zahl". (73) An anderer Stelle schlägt Melanchthon drei allgemeine Regeln vor, an wieder anderer Stelle derer vier.

Melanchthons Lehre der vielfältigen Naturrechtsprinzipien war ab der Mitte des 16. Jahrhunderts überkonfessionell weitverbreitet. Ihre Wurzeln hat sie in der mittelalterlichen Scholastik – schon Thomas von Aquin hatte die Hauptregeln des Naturrechts als eine Reihe von ,an sich bekannten Prinzipien' verstanden und auf Grundbestimmungen der menschlichen Natur zurückgeführt, deren Anzahl der Zahl der ontologischen Ebenen entspricht,

an denen der Mensch teilhat – und war
„gleichsam ein geistiges Gemeingut".
(77) Um das Naturrecht allerdings als
System der Jurisprudenz zur Entfaltung
zu bringen, muss man neben seinen
Grundsätzen noch weitere Prinzipien
verschiedener Art einbeziehen; von einem letzten Prinzip, mit dem alles steht
und fällt, kann also keine Rede sein.
    Im Gegenteil: Vielfältige Prin-
zipien bestimmen hier die Ableitungs-
grundlage naturrechtlicher Gebote.
Warum? Auf diese Weise lassen sich
Austarierungen vornehmen, die besonders in Fällen einer Kollision von
Regeln notwendig werden. „Der über-
geordnete Grundsatz besagt eigentlich
nur, was die anderen untergeordneten
negativ nicht sein dürfen. Was diese positiv sein können, bleibt frei und kann
vom Standpunkt des übergeordneten
Prinzips im Voraus nicht entschieden
werden. Die untergeordneten Prinzipien bestimmen dementsprechend die
übergeordneten näher, und die übergeordneten beschränken (und verbessern)
die untergeordneten." (87)
    Es gibt zweierlei Weisen – Syl-
logismen –, wie aus dem Naturrecht
ein Gebot gewonnen werden kann:
der erste Syllogismus identifiziert das
Prinzip einer logischen Gattung – aus
der Goldenen Regel folgt beispielsweise das Tötungsverbot –, während der
zweite Syllogismus auf Spielräume des
Ermessens, also des menschlichen Verstandes, Rücksicht nimmt. (88f.) Der
erste Schluss dient nicht der Erkenntnis einer neuen Tugend, sondern allein
deren Explikation, während die zweite
Ableitung eine Tugend stiftet, die früher unbekannt war, und insofern zu einer neuen Erkenntnis führt. Allein aus
„der Idee des Lebewesens kann man
keine Idee des Menschen gewinnen".

(89f.) Deshalb bedarf das Naturgesetz
vieler Prinzipien. „Einige unter ihnen
können als Folgen aus schon bekannten Prämissen gewonnen werden, aber
andere sind unreduzierbar und fügen
eine neue Differenz hinzu. Nur aus der
Summe aller dieser Differenzen ergibt
sich das, was wir mit Naturrecht bezeichnen." (90)
    Eine weitere Ausfaltung seiner
Überlegungen zur Struktur des Naturrechts im Begriffsdreieck von Prinzip,
System und Methode findet sich in
Scattolas Buch im 5. Kapitel „Wie funk-
tioniert das Prinzip des Naturrechts?
,Principium essendi', ,principium cognoscendi' und ,socialitas'." Das Kapitel
handelt vornehmlich über Samuel Pufendorf (1632–1694) und dessen natur-
rechtliches Prinzip. (131–159) ,Prinzip'
meint hier zweierlei: ,principium cognoscendi', erstes Prinzip des Systems
und Ausgangspunkt der Wissenschaft;
als ,principium essendi' bedeutet es
die erste Ursache einer Handlung und
Grund einer Bewegung. Für Pufendorf
ist jegliches ,principium essendi' auch
Grundsatz einer Wissenschaft, mithin
,principium cognoscendi'.
    Wenn nun Naturrecht als Wis-
senschaft auftreten und als Disziplin
gestaltet werden soll, dann muss es –
von Prinzip zu Prinzip voranschrei-
tend – am Ende der Kette einem ersten
Prinzip, das Begründung und Grundsatz zugleich ist, folgen. (137) Dieses
Prinzip muss alle denkbaren Normen
des Naturrechts implizit in sich tragen,
sodass man mittels der analytischen
Methode zu ihm aufsteigen oder mittels
der synthetischen Methode von ihm he-
rabsteigen kann. Und es muss schließlich so allgemein sein, dass es die gesamte menschliche Gattung umfasst,
also weder von einer geschichtlichen

Rechtssetzung noch von göttlicher Offenbarung abhängen. Es kann folglich nur und „ausschließlich der Vernunft des Menschen entstammen" und muss „in allen seinen Teilen vernünftig", darf also nicht angeboren sein. (138) „Weil Menschen vernünftige Wesen sind, werden sie von ihrer Natur gezwungen, vernünftige Prämissen und vernünftige Schlüsse anzuerkennen", sodass sie gezwungen sind, „auch ihre Handlungen danach einzurichten", denn ansonsten geraten sie in Widerspruch zu ihrem eigenen Wesen. Das Naturrecht wird zum Vernunftrecht. Aus der Kohärenz von Prinzip und System ergibt sich der innere Zwang zum vernünftigen, also einem dem Naturrecht entsprechenden Handeln.

Wenn nun für Pufendorf Gott allein dem Naturrecht Verpflichtung und Begründung verleiht, so tritt für ihn damit kein heteronomes Moment in den Gang der Argumentation. Denn „auch Gott ist ein Produkt der menschlichen Vernunft". (151) Er muss als das „höchste außervernünftige Prinzip, das die Wirkung der Vernunft sichern soll, [...] vorweg vernünftig anerkannt werden" und erscheint somit „als eine Funktion des Verstandes". Dieses Prinzip – Gott – benötigt der Verstand, „um den eigenen Widerspruch zu lösen. So spielt sich alles letztendlich innerhalb der Vernunft ab". (151) Gott also ist ein Prinzip, das der Verstand sich selbst gibt. Hier fallen ‚principium essendi' und ‚principium cognoscendi' tatsächlich in eins. Ersteres ist die Quelle der Verpflichtung, Letzteres ist die Quelle der Erkenntnis. Ein Gebot des Naturrechts ist nur dann verpflichtend, wenn zwischen beiden Prinzipien eine Kohärenz besteht.

Das ganze Naturrecht – als Disziplin, als Wissenschaft und als Ordnung

der Jurisprudenz – „findet also im Verstand des einzelnen Menschen statt". Naturrecht ist ein „mentales Verfahren", das vom Beweis der Existenz Gottes ausgeht und die Geselligkeit als seinen ersten Grundsatz – von Gott als Grundsatz erlassen – erkennt. Es bezieht sich auf die rationale Natur des Menschen, hat nur eine mentale Existenz und bildet die Basis aller Deduktionen – bis hin zum jeweiligen Einzelfall. Der Grund aller Verpflichtung – Gott – ist somit ein Akt des Verstandes (158): ein ‚cogi' durch ein ‚agnoscere'. (157) Ohne die menschliche Vernunft gäbe es weder das eine noch das andere: allein vom ‚agnoscere' hängt alles ‚cogi' ab.

Im ‚principium cognoscendi' gründet der Anspruch des Naturrechts als Wissenschaft. Was sich hinter diesem Anspruch verbirgt, macht Scattola unter anderem an den Schriften von Luigi Taparelli d'Azeglio – einem Jesuiten, der von 1793 bis 1862 lebte – klar. Taparelli strebte nach einer Theorie der Praxis und ersetzte die Klugheit durch das Kalkül. (201) Er wollte dem Denken der Neuzeit, die in allem nach Wissenschaftlichkeit und Berechenbarkeit fragt, entgegenkommen, indem er „Transzendenz und Mysterium aus der menschlichen Sphäre" verdrängte: „Das Religiöse schlug ins Säkulare um." (208) Naturrecht muss allein aus der Erkenntnis der menschlichen Vernunft gewonnen werden und beweisbar – mithin strenge Wissenschaft – sein, wie das im Übrigen und vielleicht noch entschiedener auch Antonio Rosmini, der in eben dieser Hinsicht gelegentlich in die Nähe des Ontologismus gerückt wurde und ein Zeitgenosse Taparellis war, fordert. Also muss die menschliche Ordnung „alle ihre Bestimmungen aus sich selbst schöpfen. Insofern brachte

er – sc. Taparelli – den thomistischen
Intellektualismus zu seinen letzten
Konsequenzen und identifizierte göttliche und menschliche Vernunft so eng
miteinander, dass der irdische Bereich
trotz der Teleologie vollkommen säku-
larisiert wurde". (209) Beide weichen
zwar voneinander ab, aber diese Differenz ist „keine qualitative, sondern eine
quantitative. Letzten Endes sind sie ein
und dieselbe Vernunft". (212) Eben deshalb kann der menschliche Geist den
göttlichen erfassen, in der endlichen
Schöpfung die unendliche Ordnung
erkennen: das Naturrecht im menschlichen Wissen entspricht dem Naturgesetz des göttlichen Wesens. Wo Thomas
nur eine Analogie annahm, setzt Taparelli eine substanzielle Identität voraus.
(213) Er benutzt dieselbe Logik, die er an
der säkularisierten Theologie kritisiert.
Das Denken in Analogie – neuzeitlich
ohnehin als angeblich unwissenschaft-
lich verpönt – wird abgelehnt durch ein
Denken der Identität.

Scattola würdigt Taparelli als den
Begründer des modernen katholischen
Naturrechts. Während sich bei Pufendorf die protestantische Jurisprudenz
Formen der katholischen Theologie
angeeignet hatte, bemächtigt sich bei
Taparelli die katholische Theologie der
protestantischen Jurisprudenz. (220)
Weitere Beiträge Scattolas widmen
sich den ‚Klassikern' des Naturrechts:
unter anderen Hugo Grotius, Jakob
Schmauß, Johann Heinrich Gottlob Justi,
Gottfried Achenwall – dessen zweibändi-
ges Lehrbuch *Ius naturae* (beide Bände
in 5. Auflage 1763) Immanuel Kant als
Kompendium seiner Vorlesung über Naturrecht zugrunde legte – und August
Ludwig Schlözer. Man wird sehr lange
suchen müssen, um einen Forscher zu
finden, der an Scattolas Kenntnis und

Belesenheit heranreicht. Wer sich über
die Entstehung des neuzeitlichen Naturrechts ein Bild verschaffen will, kommt
an Scattolas Forschungen nicht vorbei –
mehr noch: In der Regel wird es vermutlich ausreichen, seine Arbeiten zu lesen,
um sich ein umfassendes Bild dieser
vielschichtigen, aber doch auch durchaus
in sich erstaunlich schlüssigen Entwick-
lungsgeschichte machen zu können.

Vorangestellt ist dem Buch ein
aufschlussreiches Vorwort seines He-
rausgebers Andreas Wagner: eine – auch
erfreulich persönlich gefärbte – Würdigung Scattolas als eines „herausragen-
den Forschers und Gelehrten". (XIII)
Dass diese Charakterisierung keinesfalls übertrieben ist, wird jeder leicht
erkennen, der sich in Scattolas Buch
vertieft. Seine umfänglichen Publika-
tionen, seine Gelehrsamkeit und seine
Kenntnisse sowie nicht zuletzt seine
mutigen Thesen machen ihn zu einem
überaus eindrucksvollen wie gleichermaßen anregenden Kopf der europäischen Wissenschaftsgeschichte. Viele
seiner Bücher – neben dem vorliegenden zum Beispiel auch die Monografie
über das *Naturrecht vor dem Naturrecht,*
Tübingen 1999, „eine Geschichte der
Entstehung der Politikwissenschaft,
die diese von einem mittelalterlichen
Tugenddiskurs über die frühneuzeitlichen Theorien der Staatsräson und der
Policeywissenschaft bis in die modernen positivistischen Diskurse der politischen Ökonomie und der Staatswis-
senschaft verfolgte" (XVII) – haben auf
lange Zeit bleibende Maßstäbe gesetzt;
seine Veröffentlichung *Dalla virtù alla
scienza,* Mailand 2003, wurde von der
Neuen Juristischen Wochenschrift als eines der ‚Bücher des Jahres' ausgezeich-
net. Über Naturrecht sollte zukünftig
niemand sich verbreiten, der nicht auf

dem Fundament der Forschungen Scattolas, „dem umfassend und vertieft gebildeten Gelehrten der politischen und juristischen Wissenschaftsgeschichte" (XIX), aufbaut.

Religionsphilosophie

Hanna-Barbara Gerl-Falkovitz, Rezension zu: CHRISTOF MÜLLER, GUNTRAM FÖRSTER (Hg.), *Augustinus als Pädagoge und als Sprachtheoretiker. Beiträge der Würzburger Augustinus-Studientage 16 (2018) und 17 (2019)* (Res et Signa, Augustinus-Studien 16), Würzburg 2020, echter Verlag, brosch., 287 S., ISBN 978-3-429-04254-7, 34 €.

Unerschöpflich: Augustinus.

Es gehört zum Ruhm der Universität Würzburg, ein „Zentrum für Augustinus-Forschung" (ZAF) zu unterhalten, das bereits die erfreulichsten Früchte brachte: nämlich ein Augustinus-Lexikon und das Corpus Augustinianum Gissense (CAG). Zudem betreut das Zentrum die elektronische Edition aller Werke von Augustinus und den Internetauftritt www.augustinus.de. Die jährlichen Studientage des ZAF haben sich bereits in 16 Dokumentationsbänden niedergeschlagen. Der letzte, hier besprochene erfasst die Beiträge der Jahre 2018 und 2019 zu den Themen augustinischer Pädagogik und Sprachtheorie – womit einmal mehr die Universalität des spätantiken Kirchenlehrers sichtbar wird. Man könnte vermuten, es handle sich eher um beiläufige Themen unter den anderen großen: Trinität, Schöpfungsordnung, Selbsterkenntnis. Doch wie bei jedem Genie sind auch solche kleineren Themen von einem großen Atem geprägt.

Das erste Großthema Bildung wird unter fünf Gesichtspunkten umkreist. Der Kirchenhistoriker Peter Gemeinhardt (Göttingen) stellt Augustinus in den breiten Bereich der frühchristlichen Selbstklärung in Apologetik und Katechetik, also in der wortgewandten Verteidigung oder notwendig einfachen Unterrichtung des Glaubens. Bildung als „kultureller Code" war im römischen Reich selbstverständliche Voraussetzung einer (politischen) Karriere, und die Schwierigkeit von Christen bestand darin, dass sie natürlich die musterhaften Autoren in Grammatik und Redekunst aufgriffen, aber nicht deren durchgängig polytheistische Inhalte gebrauchen konnten. So musste die neue Erkenntnis eingegossen werden in bewährte Redefiguren, was immer einen geistigen Kampf bedeutet. Und den christlichen Autoren gelang diese Umprägung!

Der Althistoriker Konrad Vössing (Bonn) behandelt das gar nicht spröde Thema der spätantiken Schule, durch deren Bildungsgüter Augustinus zu gehen hatte. Der Elementarunterricht in der „Grundschule" erfolgte im heimatlichen Thagaste, der Grammatikunterricht im „Gymnasium" in Madauros, der Rhetorikunterricht in der „Universität" Karthago und später in Mailand (die drei nordafrikanischen Städte liegen heute in Algerien). Augustinus hat in den Confessiones allerdings einen vierfachen kritischen Blick auf die Schulen geworfen. Der Haupteinwand betraf den vorwiegend literarischen Unterricht anhand von Texten: Es seien Geschichten von Dichtern mit teilweise frivolem Inhalt, Fabeln, auch in obszöner Sprache; zweitens verbunden mit uneindeutiger Moral, die zum Täuschen einlade; drittens erfolge eine reine Elitenbildung, abgehoben vom

Volk; viertens geschehe Zwang gegenüber den Kindern (74).

So blieb für Augustinus die Frage
offen, ja, sie wurde sogar verstellt: Was
ist das Ziel der Bildung? Sofern es, wie
in seinem Fall, die Redekunst war, wiederholte sich die Frage: Wozu? Solange
nicht Recht und Unrecht rhetorisch
unterschieden wurden, ging es nur um
die parteiische Durchsetzung von Interessen (75). „Warum bist du zur Schule
gegangen, hast Prügel bekommen [...]?
Um zu lernen! Um was zu lernen? Sprache und Bildung (litterae). Warum? Um
Geld zu haben oder um sich eine Eh-
renstellung (honor) zu verschaffen und
einen hohen sozialen Status (dignitas)
zu bekommen. [...] Unsere Eltern haben
uns nicht [...] gesagt: ‚Erwerbt Bildung,
um ein Mittel zu haben, die Schriften der Bibel lesen zu können.' Nicht
einmal die Christen sagen das ihren
Kindern." (79) So versäumte die antike
Schule in Augustinus' Augen die wahre humane Bildung, die hier nicht entfaltet wird, die er aber selbst aufgrund
seiner trüben Erfahrungen als Schüler
und als heidnischer Lehrer nach seiner
Bekehrung entwickeln sollte. Also: Was
darf Schule nicht sein? Eine Anstalt,
um sich „Dominanz, Konkurrenz, Be-
sitz- und Prestigestreben" (85) anzueignen. Ein Kapitel zur Überprüfung der
Lernziele und unethischer Methoden!

Voller ungewohnter Anregungen
steckt der Beitrag der Philologin The-
rese Fuhrer (München) zu den Grundlagen des Lernens: nämlich mithilfe
von Zahl und Rhythmus. Das Thema
Musik bei Augustinus ist berühmt, weil
er – nach Platon und Aristoteles – einer
ihrer ersten Analysten war. Als „freie
Kunst" (ars liberalis) bildet Musik das
Scharnier zwischen den Wort- und den
Zahlkünsten, hat also an Sprache wie an

Mathematik Anteil. Augustinus liest in
Musik eine „Ästhetik der Bewegung" ab,
Ästhetik nämlich des zeitbestimmten
Maßes. Das bedeutet eine „richtige" Bewegung, die auf den Körper übergreift
und sich in der Tanzkunst entfaltet. Damit wird auch die Tanzkunst zum Gegenstand philosophischer Betrachtung,
was nämlich das Richtige = das Abge-
messene sei, so wie sich der Tanz der
Sterne im rechten Maß vollzieht. Daher
berührt die angemessene menschliche
Tanzkunst auch soziale und ethische
Fragen – zwischen Zuviel und Zuwe-
nig hat auch die körperliche Bewegung
ihren ästhetischen Rhythmus. Auf der
Spur der Gesetzlichkeit der Bewegung
geht Augustinus von der Sprache über
das Hören von Tönen bis zur Umsetzung in die Seele, die sich in den Leib
entäußert. Erstaunlich, dass er dabei
auch Bewegungen „in der niedrigsten
Verderbtheit des Fleisches" als „schön"
bezeichnet, weil sie letztlich in der zah-
lenmäßigen Ordnung der Schöpfung
bleiben. Man kann dabei an laszive
Tänze oder sogar an den Sexualakt denken – die göttlich-numerische Ordnung
der Gesamtstruktur greift auch hier. So
führt Musik anagogisch zum Ursprung
empor: „Und nach sicherem Abstand
von aller ausschweifenden Bewegung,
auf die der Schwächung des Wesens der
Seele beruht, und durch das Vergnügen
an den Zahlen der Vernunft wiederhergestellt, kehrt sich so unser ganzes
Leben wieder Gott zu." (De musica 6,33)

Die Religionspädagogin Elisabeth Reil (Koblenz-Landau) entfaltet die
hilfreiche Abfolge eines Motivationstrai-
nings bei Augustinus anhand seiner kleinen Gelegenheitsschrift „De catechizan-
dis rudibus"/„Über den Unterricht von
Unwissenden", womit Nicht-Christen
gemeint sind. Eingeteilt wird in rhetori-

sche und didaktische Grundlagen und
in zwei reizvolle Musterkatechesen. Er-
staunlicherweise übernimmt die Selbst-
motivierung des Lehrers die Hauptrolle,
und zwar über alles Fachwissen und
didaktische Strukturfragen hinaus: wie
man nämlich verlorene Berufsfreude
wiedergewinnt, in „Stimmung" kommt.
Ursachen für den Motivationsverlust des
(Religons-)Lehrers sind – wie zeitüber-
greifend! –: schwerfällige, langatmige
Sprache; rhetorische Mängel und sach-
liche Wissenslücken; Überdruss an den
immer gleichen Inhalten; Teilnahmslosigkeit der Hörer; gestörter Arbeitsab-
lauf durch sich überlagernde Aufgaben;
beruflicher Misserfolg. All das führt zu
taedium, Verdrossenheit. Und die sechs
Heilmittel lauten, wieder aus Eigenerfah-
rung: Perspektivenwechsel in der Sprache, indem man zu kurzen, ungekünstel-
ten Hauptsätzen übergeht und sich den
Hörern (den „Kindern") anpasst, in einer
neglegentia diligens, einer sorgfältigen
Nachlässigkeit (wie eine schöne Frau
keinen überladenen Schmuck braucht,
so schon Cicero). Dann: wirklichkeitsge-
mäße Selbsteinschätzung ohne Perfek-
tionszwang, bereit zur Korrektur in der
„Sanftmut des Geistes" *(mentis placiditas)*.
Drittens: Augenhöhe mit den Hörern
ohne langweiliges Wiederholen, sondern mit neuen Gesichtspunkten, die
leidenschaftlich vorgebracht werden
können – also „selber brennen". Viertens ist gegen die Teilnahmslosigkeit
der Hörer die persönliche Ansprache zu
setzen, auch in Zwischenfragen. Letztlich ist es bei Stumpfheit des Hörers
„sinnvoller, ausführlicher für ihn zu
Gott zu sprechen als mit ihm über Gott".
Fünftens gilt für Aufgabenkollisionen
Geschmeidigkeit und Gelassenheit,
beides gewonnen durch den Glauben,
dass Gott damit einen Plan verfolge.

Sechstens gilt für den Mißerfolg: sich
ein wirklichkeitsgetreues Bild von den
sachlichen Umständen, aber auch von
sich selbst zu machen, also in eine Läuterung und Reifung einwilligen. Übrigens auch im Blick auf kirchliche Miss-
stände – und das ohne Entmutigung.

Anstelle einer „medialen und struk-
turellen Technokratisierung des Unter-
richts" (141f.) mit überflutenden Wissens-
strömen drängt Augustinus auf die
lebendige Orientierung im Glauben, die
den Lehrer selbst stützt und die er „brennend" weiterreicht. Lernen an der Person
und nicht (nur) am Computer: ein bewähr-
tes alt-neues Konzept, jüngst wieder durch
neue Forschungen bewiesen.

Der Altmeister der Pädagogik
Winfried Böhm (Würzburg) geht den
Spuren augustinischen Denkens in der
neuzeitlichen Pädagogik nach. Er greift
drei Übermittlungen heraus: Rousseaus
„Émile", welcher der Naturwüchsigkeit
des jungen Menschen vertraut und damit
ungewollt in den Schatten der Erbsün-
denlehre Augustinus' geriet; die perso-
nalistische Anthropologie des 20. Jahrhunderts, die von der Fremderziehung
zur Selbstbildung überleitete (Guardini,
Mounier, Ricoeur, Wojtyła), und letztlich
die pädagogischen Folgen der Dissertation Hannah Arendts zum Liebesbegriff
Augustins, bei dem sie dessen Gedanken
des völligen Neubeginns verfocht – bis zu
ihrem späteren Begriff der Natalität und
des eigenverantwortlichen Handelns.

Das zweite Großthema „Sprache"
wird vierfach beleuchtet. Lenka Karfiko-
vá (Prag) sieht in Augustins Frühwerk
„Über die Größe der Seele" (388) die
später tiefer ausgeführte sprachliche
Übermittlung des Denkens angedacht;
nämlich: vom anamnetisch gebildeten
Begriff in der Seele, dem äußeren Klang
der Stimme und seiner Bedeutung zur

Übermittlung des Begriffs an einen
Mitdenkenden. Die Abhandlung über
die Dreifaltigkeit fußt später auf der Unterscheidung des inneren intelligiblen
Wortes, das den Vater einsehbar macht,
vom äußeren fleischgewordenen Wort,
das sinnlich fassbar wird.

Tobias Uhle (München) untersucht die Spannung zwischen der möglichen rationalen Reflexion des Wesens
Gottes und dessen bleibender Unaus-
sagbarkeit. Das Eindringen in die allen
Verstand übersteigende Gegenwart des
einen Gottes wird möglich durch die
göttliche Illumination des Menschen,
während die sprachliche Vermittlung
dieser Schau deutlich begrenzt bleibt.
Die „Mystik" Augustins vollzieht sich
also in einer transrationalen Bewegung,
entzieht sich aber weithin der Feststellung durch das verallgemeinernde Wort.

Alfons Fürst (Münster) behandelt die Pflicht zur Wahrhaftigkeit und
die Lüge bei Augustinus, der damit
nach antiken, wenig differenzierten
Konzepten einen Neuentwurf für das
Mittelalter vorlegte. Und zwar schuf er
eine scharfe Begriffsklärung der Lüge,
denn er entflocht ihren Begriff von dem
des Irrtums, der ironischen Verstellung
usw. Selbst im Punkt der Notlüge war
Augustinus bedenklich – was in der
geistesgeschichtlichen   Verlängerung
bis zu Kants ethischem Rigorismus
reichte. Entscheidend war für Augustinus, dass das Wort auf Vertrauen beruhte und eine Lüge dieses Vertrauen, als
das Medium des Humanen, zerstörte.

Johannes Brachtendorf (Tübin-
gen) stellt Wittgensteins Sprachtheorie
in ihrer kritischen Distanz zu Augustinus vor. Aber im Lichte neuerer Sprach-
philosophien gewinne Augustinus
deutlich mehr Plausibilität aufgrund
seiner Unterscheidung von Seele und

Leib, weil dabei das Wort zuerst „innerlich" oder mental entstehe, bevor es
auch nach außen getragen werde. Der
Leib-Geist-Monismus   Wittgensteins
erlaube dagegen nur, Sprache als for-
malisiertes Zeichensystem zu verstehen, was dem komplexen Charakter der
Sprache nicht gerecht werde. Eine Rehabilitierung der spätantiken Sprachtheorie also, die wie der ganze Band voller
reicher Anregungen steckt.

**Hanna-Barbara Gerl-Falkovitz, Rezensi-
on zu: Lukasz Strzyz-Steinert, *Israel
als Urgeheimnis Gottes? Die Analogie des
christlich-jüdischen Verhältnisses bei Erich
Przywara* (Bonner Dogmatische Studien
Band 59), Würzburg 2018, Echter Verlag,
458 S., ISBN 978-3-429-05311-6, 50 €.**

Der polnische Karmelit Lukasz Strzyz-
Steinert (Jahrgang 1980), ursprünglich
Krakauer Theologiestudent, hat sich
in seiner Dissertation an der Päpstlichen Lateranuniversität in Rom an
Erich Przywara gewagt – denn es ist
ein Wagnis, sich mit diesem unerhört
vielseitigen und gebildeten, aber auch
sperrigen Theologen einzulassen. Zudem greift der Promovend die heute
so belastete Frage auf, wie Przywara
als Jesuit seinerzeit das Verhältnis des
Christentums zum Judentum theologisch durchdachte. Dabei taucht im
Hintergrund auch Edith Stein auf. Kurz
nach ihrer Taufe 1922 war Przywara
eine Zeit lang ihr geistiger Mentor, der
sie in das katholische Geistesleben einzuführen suchte. Er gewann sie für die
Übersetzung von Newmans *Briefen vor
der Konversion* und der *Idee der Universität*, sowie der *Quaestiones disputatae
de veritate* und *De ente et essentia* des
Thomas von Aquin (ESGA 21–24, 26f.).
Auch stammte Przywara wie Edith Stein

aus Oberschlesien, nämlich aus Katto-
witz, und war genau zwei Jahre vor ihr
geboren, am 12. Oktober 1889.

Als Oberschlesier mit polnischem
Vater und deutscher Mutter hatte er sich
gänzlich in die deutsche Kultur einge-
gliedert, war als Jesuit wegen des Kultur-
kampfes unter Bismarck im grenznahen
holländischen Valkenburg scholastisch
ausgebildet worden, aber zugleich in der
Patristik und im deutschen Idealismus
geschult, dazu insbesondere in Kierkegaard und Nietzsche – zwei von ihm
geschätzten Antipoden – eingelesen. Er
stieg in den 1920er-Jahren rasch neben
Romano Guardini und Karl Adam zu
einer sichtbaren Gestalt im deutschen
Katholizismus auf,[1] veröffentlichte in
den beiden renommierten Zeitschriften
Kantstudien und *Logos* (als Jesuit – bis
dahin undenkbar!) und war von 1922
bis 1941, bis zur Auflösung durch die
Gestapo, Redakteur der berühmten
Ordenszeitschrift *Stimmen der Zeit*.[2]
1932 erschien sein bedeutendstes Werk
Analogia entis. Während des Zweiten
Weltkriegs wirkte er als Studentenseelsorger in München, wo er die Bombar-
dierung und die Flammen des Infernos
miterlebte, dann in Wien, wo er die
letzten Kriegsmonate in mitreißenden
Predigten apokalyptisch auslegte. Reinhold Schneider würdigte ihn als einen
der wenigen, der den Zusammenbruch

überhaupt zu deuten wagte. Nach dem
Krieg wirkte er weiterhin als Schriftsteller, Vortragender und Rezensent.

Przywara starb am 28. September
1972 in Hagen bei Murnau im Voralpen-
land und wurde in Pullach bei München begraben. Seine letzten Jahre
waren verdunkelt durch einen seelisch
und geistig angegriffenen Zustand,
eine Psychose, die sich schon vor dem
Krieg angekündigt hatte. Langsam beginnt eine universitäre Neuerarbeitung
von Przywaras Werk, nachdem sein
expressiver Sprachstil und sein typisie-
rendes Denken lange einer Würdigung
entgegenstanden.[3]

Die vorliegende sorgfältige Arbeit präsentiert zunächst in Kap. 1 das
zeitgenössische Wirken Przywaras, der
sich weit in die philosophischen, theologischen und literarischen Debatten
der Umbruchsjahre nach dem Ersten
Weltkrieg hineinwagte.[4] Eine Vielzahl
bedeutender Namen, Schulen und Bewegungen wird von Przywara nicht
allein referiert, sondern auch dem eigenen Urteil gegenübergestellt: Phänomenologie, Neukantianismus und die
protestantische Theologie Marburgs,
Neuthomismus und die katholischen
Aufbrüche wie etwa die liturgische
Bewegung, die Akademikerbewegung
und der deutsche literarische *renouveau
catholique*. Darüber hinaus war Przy-

1   Vgl. KARL-HEINZ WIESEMANN, *Zerspringender Akkord. Das Zusammenspiel von Theolo-
     gie und Mystik bei Karl Adam, Romano Guardini und Erich Przywara als theologische Fuge*,
     Würzburg 2000.

2   Vgl. GUSTAV WILHELMY, *Vita Erich Przywara*, in: *Erich Przywara 1889–1969. Eine Fest-
     gabe*, Düsseldorf 1969.

3   Vgl. MARTHA ZECHMEISTER, *Gottes-Nacht. Erich Przywaras Weg negativer Theologie*,
     Münster 1997. PETER LÜNING, *Der Mensch im Angesicht des Gekreuzigten. Untersuchun-
     gen zum Kreuzesverständnis von Erich Przywara, Karl Rahner, Jon Sobrino und Hans Urs
     von Balthasar*, Münster 2007.

4   Vgl. ERICH PRZYWARA, *Religionsphilosophische Schriften*, Einsiedeln 1962. DERS., *Ringen
     der Gegenwart. Gesammelte Aufsätze 1922–1927*, 2 Bde., Augsburg 1929.

wara ein Bahnbrecher der deutschen Newman-Rezeption und legte 1922 ausgewählte Texte Newmans und die zugehörige Einführung vor.[5] Er verteidigte Newman entschlossen gegen den Modernismus-Verdacht und rückte ihn an die Seite des Thomas von Aquin, im Sinne seines polaren „Grundgesetzes" von Katholizität.[6] Die Beziehung zu Karl Barth, Friedrich Gogarten und Eduard Thurneysen zeigt einen frühen ökumenischen Austausch, der allerdings die Gesprächspartner auch durch die Zweideutigkeit oder „Perplexität" Przywaras (80) irritierte.

So erfasst die Arbeit einen großen Teil des fruchtbaren geistigen Spektrums in Kultur und Kunst im Allgemeinen, Philosophie, Theologie und Literatur im Besonderen, das nach dem niederdrückenden Ende des Ersten Weltkriegs in Deutschland entstand. Przywara hat bis zum Erscheinen seines Hauptwerkes *Analogia entis* von 1932 diese Strömungen nicht nur verfolgt, sondern in hoher Fruchtbarkeit des Mitdenkens auch aufbereitet, bewertet und einem christlichen Maßstab unterstellt.

Strzyz-Steinert verschweigt allerdings nicht die zeitgenössische, auch protestantische Kritik an Przywaras Vorgehen, unter anderem wegen seiner Unhistorizität, mit welcher beispielsweise Newman, Kierkegaard und Thomas von Aquin aufeinander bezogen wurden. In einer fast routinierten Methodik trieb er widersprechende Denker „zu dialektischen Paaren" (79). Symptomatisch wird das auch an der Zusammenstellung Edith Steins mit Simone Weil deutlich (311–318). Tatsächlich verfuhr Przywara nicht selten in gewalttätiger Zuordnung und Zusammenschau gegensätzlicher Protagonisten; es fiel sogar der Ausdruck „umjesuitieren" (41). Dies entsprach auch seiner eigenartigen Selbststilisierung als „ritterlich heiliger Narr" (42) Sein „Schüler" Hans Urs von Balthasar sah in der Phase nach der *Analogia entis* 1932 eine „krankhafte Übersteigerung" (46); er widmete ihm jedoch eine große Studie, abgesehen von der Neuauflage der *Analogia entis* im Johannes Verlag. Strzyz-Steinert verortet diese letzte Phase als eine Wendung von der angestrengten Reflexion zu mystischer Vertiefung (70).

Das Hauptthema der Untersuchung bildet Przywaras Deutung des Judentums als Offenbarungsreligion – in Parallele oder sogar in Konkurrenz zum Christentum. Damit wird dünnes Eis betreten, denn es sind zugleich die Jahrzehnte eines religiösen Antijudaismus und rassischen Antisemitismus, die sich aneinander entzünden und letztlich in der Shoah gipfeln.

Methodisch entfaltet die Arbeit den Einsatz a) von *Polarität* oder polaren Ergänzungen, worin eine Einsicht die andere ausgleichen müsse. Przywara plädiert für eine Überwindung aller ausschließenden Antithesen durch ein Sowohl-als-auch, für eine Philosophie dynamischer Polarität, die er „in und über" nennt, später (auch als Buchtitel) „In und Gegen". „Nicht Objekt oder Subjekt, Werden oder Sein, Person oder Form; auch nicht ein ‚ein für alle Mal' fertiger statischer Ausgleich zwischen ihnen. Nein: die Philosophie einer hin- und zurückflutenden Bewegung

5   John Henry Newman, *Christentum. Ein Aufbau*, 8 Bde., Freiburg 1922.
6   S. das umfangreiche Kap. VI. Kant – Newman – Thomas, in: Przywara, *Ringen der Gegenwart*, II, 729–962.

zwischen beiden Polen, die Philosophie einer nie gelösten Spannung zwischen beiden Polen, die Philosophie der dynamischen ‚Einheit der Gegensätze', die Philosophie der ‚Spannungseinheit'." Ebenso wichtig ist der methodische Einsatz b) der *Analogie* zwischen Schöpfer und Geschöpf, wobei sich Przywara an der Ähnlichkeit und je größeren Unähnlichkeit der beiden orientiert, wie im IV. Laterankonzil 1215 definiert. Konkret fließt das zusammen in die wiederkehrende Formel „*Gott in/über Mensch von Gott her*" (welche Formel zugleich einen Einblick in Przywaras gedrängte Sprache gibt).

Mit *diesen* beiden *Methoden* der Polarität und der Analogie versuchte Przywara, das „Urgeheimnis" Israel zu erschließen (Kap. 2). Der Autor entfaltet die Stadien dieser komplexen Auslegung von Gott und Mensch in Breite und Tiefe. Anerkennenswert ist dabei Przywaras Versuch, nicht nur der Exegese des Alten Testaments, sondern auch der zeitgenössischen jüdischen Religionsphilosophie gerecht zu werden. Insbesondere wird Leo Baeck zum wichtigen Brief- und Gesprächspartner, aber auch weitere jüdische Reaktionen z. B. auf den Artikel Przywaras über „Judentum und Christentum" (1925) werden ausgewertet (100–126). *Religionsphilosophisch* und *offenbarungstheologisch* werden „Juden und Heiden" als die eine Menschheit verstanden, welcher der Jahwe-Bund gilt, wobei das Christentum die Vermittlung leiste.

Die *Exegese* des AT rollt die Geschichte der Schriftauslegung von den Kirchenvätern bis zu Newman auf und wendet dabei die methodische Analogie von „ähnlich und mehr noch unähnlich" auf Alten und Neuen Bund an (Kap. 3). Eindeutig bleiben beide Bünde trotz des

Unterschiedes im Messias-Glauben unlöslich aufeinander bezogen, jedenfalls vom Christentum aus gesehen, und zwar sind es christlich sowohl der Logos als auch die Trinität selbst, die diese Einheit verbürgen.

Die *Ekklesiologie* führt Israel und Kirche unter den Stichworten „Typus und Erfüllung", aber auch als jeweilige „Braut-Hure" zusammen und sieht beide inkarnatorisch und eschatologisch auf eine geheimnisvolle, jetzt noch unlesbare Einung zugehend (Kap. 4). Ebenda treten Edith Stein und Simone Weil als Judenchristinnen auf, die beide Seiten bereits lebendig verkörpern und damit nichts Geringeres als das „Geheimnis Mariens" selbst offenbaren.

Die *Geschichtstheologie* stellt die Weltgeschichte unter die Sinnfrage – welches Sinnziel nämlich das ganze undurchschaubare Geschehen habe (was profangeschichtlich kaum zu beantworten ist). Dabei taucht das „Reich" als Zielbestimmung des Alten und Neuen Bundes auf, oder in einem anderen Sinnbild „Jerusalem" als Ort aller Völker (Kap. 5). Daran schließt sich die hochinteressante Auseinandersetzung Przywaras mit der Idee des „Heiligen Römischen Reiches Deutscher Nation" an (worin er vier *nationes* wie in der „Bamberger Apokalypse" vertreten sah: die römische, gallische, germanische und slawische Sprachgemeinschaft [380]. Dieses Reich wurde in seinen Augen im Nationalsozialismus durch ein blasphemisches, nationalistisch entartetes Drittes Reich zerstört. Gesprächspartner des Reichsgedankens sind dabei auch Reinhold Schneider und Gertrud von le Fort. Es zeichnet sich in den 1950er-Jahren jedoch ab, dass Przywara anstelle des einstmals völkereinenden Römischen Reiches nun den Gedanken eines neuen/alten Europa vertritt, das seine besten Früchte in die Welt gibt, in diesem „Untergang" jedoch neu aufgeht. Erhellend ist in diesem Zusammenhang auch die Unterscheidung von politischer und sakraler Wirklichkeit, welch letzterer die römisch-katholische Kirche – anders als die Nationalkirchen des Ostens – zugeordnet sei, unbeschadet ihrer verpflichtenden Ausstrahlung in die (politische) Welt.

Der *Ertrag in kritischer Wertung* stellt Przywaras Leistung und zugleich deren Ambivalenz heraus (Kap. 6). In der Vielzahl religiöser Aufbrüche des „heiligen katholischen Frühlings" und der allgemeinen religionsphilosophischen, auch jüdischen (Selbst-)Reflexionen vor 1933 ist Przywara eine der bedeutendsten Stimmen. Er konnte das bahnbrechende Konzilsdokument *Nostra aetate* nicht kennen, das drei Jahrzehnte später einen Durchbruch im jüdisch-christlichen Gespräch brachte. Aber auf seine Weise arbeitete Przywara offenbar diesem Denken vor, was die unhintergehbare Berufung Israels angeht, aber auch die unhintergehbare Verwiesenheit des Neuen auf den Alten Bund und die letztlich endzeitliche Einung von Synagoge und Kirche, nicht weniger auch ihre Ähnlichkeit in geschichtlicher Verhöhnung und verheißener Glorie.

Freilich sind auffallende Stolpersteine des Anstoßes auf diesem Denkweg nicht zu übersehen. Dazu gehört das durchgängige spekulative Denken in den gewohnten Kategorien von Untergang und Aufgang in einem (was für Synagoge und Kirche gleichermaßen gelte): dass sich gerade im Untergang die Rettung abzeichne. In Anbetracht der grausamen Ausrottung des Judentums durch Hitler-Deutschland bleibt eine solche Letzt-Deutung freilich eigenartig geschichtsfern und trägt nichts

zum tätigen Schutz der Verfolgten bei. Gerade die für Przywara typische Betonung des dialektischen Umschlags von Verspottung in Erhöhung lässt – so der Autor – das unmittelbar geforderte Handeln zugunsten der Opfer in den Hintergrund treten. Metaphysik lähmt das politisch Geforderte. Todesnacht und Hoch-Zeit in einem sind keine politischen, sondern religiöse Kategorien und zudem keine Automatismen.

So bleibt das Fragezeichen im Titel, das der Autor ursprünglich nicht vorgesehen hatte, als mahnende Anfrage an ein konkretes Eintreten für das Gute und gegen das Böse bedeutsam. Sonst hindert der Gedanke des Umschlags auch der Nacht in das Licht („Nykto-Tektonik") die wirkliche und wirksame Unterscheidung von Tun und Lassen und führt zu einem verschwommenen Dulden des Bösen.

Es ist dem Autor zu danken, dass er die verschlungenen und noch in ihrer Ambivalenz anregenden gedanklichen Wege Przywaras für eine weitere Auseinandersetzung öffnete. Bei einer wünschenswerten Neuauflage sollten allerdings die zahlreichen Druckfehler verbessert werden, die dem Autor als Nicht-Muttersprachler nicht anzulasten sind.

Im Ganzen: Eine Fundgrube für weiteres Nachdenken über das nicht ausgeschöpfte christlich-jüdische Gespräch.

Hanna-Barbara Gerl-Falkovitz, Rezension zu: Clive Staples Lewis, *Durchblicke*. *Texte zu Fragen über Glauben, Kultur und Literatur*, ausgewählt, zusammengestellt und übersetzt von Norbert Feinendegen, Basel 2019, Fontis-Verlag, 399 S. mit Fotografien, ISBN 978-3-03848-168-3, 18 €.

Alle Welt kennt die Narnia-Romane von C. S. Lewis, und nicht nur Kinder. Auch als Erwachsener taucht man gerne wieder in den Wandschrank ein und stapft durch den Schnee im stillen, gefrorenen Land ... Als Buch oder als Film begeistern diese Abenteuer jede neue Generation und machen sogar Tolkiens unschlagbarem „Herrn der Ringe" Konkurrenz. Zum Lesen empfohlen sei ferner Lewis' nicht minder anziehende Perelandra-Trilogie: die Science-Fiction eines außerterrestrischen Kampfes um Gut und Böse, besonders fantastisch im zweiten Band, wo der Sündenfall auf einem anderen Planeten als auf der Erde verhindert werden soll. ... Groß erzählt, mit reicher Erfindung vorwärtsgetrieben, glänzend theologisch durchdacht.

Dass Lewis ein begnadeter theologischer Autor ist, spielt in diesen Romanen im Hintergrund, wenn auch für den, der das Christentum liebt, klar erkenntlich. Aber seine theologischen Essays seit den 1940er-Jahren zeigen eine gedankliche Meisterschaft in der unmittelbaren Auslegung des Evangeliums für eine breite Leserschaft. Berühmt sind seine Ansprachen über das Christentum in der BBC, aber auch seine hellsichtige Analyse der „Abschaffung des Menschen" durch ein volltechnisiertes Leben.

Umso erstaunlicher ist, dass verschiedene Aufsätze Lewis' immer noch nicht auf Deutsch vorlagen. Dem ist nun abgeholfen mit einem Sammelband ausgewählter Essays, übersetzt von Dr. Norbert Feinendegen, dem gegenwärtig wohl besten deutschen C. S. Lewis-Kenner. Seine Einführung und die kenntnisreichen Anmerkungen sind selbst schon ein Gewinn.

Das Buch ist in drei große Kapitel eingeteilt: I. Philosophisch-theologische Durchblicke, II. Geistesgeschichtliche Durchblicke, III. Literaturwissenschaftliche Durchblicke. Stellvertretend seien je einige Themen aus diesen drei Kapiteln

hervorgehoben. So locken bereits die Überschriften in Teil I zum Lesen: „Meditation in einem Geräteschuppen", „Gespräch über das Fahrradfahren", „Schreckliche rote Dinger", und dann ernsthafter: „Über die Angst Jesu", „Gott und das Böse", „Der Schmerz der Tiere". Besonders anziehend ist der Essay über „Christliche Wiedervereinigung", in diesem Fall im Blick eines Anglikaners auf die Katholiken. In einer (nach Chesterton schmeckenden) witzigen Unterscheidung der Hauptvorurteile beider Konfessionen gegeneinander kommt Lewis zu dem Schluss, für einen Laien käme es erstrangig darauf an, über „Christentum schlechthin" nachzudenken, so tiefgehend wie möglich. Das würde mit der Hilfe Christi die Irrtümer und Wahrheiten der jeweiligen Seite neutralisieren ...

Bei den Literatur-Gedanken von Teil III locken zwei Überschriften zum „Herrn der Ringe" (Lewis war mit Tolkien befreundet) und: „Manchmal sagen Märchen am besten, was man sagen will", dazu „Drei Weisen, für Kinder zu schreiben" – was Lewis ja in den Narnia-Büchern großartig vorführte. Doch es geht auch um Science-Fiction als Mittel der Verkündigung, um Dichtung, um Psychoanalyse und Literaturkritik (wobei Lewis besonders der Psychoanalyse den Kampf ansagt) ...

Hervorgehoben sei aber noch eine unglaublich kluge Augenöffnung. Im II. Teil zur Geistesgeschichte erscheint Lewis' Antrittsvorlesung auf dem für ihn errichteten Lehrstuhl für Literatur des Mittelalters und der Renaissance vom 29. November 1954 in Cambridge. Er bestreitet nämlich die gängigen Epochengrenzen, insbesondere den vermeintlichen Neuanfang in der Renaissance, und sieht gleitende, reiche Kontinuitäten von der Antike zum Mittelalter und ebenso von dort zur Neuzeit.

Der härteste Epochenbruch sei vielmehr im 20. Jahrhundert geschehen,
das den Menschen dem Dienst an der
Maschine und ebenso der Zergliederung des Lebendigen, auch des eigenen
Lebens, ausgeliefert habe. Damit wurden bisherige kulturelle Welten und
ihre stabilen Erfahrungen fast unwiederbringlich verschüttet – vergleichbar
dem Aussterben der Dinosaurier. Lewis
sieht zwischen Vergil und Jane Austen
weniger Distanz als zwischen ihr und
Sigmund Freud. Die griechische Ilias
und das germanische Hildebrandlied
seien sich näher als die Dichtung des
19. Jahrhunderts jener des 20. Jahrhunderts. Ähnliches sei in der modernen Kunst geschehen, so im Kubismus
und anderen Zertrümmerungen. Dieser Epochenbruch sei an der Religion
überdeutlich geworden. Lewis spricht
nicht vom „modernen Heidentum", in
welches sich das Christentum verflüchtige, sondern es stehe ursprünglichen
Heiden, die ja an geheimnisvolle göttliche Wesen in der Natur glaubten, weit
näher als postchristlichen Ungläubigen,
die in der Natur nur eine mechanische Werkstatt sehen. Aufgrund dieses
scharfen Bruchs sei der moderne Post
Christ nicht ins Heidentum „zurückgefallen"; „man könnte genauso gut
glauben, eine verheiratete Frau gewinne
durch Scheidung ihre Jungfräulichkeit
zurück." (167)

Eine witzige Anwendung dieser
These zeigt Lewis in einer großartigen
„Weihnachtspredigt für Heiden" und
in dem meisterhaften kleinen Stück
über „Xmas und Christmas", das er
im Stil eines verschollenen Werkes
Herodots schreibt. Auf der einen Seite
ein erschöpfendes, unverständliches
Treiben um einen Tag namens Xmas,
dessen Inhalt auch auf den zahllosen,

unter Zwang geschriebenen Karten
nirgends deutlich wird – auf der anderen Seite ein Fest bei einer Minderheit,
die die Geburt eines Gottes feiert ...
Haben die beiden überhaupt miteinander zu tun?

Kurz: Das Buch ist eine Fundgrube für wunderbar tiefes, gleichwohl unangestrengtes Nachdenken und Mitdenken. Eine Fundgrube für Wahrheit, die
im Gewand des Alltags und des Humors
daherkommt – leichtfüßig, aber nicht
leichtfertig. Diese „Durchblicke" schaffen Luft zum Atmen. „Die Vergangenheit
zu studieren befreit uns tatsächlich von
der Gegenwart, von den Idolen unseres
eigenen Marktplatzes." (170) Aber das
Schönste: Die Vergangenheit ist lebensdienlicher als die Gegenwart, und Lewis
zeigt sie in ihrer zeitfreien Geltung. Sie
ist eben nicht vergangen, nur verdeckt.

Manuel Schlögl, Rezension zu: HANNA-
BARBARA GERL-FALKOVITZ, *Spielräume.*
Zwischen Natur, Kultur und Religion: der
Mensch, Dresden 2020, Verlag Text&Dia-
log, 236 S., ISBN 978-3-943897-56-2,
24,90 €.

„Die eigentliche Herausforderung des
Menschen ist allemal der Mensch" (104),
schreibt die bekannte Religionsphilosophin Hanna-Barbara Gerl-Falkovitz in
ihrem neuesten Band, der sechzehn ursprünglich als Vorträge konzipierte Beiträge aus den letzten Jahren versammelt.
Diese Bestimmung für die lebendige
Rede merkt man den Texten an, sie sind
reich an Beispielen und Pointen und arbeiten mit scharfen Kontrasten, die keine
letzte Objektivität beanspruchen, sondern zu eigener Stellungnahme reizen.

Die Auswirkungen der Corona-
Krise spitzen derzeitig die Herausforderung zu, die der Mensch für sich selber

darstellt, individuell und kollektiv. So erreichen die Überlegungen der Autorin eine ungeahnte Aktualität, etwa, wenn sie über „Quellen der Angst" und ihre Überwindung spricht, über innere Abgründe, die im Scheitern von Beziehungen aufbrechen, aber auch über das Haltfinden im „Gehaltensein" (87) durch einen anderen, der die Angst des Menschen mitfühlen kann und doch – weil er Gott ist – jenseits der Angst steht.

Es ist vor allem die an Phänomenologie und christlicher Mystik geschulte *Sprache* von Gerl-Falkovitz, mit der sie scheinbar altbekannten Themen wie der Schuld, der Erbsünde, der Unterscheidung von Gut und Böse oder dem christlichen Ideal der Vollkommenheit neue, mitunter überraschende Einsichten entlocken kann. Dies gilt auch für den priesterlichen Zölibat, in dem die Autorin den „Grundcharakter der Liebe" entdeckt: die „Verschwendung" (37), das freie, gelöste Sich-Hingeben ohne Berechnung, das als die dem Opfertod Jesu Christi völlig angemessene Antwort erscheint. Nüchtern, realistisch, von echter, durchlittener Erfahrung beglaubigt wird das gesagt – und doch nicht ohne eine Prise „göttlichen Humors", dem ein eigener Beitrag des Bandes gewidmet ist.

Das pochende Herz all dieser schwungvollen Überlegungen liegt wohl in einer langsam gewachsenen Schau des Seins als Gabe in der Gestalt der fleischgewordenen Liebe. Der dreifaltige Gott ist in sich selbst das „Spiel von Geben und Empfangen, Reichtum und Armut, Lieben und Sich-lieben-Lassen" (31) – und in diesen Seins-Rhythmus ist der Mensch hineingerufen, er ist ihm mitgeteilt in der Gestalt seines eigenen Selbstseins. Alle bedenklichen Tendenzen der modernen Gesellschaft – verborgene Arbeit an der Klonierung des Menschen, Legalisierung der Euthanasie selbst für Jugendliche, Leugnung der geschlechtlichen Polarität in der Gender-Ideologie – lassen sich aus der Verweigerung des Sich-selbst-geschenkt-Seins erklären (56), als der vermessene Versuch des Menschen, sich von seinem göttlichen Ursprung zu trennen und Gott abzulösen, um sich niemand mehr verdanken zu müssen.

Bei aller Leichtigkeit und gedanklichen Weite sind Gerl-Falkovitz' Essays immer auch ein Stück Kulturkritik, Entblößung ideologischer Engführungen im Denken der Gegenwart und Einweisung ins Wagnis des Glaubens. In ihm allein wird einsichtig, dass die Herausforderung des Menschen und zugleich die Einlösung seiner Wesensstruktur nicht darin liegen, sich selbst zu suchen und gegen Krisen jeglicher Art abzusichern, sondern darin, sich zu vergessen und hinzugeben und dass gerade diese Selbsthingabe an Gott und den Nächsten ihm jene „befreite Freiheit" (226) verschafft, die er im Tiefsten sucht.

Wer in dieser Weise den Glauben und unsere Zeit verstehen will, wird in den „Spielräumen" von Hanna-Barbara Gerl-Falkovitz reiche Anregung finden.

Robert Dublanski, Rezension zu: WALTER HOMOLKA, *Der Jude Jesus – Eine Heimholung* **(mit einem Geleitwort von Jan-Heiner Tück), Freiburg i. Br. 2020, Verlag Herder, 256 S., ISBN 978-3-451-38356-4, 22 €.**

Seit dem Ende des 20. Jahrhunderts hat die Zahl der jüdischen Veröffentlichungen über die Person Jesu zugenommen – beginnend mit der jüdischen Aufklärung, der Haskalah (Ende des 18. Jahrhunderts). Diese zunehmende

Präsenz der Gestalt Jesu im jüdischen Denken steht im Zentrum der neuesten Veröffentlichung des bekannten Rabbiners Walter Homolka, der sich selbst mit dem Reformjudentum identifiziert. Der Autor attestiert, dass die Aufklärung durch die Förderung des Deismus und die Entdogmatisierung religiöser Lehren den Juden eine gute Grundlage für die Entdogmatisierung der Person Jesu gab. Die historisch-kritische Methode der Forschung schärfte schließlich den Blick auf die rein irdische Existenz Jesu. Enorme Leistungen in der diesbezüglichen jüdischen Forschung wurden hauptsächlich von Vertretern des Reformjudentums erreicht.

Im vorliegenden Buch versucht Homolka, Jesus von Nazareth in das zeitgenössische jüdische Umfeld einzuordnen und aufzuzeigen, wie er über Jahrhunderte hinweg im Judentum rezipiert wurde. So bietet Homolka einen präzisen Überblick über die Forschung zum historischen Jesus, unter besonderer Berücksichtigung der jüdischen Autoren. In seinem Buch stellt Homolka aber auch einige Aspekte der christlichen Forschungen zur Person Jesu dar. Dabei konzentriert er sich vor allem auf die Veröffentlichungen Joseph Ratzingers.

Der Ansatz des Autors ist durchaus kreativ. Homolka hat sein Ziel, Meinungen und Ansichten über Jesus im Laufe der Jahrhunderte aus jüdischer Sicht zu thematisieren, voll verwirklicht. Das Wissen und die synthetische Darstellung der Forschungsergebnisse so vieler Historiker, Religionsphilosophen und Theologen ist überaus gewinnbringend. Zeitweise mag sich für den christlichen Leser die Lektüre jedoch als allzu einseitige Darstellung Jesu darstellen, doch lieferte der Autor bereits vorab den Grund für diesen Ansatz.

Obwohl man gegen einige der Thesen Homolkas argumentieren könnte, sieht man Transparenz im Konzept der Publikation. Kontroverse Ansätze finden sich dennoch in dem Buch. Dazu gehört der Titel selbst: „Der Jude Jesus – eine Heimholung."

Wenn der erste Teil des Titels keine Zweifel aufwirft, sondern eine spezifische Herangehensweise an das Bild Jesu ankündigt, so entstehen doch durch den zweiten Teil („eine Heimholung") zahlreiche Fragen. Hier fehlt eine klare Definition und die tatsächliche Bedeutung bleibt unklar. Man kann nur vermuten, dass die Zunahme jüdischer Veröffentlichungen über Jesus darauf hinstrebt, „ihn heimzuholen".

Ebenfalls vage bleibt das eigentliche Zielpublikum der Veröffentlichung. Will der Autor seine Glaubensgeschwister davon überzeugen, Jesus zu entdecken, oder Christen über die jüdische Rezeption Jesu aufklären? Nur aus dem letzten Kapitel und seinem Titel kann man etwas über die Intention Homolkas beim Abfassen dieses Werkes lernen. Der Autor fordert das Christentum und die christliche Christologie heraus, Jesus als Juden zu akzeptieren und ihn nach Hause zurückkehren zu lassen. Er lädt zu einer Wiederentdeckung des historischen Jesus ein, denn nur auf dieser Basis könne der interreligiöse Dialog zwischen Juden und Christen geführt werden.

In diesem Zusammenhang stellt sich die Frage, was denn interreligiöser Dialog eigentlich ist. Es liegt auf der Hand, dass eine gemeinsame Basis oft nur schwer zu finden ist. Gegenseitige Beschuldigungen und der Hinweis auf eine „fehlerhafte" Rezeption sind nicht zielführend. Judentum und Christentum konnten sich auf diese Weise fast zweitausend Jahre lang nicht finden.

Doch seit mehr als fünfzig Jahren hat sich das Blatt gewendet. Der Dialog ist zu einem religiösen wie kulturellen Imperativ in der jüdischen und christlichen Zivilisation geworden und es lohnt sich, ihn aufrechtzuerhalten, weil es sich hierbei um ein globales Phänomen handelt und die Annäherung widersprüchlicher Religionen ein beispielloses Ereignis darstellt.

Ekklesiologie und Gesellschaftslehre

Stefan Mückl, Rezension zu: Paul Josef Cordes, *Glut unter der Asche. Jüngste Irrwege und verlässliche Wege der Kirche,* **Heiligenkreuz 2021, Be+Be-Verlag, 148 S., ISBN 978-3-903602-24-3, 19,90 €.**

Der Weg der Kirche durch Zeit und Geschichte ist alles andere als ein Triumphzug. Das „Haus voll Glorie" ist weniger bereits gegenwärtige Wirklichkeit denn das erst noch zu erreichende Ziel. Verfolgungen und Anfechtungen von außen, Spannungen und Spaltungen im Inneren begleiten sie von Anfang an bis heute. In allem folgt sie Jesus Christus als ihrem Herrn und Meister, Sein Schicksal ist auch das ihre. Die Kirche als Ganze, wie der einzelne Christ, bewegt sich im Spannungsfeld von Gott und Welt, die Botschaft des Christentums ist – kraft der Menschwerdung des göttlichen Wortes – „erdverbunden". So soll die Kirche in die Welt hineinwirken, ohne sich aber von ihr vereinnahmen zu lassen. Unverrückbares Richtmaß dafür ist die Offenbarung, mittels derer Gott sprechend und handelnd in die Geschichte der Menschheit einwirkt, und zwar abschließend und endgültig (vgl. Dei Verbum, Nr. 4).

An diesem Punkt setzt die neue Studie von Kardinal Paul Josef Cordes an. Angesichts vielfältiger Behinderungen, denen die Offenbarung aktuell – gerade auch innerhalb der Kirche – ausgesetzt ist, geht es ihm darum, Irrwege zu benennen und verlässliche Wege aufzuzeigen. Der Autor geht dabei in vier Schritten vor: Zunächst skizziert er (mit gewiss nicht abschließenden Beispielen) die „Aktuelle Gott-Vergessenheit" (I.). Sodann erfolgt eine an der Schrift orientierte Vergewisserung über „Das neutestamentliche Maß für die Gemeinde" (II.), gefolgt von dem tiefergehenden Blick auf „Israel, die Wurzel" (III.). Damit ist der Boden bereitet für den (sowohl vom Umfang als auch vom sachlichen Anliegen her) Hauptteil des Buches: „Zum Sinn von Kirche: Auf Gott verweisen" (IV.). Die Überlegungen des Autors finden eine treffliche Ergänzung wie Weiterführung in den als „philosophischer Essay" apostrophierten, gehaltvollen Darlegungen von Rocco Buttiglione.

Im ersten Abschnitt diagnostiziert Kardinal Cordes, in Anknüpfung an die früheren Feststellungen einer „Gott-Vergessenheit" (Joseph Ratzinger/Benedikt XVI.) sowie einer Kirchenzentriertheit (Henri de Lubac), eine „empirisch-irdische ‚Ekklesiozentrik'". Sie lässt die Kirche ihren spezifischen Part relativieren, hat primär die eigene „Anschlussfähigkeit" an die Strömungen der Zeit im Blick und bedient sich, wie bei aktuellen Debattierformaten, für genuin glaubens- und kirchenbezogene Fragestellungen der Erkenntnisse von Profanwissenschaftlern.

Der in zwei Abschnitte aufgeteilte exegetische Teil macht deutlich, welcher Part der Kirche wie dem Volk Israel nach der Offenbarung zukommt, um den universalen Heilsplan Gottes der „Welt" zu verkündigen. Dreh- und Angelpunkt der Sendung des Gläubigen ist das (von Augustinus meisterhaft ausgedeutete) Doppelwort vom Salz und vom Licht in der Bergpredigt, demzufolge er zwar „vor den Menschen leuchten" soll, damit diese seine guten Taten sehen – doch dann den Vater im Himmel preisen.

Liegen demnach Sinn und Aufgabe der Kirche darin, Gott zu verkünden, bleibt die Frage, wie dies in der Welt verwirklicht, wie die Offenbarung heute den Menschen nahegebracht werden kann. Als einen einflussreichen der „jüngsten Irrwege" benennt Kardinal Cordes das Offenbarungsverständnis im System des französischen Jesuiten Michel de Certeau, der mancherorts letzthin eine erstaunliche Renaissance erfahren hat. Von dessen „gründendem Bruch" – der Rückstufung der Religion auf das rein Messbare – hat sich dessen Lehrer Henri de Lubac in aller Schärfe distanziert, sah dieser darin doch einen „Neo-Joachimismus", der das Evangelium verrate und die Suche nach dem Reich Gottes in soziale Utopie umforme – was in der Konsequenz zur „Selbst-Destruktion der Kirche" führe. Demgegenüber verweist Kardinal Cordes den Gläubigen auf die verlässlichen Wege, wie sie die großen Heiligen von Augustinus bis zu Ignatius und Teresa von Ávila gegangen sind. Sie können dem Gläubigen dabei helfen, selbst ein Mystiker zu sein oder jedenfalls zu werden, nach dem bekannten Wort von Karl Rahner die einzig mögliche Existenzform des „Christen der Zukunft".

Die göttliche Offenbarung ist nach der Überzeugung von Kardinal Cordes wie Rocco Buttiglione der Schlüssel, um den gegenwärtigen Herausforderungen der Menschheit zu begegnen. Pointiert vermerkt Buttiglione,

die Werte der Moderne könnten nur durch eine Rückkehr Gottes gerettet werden. Die Rolle der Kirche dabei lässt sich mit einem Vers aus den „Hymnen an die Kirche" von Gertrud von le Fort trefflich beschreiben: „Die Irrenden gehen nicht unter, weil du noch den Weg weißt, und die Sünder werden verschont, weil du noch betest."

Herbert Pribyl, Rezension zu: Ursula Nothelle-Wildfeuer, Jörg Althammer (Hg.), *Joseph Höffner: Ursprünge der sozialen Frage* (= Joseph Höffner, Ausgewählte Schriften. Nr. 6), Paderborn 2017, Schöningh, 337 S., ISBN 978-3-506-77277-0, 86 €.

Der spätere Erzbischof von Köln und Kardinal Joseph Höffner (1906–1987) war von 1962 bis 1969 Bischof von Münster, von 1969 bis 1987 Erzbischof von Köln und von 1976 bis 1987 Vorsitzender der Deutschen Bischofskonferenz. Kardinal Höffner war aber auch ein bedeutender Sozialethiker, der sich schon sehr früh mit der sozialen Frage und ihren Folgen profund beschäftigte. Er hatte vier Doktorate und habilitierte 1945 in Freiburg im Breisgau. Seine Habilitationsschrift trug den Titel „Christentum und Menschenwürde. Das Anliegen der spanischen Kolonialethik im Goldenen Zeitalter".

Im Anschluss wurde Höffner in Trier Professor für Pastoraltheologie und christliche Soziallehre. Von 1951 bis 1962 war er Professor für Christliche Sozialwissenschaften an der Westfälischen Wilhelms-Universität in Münster. 1951 begründete er auch das Institut für Christliche Sozialwissenschaften.

Die von Ursula Nothelle-Wildfeuer und Jörg Althammer herausgegebene Schriftenreihe setzt sich zur Aufgabe, die

wichtigsten Schriften von Joseph Höffner gesammelt zu publizieren. Höffner
hat sich besonders um die historische
Aufarbeitung gesellschaftlicher Herausforderungen sehr verdient gemacht. Damit hat er der katholischen Soziallehre
ein grundlegendes Fundament für ihren
normativen Anspruch geliefert.

In Band 6 der Ausgewählten
Schriften mit dem Titel „Ursprünge
der sozialen Frage" werden Texte in der
Reihenfolge ihrer Entstehung von Joseph Höffner publiziert, die sich mit der
sozialen Frage vom Mittelalter bis zu
Neuzeit befassen. Nach einem Vorwort
der Herausgeber und einer profunden
Einleitung zur Entwicklung und Positionierung der Soziallehre von Arnd
Küppers und Ursula Nothelle-Wildfeuer
beginnt die Publikation mit einem Text
von Joseph Höffner mit dem Titel „Die
geistigen Kräfte der faschistischen Bewegung. Ihre Verwirklichung im neuen
Italien" aus dem Jahre 1933.

Das hier erstmals veröffentlichte
Manuskript eines Referates, das Höffner
im „Sozialzirkel" des Collegium Germanicum et Hungaricum in Rom hielt,
zeigt die Sicht eines Zeitzeugen, der
aus dem unmittelbar Erlebten spricht.
Höffner studierte 1927 bis 1934 an der
römischen Päpstlichen Universität Gregoriana. Er erlebte, wie Benito Mussolini
seine faschistische Diktatur in Italien
festigte. Für seine Analyse richtungsweisend ist die Feststellung: „In Italien
herrscht nicht die faschistische Partei,
sondern der Diktator Mussolini. Der
Duce ist der Faschismus" (39). Höffner
hatte bereits früh erkannt, welchen Weg
in die Katastrophe Faschismus und Nationalsozialismus bedeuten. Er beschreib
den faschistischen Staat als „ganzheitlichen Staat" (50). Es geht ihm darum, das
Herrschaftsgefüge und den institutio

nellen Aufbau des faschistischen Staates
aufzuzeigen. Höffner möchte aber auch
die dahinterstehende Idee des Faschismus offenlegen. Die Wurzeln dieser Idee
ortet er bei Vilfredo Pareto (1848–1923)
und Georges Sorel (1847–1922). Doch
Mussolini entwickelte keine in sich geschlossene Ideologie. Sein Antrieb war
ein unbändiger Wille zur Macht. Der
faschistischen Ideologie wohnt ein totalitärer Herrschaftsanspruch inne, mit
einem „Anspruch auf das Monopol alles
Geistigen" (52). Für Höffner ist dieser totalitäre Anspruch aus christlicher Sicht
niemals hinzunehmen und er muss „zu
scharfen Zusammenstößen mit der katholischen Kirche führen" (52).

Der Wirtschaft und der Arbeit
im faschistischen Staat widmet Höffner
große Aufmerksamkeit. Ausführlich
beschreibt er den faschistischen Korporationsstaat, dessen Zwangscharakter
er kritisiert. Er hebt aber auch hervor:
„Auf Gewalt und Machtstreben kann
man keinen Staat aufbauen. Was der faschistischen Bewegung heute fehlt, ist
die sittliche Wertgrundlage" (61). Höffner erkannte, dass Macht und Gewalt
sowie die ausdrückliche Ablehnung von
traditioneller Sittlichkeit integrale Bestandteile des Faschismus sind.

Der zweite in diesem Band abgedruckte Text ist die zweite Dissertation Höffners mit dem Titel „Bauer und
Kirche im deutschen Mittelalter", die
er 1938 an der Universität Freiburg abschloss. Er beschäftigt sich darin mit
der Frage, inwieweit die christliche
Weltanschauung die gesellschaftliche
Verfassung im Mittelalter beeinflusste.
In seiner Untersuchung geht es ihm zunächst um die Stellung, die die Bauern
im Gesellschaftsbau des Mittelalters innehatten. Um die Frage des Umgangs
der Kirche mit der mittelalterlichen

Gesellschaftsordnung zu beantworten, arbeitet er klar heraus, dass die Kirche die Grundherrschaft bereits vorfand. Weder durch weltanschauliche Vorgaben noch durch politisches Eingreifen konnte sie irgendeinen Einfluss auf dessen Entstehung nehmen. Die Grundherrschaft hatte römische und germanische Wurzel (67–78). Höffner betont aber, dass sich die Kirche mit diesem System nicht nur abgefunden, sondern „den wirtschaftlichen Unterbau ihrer eigenen Organisation auf diese Grundherrschaft gegründet" hat (103). Das statische Element, das die bestehenden Verhältnisse als gegeben und unumstößlich hinzunehmen scheint, ist das eine. Die andere Perspektive beschreibt er als „einen Gedanken von dynamischer Wirkung und revolutionärer Kraft" (132). Nämlich „die neue Botschaft von Wert und Würde jeder Menschenseele, auch der des ‚gemeinen Mannes'" (104). Das kirchliche Verhältnis zur jeweiligen Gesellschaftsordnung ist geprägt durch den Grundzug der Anerkennung des Bestehenden. Es geht für Höffner aber nicht um eine automatische und unkritische Anerkennung, sondern um ein wohlwollendes Einlassen auf die bestehende Gesellschaftsordnung. Wesentlich ist für ihn dabei, dass „die Gestaltung gesellschaftlicher Verhältnisse an erster Stelle eine weltliche, nicht kirchliche Aufgabe ist. Soziologie ist keine angewandte Dogmatik" (154). Das Christliche ist jedoch in keiner Weise irrelevant für die Gestaltung gesellschaftlicher Verhältnisse. Höffner betont abschließend, dass es primär Aufgabe der Laien sei, „erfüllt von christlichem Geiste, am Bau der ‚christlichen' Gesellschaftsordnung" mitzuwirken (158).

Den vorliegenden Band beschließen zehn kleinere Aufsätze aus den Jahren 1950 bis 1977 zur sozialen Frage des 19. Jahrhunderts. Für ihn ist die soziale Frage „geradezu das Schicksal der Welt geworden" (175). Die Beiträge widmen sich der materialistischen oder der christlichen Deutung der Geschichte, der Kritik von Kommunismus und Sozialismus, der sozialen Sendung der Kirche im Zeitalter des Industrialismus, aber auch bedeutenden deutschen Katholiken wie Adolf Kolping, Franz Hitze oder Wilhelm Emmanuel von Ketteler. Gerade diese bedeutenden Persönlichkeiten werden von Höffner in ihren geschichtlichen und theologischen Kontext eingeordnet und die Bedeutung ihrer Ansätze wird für die Gegenwart nachvollziehbar gemacht. Die Auseinandersetzung mit dem Wirtschaftsliberalismus, der Industrialisierung und der Marktwirtschaft teilt Höffner in zwei Phasen ein. Die erste ist für ihn die „Epoche der dumpfen Verproletarisierung", die zweite die „Epoche der klassenkämpferischen Solidarität" (212). Das Wesen der Verproletarisierung sieht er in der gesellschaftlichen, religiösen, beruflichen und wirtschaftlichen Desintegration. Solidarität im christlichen Sinne zeigt sich für Höffner im Zusammenschluss zu christlichen Arbeitervereinen, in der Gründung des Volksvereins für das katholische Deutschland und in der Gründung christlicher Gewerkschaften (217).

Die in diesem Band publizierten Schriften Höffners ermöglichen es, für die gegenwärtige Sozialethik drei grundlegende Erkenntnisse zu gewinnen: (1) Die christliche Sozialethik hat eine kritische Funktion. (2) Die christliche Sozialethik hat eine pragmatische Funktion. (3) Die christliche Sozialethik hat eine vermittelnd-ausgleichende Funktion (vgl. Arnd Küppers/Ursula Nothelle-Wildfeuer, 38).

Der Band 7 der Ausgewählten Schriften mit dem Titel „Kirche in der Welt" schließt die Neuausgabe der Schriften von Joseph Höffner zur Sozial- und Wirtschaftsethik ab. Die exzellente Einführung zu diesem Band stammt von Kardinal Reinhard Marx, der als ausgewiesener Sozialethiker und Erzbischof von München in jenem Spannungsfeld steht, dem auch Höffner in seiner Zeit ausgesetzt war.

Kardinal Marx betont in seiner Einführung, dass der Titel „Kirche in der Welt" genau das Anliegen trifft, das in Höffners Leben und Wirken zum Ausdruck kommt. Er ist stets der Welt zugewandt geblieben und hat sich nie in den Elfenbeinturm der Wissenschaft und als Priester nie in den Sakralraum der Kirche zurückgezogen (vgl. 9). Dies belegen sehr gut die 18 in diesem Band publizierten Texte aus den Jahren 1952 bis 1985.

Der erste in diesem Band dokumentierte Text aus dem Jahre 1952 widmet sich der „Technik im Lichte des christlichen Glaubens". Höffner ist kein Feind der Technik. Er betont, dass die technischen Errungenschaften das Leben der Menschen grundsätzlich erleichtern. Technik hat für ihn eine dienende Funktion, denn sie dient „den Lebenswerten des Menschen, an erster Stelle seinem leiblichen Dasein" (27). Die moderne Technik, so warnt Höffner, ist aber auch nicht harmlos, denn sie bietet dem Menschen große Möglichkeiten der Macht über die Erde und auch über andere Menschen. „Hier liegt das Verführerische, die Versuchung zur Verabsolutierung, zur Vergötzung, die Gefahr, in der Technokratie unter der Maske des Fortschritts die Seele zu verlieren" (28).

Höffner beschäftige sich in den folgenden Beiträgen aber auch mit Themen wie der Rationalisierung, dem technischen Fortschritt, der Soziologie und sittlichen Problemen der Automation. Weitere Beiträge widmen sich der Situation der Kirche in der industriellen Gesellschaft, dem deutschen Katholizismus in der gegenwärtigen pluralistischen Gesellschaft sowie der industriellen Revolution aus religiöser Sicht. Höffner behandelt aber auch das große Thema „Selbstverständnis und Perspektiven des Zweiten Vatikanischen Konzils". Diesen Text schrieb Höffner noch vor Abschluss des Konzils. Es ist ihm wichtig zu betonen, dass es sich beim Zweiten Vatikanum um „ein Konzil neuen Typs" handelt. Das eigentliche Thema dieses Konzils ist „das Selbstverständnis der Kirche in der Welt von heute" (185). Dazu gab es größere Meinungsverschiedenheiten unter den Konzilvätern. Er kommt aber zu dem Urteil: „Die meisten Meinungsverschiedenheiten unter den Konzilsvätern waren nicht konträrer, sondern komplementärer Natur" (189). Diesen Beitrag abschließend hält Höffner richtungsweisend fest: „Probleme werden nicht dadurch gelöst, dass man sie verschweigt. Der Dialog mit der Welt setzt den innerkirchlichen Dialog voraus" (198).

Weitere Beiträge in diesem Band behandeln den sozialen Auftrag der Christen in der Industriegesellschaft, die Kirche in der modernen Gesellschaft, die Pflicht des Staates, sittliche Grundwerte anzuerkennen, die Verantwortung der Christen für Europa und die Theologie der Befreiung. In den in diesem Band publizierten Schriften sind eine Reihe von Texten enthalten, in denen Höffner als Sozialethiker und Bischof zu kontroversen Fragen dezidiert Stellung bezieht.

Abschließend ist festzuhalten, dass Joseph Höffners Einlassungen zur

Rolle der Kirche in der Gesellschaft die vielfältigen Kompetenzen und Aufgaben widerspiegeln, die er als Sozialethiker und Bischof einbrachte. Bei allen hier angeführten Texten wird sein Ringen um die Frage deutlich, wie sich aus der sozialethischen und theologischen Tradition der Kirche heraus Konfigurationen finden lassen, die menschliches Zusammenleben unter dem Maßstab der Gerechtigkeit lebbar und lebenswert machen. Oder um es mit den Worten von Kardinal Reinhard Marx zu sagen: „Kirche war für Joseph Kardinal Höffner stets Kirche in der Welt. Dafür ist er zeitlebens eingetreten, und darin liegt sein verpflichtendes Erbe" (22). Und darin liegt auch der bleibende Wert der in den besprochenen Bänden publizierten Texte.

Spiritualität

„Ich suche Jesus" – mein Klassiker
Ein Wegbereiter zum geistlichen Leben
Abt Maximilian Heim OCist

„Ich suche Jesus. 33 Schritte zur vollkommenen Hingabe an Jesus durch Maria"[1] ist für mich zu einem Wegweiser meiner Berufung geworden. Dieses Buch, das 1977 erstmals von unserem mittlerweile hochbetagten Hochschulprofessor und Mitbruder P. Augustinus Fenz OCist herausgegeben wurde, hat mich fasziniert, als ich 1982 als junger Theologiestudent Kandidat in der Zisterzienserabtei Stift Heiligenkreuz wurde. Ähnlich erging es auch P. Karl Wallner OCist, dem langjährigen Rektor

unserer Hochschule und nunmehrigen Nationaldirektor von Missio Austria, der bereits mit 17 Jahren P. Augustinus bei der Monatswallfahrt in Maria Kirchbüchl in Niederösterreich kennenlernte.

Das Büchlein erschien zunächst 1977 noch im Eigenverlag in erster und 1983 in zweiter Auflage und wurde 2014 sowie 2020 vom Be+Be-Verlag neu ediert, ferner liebevoll illustriert mit Initialen aus Heiligenkreuzer Handschriften des 12. und 13. Jahrhunderts. Darüber hinaus publizierte P. Augustinus zwei weitere ähnliche Taschenbücher als Wegbereiter zur Ganzhingabe: „Ich bin Dein" mit Worten des hl. Ludwig Maria Grignion von Montfort, entsprechend seinem „Goldenen Buch", und schließlich 1983 „Ich weihe mich" mit Texten aus der „Nachfolge Christi" des Thomas von Kempen.

Entscheidend für diese Spiritualität der Ganzhingabe an Jesus durch Maria war und ist damals wie heute die Gestalt des hl. Papstes Johannes Paul II. Er war in einer „vaterlosen Gesellschaft" der Heilige Vater, der die Jugend begeisterte, indem er das „Totus tuus" zum Wahlspruch seines Pontifikates machte und als Pilger alle Kontinente missionierte, um die Türen der Menschen weit für Christus zu öffnen. Dazu dienten u. a. die Weltjugendtage, zu denen er die Jugendlichen der ganzen Welt einlud. Zum Vermächtnis wurde im Jahr seines Heimgangs der Weltjugendtag 2005 mit Benedikt XVI. in Köln: Unter dem Motto „Wir sind gekommen, um IHN anzubeten" (Mt 2,2) stand die eucharistische Anbetung im Zentrum.

In dieser Atmosphäre der Neuevangelisierung kann das Büchlein „Ich

---

1   AUGUSTINUS KURT FENZ, *Ich suche Jesus. 33 Schritte zur vollkommenen Hingabe an Jesus durch Maria nach den Anweisungen von Ludwig von Montfort mit Texten von Bernhard von Clairvaux*, Heiligenkreuz 2020.

suche Jesus" missionarisch zum Wegbereiter einer bewussten Hinwendung zu
Christus werden, um in 33 Tagen Schritt
für Schritt durch thematische Einstim-
mung, geistliche Lesung, Einkehr des
Herzens, Schriftwort, Psalmengebet
und Sakramentenempfang immer tiefer in das Geheimnis Jesu an der Hand
Mariens einzudringen. Dabei helfen die
33 Zeugnisse des hl. Bernhard, die benediktinische Lebensaufgabe der Gottsuche immer mehr zu erfassen als eine
Form der Umkehr zu Jesus Christus
mithilfe Mariens, die uns Christus selbst
als Mutter anvertraut hat. Wie Kardinal
Franz König († 2004) in seinem Vorwort
1976 schrieb, lassen die Bernhardstexte
„wahrhaft den Geist dieses großen Heiligen auch unserer Zeit" vermitteln.

Warum hat mich dieses Buch
„Ich suche Jesus" so angesprochen? Weil
es in der Art der *Lectio divina* mit Gebet,
Schriftlesung, Meditation und Betrachtung einen Zugang zu diesen Quellen
vermittelt, indem es klar strukturiert den
hl. Abt Bernhard zum geistlichen Vater
macht, der Neues und Vertrautes aus
seinem reichen Schatz hervorholt. Dabei
sind viele Anrufungen der *Lauretani-
schen Litanei* wie ein verborgener Schlüssel wegweisend unter der Prämisse, dass
„jedes von Gott beglaubigte Wort des Alten und Neuen Testamentes" als „verlässliche Wegweisung für das menschliche
Leben" (RB 73,3) zu verstehen ist.

Die *ersten zwölf Tage* werden jeweils mit der Anrufung des Heiligen
Geistes und dem mittelalterlichen Hymnus *„Meerstern, sei gegrüßet"*, *„Ave Maris
stella"*, eingeleitet, den auch der hl. Bernhard besonders geliebt hat. Diese ersten
zwölf Schritte dienen dazu, das eigene

Herz zu öffnen, sich freizumachen vom
„Geist dieser Welt", um wie Maria sich
ganz dem Wirken des Geistes Gottes zu
öffnen. Der Weg zur Ganzhingabe wird
anschließend in weiteren 21 Schritten
als dreiwöchige geistliche Übung zur
Heiligung des Alltags fortgeführt. Die
erste Woche dient der Selbsterkenntnis
und der Reue über die eigenen Sünden.
Im Geist der Demut empfiehlt der hl.
Ludwig Maria von Montfort, sich ganz
Maria anheimzugeben als Zuflucht der
Sünder. In der *zweiten Woche* geht es darum, Maria im Heilswerk Christi immer
tiefer zu erkennen, das heißt zu lieben.
Sie ist die „Ursache unserer Freude" wie
auch die „schmerzensreiche Mutter"
und steht in der Mitte der pfingstlich be-
tenden Kirche. In dieser zweiten Woche
wird neben der Litanei zum Heiligen
Geist und den anderen empfohlenen
Gebeten der Rosenkranz zum ständigen
Begleiter. Schließlich führt die *dritte
Woche* zum Höhepunkt des geistlichen
Weges, zu Jesus Christus. Mit dem Gebet des hl. Augustinus wird jeder der
letzten sieben Schritte eröffnet: *„Du bist
Christus, mein heiliger Vater, mein treuer
Gott, mein erhabener König, mein guter
Hirt, mein einzigartiger Lehrer, mein bes-
ter Helfer, mein herzlichster Freund, mein
lebensspendendes Brot [...]."*[2]

Am Ende der 33 Schritte, die an das
Vollalter Christi erinnern und zugleich
eine Brücke zur 33-tägigen Reinigungs-
vorschrift nach Lev 12,2-6 darstellen,
folgt als Höhepunkt die Ganzhingabe an
Jesus Christus durch die Hände Mariens.
Vorbereitend auf diesen Weiheakt empfiehlt der hl. Ludwig Maria zu beichten
und zu kommunizieren sowie ein *„Opfer
zu bringen"*[3], um so mit reinem Herzen

---

sprechen zu können: „*Ich bin ganz Dein,
und alles, was ich habe, gehört Dir, Du
mein liebenswürdigster Jesus, durch Maria,
Deine heiligste Mutter.*"[4] Diese Weihe des
Lebens dient der Verherrlichung des
Vaters im Heiligen Geist, die Christus
selbst mit dem Ganzopfer seiner Hingabe an den Vater vollendete.

Möge dieses Taschenbuch „*Ich
suche Jesus*" für viele ein Klassiker werden, ihre eigene Berufung als Getauf-
te und Gefirmte, als Ordensleute oder
Priester, neu zu entdecken oder zu ver-
innerlichen, um so missionarisch – wie
es uns Papst Franziskus ans Herz legt –
die frohe Botschaft den Menschen mit
dem eigenen Leben zu verkünden. Es
lohnt sich, die mystischen Gedanken
des hl. Bernhard von Clairvaux mitzu-
gehen, sich in seine Worte zu vertiefen,
um so – vom Feuer des Heiligen Geistes
entfacht – andere zu entzünden.

Kulturgeschichte

**Bernd Goldmann, Rezension zu: Ulrich
Knapp, *Die Zisterzienser und das Wasser.
Unter besonderer Berücksichtigung der Ab-
teien Bebenhausen, Maulbronn und Salem*,
hg. v. Staatliche Schlösser und Gärten
Baden-Württemberg, Petersberg 2020,
Michael Imhof Verlag, 262 S., ISBN 978-
3-7319-0350-5, 29,95 €.**

„Die Zisterzienser gelten gemeinhin als
Vorreiter des technischen Fortschritts
bei der Nutzbarmachung des Wassers
und der Wasserkraft im Mittelalter. Die
Lage ihrer Klöster in Talniederungen
und die oft beträchtlichen Wasserbauten

demonstrieren dies mit bedeutenden
Ingenieursleistungen." (9) Mit diesem
ersten Satz einer beeindruckenden Monografie eröffnet der Autor sein umfang-
reiches Werk von 314 Seiten. Die gut zu
lesende Darstellung ist zudem anschaulich gestaltet durch die reiche Dokumentation bestehend aus gezeichneten und
fotografierten Darstellungen, durch
zahlreiche Abbildungen von Schriftstü-
cken, von historischen Plänen und von
neuen Schemata, die meist für diesen
Band entwickelt (41, Abb. 28), selten
aus anderen wissenschaftlichen Werken
übernommen (41, Abb. 29) wurden.

Die Publikation untergliedert sich
übersichtlich in die Kapitel „Wasser im
Kloster – eine Einführung", „Wassertechnische Anlagen in Zisterzienserklöstern", den Fallbeispielen Salem (63–135),
Maulbronn (137–217) und Bebenhausen
(219–251) (jeweils eine eigene umfangreiche Betrachtung), einen Ausblick und
den Anmerkungen.

Wissenschaftlich wird Ulrich
Knapp seiner Betrachtung durch die
Anmerkungen, das Quellen- und Literaturverzeichnis, die Farblegende für die
Lagepläne und das Fachglossar gerecht.
Dieser Teil erleichtert dem Benutzer das
Lesen des Buches anhand der Struktur
wie auch das Orts- und Personenregister;
die Gestalterin hat mit ihrer sparsamen
Farbgebung in den Zwischenüberschrif-
ten und Lemmata der Anmerkungen
die überzeugende Gliederung oder Ordnung noch unterstützt.

„Das Wasser, die *materia prima*
der Schöpfungsgeschichte, ist der Le-
bensquell schlechthin" (10), könnte
man als Motto über die Untersuchung
schreiben. Überzeugend legt Knapp die

---

4   Augustinus Kurt Fenz, *Ich bin dein. 33 Stufen zur vollkommenen Hingabe an Jesus durch
    Maria*, Sittendorf 1979, 137.

„immense Bedeutung des Wassers und seine Nutzbarmachung für die Klöster" (9) dar. Die Landwirtschaft, die Obst- und Gemüsegärten, die Wiesen und die Felder bedürfen ebenso des Wassers wie ein Klosterkanal unentbehrlich ist für den Betrieb einer Getreidemühle, der Brauerei, der Walkmühle, der Schmiede und der Gerberei beispielsweise. Klosterweiher unterschiedlicher Provenienz und Anlage sind unabdingbar für die Fischhaltung. Nicht zuletzt ist das Wasser notwendig für die Nahrungszubereitung und die Hygiene.

All das gilt es zu berücksichtigen, wenn ein Kloster zu gründen ist, wenn die Anlage geplant und gebaut werden muss, wenn die Gemeinschaft bewirtschaftet werden soll und zwar so, dass sie wirtschaftlich unabhängig ist. Voraussetzung sind die natürlichen Gegebenheiten einer Landschaft, die gegebenenfalls beispielsweise durch Ab- oder Umleiten von Gewässern entsprechend nutzbar gemacht wird.

Die Zisterzienser haben das verstanden. Sie entwickelten auch die technischen Voraussetzungen durch den Bau von Brunnen, von Kanälen oder sie legten gar Leitungen an, die je nach Gegebenheiten aus verschiedenen Röhrentypen (29, bes. Abb. 16) bestanden. Das bedeutet, man benötigte nicht nur Quell- bzw. Trinkwasser, sondern auch Brauchwasser, das eine Grundvoraussetzung der Reinigung der Latrinen war.

So ist das Kapitel „Wassertechnische Anlagen in Zisterzienserklöstern" das zentrale zum Verständnis der späteren, in denen der Autor die gemeinsamen wie unterschiedlichen historischen Gegebenheiten in Salem, Maulbronn und Bebenhausen darstellt.

Er greift weit in die Geschichte zurück und erklärt technische Phä-

nomene nicht alleine anhand dieser Klöster, sondern sucht sie – wie etwa im Vergleich zu denen in England, in Frankreich oder in anderen Gegenden Deutschlands – deutlich zu machen. Dabei tun sich Parallelen wie Unterschiede auf. Dies dem Leser einleuchtend nachzuweisen, unterteilt Ulrich Knapp diese Darstellung in: „Voraussetzung für eine Klostergründung", „Trinkwasserversorgung", „Brauchwasseranlagen und Mühlen", „Latrinen und Aborte", „Ableitung von Oberflächenwasser", „Hochwasserschutz", „Bauen im feuchten Grund" sowie „Fischerei und Teichwirtschaft" oder „Nutzung von Gewässern als Transportwege". Diese Struktur behält er bei, wenn er sich im Besonderen den drei genannten Klöstern Salem, Bebenhausen und Maulbronn widmet.

Beispielsweise erinnert er in dem Kapitel „Fischerei und Teichwirtschaft" (55–60) daran, dass der Fisch eine der wichtigsten Fastenspeisen ist und im klösterlichen Alltag eine bedeutende Rolle spielt, nachdem dem Kloster das Recht seiner Ernte (Regale) zuerkannt worden ist. „Diese Wasserrechte waren in der Regel wichtiger als die Mühlen" (256), die eine andere Voraussetzung waren zur autarken Wirtschaftlichkeit eines Klosters. Daher gehörte innerhalb des Heiligen Römischen Reiches Deutscher Nation das Fischereirecht zur Grundausstattung eines Konventes. Generell sind in der Anlage von Seen grundsätzlich zwei Typen zu unterscheiden, nämlich die mit aufgestautem Wasser für die Fische und die als Speicher zum Betreiben der Mühlen angelegten. Welche Bedeutung ihnen zukamen, dokumentiert der Autor durch den Hinweis, dass das Kloster Waldsassen 1571 über 161 Fischweiher verfügte. Auch wenn heute viele wieder in die Wiesenlandschaft integriert sind, zeugen alte Gewannbezeichnungen – wie beispielsweise in Salem „Neue Wiesen" (57) – von ihrer ehemaligen Existenz. Um die gefangenen Fische aus dem fließenden Wasser frisch zu halten, gab es neben der Küche häufig ein Bassin, wo sie bis zum Verzehr hin gehalten wurden.

Differenziert schildert der Autor die Verhältnisse für Salem (119–129), Maulbronn (203–213) sowie Bebenhausen (249f.) je nach Quellenlage; dabei zeigt der Verfasser des Bandes anerkennenswert ebenfalls Forschungsgebiete auf, deren Untersuchung oder Ergebnisse noch nicht in Angriff genommen oder abgeschlossen sind. Das Kloster Maulbronn etwa besaß Fischereirechte an der Enz und an sechs weiteren Fischwassern sowie unterhalb des Klosters sechs und drei zu befischende. Deren Güte und Ertragsmöglichkeiten hat er anhand der Quellen untersucht und damit ein besonders plastisches Bild in den Unterschieden und Gemeinsamkeiten entworfen. „Gerade der Vergleich zwischen dem bis 1804 bestehenden Kloster Salem und den beiden im 16. Jahrhundert säkularisierten Klöstern Bebenhausen und Maulbronn zeigt bei vielen Parallelen durchaus Unterschiede." (264) Die Säkularisation dieser beiden Konvente geschah mit Einführung der Reformation in Württemberg.

Diese eindrückliche Darstellung kann man ebenfalls für die anderen Bereiche der Wasserwirtschaft und der damit verbundenen Bauaktivitäten oder technischen Entwicklungen feststellen. „Das Beispiel Salem belegt, dass die Zisterzienserklöster handwerklich wie wirtschaftlich nicht nur auf der Höhe der Zeit waren, sondern oftmals eine Vorreiterrolle übernahmen." (263)

Es wäre noch auf viele Themen hinzuweisen, die der Autor verdienstvollerweise behandelt oder zumindest anspricht – wie der Bau der Orangerien oder der Pomeranzenhäuser (261) oder die Frage der Leibeigenen (262). Vorzüglich ist ebenfalls die Behandlung der Brunnenhäuser etwa am Beispiel von Maulbronn (152–156).

In seinem Ausblick (253–264) schlägt Ulrich Knapp noch einmal den Bogen zur Einführung, fasst zusammen und bündelt die Ergebnisse seiner Fallstudien, die die „sehr unterschiedlichen Zisterzienserniederlassungen in Süddeutschland" betreffen. Er nimmt fast zum Schluss den Gedanken seines ersten Satzes wieder auf und stellt fest: „Bei ähnlichen Bedürfnissen ist daher mit regional unterschiedlichen Techniken zu rechnen. Das betrifft beispielsweise die technische Ausführung von Wasserleitungen, Konstruktion und Bau von Wehren und Dämmen, die Funktionsweise der Mühlen, die Anlage der Latrinengebäude, um nur einige Beispiele zu nennen." (264)

Bernd Goldmann, Rezension zu: Huberta Weigl, *Jakob Prandtauer 1660–1726.* *Baumeister des Barock,* **2 Bände, Petersberg 2021, Michael Imhof Verlag (= Studien zur internationalen Architektur- und Kunstgeschichte 183), 928 S., ISBN 978-3-86568-031-0, 128 €.**

Fährt man von Linz auf der Donau nach Wien – oder auch mit dem Zug oder dem Automobil –, wird der Reisende ungefähr auf der Hälfte der Strecke mit der Frontalansicht der Melker Stiftskirche beglückt. Ein erstklassiges Foto dieses architektonischen Kleinodes ziert den ersten Band einer vorzüglichen Monografie über Jakob Prandtauer (1660–

1726). Die Melker Stiftskirche wurde in der Barockzeit von diesem bedeutenden Baumeister errichtet. Prandtauer führte weitere Stiftskirchen wie St. Pölten, St. Florian, Kremsmünster, Klosterneuburg, Dürnstein oder Herzogenburg aus. Er schuf Schlösser, Pfarr- und Wallfahrtskirchen, Pfarrhöfe, Kapellen, Stallungen, Karner, Schüttkästen, Meierhöfe, Brücken, Kasernen, Gartengebäude, Kelleranlagen, Lesehöfe, Paläste und Stiftshöfe sowie Bürgerhäuser. Ihm ist von Huberta Weigl eine umfangreiche, detaillierte Darstellung in zwei Bänden gewidmet, an der die Autorin 24 Jahre lang gearbeitet hat. Schon der österreichische Verfasser eines biografischen Lexikons für das Kaisertum, Constant von Wurzbach, stellte 1872 fest: „P. verdient es, dass sich ein Forscher daranmachte, seinen Lebenslauf und den Antheil an von ihm ausgeführten Bauwerken urkundlich festzustellen."

Der Aufgabe hat sich Huberta Weigl nach 150 Jahren beeindruckend gestellt. Die Forschungsarbeit, das Aufspüren der Pläne, das Durchforsten der Archive nach bisher nicht gehobenen Quellen ist nicht genügend zu bewundern. Damit entstand eine besondere Künstlermonografie mit Werkverzeichnis. „Erwartet wird nämlich eine Biographie, ein vollständiges Werkverzeichnis und eine Einordnung der Künstlerin bzw. des Künstlers in die Kunstproduktion der Zeit" (Bd. 1, 29). Das dies nicht allein zu bewältigen ist, ist jedem, der selbst Forschungsarbeit geleistet hat, bekannt; so ist auch der Dank an Persönlichkeiten und Institutionen umfangreich und beeindruckend (Bd. 1, 12–15).

„Auf dem Gebiet der Architektur gehört Prandtauer zusammen mit Johann Bernhard Fischer von Erlach und Johann Lucas von Hildebrandt zu den bedeutendsten Künstlern des österreichischen Barock." (Bd. 1, 23) Von dieser Feststellung ausgehend ist der Anspruch und seine Umsetzung zu sehen. Prandtauer ist nun einmal diesen Baumeistern des Barock zuzuordnen, und er ist nicht zuletzt wegen der Melker Stiftskirche, deren Betrachtung faktisch in dieser Publikation den größten Raum einnimmt, über die Fachkreise hinaus bekannt. Vom Werk her ist der Umfang dann auch gerechtfertigt: 928 Seiten in zwei Bänden (der besseren Benutzbarkeit wegen durchgezählt), dessen erster den Überblick über Leben und Werk sowie über die bedeutendsten Klöster gibt. Der zweite Band eröffnet in einem Katalog „mit insgesamt 140 Nummern, womit die Publikation Neuland betritt", ein unschätzbares Nachschlagwerk. Die differenzierten Darstellungen werden gewertet in „archivalisch gesichert, stilistische Zuschreibung, kontextbedingte Zuschreibung, unsichere Zuschreibung, Abschreibung" und sind somit für den Leser bzw. Benutzer nachvollziehbar in der Einreihung (Bd. 1, 32).

Die umfangreiche Biografie bringt Einordnungen zutage, die das Bild des Baumeisters korrigieren oder ins rechte Licht rücken. Die äußere Lebensgeschichte ist schlicht und tabellarisch in einem Itinerar (Bd. 2, 842–863) nachzulesen. Vielleicht ist zum besseren Verständnis an diesem Ort anzugeben, dass ab 1692 St. Pölten „die neue Heimat des gebürtigen Tirolers" (Bd. 1, 51) war und Prandtauer derart mit dieser Stadt verbunden und dort angesehen war, dass er in der Gruft der Augustiner-Chorherren-Stiftskirche begraben wurde. „Ein Blick auf sein Werk macht zudem deutlich, dass Prandtauer zeitlebens viel gearbeitet hat, diszipliniert und exzellent organisiert war" (Bd. 1, 55). Subtil handelt Weigl beispielsweise in dem biografischen Text um seine mehrfach belegte Benennung als Bildhauer. Die Autorin stellt letztlich fest: „Könnte mit der wiederholten Bezeichnung Prandtauers als Bildhauer vielleicht der Beruf des Stuckateurs gemeint sein?", um dann zu der berechtigten Schlussfolgerung zu kommen: „Ein taktisch motivierter Auftritt als Bildhauer scheidet also aus." Oder „Solange keine neuen Quellen auftauchen, bleibt Prandtauers Tätigkeit als Bildhauer rätselhaft" (Bd. 1, 50).

Im Anschluss stellt Weigl die wichtigsten baumeisterlichen Zeugnisse vor wie Augustiner-Chorherrenstift St. Pölten, Augustiner-Chorherrenstift St. Andrä an der Traisen, Benediktinerstift Garsten, Augustiner-Chorherrenstift St. Florian, Benediktinerstift Kremsmünster, Augustiner-Chorherrenstift Herzogenburg, Augustiner-Chorherrenstift Klosterneuburg und Augustiner-Chorherrenstift Dürnstein. Zu Recht widmet die Autorin die größte Beachtung (Bd. 1, 93–211) dem Benediktinerstift Melk, das zu aller Bedeutung der äußeren Anlage wie der inneren Ausgestaltung und etwa der Stiftskirche selbst sowie der Bibliothek zudem noch eine günstige Quellenlage hat. Wie zu jedem Projekt Prandtauers sind die Kapitel systematisch unterteilt und je nach dem überlieferten Material mehr oder weniger nuanciert beschrieben mit Einleitung, Vorgeschichte, Neubau der Stiftskirche, Umbau der Klosteranlage und Anhang; Daten zu Kirchen- und Klosterbau. Diese Kapitel haben vom Objekt und seiner Dokumentation ausgehend unterschiedliche Gewichtungen und Inhalte.

Am 30. Juli 1701 hatte der Konvent des Stiftes Melk sich gegen einen Umbau und für einen Neubau entschieden und mit der Realisierung Jakob Prandtauer

betraut, der den Rohbau in den Jahren 1702–1715 verantwortete. Die Klosteranlage befand sich seit dem Mittelalter exponiert auf einem Hügel, der unmittelbar über die Donau liegt und so Schutz bot. Mit der Beschlussfassung musste die gotische Stiftskirche aufgegeben werden, deren Grundriss mittels eines Kupferstiches von 1702 erhalten ist (Bd. 1, 102, Abb. 69). Detailreich schildert die Autorin den Überlegungsprozess des damaligen, noch jungen Abtes Berthold Dietmayr und benennt nicht nur die schriftlichen wie grafischen Quellen, sondern stellt sie dem Leser mittels Abbildung zur unmittelbaren Nachempfindung und eigenen Beurteilung zur Verfügung. Zahlreiche Grund-, Quer-, Längs- und Aufrisse unterschiedlicher Autorschaft sind erhalten, vor allem aber solche von dem Baumeister selbst (Bd. 1, 114 f., Abb. 77–79; 121, Abb. 84; 185, Abb. 158) sowie Urkunden – wie etwa das Abstimmungsblatt (Bd. 1, 112, Abb. 76) oder die Grundsteinlegungsurkunde (Bd. 1, 118, Abb. 80).

Die Grundsteinlegungsurkunde ist datiert auf den 29. Juni 1702, dem Fest der neuen Kirchenpatrone Petrus und Paulus. Es ist eine Freude, dass sich nicht nur diese bewahrt hat, sondern auch das vergoldete Werkzeug, mit dem der Akt selbst vollzogen wurde (Bd. 1, 117). Schon am 6. April 1702 hatten der Abt Berthold Dietmayr und der ehrenwerte und kunstreiche Baumeister Jacob Prandtauer einen Vertrag mit neun Punkten über Abrechnung und Aufbau der Klosterkirche geschlossen. Innenraum und Fassade werden einerseits biografisch in Bezug auf den Baumeister und sein Schaffen wie andererseits kunsthistorisch ausführlich diskutiert. Die Verfasserin lässt keinen Zweifel daran, dass „Abt Berthold Dietmayr als

Regisseur des Gesamtkunstwerkes" anzusehen ist.

Hatte die Autorin im ersten Teil
eher beschreibende Passagen, geht sie
in dem Kapitel „Würdigung" weit darüber hinaus. So stellt sie anerkennend
fest, dass Prandtauer auffallend oft Um-
gestaltungen anvertraut wurden und er
insgesamt den „Aufstieg zum führen-
den Baumeister des heutigen Nieder-
und Ober-Österreich" geschafft hatte.
Dagegen wertet sie wohl zu Recht:
„Die Annahme, der Baumeister könnte
seine künstlerische Handschrift sein
Leben lang kontinuierlich weiterentwi-
ckelt haben, um nach einem Prozess
des Reifens dann den Höhepunkt in
seinem Alterswerk zu erreichen, greift
nicht" (Bd. 1, 429). Dabei nimmt die
Stiftskirche Melk eine Sonderstellung
ein, weil Prandtauer sie im Gegensatz
zu anderen Objekten von Grund auf gestalten konnte. Das Ergebnis hat seinen
Ruhm als Baumeister begründet, wenn
auch nach Weigl der Anteil Prandtauers
an den Entwürfen weniger zahlreich
als erwartet ist (Bd. 1, 433). Trotzdem
kann sie feststellen: „Seit sechs Jahren
wickelte Prandtauer in Melk einen Bau
von beträchtlicher Dimension reibungs-
los ab und ging dabei mit Sachverstand
auf die Wünsche des Bauherrn ein" (Bd.
1, 438) und „nobilitierte alle Trakte, die
der Repräsentation dienten, durch den
Einsatz von Nutungen, Pilastern und
aufwendigen Fensterverdachungen" zu
einem „Klosterpalast" (442).

Zur Würdigung zählt die Autorin zudem die Bauabwicklung generell,
Reisetätigkeit, teilweise belegt durch
Abrechnungen, die Bezahlung, den Umgang mit den Mitarbeitern und Auftraggebern. Für die Beurteilung Prandtauers
sind sogar scheinbar nebensächliche
Dokumente wichtig. Seine „Anweisung

für die Beschaffenheit eines Seiles zum
Aufziehen einer Glocke auf den Turm
der Herzogenburger Stiftskirche" vom
10. Dezember 1719 beweist, dass der
Baumeister von seiner Arbeit genaue
Vorstellungen hatte und die Äbte und
Pröpste zu zahlreichen Themen, die den
Bau betrafen, beriet (Bd. 1, 479).

Der zweite Band, dessen Umschlag ein Abbild des Sommerrefektori-
ums von Stift St. Florian ziert, informiert
schwerpunktmäßig in einem Katalog
über die 140 Bauwerke, die mit Jakob
Prandtauer in Verbindung gebracht werden (Bd.2, 511–785), in alphabetischer
Reihenfolge nach Ortsnamen. Eindeutig
definiert die Autorin zu Beginn des Ka-
taloges die schon oben genannten Kategorien (Bd .1, 32) ihrer Beurteilung und
Zuordnung oder Verwerfung als Werk
des Baumeisters. Beeindruckend wie
Huberta Weigl den Beschreibungen der
einzelnen Zeugnisse gerecht zu werden
versucht – natürlich ebenfalls der Bedeutung und der Fülle des zur Verfügung
stehenden oder gehobenen Materials
nach –, ein für den Leser gleichartiges
Schema zu erstellen und durchzuhalten.

Als Beispiel sei das Benediktinerstift Göttweig (Kat. 14, 535–541) he-
rausgegriffen, dessen Bau und Umbauten
archivalisch gesichert sind und dessen
Gestaltung mittels Abbildungen aus der
Zeit um 1700, 1719, 1722, um 1743–1745
und mittels eines Luftbildes (vermutlich
aus der Gegenwart) dokumentiert ist. So
unterteilt die Bearbeiterin den Artikel
in „Gotthard-Kirche", in Klosteranlage
und letztlich Literatur als Beleg ihrer
Forschungen. Die Siglen werden in einem eigenen, am Schluss befindlichen
Literaturverzeichnis entschlüsselt. Dem
interessierten Leser werden schon die
detaillierten, sehr ausführlichen Fußno-
ten angeboten, um selbst die Forschung

nachvollziehen und sich über sie ein Bild machen zu können.

Nach dem großen Brand vom Juni 1718 forderte der damalige Abt von Stift Göttweig, Gottfried Bessel, mehrere Künstler auf, Entwürfe für den Aufbau einzureichen, denen allein der Quellenlage nach Johann Lucas von Hildebrandt, Balthasar Neumann und Jakob Prandtauer gefolgt sind. Die aus dieser Quellenlage heraus geführte wissenschaftliche Diskussion über die Anteile der Genannten an Planung und Umsetzung ist belegt und das Ergebnis schlüssig gezogen, nämlich dass Prandtauer Planung und Bauaufsicht verantwortete.

Wenn im Zusammenhang mit dem Neubau der Klosterkirche Göttweig die Namen von Johann Lucas von Hildebrandt und Balthasar Neumann genannt werden oder in anderem Zusammenhang beispielsweise der Hinweis auf Johann Bernhard Fischer von Erlach gegeben wird, hätte man sich an manchen Stellen eine Einordnung der von Jakob Prandtauer gestalteten Architektur in die Architektursprache seiner Zeit, des Barock, sowie seine gemeinsame wie unterschiedliche Formensprache im Vergleich zu seinen zeitgenössischen Kollegen gewünscht – ein Verlangen, das in keinem Fall die umfangreiche wie großartige Leistung Huberta Weigls mindern soll.

Dass der Nachweis über einen Auftrag und dessen Umsetzung nicht immer einfach ist, zeigt der Hinweis über den Brunnen auf dem Rathausplatz in St. Pölten (Bd. 2, 683, Kat. 84), der schriftlich durch Ratsprotokolle nachgewiesen ist, aber von dem wohl keine Pläne aufzufinden sind und der selbst letztlich nicht erhalten ist: Ein Röhrenbrunnen des 17. Jahrhunderts

wurde von Jakob Prandtauer 1708 zu einem Springbrunnen umgestaltet.

Die Autorin hat es geschafft, in die Fülle des Materials nicht nur dieses in eine zeitliche und logische Abfolge gebracht zu haben oder Schwerpunkte zu setzen, sondern sie erreicht die schon mehrfach angesprochene Systematik. Damit hat sie dem Benutzer des Buches eine Hilfe an die Hand gegeben, die das umfangreiche darstellende Werk zu einem Handbuch macht. Auf den Seiten 786–839 finden sich die folgenden Verzeichnisse: Verzeichnis nach Autorschaft (Archivalisch gesicherte Werke, stilistische Zuschreibungen, kontextbedingte Zuschreibungen, unsichere Zuschreibungen, Abschreibungen – vgl. auch Bd. 1, 32), ein chronologisches Verzeichnis (801–813), ein Verzeichnis nach Auftraggebern und dieses alphabetisch geordnet nach: „Klöster", „Weltpriester", „Adel", „Bürger", „Landstände", „Kommunale Verwaltung", „Auftraggeber unbekannt oder unklar". Allein diese Verzeichnisse weisen auf die gute Vernetzung des Baumeisters Prandtauer hin. Seine Vielseitigkeit in der Erfüllung der gestellten Aufgaben ist in dem Verzeichnis der Bauaufgaben ersichtlich: Klöster (Klosterkirchen, Sakristeien, Klosteranlagen), Pfarr- und Wallfahrtskirchen, Pfarrhöfe und Kapellen. Hinzu kommen Wirtschaftsbauten (Lesehöfe, Zehenthöfe und Pflegehöfe, Schüttkästen, Meierhöfe, Kelleranlagen). Prandtauer errichtete Stiftshöfe, Paläste und Bürgerhäuser sowie Kasernen, Brücken und Straßen. Wenn auch nicht alle systematisch erfassten Werke genannt sind, so zeigt allein diese Aufzählung, dass der Baumeister Prandtauer, wie die Autorin urteilt, zeitlebens viel gearbeitet hat, diszipliniert und exzellent organisiert war.

Aufschluss gibt ebenfalls ein
Planverzeichnis. Die Auflistung der Bücher aus Jakob Prandtauers Besitz nährt
den Wunsch, seine Bibliothek hätte sich
komplett erhalten, die dem Baumeister
„als wichtiges Medium der Wissensver-
mittlung" (Bd. 2, 879) diente.
    Welch ein Werk, dessen Aus-
stattung und Layout in der dem Verlag
entsprechenden Güte daherkommt! Es
wurde auf keine der zahllosen, vorzüglichen Architekturfotos oder Pläne bzw.
Abbildungen von zeitgenössischen Darstellungen verzichtet. Huberta Weigl
hält von Form und Inhalt her den von
ihr zu Beginn des Werkes formulierten
Anspruch. Ihr ist zu gratulieren und
Dank zu sagen, dass sie von ihrem Ziel
nicht abließ.

XII.
AKTUELLES

Jahresbericht über die Hochschule Heiligenkreuz 2020

Wolfgang Buchmüller OCist

1. Status der Hochschule

a. Situation

Der primäre Gründungszweck der Hochschule von 1802 bleibt bis heute gültig: der Ausbildung von Ordensleuten und Priestern zu dienen. Das ist das Spezifikum der Hochschule Heiligenkreuz. Von 1996 bis 2021 wurden bisher genau 300 unserer Absolventen und Studenten zu Priestern geweiht. Außer den Seminaristen studieren in Heiligenkreuz viele junge Leute, die die Frage nach einer Berufung in sich tragen. Die Atmosphäre der Hochschule Heiligenkreuz, wo das Studieren eingebettet ist in eine Welt des erlebbaren Glaubens, hilft vielen, ihre geistliche Berufung zu erkennen und anzunehmen.

b. Basics

Name: „Philosophisch-Theologische Hochschule Benedikt XVI. Heiligenkreuz", kurz: „Hochschule Heiligenkreuz".

Gründung: 6. November 1802 durch die vier Äbte der niederösterreichischen Zisterzienserklöster Heiligenkreuz (Marian Reutter, 1790–1805), Neukloster (Anton Wohlfahrt, 1801–1836), Zwettl (Ignaz Weisskopf, 1786–1804) und Lilienfeld (Ignaz Schwingenschlögl, 1790–1802).

Geschichte: Die Gründung der Hochschule als Hauslehranstalt erfolgte 1802, die Erhebung zur öffentlich-rechtlichen Hochschule 1976, zur Hochschule päpstlichen Rechtes 2007. Derzeitiger Status: Hochschule päpstlichen Rechtes, unter der Zuständigkeit der Kongregation für das Katholische Bildungswesen (Congregatio de Institutione Catholica). Die derzeitigen Statuten stammen aus dem Jahr 2015.

Studien: Diplomstudium Fachtheologie („Magister theologiae"), Lizentiat „Spiritualität und Evangelisation", „Pastoraltheologie und Medienarbeit" und „Monastische Ordensstudien" („Licentiatus theologiae") und weitere Studiengänge. Die Studien sind kirchlich und staatlich anerkannt.

Großkanzler (identisch mit dem jeweiligen Abt von Heiligenkreuz): Abt Dr. Maximilian Heim OCist, seit 2011.

Leitung: Rektor: Prof. P. Dr. habil. Wolfgang Buchmüller OCist (seit 01. Jänner 2019); Vizerektor: Prof. P. DDr. Marian Gruber OCist (seit 2019); Studiendekan: Prof. Msgr. Dr. Rupert Stadler (seit März 2019); Forschungsdekan: Univ.-Prof. Dr. Wolfgang Klausnitzer (seit März 2019); Generalsekretär der Hochschule: Doz. P. Dr. Johannes Paul Chavanne OCist (seit Jänner 2019).

Struktur: 9 reguläre Institute und 4 außerordentliche Institute

Lehrende: 82 (2020: 80)

Studiengebühren: ca. 400 Euro pro Semester

Studierende: 284 (2020: 255) im Diplomstudium Fachtheologie, 31 (2020: 29) im Lizentiatsstudium, 8 (2020: 6) im Studium Generale

Bibliothek: ca. 200.000 Bücher, 225 Fachzeitschriften. Der Online-Katalog der Stiftsbibliothek ermöglicht eine einfache Buchrecherche: https://search-hlk.obvsg.at

Finanzierung: Die Finanzierung des laufenden Betriebes und der Patenstudenten erfolgt allein durch Spenden. Die Lehrenden arbeiten ausnahmslos ehrenamtlich gegen eine geringe Spesenvergütung.

2. Lehrende und Institute

a. Die Lehrenden

Im Sommersemester 2021 zählt die Hochschule 82 Lehrende, davon 10 ordentliche Professoren, 9 außerordentliche Professoren, 7 Honorarprofessoren, 11 Gastprofessoren, davon 18 Professoren mit Habilitation, 22 Dozenten und 23 Lehrbeauftragte. Für alle gilt dabei die Ehrenamtlichkeit.

2019/2020 wurden zwei Professoren aus Altersgründen emeritiert: Doz. Dr. Bernd Goldmann und Doz. Dr. Leo Bazant-Hegemark.

b. Die Institute

Die Hochschule besteht aus 9 „regulären" Instituten; dazu kommt ein von Prof. Hanna-Barbara Gerl-Falkovitz geleitetes Europäisches Institut für Philosophie und Religion (EUPHRat) und ein Europainstitut für Cistercienserforschung (EUCist).

3. Statistik der Studenten

Mit Stand vom 01. März 2021 sind insgesamt 323 (2020: 290) inskribiert, davon 265 (2020: 241) Studenten und 54 (2020: 49) Studentinnen.

Von den 323 sind 216 (2020: 198) ordentliche Studierende der Fachtheologie, 49 (2020: 45) sind außerordentliche Studierende der Fachtheologie und 58 (2020: 47) sind Gasthörer/innen.

Von den 323 Studenten sind 178 (2020: 164) Ordensleute oder Seminaristen (36 Zisterzienser, 56 andere Orden, insgesamt 32 Priester, insgesamt 11 Diakone und 61 diözesane Seminaristen); von den übrigen 146 Studenten sind nicht wenige auf der Suche nach Abklärung ihrer Berufung innerhalb der Kirche.

Von den 323 Studenten wohnen 41 im Stift Heiligenkreuz, 39 im Priesterseminar Leopoldinum, 25 im Diözesanen Missionskolleg Redemptoris Mater in Wien, 13 in der Gemeinschaft Brüder Samariter, 208 Studenten wohnen in sonstigen Unterkünften.

Herkunft der Studenten: Von den 323 Studenten stammen knapp zwei Drittel – exakt 212 – aus dem deutschen Sprachraum: 103 aus Österreich, 101 aus Deutschland, 8 aus der Schweiz; insgesamt 33 Nationalitäten: 1 Australien, 1 Belgien, 2 Brasilien, 1 Chile, 1 China, 2 Georgien, 13 Indien, 3 Indonesien, 2 Iran, 8 Italien, 1 Kongo DR, 8 Kroatien, 1 Litauen, 3 Mexiko, 1 Niederlande, 4 Nigeria, 2 Philippinen, 9 Polen, 1 Portugal, 1 Rumänien, 1 Russland, 3 Slowakei, 2 Slowenien, 1 Spanien, 2 Sri Lanka, 1 Syrien, 1 Tansania, 4 Tschechien, 9 Ukraine, 5 Ungarn, 3 USA, 2 Venezuela, 12 Vietnam.

Innerhalb des Studienjahres 2020/2021 gab es 16 (2020: 10) Absolventen, davon 14 „Magistri theologiae" und 2 Lizentiaten.

4. Die Studienrichtungen

Die Hochschule Heiligenkreuz bietet derzeit vier Formen des Studiums an:

a. Vorbereitungslehrgang zur Vorbereitung auf die Studienberechtigungsprüfung bzw. für ausländische Studenten, seit 1975: Neben dem 5-jährigen Diplomstudium „Fachtheologie" bietet die Hochschule einen einjährigen „Vorbereitungslehrgang" an. Dies ist eine gute Vor-Ausbildung für jene Nicht-Maturanten, die sich auf die Studienberechtigungsprüfung an einer österreichischen Universität vorbereiten. Ebenso absolvieren fremdsprachige Studenten dieses einjährige Studium, das mit einer ausgebauten „Studieneingangsphase" vergleichbar ist.

b. Studium Generale in Kooperation mit der Hochschule Trumau (2 Semester, 60 ECTS), seit 2015: Die genau 20 Kilometer entfernte Hochschule Trumau ist u. a. spezialisiert auf das „Studium Generale": 2 Semester (60 ECTS-Punkte) für junge Menschen, die nach der Reifeprüfung eine vertiefte Allgemeinbildung in den klassischen humanistischen, philosophi-

schen und theologischen Traditionen erwerben wollen. Der
Unterricht findet in englischer Sprache statt.

c. Diplomstudium Fachtheologie mit dem Diplomabschluss
„Magister theologiae", seit 1975 bzw. 2007: Das ist das kanonische Theologiestudium gemäß „Veritatis gaudium" im 1.
Zyklus. Es umfasst 10 Semester und 300 ECTS-Punkte und
schließt mit dem staatlich anerkannten „Magister theologiae"
ab. Das Studium ist in zwei Studienabschnitte (6 Semester und
4 Semester) gegliedert und erfordert eine Diplomarbeit im Ausmaß von mindestens 80 Seiten.

d. Lizentiatsstudium ‚Spiritualität und Evangelisation' bzw. ‚Pastoraltheologie und Medienarbeit' mit dem Abschluss eines ‚Licentiatus theologiae' (4 Semester, 120 ECTS), seit 2016, ein weiteres
Lizentiat ‚Monastische Ordensstudien' soll im Wintersemes-
ter 2021/22 starten: Ein Lizentiatsstudium setzt ein bereits
abgeschlossenes Theologiestudium voraus und befähigt zur
selbständigen Forschung und zur Lehre an kirchlichen Hoch-
schulen. Außerdem ist es Voraussetzung für die Zulassung zu
einem kanonischen Doktoratsstudium. Das Studium umfasst
4 Semester. Die Studienleistung von 120 ECTS-Punkten setzt
sich zusammen aus der Teilnahme am Studiengang (80 ECTS),
der Abfassung einer Lizentiatsarbeit (25 ECTS) und der kom-
missionellen Lizentiatsprüfung (15 ECTS). Im Sommersemester 2021 sind 31 Studenten im Lizentiatsstudium inskribiert.

5. Chronik 2020

25.01.2020

Am 25. Jänner – dem Vorabend des Hochfestes der Gründerväter
des Zisterzienserordens Robert, Alberich und Stephan – wurde im
Kaisersaal das Buch ‚Die Lebenswelt der Zisterzienser. Neue Studi-
en zu Geschichte eines europäischen Ordens' vorgestellt. Das Buch
ist von Dr. Joachim Werz in Zusammenarbeit mit der Hochschule unter Mitarbeit von Magnus Rabl herausgegeben. Es umfasst 31
neue Beiträge zu Geschichte, Spiritualität, Kunst, Kultur, Wirken

und Leben der Zisterzienser. Anlass der Herausgabe ist der 50. Geburtstag von P. Alkuin Schachenmayr, der das Europainstitut für Cistercienserforschung leitet. Es stellt einen wichtigen Beitrag für die wissenschaftliche Auseinandersetzung mit Geschichte und Gegenwart unseres Ordens dar und wurde inzwischen ein zweites Mal aufgelegt.

23.02.2020

Am 23. Februar traf sich der Ehrensenat der Hochschule Heiligenkreuz zu seiner Jahresversammlung. Mitglieder des Ehrensenats sind Personen, die der Hochschule in besonderer Weise verbunden sind und sich Verdienste um ihren Aufbau und ihr Wirken erworben haben.

09.03.2020

Zu Beginn des Sommersemesters 2020 trat am 09. März die Hochschulkonferenz zusammen. Rektor P. Wolfgang Buchmüller gab einen Überblick über den Zustand der Hochschule. Weitere Themen der Konferenz waren unter anderem die neuen Zitationsrichtlinien, die Überarbeitung der Statuten mit der Adaptierung des Apostolischen Schreibens ‚Veritatis Gaudium', die Publikationstätigkeit der Lehrenden sowie Kooperationen mit anderen Einrichtungen. Da aufgrund der Gefährdung durch die Pandemie nur wenige Professoren teilnahmen, werden die notwendigen Beschlüsse per Briefwahl herbeigeführt.

11.03.2020

Aufgrund der am 10. März erlassenen Verordnungen der Österreichischen Bundesregierung über Schutzmaßnahmen gegen die Ausbreitung des Coronavirus, sah sich Rektor P. Wolfgang Buchmüller gezwungen, den regulären Lehrbetrieb an der Hochschule Heiligenkreuz bis auf Weiteres einzustellen. Die Lehrenden und Studierenden wurden bereits per E-Mail über diesen schmerzlichen, aber notwendigen Schritt informiert. Die technische Ausstattung des STUDIO1133 konnte dankenswerterweise dazu beitragen, dass die

Inhalte der Lehrveranstaltungen online zur Verfügung gestellt wurden, dass Videokonferenzen eingerichtet und dass Lehrvideos aufgenommen werden konnten.

16.03.2020

In der Coronakrise musste auch die Hochschule Heiligenkreuz auf
den Minimalbetrieb heruntergefahren werden. Der Lehrbetrieb
blieb eingestellt, die Mitarbeiter im Homeoffice. Rektor P. Wolfgang
setzte ein Schreiben an alle auf, um ihnen seine Nähe deutlich zu
machen und die weiteren Schritte zu erklären: Das Ziel war, alle
Lehrveranstaltungen durchzuführen und den Lehrbetrieb elektro-
nisch aufrechtzuerhalten und so nahe wie möglich am geplanten
Semester dranzubleiben, was auch verwirklicht werden konnte.

20.04.2020

Trauer um Prof. Ludger Müller. In der Nacht vom 19. auf den 20. April
2020 starb Univ.-Prof., Dr. theol., Dr. iur. can. habil., M. A. Ludger
Müller nach langer und schwerer Krankheit. Die Hochschule Heiligenkreuz trauert um einen überaus geschätzten, beliebten und hochge-
achteten Professor, Lehrer und Wissenschaftler.

01.05.2020

Die Hochschule Heiligenkreuz wurde am 01. Mai 2020 nach dem
Erlass des Ministeriums wieder hochgefahren. Dies bedeutete, dass
ab 01. Mai die Hochschule wieder öffentlich zugänglich war, das Sekretariat und die anderen Büros wieder offen waren. Die Bibliothek
hatte wieder Montagvormittag, Dienstagnachmittag und Donners-
tagvormittag für Ausleihen geöffnet. Dies bedeutete auch, dass Prüfungen wieder in verschiedenen Formen abgelegt werden konnten.

02.06.2020

Durch den Relaunch der Homepage erhielt die Hochschule Heiligenkreuz eine neue, übersichtliche, schöne und klare, grafisch gut
gestaltete Webpräsenz. Ziel war es, dass alle, die die Seite besuchen,
möglichst einfach und schnell das finden, was sie suchen.

08.06.2020

Univ.-Prof. Dr. Klaus Berger verstarb am Montagabend, dem 08. Juni 2020, im Alter von 79 Jahren. Klaus Berger war einer der bekanntesten, renommiertesten und meistgelesenen Bibelwissenschaftler des deutschen Sprachraums. Mit der Hochschule Heiligenkreuz war er auf vielfache Weise verbunden. Er war Familiar der Abtei Heiligenkreuz, oft zu Gast zu Vorträgen und Tagungen, er betete das Heiligenkreuzer Zisterzienser-Brevier und hielt Kontakt zu vielen von unseren Mönchen. Bei der Verleihung des Augustin-Bea-Preises im Dezember vergangenen Jahres hielt Abt Dr. Maximilian Heim die Laudatio für ihn.

09.06.2020

Die Prüfungszeit des Corona-Semesters nahm ihren Anfang. Unter Einhaltung aller Vorsichtsmaßnahmen kehrte damit aber doch wieder zur Freude aller Leben in die Hochschule zurück. Studenten und Seminaristen kamen zurück in die Räumlichkeiten der Hochschule, um das Semester gut abzuschließen. Viele Prüfungen fanden in Online-Formaten statt, was neu und ungewohnt war, andere wieder mit Präsenz mit den entsprechenden Vorsichtsmaßnahmen.

15.06.2020

Durch die Ernennung von Prof. Veit Neumann zum Gastprofessor für Pastoraltheologie konnte die Hochschule Heiligenkreuz eine Lücke in ihrem Studienangebot wieder schließen. Durch die Ausrichtung der Studien in Heiligenkreuz auf spirituelle und pastorale Schwerpunkte lag es nahe, einen auf diese Stärken ausgerichteten Aufbaustudiengang anzubieten, der den Bedürfnissen der Studenten besonders entgegenkommt. Prof. Veit Neumann ist ein international renommierter Pastoraltheologe mit einer speziellen Ausrichtung auf Medienarbeit sowie auf den Journalismus. Er ist ordentlicher Professor für Pastoraltheologie an der Philosophisch-Theologischen Hochschule St. Pölten und zugleich Redakteur der Bischöflichen Medien- und Presseabteilung der Diözese Regensburg. Außerdem ist er Chefredakteur der Academia, des Organs der katholischen Studentenverbindungen im CV. Er hat meh-

rere Jahre lang als Wissenschaftlicher Mitarbeiter am Lehrstuhl für
Pastoraltheologie und dann als Lehrbeauftragter für Homiletik an
der LMU München fungiert. Das Lizentiat dauert zwei Jahre und
bietet einen Vertiefungslehrgang mit einem akademischen Abschluss an.

16.06.2020

Mit Erzbischof Franz Lackner wurde ein langjähriger Professor
der Hochschule Heiligenkreuz zum neuen Vorsitzenden der
Österreichischen Bischofskonferenz gewählt. Rektor P. Wolfgang
Buchmüller gratulierte: „Im Namen der Hochschule Heiligenkreuz,
der Professoren und der Studenten darf ich meiner großen Freude
Ausdruck geben, dass Sie zum Vorsitzenden der Österreichsichen
Bischofskonferenz berufen worden sind. Wir haben Sie hier als einen passionierten Hochschullehrer mit einer großen Liebe zu den
Studenten, auch zu den sog. ‚Kleinen' erlebt, als einen intellektuell
redlichen Philosophen und Theologen, als einen überzeugten und
überzeugenden Jünger des heiligen Franziskus und nicht zuletzt
als einen guten Hirten im Bischofsamt, der der Kirche mit einem
großen Verantwortungssinn vorsteht. Gerne unterstützen wir Sie
mit unserem Gebet und unserer Loyalität."

06.07.2020

Am 06. Juli 2020 stattete der griechisch-katholische Bischof
Stephan Sus aus dem Erzbistum Kyiw-Halytsch (Kiew/Ukraine) mit
Generalvikar Yuriy Kolasa und einigen Mitarbeitern der Hochschu-
le Heiligenkreuz einen Besuch ab. Einige Seminaristen des Erzbis-
tums studieren an der Hochschule Heiligenkreuz und erhalten ihre
Formation im Priesterseminar Leopoldinum.

10.07.2020

Am 10. Juli 2020 bestand P. Guerricus Cao Vu Pham von der viet-
namesischen Zisterzienserkongregation die kommissionelle Ab-
schlussprüfung des Lizentiatsstudiengangs ‚Spiritualität und
Evangelisierung' und erwarb damit den Titel eines Lizentiaten der

Theologie. Titel seiner Abschlussarbeit: „Die Gerechtigkeit Gottes. Gnade und Barmherzigkeit im Römerbriefkommentar von Wilhelm von Saint-Thierry".

01.08.2020

Erstmals konnte mit Erekle Turkadze ein orthodoxer Student aus Georgien an der Hochschule Heiligenkreuz das Lizentiatsstudium ‚Pastoraltheologie' erfolgreich abschließen: sein pastoraltheologisches Thema war „Ökumenische Jugendarbeit".

13.08.2020

Der Tod des emeritierten Dekans der Hochschule Prof. P. Dr. Norbert Stigler OCist löst große Trauer aus. P. Norbert Stigler war bis 2017 Professor für Pastoraltheologie. In den Jahren 1989–1991 und 1993–1999 stand er der Hochschule als Dekan vor. Bis zuletzt wirkte er als Pfarrer in Sulz. Am 30. Juli kam er bei einem Bergunfall in Südtirol ums Leben, bei dem er 70 Meter in die Tiefe stürzte. Am 13. August 2020 fand das feierliche Pontifikalrequiem mit der Homilie von Abt Maximilian in der Stiftskirche Heiligenkreuz mit anschließender Beerdigung auf dem Mönchsfriedhof statt. Dabei trat eine Reihe von Trauerrednern auf, die die Bedeutung seiner Persönlichkeit hervortreten ließen.

21.09.2020

Am 21. September 2020 wurde der 5. Jahrgang von „Ambo", dem Jahrbuch der Hochschule Heiligenkreuz, ausgeliefert. Der Titel des von Rektor P. Wolfgang Buchmüller und Dr. Christoph Böhr herausgegebenen Bandes lautet: „Das Gute, Wahre und Schöne. Zur Aktualität der Lehre von den Transzendentalien". Die Beiträge stammen von Erzbischof Franz Lackner, Abt Maximilian Heim, Rémi Brague, Rocco Buttiglione, Hanns-Gregor Nissing, Richard Schenk, Richard Schaeffler und vielen anderen namhaften Philosophen.

28.–30.09.2020

Von 28.–30. September 2020, im Jahr des 100. Geburtstags von Papst Johannes Paul II., fand an der Hochschule Heiligenkreuz eine außerordentliche Tagung im Kaisersaal statt: „Johannes Paul II. Philosoph, Poet, Priester, Politiker, Papst: ein Leben für die Freiheit. Ein Lebenswerk und seine Wirkung". Unter den Referenten waren persönliche Wegbegleiter des großen polnischen Papstes und Experten seiner Theologie und seines pastoralen Wirkens. Es sprachen: Erzbischof Stanislaw Gadecki, Vorsitzender der polnischen Bischofskonferenz; Abt Maximilian Heim, Rocco Buttiglione, Jaroslaw Jagiello, Anna Karon-Ostrowska, Paul Josef Kardinal Cordes, Peter Schallenberg, Christoph Ohly, Stefan Samerski, Stefan Meetschen, Wladislaw Zuziak, Marcus Knaup, Helmut Müller, Manfred Gerwig, Hans-Gregor Nissing, Corbin Gams, Alfred Marek Wierzbicki, Kazmierz Rynkiewicz, Marek Maciejak, P. Wolfgang Buchmüller, P. Edmund Waldstein, William J. Hoye, P. Karl Wallner und Christoph Böhr.

01.10.2020

Am 01. Oktober begann das akademische Jahr 2020/21. Um 14.30 Uhr feierte die Hochschule eine Festmesse mit Kurt Kardinal Koch in der Stiftskirche. Um 16 Uhr fand die Inaugurationsvorlesung „Unumkehrbare Verpflichtung zur Suche nach der Einheit der Kirche. Zum 25. Jahrestag der Ökumene-Enzyklika ‚Ut unum sint' des heiligen Papstes Johannes Paul II." statt, die von Kurt Kardinal Koch in der Stiftskirche gehalten wurde. Um 17.30 Uhr – Spatenstich für das neue „Pater Anastasius Brenner-Studentenheim".

01.10.2020

Am 01. Oktober startete das neue Semester. Der Vorlesungsbetrieb lief im Präsenzbetrieb an, aber unter genauen Corona-Vorsichtsmaßnahmen. Im Haus ist das Tragen eines Mund-Nasen-Schutzes verpflichtend, an allen Eingängen steht Desinfektionsmittel zur Verfügung, es gibt personalisierte Sitzplätze und Abstände sind einzuhalten. Trotz allem ist die Gemeinschaft auch auf weitere Einschränkungen vorbereitet.

02.10.2020

Am 02. Oktober 2020 wurde Prof. Dr. Michaela Hastetter, die an der Hochschule Heiligenkreuz, an der Hochschule Trumau und an der Universität Freiburg Pastoraltheologie lehrt, in den Vorstand der Ratzingerstiftung gewählt. Die gemeinnützige Stiftung wurde 2007 von ehemaligen akademischen Schülern Joseph Ratzingers gegründet. Ihre Mittel stammen aus Erträgen und Spenden und werden als Stipendien für Forschungen und zur Förderung von Veranstaltungen verwendet, die im Geist der Theologie Joseph Ratzingers arbeiten.

09.10.2020

Das „Studium Generale", das die Hochschule Heiligenkreuz in Kooperation mit dem ITI Trumau anbietet, ist ein einjähriges Orientierungsjahr für junge Menschen, in dem Grundlagen in Philosophie, Theologie, Geschichte und Literatur vermittelt werden. Einige Kurse finden nun in englischer Sprache auch an unserer Hochschule Heiligenkreuz statt.

02.11.2020

Gemäß den Vorgaben des Bildungsministeriums und der Regierung musste die Hochschule Heiligenkreuz ab 02. November auf Onlinebetrieb umstellen: Der reguläre Lehrbetrieb fand daher in dieser Zeit des Lockdown als Distance-Learning statt. Die Zielvorgabe für dieses Semester war es, dass die Lehrveranstaltung zu der vom Stundenplan vorgesehenen Zeit online stattfinden und dass die Studenten über Online-Tools an den Vorlesungen teilnehmen können. Diese Online-Vorlesungen wurden alle live übertragen und waren daher auch mit einer digitalen „Anwesenheitspflicht' verbunden. Dasselbe galt analog für Seminare und andere Lehrveranstaltungen. Die Bibliothek blieb weiterhin montags bis freitags von 11 Uhr bis 12 Uhr und zusätzlich montags bis mittwochs von 13 Uhr bis 16 Uhr und am Donnerstag von 13 Uhr bis 17 Uhr geöffnet.

14.11.2020

Aufgrund der strengen Maßnahmen gegen Corona fand die Sponsionsfeier für vier Lizentiaten und acht Magistri der Theologie am 14. November um 16 Uhr dieses Mal ausschließlich online statt.

16.11.2020

In der Vortragsreihe „Sieben über Sieben" hielt Dr. Raphaela Pallin am 16. November ihren Vortrag „Innere Dynamik und Schlüsselerfahrungen des Berufungsweges in den Geistlichen Übungen des heiligen Ignatius von Loyola". Erstmals in der Geschichte fand der Vortrag ausschließlich online statt.

14.12.2020

Im Rahmen der Vortragsreihe „Sieben über Sieben" hielt der bekannte Neutestamentler Prof. Dr. Thomas Söding von der Ruhr-Universität Bochum am 14. Dezember den Vortrag mit dem Titel „Das Licht aus der Höhe. Jesus im Blickfeld des Benedictus".

XIII.
ERST-
VERÖFFENTLICHUNGS-
NACHWEISE

WOLFGANG BUCHMÜLLER, *Dulcis Iesu memoria – Der Christusjubilus bei Aelred von Rievaulx*, Erstveröffentlichung unter dem Titel: *Dulcis Iesu memoria – Poetische Christusmystik bei Aelred von Rievaulx*, in: GuL 80 (2007) 436–452.

HARALD SEUBERT, Rezension zu: CHRISTOPH BÖHR, WOLFGANG BUCHMÜLLER (Hg.), *Ambo 2020. Das Gute, Wahre und Schöne. Zur Aktualität der Lehre von den Transzendentalien. Jahrbuch der Hochschule Heiligenkreuz 2020 (5. Jahrgang)*, Heiligenkreuz 2020, Be&Be-Verlag, 644 S., ISBN 978-3-903602-11-3, 24,90 €, Erstveröffentlichung unter dem Titel: *Das Gute, Wahre und Schöne. Zur Aktualität der Lehre von den Transzendentalien*, in: PLA 74 (2021) 53–61.

XIV.
ZU DEN AUTOREN

LEO BAZANT-HEGEMARK, Dr. phil., Mag. phil., OStR, Dozent für
Literatur der christlichen Antike, allgemein beeideter und
gerichtlich zertifizierter Sachverständiger für Übersetzung,
Interpretation und Verwertung klassisch-antiker – latei-
nisch-griechischer – Texte seit 1987, Mitglied des Instituts
für Spirituelle Theologie und Religionswissenschaft der Phil.-
Theol. Hochschule Benedikt XVI. Heiligenkreuz.

WOLFGANG BUCHMÜLLER OCIST, Prof. Dr. theol. habil., Mag. theol.,
Mag. phil., Rektor der Phil.-Theol. Hochschule Benedikt XVI.
Heiligenkreuz, Vorstand des Instituts für Spirituelle Theologie
und Religionswissenschaft der Phil.-Theol. Hochschule Hei-
ligenkreuz, Professor für Spirituelle Theologie und Ordens-
geschichte, Leiter des Lizentiatslehrgangs Spiritualität und
Evangelisation an der Phil.-Theol. Hochschule Heiligenkreuz,
Herausgeber und Schriftleiter des Jahrbuches *Ambo* der Phil.-
Theol. Hochschule Benedikt XVI. Heiligenkreuz.

NICOLAUS U. BUHLMANN CANREG, Dr. phil., Mag. phil., Mag. theol.,
Studium der Mittleren und Neueren Geschichte, der Verfas-
sungs-, Sozial- und Wirtschaftsgeschichte, des Völker- und
Europarechts sowie der kath. Theologie. 2008 Eintritt in das
Chorherrenstift Klosterneuburg. U. a. Mitarbeiter des Päpstlichen Rates zur Förderung der Neuevangelisierung in Rom
und Mitglied der Delegation des Heiligen Stuhls bei den Internationalen Organisationen in Wien. Zurzeit betraut mit dem
Aufbaustudium des Kanonischen Rechtes am Klaus-Mörs-
dorf-Studium für Kanonistik/München.

NORBERT FEINENDEGEN, Dr. theol., Tätigkeit als wiss. Mitarbeiter
an der Kath.-Theol. Fakultät der Universität Bonn, zuletzt als
Assistent von Prof. Gerhard Höver (Moraltheologie). Langjähri-
ges Mitglied im Vorstand der dt. Inklings-Gesellschaft. Gegenwärtig freier Autor und Referent in der Erwachsenenbildung.
Übersetzer, Kommentator und Mitherausgeber unveröffent-
lichter Schriften von C. S. Lewis.

HANNA-BARBARA GERL-FALKOVITZ, Dr. phil. habil., em. Univ.-Prof. für
Religionsphilosophie und vergleichende Religionswissenschaft
an der Technischen Universität Dresden, Vorstand des Europäi-
schen Instituts für Philosophie und Religion (EUPHRat) an der
Phil.-Theol. Hochschule Heiligenkreuz, Mitherausgeberin des
Jahrbuches *Ambo* der Phil.-Theol. Hochschule Heiligenkreuz,
Mitherausgeberin der Gesamtausgabe Romano Guardini.

BRUNO HANNÖVER OCIST, Dr. theol., Dozent für Mittlere und
Neuere Kirchengeschichte am Studienhaus St. Lambert/Lan-
tershofen, Dozent für Kirchengeschichte an der Phil.-Theol.
Hochschule Benedikt XVI. Heiligenkreuz, Herausgeber der
Analecta Cisterciensia, Habilitand im Fachbereich Mittlere
und Neuere Kirchengeschichte/Religiöse Volkskunde an der
Johannes Gutenberg-Universität Mainz.

GUNDULA HARAND, Dr. theol., Mag. theol., seit vielen Jahren
festangestellte Dozentin („associate professor") für Funda-
mentaltheologie und Spirituelle Theologie an der Hochschule
für Katholische Theologie in Trumau (ITI). Herausgeberin der
Neuausgabe einiger Werke von Gertrud von le Fort. Bereits erschienen sind das „Lesebuch" mit ausgewählten Erzählungen
(2012, gemeinsam mit Dr. Gudrun Trausmuth), die „Hymnen
an die Kirche" (2014) und „Der Papst aus dem Ghetto" (2017).

MAXIMILIAN HEIM OCIST, Dr. theol, amtierender Abt der Zisterzienserabtei Heiligenkreuz, Abtpräses der Österreichischen
Zisterzienserkongregation, Mitglied des Rates des Generalab-
tes, Magnus Cancellarius der Phil.-Theol. Hochschule Benedikt XVI. Heiligenkreuz, Professor für Dogmatik und Funda-
mentaltheologie an der Phil.-Theol. Hochschule Benedikt XVI.
Heiligenkreuz, Mitglied des Neuen Schülerkreises Joseph Rat-
zinger/Papst Benedikt XVI. und des Kuratoriums des *Institut
Papst Benedikt XVI.;* Joseph-Ratzinger-Preisträger.

KURT KOCH, Dr. theol. habil., Kardinal der röm.-kath. Kirche, em.
Univ.-Prof. für Dogmatik, Ethik, Liturgiewissenschaft und
Ökumenische Theologie an der Universität Luzern, em. Bischof von Basel, Präsident der Schweizer Bischofskonferenz
von 2007–2009, seit 2010 Präsident des Päpstlichen Rates zur
Förderung der Einheit der Christen, u. a. Mitglied der Kongregation für die Glaubenslehre und des Päpstlichen Rates für
den interreligiösen Dialog.

VEIT NEUMANN, Prof. Dr. theol. habil., Dipl.-Theol., Dipl.-Päd.,
Dipl.-Journ., seit 2013 o. Prof. für Pastoraltheologie der Phil.-
Theol. Hochschule St. Pölten, seit 2020 Gastprofessor in Heiligenkreuz. 2020 Habilitation für das Fach Pastoraltheologie
an der Universität Graz, WS 2021/22 Lehrstuhlvertretung für
das Fach Pastoraltheologie an der Kath.-Theol. Fakultät der
Ludwig-Maximilians-Universität München.

ENGELBERT RECKTENWALD FSSP, M. A., 1985 Empfang der Priesterweihe. 1988 Mitbegründer der Priesterbruderschaft St. Petrus.
2006 Gründung des Internet-Portals zur katholischen Geistes-
welt „kath-info.de". Autor in der überregionalen katholischen
Zeitung „Die Tagespost".

ALKUIN SCHACHENMAYR, Dr. phil., Dr. theol. habil., Mag. theol.,
Mag. phil., 2007–2019 Vizerektor der Phil.-Theol. Hochschu-
le Benedikt XVI. Heiligenkreuz, 2008–2020 Herausgeber der
Analecta Cisterciensia, Vorstand des EUCist – Europainstitut für
Cistercienserforschung, Lehraufträge an der Stanford Univer-
sity und der University of California in San Diego.

WOLFGANG HARIOLF SPINDLER OP, Dipl.-Jurist, Dr. theol., Mag.
theol., 1996 Eintritt in den Dominikanerorden, 2001 Priester-
weihe. Seelsorger an der Theatinerkirche München. U. a. seit
2008 Redakteur der sozialethischen Zweimonatsschrift „Die
Neue Ordnung" und seit 2018 Präsident des Stiftungsrates der
„Internationalen Stiftung HUMANUM" (Lugano). 2013–2020
Professor für Politische Philosophie und Sozialethik an der
Phil.-Theol. Hochschule St. Pölten. Seit 2020 lehrt er Rechts-
philosophie in dem interuniversitären Masterstudiengang
„Vergleichendes kanonisches Recht".

KOSMAS THIELMANN OCIST, Dr. theol., Studium der Theologie,
der Medizin und der Rechtswissenschaften. Professor für
Moraltheologie an der Phil.-Theol. Hochschule Benedikt XVI.
Heiligenkreuz, Geschäftsführer des Europäischen Instituts
für Philosophie und Religion (EUPHRat),

GUDRUN TRAUSMUTH, Dr. phil., Mag. phil., Studium der Germanistik und Romanistik in Wien. Kurzstudiengänge in Angers
und Paris. Publizistin, Journalistin und Literarhistorikerin mit
Schwerpunkt „Literatur und Glaube", Lehrbeauftragte am „Eu-
rop. Institut für Philosophie und Religion" (EUPHRat) an der
Phil.-Theol. Hochschule Benedikt XVI. Heiligenkreuz. Mitherausgeberin der „Kleinen Bibliothek des Abendlandes" (Be+Be-
Verlag). Vorsitz der „Gertrud von le Fort-Gesellschaft". Litera-
turkolumne im Vatican Magazin. Redaktion von Radio Maria
Österreich. Publiziert in der Wochenzeitung „Die Tagespost".

XV.
ZU DEN REZENSENTEN

CHRISTOPH BÖHR, Dr. phil. habil., ao. Professor für Philosophie an der Phil.-Theol. Hochschule Benedikt XVI. Heiligenkreuz, Herausgeber der Buchreihe *Das Bild vom Menschen und die Ordnung der Gesellschaft* (Wiesbaden 2012ff.), der *Wojtyla-Studien* (Berlin 2016ff.) sowie Mitglied im International Editorial Advisory Board der Zeitschrift *Ethos*, Lublin.

ROBERT DUBLANSKI, Dr. theol., Priesterweihe 1992 in Liegnitz (Legnica/Polen), danach tätig in der Seelsorge in der Diözese Liegnitz. Promotion an der Päpstlichen Theologischen Fakultät in Breslau. Mitglied der polnischen Gesellschaft der jüdischen Studien. Seit 2015 Seelsorger in der Diözese St. Pölten.

BERND GOLDMANN, Dr. phil., Honorarprofessor für Kirchliche Kunst an der Phil.-Theol. Hochschule Benedikt XVI. Heiligenkreuz, Honorarprofessor für Neuere deutsche Literaturwissenschaft (Literaturvermittlung) und Kulturmanagement an der Otto-Friedrich-Universität in Bamberg, Vorsitzender der Stiftung zur Förderung der Kunst in der Pfalz, Mitglied des Aufsichtsrates des Museums Moderner Kunst Wörlen in Passau.

STEFAN MÜCKL, apl. Prof. Dr. iur., 2006 Ernennung zum Akademischen Rat am Institut für Öffentliches Recht der Albert-Ludwigs-Universität Freiburg und 2008 Ernennung zum außerplanmäßigen Professor. Seit 2010 lehrt er zudem Kirchenrecht an der Pontificia Università della Santa Croce (PUSC) in Rom. Studium der katholischen Theologie in Rom und dort auch 2013 Empfang der die Priesterweihe.

HERBERT PRIBYL, Dr. theol., Dr. phil., Mag. theol., Mag. rel. päd., seit 1997 Leiter der Bibliothek der Wirtschaftskammer Wien, Professor für Sozialethik und christliche Gesellschaftslehre an der Phil.-Theol. Hochschule Benedikt XVI. Heiligenkreuz, seit 2011 Vorstand des dortigen Instituts für Ethik und Sozialwissenschaften,

MANUEL SCHLÖGL, Dr. theol., Habilitand an der Universität Wien, Kaplan in der Pfarrei St. Anton in Passau, Mitglied im Neuen Schülerkreis Joseph Ratzinger/Papst em. Benedikt XVI., Absolvent einer Fortbildung in geistlicher Begleitung und seelsorglicher Gesprächsführung am Katholischen Evangelisationszentrum Maihingen (KEM).

JÖRG SCHULTE-ALTEDORNEBURG, Dr. phil., M. A., Studium der Klassischen Philologie und Klassischen Archäologie. Seit 2008 – nach beruflichen Stationen bei der Bundesvereinigung der Deutschen Arbeitgeberverbände (BDA), vornehmlich im Bereich Bildungs- und Gesellschaftspolitik, sowie anschließend als Leiter des Berliner Büros der Herbert-Quandt-Stiftung im Bereich Gesellschaft und Politik – Projektmanager einer privaten, international tätigen Stiftungsberatung.

HARALD SEUBERT, apl. Prof. Dr. phil., Studium der Philosophie, Geschichte, Neueren Literaturwissenschaft und evangelischen Theologie. 2012 Berufung auf die Ordentliche Professur für Philosophie und Fachbereichsleitung für Missions- und Religionswissenschaft an der STH Basel. Seit September 2017 apl. Professor für Philosophie und Philosophiegeschichte an der FTH Gießen. U. a. Mitherausgeber (zusammen mit Hanna-Barbara Gerl-Falkovitz) des Edith Stein-Lexikons. Seit 2012 Mitglied des Beirats des EUPHRat-Instituts der Phil.-Theol. Hochschule Benedikt XVI. Heiligenkreuz.